# 大学
## 军事教程
DAXUE JUNSHI JIAOCHENG

主　编　方　非　张国华　李　民
副主编　张美纪　杨晓燕　周凌燕
编委会成员（按姓氏笔画排序）
方　非　田　净　李　民
杨晓燕　周凌燕　张国华
张美纪　魏国孝

# 大学
## 军事教程

DAXUE JUNSHI JIAOCHENG

兰州大学出版社
LANZHOU UNIVERSITY PRESS

**图书在版编目（ＣＩＰ）数据**

大学军事教程 / 方非，张国华，李民主编. -- 兰州：
兰州大学出版社，2018.8
ISBN 978-7-311-05438-0

Ⅰ．①大… Ⅱ．①方… ②张… ③李… Ⅲ．①军事科
学－高等学校－教材 Ⅳ．①E0

中国版本图书馆CIP数据核字(2018)第196747号

策划编辑　王庚辰
责任编辑　高士荣　李方芳
封面设计　陈　文

书　　名　大学军事教程
作　　者　方　非　张国华　李　民　主编
出版发行　兰州大学出版社　（地址:兰州市天水南路222号　730000）
电　　话　0931-8912613(总编办公室)　0931-8617156(营销中心)
　　　　　0931-8914298(读者服务部)
网　　址　http://press.lzu.edu.cn
电子信箱　press@lzu.edu.cn
印　　刷　兰州石化职业技术学院印刷厂有限公司
开　　本　787 mm×1092 mm　1/16
印　　张　21
字　　数　481千
版　　次　2018年8月第1版
印　　次　2018年8月第1次印刷
书　　号　ISBN 978-7-311-05438-0
定　　价　36.00元

（图书若有破损、缺页、掉页可随时与本社联系）

# 前　言

　　本教材以十九大精神为指导,坚持新时代党的强军思想,结合三十余年的国防教育实践经验和高校国防教育的实际,体现《普通高等学校军事课教学大纲》关于"鼓励使用优秀教材"的要求,与时俱进,推陈出新,严格教材规范彰显示范功能。在内容上各章节既相互关联又彼此独立完整,并以当代军事理论与技术的最新成就作为亮点,具有创新、实用、趣味、可读性,基本形成了科学的高校国防教育课程体系。本教材既可满足军事理论的教学,也可满足军事训练的需要。同时,亦可供青年朋友自学,以期扩大军事知识面,促进国防意识与能力的提高。本教材编写过程中,参阅、借鉴和吸收了有关文献、教材和专著的研究成果。特别是自十八大以来解放军报的军事学术专论为本教材的编写提供了现实的有益帮助。在此一并表示衷心的感谢。本教材由宁夏大学国防教育教学中心的教师编写完成:中国国防由李民执笔;军事思想由张国华执笔;国际战略环境由周凌燕执笔;军事高技术由杨晓燕执笔;信息化战争由张美纪执笔;中国人民解放军共同条令、轻武器射击、军事地形学、综合技能训练与战术基础动作由方非、田净执笔,最后由方非、张国华、李民统稿。由于受理论水平和实践经验的限制,书中难免存在缺点与不足,诚请同行提出宝贵意见,以便再版时修改完善。

编　者

# 目 录

# 第一章　中国国防

## 第一节　国防概述

　　我国是一个具有五千年历史的文明古国，国防也有着悠久的历史。我们有过声威远播、天下归心的辉煌，也有过遍体鳞伤、不堪回首的屈辱，近代外国列强赤裸裸的侵略更激起中华民族不屈不挠的抗争。历史证明，只有国家统一、民族团结、军民一致共同抵御外来侵略，才是民族自强的根本、国防力量的源泉。

### 一、国防的含义及现代国防的类型与特征

#### （一）国防的含义

　　《中国军事百科全书》中描述的国防是："为捍卫国家主权、领土完整而采取的防卫措施的统称。包括国防建设和国防斗争。"《中华人民共和国国防法》规定："国防为防备和抵抗侵略，制止武装颠覆，保卫国家主权、统一领土完整和安全所进行的军事活动，以及与军事有关的政治、经济、外交、科技、教育等方面的活动。"

　　国防是一个历史的概念，它随着阶级和国家的出现而产生。在人类发展的历史长河中，国防并不是一开始就有的，自从有了国家，就开始有了国防。这一点，我们从汉字的构造上也可以看出：简体"国"字，"口"字里面装个"玉"，玉是中华民族文化美好的象征，但没有四边的防，这块玉是必碎无疑的；繁体的"國"字，从口从或，邦也，把国与象征兵器的"戈"连在一起，以戈守口，具有明确的保卫之意，有兵器的防卫才有国。

　　国无防不立，民无兵不安。现代国防是一种立体的、全球性的活动，被注入了全新的内容。国防的基本要素包括以下四个方面：

　　国防的主体，即国防活动的实行者，通常为国家。国防是国家的事业，是国家固有职能。任何国家从诞生之日起，都要防备和抵御各种外来侵略，以保障国家安全，维系国家的生存和发展。

　　国防的目的，主要是捍卫国家的主权、统一领土完整和安全。

　　国防的手段，是指为达到国防目的而采取的方法和措施。我国的国防手段包括军事活动，以及与军事有关的政治、经济、外交、科技、教育等方面的活动。

　　国防的对象，是指国防所要防备、抵御和制止的行为，这是关系国家在什么情况下可

以使用国防力量的重大问题。

（二）现代国防的基本类型

现代国防是一个完整的系统，主要包括以下方面：武装力量建设、国防体制建设、国防经济、国防外交、国防科学技术研究、国防工业建设、国防工程建设、战场建设、军事交通、国防动员准备、国民国防教育、建立国防法规等。这些都属于国防的范畴。然而不同性质、不同制度、不同政策的国家，却有着不同目标和不同特征的国防，归纳起来大体可分为四类。

第一类是扩张型，就是奉行霸权主义侵略扩张政策的国家，为了维护本国在世界许多地区的利益，打着防卫的幌子，对别国进行侵略、颠覆和渗透，把国防作为侵犯别国主权和领土、干涉他国内政的一种工具。其中，美国是典型，它在世界各地建立了众多的军事基地，其目的就是在全球各地实行军事力量"前沿存在"的国防，用以维护美国的利益，同时对他国内政进行侵犯和干涉。

第二类是自卫型，主要是依靠本国力量，广泛争取国际力量的支持，以维护本国的安全以及周边地区和世界的和平与稳定。我国的国防就属于自卫型。

第三类是联盟型，也就是国家之间取长补短，以结盟形式弥补自身力量的不足。从联盟各国之间的关系来看，还可分为一元体联盟和多元体联盟。所谓一元体联盟，就是有一个大国处于盟主地位，其他国家则从属于它。目前日本、韩国的国防属于此种类型，都是以美国为盟主建立的国防。所谓多元体联盟，则是各国基本处于伙伴关系，共同协商防卫大计，如北约组织和苏联解体后的独联体组织。在联盟型的国防中，也可以分为扩张型和自卫型两种情况。

第四类是中立型，一些中小国家为了保障本国的安全，严守和平中立的国防政策，制定总体防御战略和寓兵于民的防御体系。瑞士、瑞典即如此。

（三）现代国防的基本特征

现代国防是对传统国防的继承和发展。现代国防又叫做社会国防、大国防、全民国防，是一种全新的国防观念和新的国防实践活动。它具有以下基本特征：

1.现代国防是综合国力的体现

现代国防是综合国力的较量。综合国力主要由人力、自然实力、政治实力、经济实力、科技实力、民族凝聚力和国防实力等组成。其中经济实力、国防实力和民族凝聚力是综合国力的基本要素，经济实力是基础，国防实力是支柱，民族凝聚力是灵魂。现代国防与国家的综合国力有着密切的联系，国家的发展水平制约着武器装备的发展水平和国防力量的总规模。事实证明，没有强大的综合国力，国防建设只能是空中楼阁。

2.现代国防是多种斗争形式的角逐

现代国防的斗争除了军事实力的战场较量以外，还有非武力的角逐，如政治斗争、心理斗争、经济斗争、科技斗争以及外交谈判、军备控制等等。这些斗争有以下共同点：①不像武力斗争，可以在较短时间内分出胜负，而常常是一种长期的较量。②战争是国家与国家之间解决矛盾的最高形式，这些非武力斗争到最后也必将为这一目的服务。③这些斗争的主体不是单一的武装力量和某些国防部门，而是全体国民和一切可以联合的力量。

3.现代国防是一种国家行为，又是一种国际行为

一个国家要想持续发展，必须要有一个巩固的国防。国防巩固，政府才能集中精力制定正确的政策，才能调动一切人力、物力、财力进行经济建设，人民生活才能得到保障。然而经济全球化的发展趋势，使得国家的发展离不开国际环境，世界的和平与战争、经济的繁荣与衰退都是一个国家持续发展的相关因素，也涉及国防的方方面面。世界尤其是周边国家局势动荡，该国就得在国际方面给予更多的关注；如果他国以武力相加，该国就必须进行国防动员，以迎接外来挑战。可见，现代国防作为一种国家基本行为的同时，也日益成为一种国际行为。

4.战争潜力能否转化为战争实力是现代国防强弱的一个重要标志

现代国防实力依然是以军事力量为主体，但它不单纯指军事力量，还包括国家潜力所能转化的作战实力，如国土面积、地理位置、自然资源、人口的数量和质量、地形气候、生产能力、科技和文化水平、交通运输、通信状况、社会制度、国家政策、管理能力、国际关系和国际地位等。现代国防越来越重视战争潜力的发挥，虽然其中有一些客观因素在一定条件下是不可改变的，比如国土面积、地理位置等，但生产能力、科技和文化水平等却是挖掘战争潜能的主要方面。

## 二、中国的国防历史

在中国历史发展的长河中，先后经历了奴隶社会、封建社会、半殖民地半封建社会和社会主义社会。国防也经历了无数个强盛与衰落的交替，从而给我们留下了宝贵的国防遗产和深刻的历史教训。我国的国防历史大致可以分为以下三个阶段。

### （一）古代国防

我国古代国防是指从公元前21世纪夏王朝的建立到1840年的鸦片战争，共经历了近四千年的漫长历史。这一历史时期的主要成就是：古代军事思想逐渐形成并出现了比较系统的军事理论体系；建立和完善了兵制制度；边防、海防不断得到巩固，为中国最终成为多民族、大疆域的国家奠定了基础。

1.古代的国防政策和国防理论

国防作为一种历史现象，萌发于原始部落斗争，并随着国家的产生发展而产生发展。公元前21世纪夏王朝的建立，标志着保护私有制度的国家机器的形成，国防的雏形便产生了。随后的几千年征战中，为保卫国家，逐渐形成了我国古代国防政策和国防理论。

春秋时期，由于国家的更替，各诸侯国之间连年征战，国防观念迅速得以强化，军事思想已经基本成熟，形成较为完整的战争观，并提出了普遍的战争指导原则。如《孙子兵法》《吴子兵法》《孙膑兵法》《司马法》等。这一时期，形成了"以民为本""居安思危"的国防指导思想；"籍民为兵""寓兵于农"的国防建设思想；"爱国教战""崇尚武德"的国防教育思想；"不战而胜""安国全军"的国防斗争策略；以及"兵者，国之大事"的战争观和"知己知彼，百战不殆""伐谋伐交，不战而胜"等指导原则。

2.古代的兵制建设

兵制，即现代的军制，也就是军事制度，是国家或政治集团组织管理、维持、储备和

发展军事力量的制度。我国古代的兵制建设主要包括军事领导体制、武装力量体制和兵役制度等内容。

在军事领导体制上，夏、商、周时期一般由国王亲自掌握和指挥军队，没有形成专门的军事领导机构。春秋末期，实现将相分权治国，以将（将军）为主组成军事指挥机构。战国时期，将军开始独立统兵作战，秦国一统天下之后，设立了专门管理军事的机构，太尉为最高的军事行政长官。隋朝设立了三省六部制，设兵部主管军事。宋朝则设置枢密院作为军事领导的最高机构，主官由文官担任，主要目的是防止"权将"拥兵自重。枢密院有权调兵却无权指挥，将军有权指挥却无权调兵，形成枢密院和将军相互牵制的局面。各朝代在军事领导体制方面的做法虽各有异，但皇权至上这一点是不变的，军队的最终调拨使用大权始终掌握在皇帝手中。

在武装力量体制上，秦朝之前武装力量结构单一，一个国家通常只有一支国家的军队。从秦朝开始，国家的政治制度逐渐完善，生产力不断发展，因而各个朝代根据国家的状况和国防的需要以及驻防地区和担负的具体职责，将军队区分为中央军、地方军和边防军三种，并对军队的编制体制、屯田戍边、兵役军赋、军队调动、军需补给、驿站通道、军械制造和配发等都做了具体的规定，并以法律的形式颁布执行，如唐代的《卫禁律》《军防令》等。

在兵役制度上，随着各个历史时期的政治、经济、人口状况和军事需要而发展变化。奴隶社会时期，生产力低下，人口稀少，战争规模小，主要实行兵民合一的民军制度。封建社会时期，民军制度逐渐演变为与当时历史条件相适应的兵役制，如秦汉时期的征兵制、三国两晋南北朝时期的世兵制、隋唐时期的府兵制、宋朝的募兵制、明朝的卫所兵役制等。

3.古代的边防、海防建设

我国古代为抵御外敌的侵犯，巩固边防、海防，修筑了数量众多、规模庞大的国防工程，如城池、长城以及海防要塞等。我国古代国防工程建设中，城池建设时间最早、数量最多。城池建设最早始于商代，随后城池建设规模不断扩大，结构日益完善，一直延续到近代。因此，在我国古代战争中，城池的攻守作战成为主要的样式之一。

长城是城池建设的延伸和发展。春秋战国时期长城的建设已经开始，秦始皇统一六国之后，为了巩固国防、防御北方匈奴的南侵，于公元前214年开始将秦、赵、燕三国北部的长城连为一个整体，形成西起临洮（今甘肃岷县）、北傍阴山、东至辽西的宏伟工程。后经各朝代多次修建连接，至明代形成了西起嘉峪关、东至山海关、总长约6300千米的万里长城。

古代海防建设是从明朝开始的。14世纪，倭寇频繁袭扰我国沿海地区，因此明朝政府在沿海重要地段陆续修建了以卫城、新城为骨干，水路寨、营堡、墩、台、烽、堠等相结合的海防工程体系，为抗击倭寇的入侵起到了重要作用。

（二）近代国防

中国近代国防是指从1840年鸦片战争开始到1949年新中国成立，也就是清朝后期、北洋军阀统治时期和国民党统治时期的国防。

1.清朝后期的国防

18世纪后半期，中国的封建社会开始走下坡路，国防力量由盛转衰。与西欧各国资本主义的迅猛发展相比，中国逐渐处于落伍态势。首先，政治黑暗，从皇帝到大小官吏，多昏庸无能、浑浑噩噩、无所用心，其腐朽性与寄生性与日俱增。乾隆以后官场上贪污成风，仅从贪官和珅一家没收的财产就有白银8亿两左右，相当于当时20年的国库收入。由于皇室、官僚和军队的挥霍无度，财政入不敷出。与此同时，土地因兼并而高度集中，广大农民无田地耕种，极大地制约了整个社会经济的发展。在军队建设上，军备废弛日益严重，八旗兵和绿营兵腐败不堪，武官克扣兵饷军粮，士兵常常扰民劫财，军队里吸鸦片、开赌场、逛妓院、斗鸡玩鸟司空见惯，骑兵没有战马，水兵素来不会游泳，毫无战斗力可言。到了鸦片战争前夕，国防能力更是衰竭到了极点。特别是在军事上，沿海水师士兵老弱，战船多是用薄板旧钉制成，有的海防要塞使用的还是300年前的旧炮。如此防务，怎能挡住西洋的坚船利炮？到了嘉庆、道光年间，随着清王朝在政治上的腐败和经济上的衰落，国力更加衰竭，边防更加空虚。在19世纪60年代内忧外患的双重威胁下，虽然洋务派搞了洋务运动，提出了"求富、求强"的口号，先后搞起了一大批近代军事工业，并建立了中国近代海军——南洋舰队、福建舰队和北洋舰队，但仍未能从根本上扭转国防力量衰竭的发展趋势。尤其是自1888年以后，慈禧太后把海军经费用于颐和园的营建，使北洋舰队停止了发展，很快落后于日舰。从此，中国屡遭外敌的侵犯和欺辱，沦为帝国主义列强侵略和瓜分的对象。

17世纪中叶，随着英国资产阶级革命的胜利，资本主义制度在西欧纷纷确立，资产阶级为摆脱自身的经济危机，不断地开拓殖民地。中国成为受殖民主义者迫害最深的国家。

1840年，由义律率领的一支40余艘舰船和4 000多名士兵组成的英国侵略军，用洋枪洋炮轰开了中国的大门。尽管当时清政府拥有80余万人的常备军，有爱国将领关天培和自发抗英的三元里民众这样坚决抗敌的军民，但由于清朝政府的腐败无能和举措失当，再加上经济、技术落后，军队装备原始，终于以战败告终。清政府慌忙派耆英、伊里布赶赴江宁，接受英方提出的苛刻条件，与英国签订了丧权辱国的《南京条约》。

1850年，英国又以所谓的"亚罗号事件"再次起兵。清朝政府鉴于反封建的太平天国农民革命战争风起云涌，采取了"息兵为要"的妥协求和方针，助长了侵略者的侵华野心。英法组成联军北犯，美俄也趁火打劫，加入侵华行列。英法联军洗劫、烧毁了圆明园，还胁迫清廷签订了《天津条约》等几个丧权辱国的不平等条约。

1883年底，法国以越南为跳板，侵入我国云南等省。1885年向谅山发起进攻，并一度侵占了我国西南的重要门户——镇南关（今友谊关）。中国军民在爱国将领冯子材率领下，沉着应战，打退了敌人的多次进攻，取得了镇南关大捷，并乘胜收复谅山。刘永福率领的黑旗军同越南军民并肩作战，并大败法军。但是，慈禧、李鸿章等人却叫嚷"乘胜即收"，下令停战，向法国求和。在天津与法国签订了屈辱投降的《中法新约》，同意法国势力侵入我国云南、广西，出现了"中国不败而败"的结局。

1894年7月，日本挑起了中日甲午战争，清廷被迫于8月1日对日宣战。中日海军在黄海遭遇，在持续5个小时的海战中，中国海军表现出了舍生杀敌、顽强奋战的爱国主义精神，管带邓世昌、林永升等为国殉难。1895年1月2日，日军海陆协同进犯威海卫，当时北洋舰队只要坚决抵抗，尚可与日军决一雌雄，但李鸿章严令，"如违令出战，虽胜亦罪"，结果北洋舰队因自困于威海卫港内而全军覆没，慈禧太后急命李鸿章赴日求和。4月7日，中国被迫签订了奇耻大辱的《马关条约》。

甲午战争后，中国各族人民奋起反抗，掀起了一场反帝爱国的义和团运动。义和团竖起了"扶清灭洋"的旗帜，其地域由山东、直隶逐步发展到京津地区，进而席卷全国，给了帝国主义列强以沉重打击。1900年5月31日至6月3日，英、美、德、法、日、意、俄、奥等八国以保护使馆为名，组成1 200人的联合侵略军，合谋侵华。在向北京进犯时，沿途遭到义和团和清军抵抗，被迫逃回天津租界。此后，八国联军一再增兵，向天津、北京进犯。4月14日北京陷落，侵略军在京抢劫3天。与此同时，沙俄趁清廷无暇东顾，于1900年8月初，出兵15万，分几路大举入侵东北。在逃亡中惊魂未定的慈禧太后，为求得帝国主义的宽恕，与八国联军联合镇压了义和团运动。1901年9月7日，11个帝国主义国家胁迫清政府签订了丧权辱国的《辛丑条约》。从此，中国完全沦为半殖民地，有国无防，门户洞开。

帝国主义的侵略，使中国蒙受了奇耻大辱。从鸦片战争到1919年，帝国主义通过军事侵略和外交讹诈，强迫中国签订了700多个不平等条约和协定，其中同清朝政府签订的就达500多个，逼迫清政府割地多达150多万平方千米，赔款8.2亿两白银，开放口岸多达82个。帝国主义在中国获取了大量特权。

2.民国时期的国防

1911年的辛亥革命，终于推翻了几千年的封建统治，但由于革命的不彻底，仍没有使中国摆脱半殖民地半封建社会的状况，帝国主义依然在华夏大地上横行无忌，他们为维护其在华利益，纷纷扶植自己的代理人：先有袁世凯称帝，后有张勋复辟，各派军阀以帝国主义为靠山，割据称雄，混战不休。直、皖、奉三大派系军阀先后窃取中央政权，贿选国会议员和总统，出卖国家和民族利益。此时，中国无国防可言。1914年日本借口对德宣战，出兵我国山东，强占胶济铁路和青岛（原是德国侵占）。1915年日本又提出灭亡中国的"二十一条"要求。此时，沙俄策划"外蒙自治"，英国也提出西藏从中国分割出去由英国统治的主张，在阴谋没有得逞的情况下，英国在中印边境制造了一条非法的"麦克马洪线"。1918年段祺瑞签约，将我国东北置于日本的控制之下，并由日本掌握中国军队的训练权和警察权等。内忧外患，给中国造成了严重破坏。"二十一条"的签订和"巴黎和会"中国外交的失败，充分暴露出北洋政府的腐败无能，使中国面临被帝国主义进一步瓜分的命运，激起了中华民族同仇敌忾、共御外侮的决心和勇气。以五四运动为标志，中国反帝反封建的资产阶级民主革命发展到新阶段。1921年7月，中国共产党成立，把中国人民的救亡图存斗争推向新阶段，中国工人阶级开始以自觉的姿态登上了历史舞台。

1931年9月18日，日本发动了"九一八事变"。面对日本帝国主义的野蛮侵略，蒋介石却奉行"攘外必先安内"的方针，一味奉行不抵抗政策，出卖民族利益，使东北大片国土迅速沦陷。1937年7月7日，日本发动"卢沟桥事变"，进一步扩大了对中国的侵略，中华民族到了生死存亡的紧要关头。中国共产党高举团结抗日的旗帜，肩负起救民族于危难的神圣使命，领导全国各族人民进行了艰苦卓绝的八年抗战，终于取得了我国近代史上第一次抗击外敌侵略的完全胜利。

抗日战争胜利后，中国人民迫切需要一个和平安全的休养生息环境，中国共产党顺民心、从民愿，不计前嫌，准备与国民党第三次携手，合作建国。但蒋介石背信弃义，妄图消灭中国共产党及其所领导的军队。在中国共产党领导下，经过三年解放战争，中国人民终于推翻了蒋家王朝，建立了新中国。

（三）新中国成立后的国防

新中国成立以来，我国的国防与军队现代化建设大体经历了以下四个阶段。

1.第一阶段：恢复阶段（1949—1953年）

从1949年底到1953年，国家正处在外御帝国主义侵略、内治战争创伤和恢复经济的时期。这一时期的国防建设主要完成了三个方面的任务。一是解放了全国大陆和除台湾、澎湖列岛、金门、马祖之外的全部沿海岛屿。1949年10月1日，朱德总司令在北京天安门举行的开国典礼上发布命令，命令全军指战员继续向全国进军，迅速肃清国民党反动军队残余，解放一切尚未解放的国土。平息了匪患，建立了边防和守备部队，加强了海防的守卫。二是取得了抗美援朝的胜利。1950年6月25日朝鲜战争爆发，美帝国主义企图以朝鲜为跳板，把战火引入我国。1950年10月25日，中国人民志愿军应朝鲜民主主义人民共和国政府的请求，跨过鸭绿江，赴朝作战。我国先后动员了3批共25个野战军的207万志愿军，协同朝鲜人民军，经过2年9个月的艰苦作战，连续进行了5次战役，歼敌109万人（其中美军39万人），把以美国为首的"联合国军"赶到了"三八"线以南，取得了抗美援朝的胜利。三是建立、健全了统一的军事领导机构和军事制度。建立了全军的领导机关和各级军事领导机构，加强了对全国武装力量的领导；党中央、中央军委着手筹建空军、海军和陆军各技术兵种，逐步开始从单一陆军向诸军兵种全面建设过渡；新建改建各类军事、政治、文化、后勤、技术院校100余所，初步形成了比较完整的军事院校教育体制，为国防建设培养了大批军事人才；统一了军队编制体制，建立了各项规章制度。

2.第二阶段：调整阶段（1953—1965年）

在这个阶段，我国连续3年发生自然灾害，同时，蒋介石在美国的支持下，策划反攻大陆，当时的苏联又单方面撕毁合同，中苏关系一度紧张。面对帝国主义的封锁和其他国际势力施加的压力，我们备感国防强大的重要性。这一阶段是我国国防现代化建设突飞猛进的重大时期。1953年12月7日召开了全国军事系统党的高级干部会议，是军队建设和国防建设的一个里程碑。这次会议确定了我国国防建设的主要任务是防御帝国主义侵略，保卫社会主义建设，保卫亚洲与世界和平；制定了"积极防御"的战略方针；提出了实现国防现代化的重大战略措施。这些措施包括精简军队、压缩国防开支、加速发展工业，为国防现代化打基础；加强国防工程建设，在沿海、边防和纵深要地，建设防御工程体系；实行义务兵、军官薪金、军衔三大制度；大办军事院校，重新划分战区，1955年把以前的六大军区划分为十二大军区：沈阳、北京、济南、南京、广州、武汉、成都、昆明、兰州、新疆、内蒙古、西藏，1956年又增加福州军区；完善战略、战役体系；调整了军队领导体制和武装力量体制；加强动员准备，建立各级动员机构和动员制度。以上重大措施有力地促进了我国国防现代化建设的全面发展，初步形成了具有中国特色的国防体系。经过十多年的艰苦努力，我国国防体系基本完成配套，一些领域已经接近当时的世界先进水平，1964年10月16日，我国成功地爆发了一颗原子弹。

3.第三阶段：曲折发展阶段（1965—1976年）

1965年5月至1976年10月的这一时期，尽管有林彪、"四人帮"的干扰和破坏，毛泽东、周恩来等领导人仍然警觉地注意维护我国的安全，保持了军队的稳定，顶住了霸权主义的压力。同时，对发展国防尖端技术始终没有放松，保证了我国"两弹"实验成功和卫星发射成功。

4.第四阶段：现代化建设阶段（1978年党的十一届三中全会至今）

粉碎"四人帮"之后，1978年12月18日至22日，中共十一届三中全会在北京召开。在这次会议上，邓小平同志根据国际形势的发展变化，提出了世界大战是可以避免的，和平与发展是当今世界两大主题的观点，从而确定全党工作的着重点和国防建设要实现战略性转变，并将国防建设带入一个新时期。1985年5月23日召开的军委扩大会议，做出了将我国国防和军队建设的指导思想从过去立足于早打、大打、打核战争的临战状态转变到和平时期正常建设的轨道上来，充分利用较长一段时间内大战打不起来的和平环境，在服从国家经济建设大局的前提下，抓紧时间，有计划、有步骤地加强以现代化为中心的国防与军队建设，提高军队素质，增强我军在现代化条件下自卫能力的决定。

20世纪90年代，以江泽民为核心的党的第三代领导集体科学地回答和解决了国防和军队建设的一系列重大理论和实践问题。1993年初，江泽民同志主持制定了我军新时期的军事战略方针。即：把军事斗争准备的基点放在打赢现代技术特别是高技术条件下的局部战争上。同时，江泽民同志还围绕军队"三化"建设的总目标，提出了"政治合格、军事过硬、作风优良、纪律严明、保障有力"的总要求，提出了军队建设要逐步实现由数量规模型向质量效能型、由人力密集型向科技密集型的转变。这进一步明确了加强我军质量建设的标准和途径。

进入21世纪，根据新世纪新阶段我国安全形势及世界军事潮流的变化，胡锦涛同志从完成党的执政使命、维护国家和民族根本利益的战略高度明确提出，我军在新世纪新阶段的历史使命：军队要为党巩固执政地位提供重要力量保证，为维护国家发展的重要战略机遇期提供坚强安全保障，为维护国家利益提供有力战略支撑，为维护世界和平与促进共同发展发挥重要作用。

党的十八大以来，习近平总书记着眼坚持和发展中国特色社会主义、实现中华民族伟大复兴中国梦，对加强国防和军队建设做出了一系列重要论述，鲜明回答了在世界形势发生深刻复杂变化、我国全面建成小康社会进入决定性阶段新的历史条件下，建设一支听党指挥、能打胜仗、作风优良的人民军队的重大课题。论述总结了国防和军队建设的基本经验，以及被实践证明了的必须长期坚持的我军建设指导原则，紧密结合发展变化了的军事实践，对新的历史条件下国防和军队建设的战略地位、使命任务、建设目标、强大动力、根本保证等做出全面深刻的阐述，提出了一系列极富创造性的重大战略思想。

### 三、中国国防历史的重要启示

我国几千年的国防史为我们积累了丰富的经验，留下了宝贵的历史文化遗产，激励着一代又一代的中华儿女为祖国而战，为民族而战，为反对侵略而战，证明了中华民族是不可欺凌、不可战胜的。在现阶段建设社会主义现代国防的过程中，历史仍给我们重要而有意义的启示。

1.国防强大的基础是经济实力的强大

"富国强兵"是古代军事思想的重要内容。春秋时期齐国政治家、军事家管仲就认为："国富多粟生于农……粟多则国富，国富者兵强，兵强者战胜，战胜者地广。"从秦朝到清朝，这一思想在各个朝代的前期都得以贯彻实施，统治者通过一系列的改革、变法，在一定程度上解放了生产力，促进了经济的发展，所以秦朝有统一六国的大业，唐朝有贞观之治，清朝有康乾盛世，这些都是统治者重视经济发展的结果。相反，各个朝代的衰败、更替，大多是其末期的政治腐败、经济落后所导致的。

在这一点上，现代国防与古代国防具有极大的共同性，所以邓小平同志提出了改革开放、解放生产力、提高国民生活水平的战略方针。经过几十年的实践，这一高瞻远瞩的策略取得的成就举世瞩目。

2.巩固国防的根本是政治昌明

一个国家要长治久安，就必须深得民心，政治昌明。历史上，凡是兴盛的朝代，除了大力发展经济外，大都修明政治，实行比较开明的治国之策。秦朝之所以能统一六国，很大程度上取决于此，而到了秦朝后期，政治腐败，统治专横，实行暴政，最终激起了农民起义。

3.国家统一、民族和睦、军民团结一致是强大国防的保证和关键

国家统一、民族和睦、军民上下团结一致是一个国家自强的根本，是国防力量的源泉。只有这样，才能筑起国防真正的钢铁长城，才能让任何侵略者望而却步。

在抗日战争时期，中国共产党紧紧抓住这一战略，放手发动人民战争，同全国军民一起有效地打击了日本帝国主义，最终取得了全面胜利。

总之，中国的国防史是一部可歌可泣的历史，其中的成功与失败、教训与启示，永远值得我们牢记。

# 第二节 国防法规

国防法规是国家法律的重要组成部分，是加强国防和武装力量建设的基本法律依据，是调整国防领域中各种关系，坚持依法治军，全面提高部队战斗力的重要保证，也是做好战争准备、赢得战争胜利的根本保障。

## 一、国防法规的含义和特性

### （一）国防法规的含义

国防法规是指国家为了加强防务，尤其是加强武装力量建设，用法律形式确定并以国家强制手段保证其实施的行为规则的总称。国防法规作为国防活动的基本法律规范，其主要任务是调整和规范国家在国防领域中的各种社会关系，把国防建设纳入法制轨道，确保军队革命化、现代化、正规化建设总目标的实现。

### （二）国防法规的特性

国防法规是国家法律的组成部分，是由国家制定或认可的，并由国家强制力保证其实施的行为规范。它具有法律的一般特性：（1）鲜明的阶级性。国防法规是统治阶级意志的体现，是为统治阶级利益服务的。（2）普遍的适用性。法律面前人人平等，无论职务高低，无论什么行业部门，都必须依法办事，没有例外。（3）严格的强制性。国防法规所确定的行为准则，必须严格遵守和执行，如果违反了，要依法受到追究。（4）高度的权威性。国防法规是由有立法权的国家机关制定的，除此之外，其他任何组织或个人都无权制定。（5）相对的稳定性。国防法规是国家机关通过法定程序制定的，一经颁布往往要稳定相当长的时间，不会朝令夕改。这些是国防法规的共性所在。同时，国防法规还具有区别于其他法规的特殊性，主要表现在以下四个方面。

#### 1. 调整对象的军事性

法律是调整社会关系的行为规范，不同的法律规范用来调整不同领域的社会关系，国防法规所调整的是国防和武装力量建设领域的各种社会关系。包括军队内部的社会关系，武装力量内部的社会关系，武装力量与外部的社会关系。这些带有军事性的社会关系是国防法规特有的调整对象，是其他任何法律规范所不能代替的，这是国防法规特性的表现。

#### 2. 司法适用的优先性

国防法规优先适用，是指在解决与国防利益、军事利益有关的法律问题时，如果国防法规和其他法规都有相关规定，这时要以国防法规的规定作为司法依据，以国防法规作为评判是非的标准和采取行为的准则，其他法规要服从国防法规。优先适用不是指的先后顺序，而是一种排他性的单项选择。也就是说，在解决与国防利益、军事利益有关法律问题时，只有国防法规起作用，其他法规不起作用。

#### 3. 公开程度的有限性

公开性是法律固有的特性，因为法律只有公开才能使人们普遍了解和遵守。但国防法规有些不同，它的公开程度是有限的。一些基本的、主要的国防法规是公开的，如《国防法》《兵役法》《军事设施保护法》等。但有少数国防法规，如军队的作战（《战斗条令》）、训练（《军事训练条例》）、编制和国防科研等方面的法规具有保密性而不予公开，以免国家利益受到损害。

#### 4. 处罚措施的严厉性

国防法规所保护的国防利益，是关系国家兴衰存亡的最根本的国家利益。因此对危害国家利益的犯罪，规定了更为严厉的处罚措施。如《刑法》第二百六十三条规定，抢劫罪通常处三年以上十年以下有期徒刑，而冒充军警人员抢劫的、抢劫军用物资的，属情节严重犯罪，处十年以上有期徒刑、无期徒刑或者死刑。

## 二、国防法规体系及主要的国防法规

### （一）国防法规体系

国防法规以《宪法》为基础，由各类法律规范组成，其范围十分广泛，内容也十分丰富，是相互联系、相互制约和协调的有机整体。我国的国防法规体系按照立法权限区分为四个层次：第一个层次是法律，由全国人民代表大会及其常务委员会制定的。第二个层次是法规，是由国务院和中央军委制定的。由中央军委制定的为军事法规，由国务院制定或国务院与中央军委联合制定的为军事行政法规。第三个层次是规章，由军委各总部、各军兵种、各军区制定的军事规章，由国务院各部委单独制定或与军委有关部门联合制定的国防行政规章。第四个层次是地方性法规，是由各省、自治区、直辖市人民代表大会及其常务委员会制定的贯彻执行国家国防法规的实施办法、实施细则和补充规定等。

我国的国防法规按调整领域划分十六个门类：一是国防基本法类；二是国防组织法类；三是兵役法类；四是军事管理法类；五是军事刑法类；六是军事诉讼法类；七是国民经济法类；八是国防科技工业法类；九是国防动员法类；十是国防教育法类；十一是军人权益保护法类；十二是军事设施保护法类；十三是特区驻军法类；十四是紧急状态法类；十五是战争法类；十六是对外军事关系法类。

### （二）主要的国防法规

1. 《中华人民共和国国防法》

《中华人民共和国国防法》于1997年3月14日由中华人民共和国第八届全国人民代表大会第五次会议通过，同日中华人民共和国主席令第84号颁布，号令指出《中华人民共和国国防法》自颁布之日起施行。它是中华人民共和国第一部国防基本法，是指导、规范国防和军队建设的基本依据，在国家法律体系中占有重要位置。它是为建设和巩固国防、为保障社会主义现代化建设的顺利进行依宪法而制定的。该法包括总则，国家机构的国防职权，武装力量，边防、海防、空防，国防科研生产与军事订货，国防经费和国防资产，国防教育，国防动员和战争状态，公民、组织的国防义务和权利，军人的义务和权利，对外军事关系，附则。《国防法》共12章70条，主要内容有：

（1）规范我国防务原则。《国防法》第4条规定：我国实行"积极防御"的战略，坚持"全民自卫"的原则。积极防御，意味着中国奉行和平外交政策，不主张用武力解决国际争端，但对任何外来侵略，将予以坚决抵抗。全民自卫，是人民战争的体现，在新的历史条件下，仍然要坚持这一原则。

（2）规范国防建设的基本制度。《国防法》第4条规定："国家独立自主、自力更生地建设和巩固国防。"这是对国防建设基本原则的规定。所谓独立自主，就是根据自己的情况决定国防建设的目标、重点、步骤和措施，从我国的实际出发争取实现国防现代化的目标。所谓自力更生，就是把国防建设放在自己力量的基点上，依靠自己的力量实现国防现代化。

（3）规范国防领导体制的构成及职责。《国防法》第5条规定了国家对国防活动实现统一领导的原则。国防是关系国家的生死存亡和兴衰荣辱的大事，世界各国都对国防活动实行统一的领导。在我国，对国防活动实行统一领导的实质是强调中国共产党对武装力量的集中统一领导。

（4）规范国防建设与经济建设关系的原则。《国防法》第4条第2款规定："国家在集中力量进行经济建设的同时，加强国防建设，促进国防建设与经济建设协调发展。"我国的国防建设必须建立在经济发展的基础之上，不能超出国家经济的承受能力。但是，服从经济建设大局，并不等于把国防建设放在次要位置。既要使国防建设在经济建设的大局下行动，也要在经济建设中兼顾国防建设，使国防建设与经济建设的发展步骤相协调。

（5）规范公民、国家机关、社会组织在国防方面的权利和义务。如公民有依法服兵役、参加民兵组织、接受国防教育、保护军事设施、保守国家秘密的义务。公民和各种组织应当支持国防建设，企事业单位应保质保量地完成国防科研生产，接受国家军事订货的义务等。

（6）对外军事关系的基本原则。《国防法》第8条规定："中华人民共和国在对外军事关系中，维护世界和平，反对侵略扩张行为。"在对外军事关系中，必须以此为原则，同其他国家进行军事交流与合作。

此外，《国防法》还对边防、海防和空防，国防科研生产与订货，国防经费和国防资产，国防教育，国防动员和战争状态等重大问题做出了规定。

《国防法》的公布实施，为加强国防和军队建设提供了重要的法律保障，对于适应社会主义民主与法制建设的新形势，加快国防现代化建设的步伐，保障改革开放和经济建设的顺利进行，保证国家长治久安，具有重要的现实意义和深远的历史意义。

《国防法》作为国家的一个基本法和国防建设的母法，它的内容涵盖了国防和军队建设的方方面面，集中体现了具有悠久历史的社会主义中国的大国精神、大国特色、大国传统和大国气概，反映了中国国防在国际社会生活中应有的地位和作用。

《国防法》规范了我国国防建设的基本任务、基本方针和基本制度，反映了我国社会主义国防的性质和全民参与国防的特点，是一部具有中国特色、能够指导和规范国防和军队建设的重要法律。学习和贯彻好《国防法》，是各级组织和每一个公民义不容辞的责任。

2.《中华人民共和国兵役法》

2011年10月29日，第十一届全国人民代表大会常务委员会第二十三次会议审议通过了《中华人民共和国兵役法修正案》，对2009年颁布的《兵役法》进行了修正。现行《兵役法》共12章74条，主要包括以下内容。

（1）规定了中华人民共和国武装力量的组成

中华人民共和国武装力量由中国人民解放军现役部队和预备役部队、中国人民武装警察部队和民兵组成。中华人民共和国实行义务兵与志愿兵相结合、民兵与预备役相结合的兵役制度。中华人民共和国公民不分民族、种族、职业、家庭出身、宗教信仰和教育程度，都有义务依照兵役法的规定服兵役。

（2）规定公民服兵役的法定年限

《兵役法》规定："每年12月31日以前年满18周岁的男性公民，应当被征集服现役。当年未被征集的在22周岁以前仍可以被征集服现役。普通高等学校毕业生的征集年龄可以放宽至24周岁。"根据军队需要和本人自愿，可以征集当年12月31日以前年满17周岁，未满18周岁的公民服现役。义务兵服现役期限为2年。义务兵服现役期满，经团级以上单位批准可以改为士官，也可以直接从非军事部门具有专业技能的公民中招收士官。士官实行分级服现役制度。士官服现役的期限一般不超过30年，年龄不超过55周岁。

（3）规定现役军官的补充形式和途径

① 选拔优秀士官和普通高中毕业生入军队院校学习毕业的学员；② 选拔普通高等学校毕业的国防生和其他应届优秀毕业生；③ 直接提升具有普通高等学校本科以上学历表现优秀的士兵；④ 改任现役军官的文职干部；⑤ 招收军队以外的专业技术人员和其他人员；战时根据需要，可以从士兵、征召的预备役军官和非军事部门人员中直接任命军官。

（4）规定了民兵和预备役成员的组成与训练

民兵是不脱产的群众武装组织，是中国人民解放军的助手和后备力量。凡18周岁至35周岁符合服兵役条件的男性公民，除应服现役以外，都编入民兵组织服预备役。民兵分为基干民兵和普通民兵。28岁以下的退出现役的士兵和受过军事训练的人员以及被选定参加军事训练的人员，编为基干民兵，其余编为普通民兵。根据需要，吸收女性公民参加基干民兵。预备役军官包括下列人员：退出现役转入预备役的军官，确定服军官预备役的退出现役的士兵，高等院校毕业学生，专职人民武装干部和民兵干部，非军事部门的干部和专业技术人员。对预备役人员和高等院校、高级中学学生实施军事训练。

（5）规定了战时兵员动员制度

在国家发布动员令以后，现役军人停止退出现役，休假、探亲的军人必须立即归队；预备役人员、国防生随时准备应召服现役。在接到通知后必须准时到指定的地点报到；机关、团体、企事业单位和乡（民族乡）、镇的人民政府负责人，必须组织本单位的被征集的预备役人员，按照规定的时间、地点报到；交通运输部门应当优先运送应召的预备役人员、国防生和返回部队的现役军人。战时根据需要，国务院和中央军事委员会可以决定征召36岁至45岁的男性公民服现役，可以决定延长公民服现役的期限。

（6）规定了优待、安置和优抚制度

对现役军人及家属实行优待。军人退出现役后，国家实行军人保险制度，与社会保险制度相衔接。现役军人、残疾军人、退出现役的军人、烈士、病故军人遗属应当受到社会的尊重，受到国家和社会的优待。军官、士官家属随军、就业、工作调动以及子女教育，享受国家和社会的优待。义务兵服现役期间，其家庭由当地人民政府给予优待，优待标准不低于当地生活水平。具体办法由省、自治区、直辖市人民政府规定。

（7）规定对拒绝、逃避兵役登记和征集的公民的处罚

对有服兵役义务的公民，①拒绝、逃避兵役登记和体格检查的；②应征公民拒绝、逃避征集的；③预备役人员拒绝、逃避参加军事训练、执行军事勤务和征召的。有前款第二项行为，拒不改正的，不得录取为公务员或者参照《公务员法》管理的工作人员，两年内

不得出国（境）或者升学。战时有本条第一款第二项、第三项或者第三款行为，构成犯罪的，依法追究刑事责任。

《兵役法》是国家关于公民参加军队和其他武装组织或在军队外接受军事训练的法律。它从国家的国情和军情实际需要出发，主要规定了国家武装力量的组成和实行什么样的兵役制度，公民服兵役的条件、形式、期限，后备力量的建设体制，以及公民由服兵役而产生的权利和义务等。我国的《兵役法》是由国家最高权力机关——全国人民代表大会依据宪法制定的，目的在于保障军队平时和战时的兵员补充，保证兵员质量，加强武装力量建设，以满足我军现代化建设和未来可能的反侵略战争的需要。因而，它是我国兵役制度的根本大法。

有无完善的兵役法规，对一个国家的武装力量建设和国防建设关系极大。新中国成立后，国家一直重视兵役法的制定工作。1955年7月30日，我国颁布了第一部《兵役法》。1984年5月31日，又颁布了新的《兵役法》。1998年12月29日，第九届全国人民代表大会常务委员会第六次会议通过《关于修改〈中华人民共和国兵役法〉的规定》指出："中华人民共和国实行义务兵与志愿兵相结合、民兵与预备役相结合的兵役制度。"简而言之，就是"两个结合"的兵役制度，这也是1998年《兵役法》修改的最核心内容。2011年10月29日，第十一届全国人民代表大会常务委员会第二十三次会议审议通过了《中华人民共和国兵役法修正案》，对2009年颁发的《兵役法》进行了修正。它对我国现行的兵役制度，兵员的平时征集与战时动员，士兵与军官的现役和预备役，民兵、预备役人员的军事训练，高等院校和高级中学学生的军事训练，现役军人的优待和退出现役的安置，以及对违反《兵役法》的惩处等，都做出明确规定。该法的颁布实施，对完善我国的兵役法规，增强全国人民的国防观念，提高全国人民依法服兵役的意识，加强国防现代化建设具有十分重要的现实意义。

在高等院校就学的大学生参加军训，不仅是履行兵役义务的一种形式，更重要的是，军训能使他们牢固树立和平时期居安思危的国防观念，增强保卫祖国的责任感，从而大大激发他们积极投身现代国防建设的热情。当今世界，无论是社会主义国家还是资本主义国家，都非常重视学生的军事训练，都把学生军训作为加强国防后备力量建设的重要措施。这种寓兵于民、寓官于校的做法，无疑是一个平时少养兵，战时多出兵、出精兵的好办法，无论是对国家的国防建设还是经济建设，都有很大的益处。

同时，对大学生进行军训又是培养德、智、体、美全面发展人才的重要途径。军训可以给大学生提供接触社会、接触军人的机会，能提高广大青年学生自觉履行兵役义务的光荣感和责任心，进一步加深他们对党、对祖国、对军队的感情。通过军训，广大青年学生不仅能学到一些军事技能，受到人民解放军光荣传统的教育，而且还能体验到严格、紧张的军营生活，促进智力开发，增强体魄，培养高度的组织纪律性和勇敢顽强、坚韧不拔、吃苦耐劳、不怕困难的革命英雄主义精神，从而为在新的历史时期加强我国现代化建设，造就德才兼备、文武双全的高素质人才和浩浩荡荡的科学技术队伍打下基础。因此，对高等院校的学生实施军事训练，也是教育改革和全面落实党的教育方针的一项重要措施。

3.《中华人民共和国国防教育法》

《国防教育法》是对全民进行国防教育的法律规范。国防教育关系到国家安全,世界各国都非常重视通过立法来推动国防教育。我国也非常重视用法律来规范国防教育活动。我国的《国防教育法》是依据国防法和教育法而制定的综合调整和规范国防教育行为的法律。该法于2001年4月28日第九届全国人民代表大会常务委员会第二十一次会议通过,同日中华人民共和国主席令第52号公布实施。《国防教育法》共6章38条,主要内容有以下几点。

（1）关于国防教育的地位、任务与指导原则

《国防教育法》第二条规定:"国防教育是建设和巩固国防的基础,是增强民族凝聚力、提高全民素质的重要途径。"第三条明确了国防教育的任务:"国家通过开展国防教育,使公民增强国防观念,掌握基本的国防知识,学习必要的军事技能,激发爱国热情,自觉履行国防教育。"第四条明确了国防教育的指导原则:"国防教育贯彻全民参与、长期坚持、讲求实效的方针,实行经常教育与集中教育相结合、普及教育与重点教育相结合、理论教育与行为教育相结合的原则,针对不同对象确定相应的教育内容分类组织实施。"

（2）关于国防教育的领导体制

根据《宪法》和《国防法》确定的国务院、中央军委对国防教育的领导体制和职责分工,《国防教育法》第六条规定:"国务院领导全国的国防教育工作。中央军事委员会协同国务院开展全民国防教育"。"地方各级人民政府领导本行政区域内的国防教育工作,驻地军事机关协助和支持地方人民政府开展国防教育"。设立国家和地方的国防教育工作机构并确定其职责,是加强全民国防教育的组织措施。为此,《国防教育法》第七条规定:"国家国防教育工作机构规划、组织、指导和协调全国的国防教育工作"。"县级以上地方负责国防教育工作的机构组织、指导、协调和检查本行政区域内的国防教育工作"。

（3）关于设立全民国防教育日

为了增强全民居安思危的忧患意识和国防观念,进一步推动全民教育工作,有必要设立全民国防教育日。这也是一些国家的通常做法。《国防教育法》第十二条规定:"国家设立全民国防教育日。"2001年8月31日第九届全国人民代表大会常务委员会第二十三次会议通过《关于设立全民国防教育日的决定》,确定每年9月第三个星期六为全民国防教育日。

（4）关于学习国防教育

学校的国防教育是全民国防教育的基础。根据现行学校教育制度和不同年龄段学生身心发展的特点,《国防教育法》第十四条规定:"小学和初级中学应当将国防教育的内容纳入有关课程,将课堂教学与课外活动相结合,对学生进行国防教育。"《国防教育法》第十五条规定:"高等学校、高级中学和相当于高级中学的学校应当将课堂教育与军事训练相结合,对学生进行国防教育。"同时,鉴于小学、初中开展的少年军校活动和高中、大学开展的军训活动,经实践证明是对青少年进行国防教育的有效形式。《国防教育法》第十四条还规定:"有条件的小学和初级中学可以组织学生开展以国防教育为主题的少年军校活动。教育行政部门、共产主义青年团组织和其他有关部门应当加强对少年军校活动的指

导与管理"。《国防教育法》第十五条规定："高等学校、高级中学和相当于高级中学的学校学生的军事训练，由学校负责军事训练的机构或者军事教员按照国家有关规定组织实施。军事机关应当协助学校组织学生的军事训练。"

（5）关于社会国防教育

相对于学校的国防教育，《国防教育法》将社会国防教育专列一章，对国家机关、企事业单位、社会团体和城市居民委员会、农村村民委员会开展国防教育以及有关军事机关对民兵、预备役人员进行国防教育的形式和要求，分别做出规定。同时，由于大众传播媒体和社会文化场所在全民国防教育中具有重要的作用和广泛的影响，《国防教育法》第二十二条规定："文化、新闻、出版、广播、电影、电视等部门和单位应当根据形式和任务的要求，采取多种形式开展国防教育。""中央和省、自治区、直辖市以及社区地市的广播电台、电视台、报刊应当开设国防教育节目或者栏目，普及国防知识。"《国防教育法》第二十三条规定："烈士陵园、革命遗址和其他具有国防教育功能的博物馆、纪念馆、科技馆、文化馆、青少年宫等场所，应当为公民接受国防教育提供便利，对有组织的国防教育活动实行优惠或者免费；依照本法第二十八条的规定被命名为国防教育基地的，应当对有组织的中小学生免费开放；在全民国防教育日向社会免费开放。"

（6）关于国防教育的保障

针对一些地方教育工作存在经费不落实、国防教育场所和师资力量不足以及教材过滥等问题，《国防教育法》规定：各级人民政府应当保障国防教育所需的经费；国家机关、事业单位、社会团体和企业开展国防教育所需的经费分别在本单位预算经费内或者职工教育经费中列支；全民国防教育使用统一的国防教育大纲，有关部门依据国防教育大纲组织编写国防教育教材；各级国防教育工作机构应当组织、协调有关部门做好国防教育教员的选拔、培训和管理工作。

（7）关于法律责任

为了促进国防教育工作的落实，保证国防教育的贯彻实施，《国防教育法》第三十三条规定："国家机关、社会团体、企事业单位以及其他社会组织违反本法规定，拒不开展国防教育活动的，由人民政府有关部门或者上级机关给予批评教育，并责令限期改正；拒不改正，造成恶劣影响的，对负有直接责任的主管人员依法给予行政处分。"此外，《国防教育法》还针对挪用、克扣国防教育经费，扰乱国防教育工作和活动秩序，盗用国防教育名义骗取钱财、牟取非法利益，以及负责国防教育的国家工作人员玩忽职守、滥用职权、徇私舞弊的违法行为，分别规定了相应的法律责任。

4.《中华人民共和国国防动员法》

《国防动员法》是国家在和平时期进行战争动员准备和战争期间实施人力、物力、财力动员的法律规范，是国家军事法的组成部分。包括国防（战争）动员方面的法律规范等，通常由国家最高权力机关颁布实施。2010年2月26日《中华人民共和国国防动员法》在第十一届全国人大常委会第十三次会议上审议通过，2010年7月1日起施行。其内容共14章72条，主要规定了国防动员的组织领导及其职权；国防动员计划；实施预案与潜力统计调查；与国防密切相关的建设项目和重要产品；预备役人员的储备与征召；战略物资的储备与调用；军品科研、生产与维修保障；战争灾害的预防与救助；国防勤务；民用资源征用与补偿；宣传教育；特别措施及法律责任等。另外，在《国防法》《兵役法》《人民防空法》《国防交通条例》中也有关于动员的表述。例如《国防法》第四十四条、第四十五条、第四十七条、第四十八条和第四十九条均有规定。

国防动员的成败直接关系到战争的胜负，关系到国家的生死存亡。世界各国都非常重视国防动员，重视动员法规建设。如1938年法国和日本都颁布了《总动员法》。再如处于敌对阿拉伯国家包围中的以色列在第四次中东战争中，战争初期其苦心经营三年花费三亿美元修建的巴列夫防线被埃及军队突破，前线部署的9个旅的重兵均遭到重创，陷入危险的境地。但以色列在平时为了维护自身国家安全，制定了比较完善的国防动员法规，有完善的动员体制，战争爆发几分钟后发布全国总动员令，48小时后，30万预备役部队开赴前线，很快扭转了战争初期的被动局面。

5.《中华人民共和国军事设施保护法》

《中华人民共和国军事设施保护法》于1990年2月23日由第七届全国人民代表大会常务委员会第十二次会议通过，同日中华人民共和国主席令第25号颁布，自1990年8月1日起施行。该法共8章53条，主要内容有以下几点。

（1）规定了军事设施的保护范围

保护范围包括指挥机关、地面和地下的指挥工程、作战工程；军用机场、港口、码头；营区、训练场、试验场；军用洞库、仓库；军用通信、侦察、导航、观测台站和测量、导航、助航标志；军用公路、铁路专用线，军用通信、输电线路，军用输油、输水管道以及国务院、中央军事委员会规定的其他军事设施。

（2）规定了军事设施保护的主管机关及其保护方针

中国人民解放军总参谋部在国务院和中央军事委员会的领导下，主管全国的军事设施保护工作；军区司令机关主管辖区内陆军、海军、空军的军事设施保护工作。国家对军事设施实行分类保护、确保重点的方针。军事设施改作民用的，军用机场、港口、码头实行军民合用的，需经国务院和中央军事委员会批准。

（3）规定了军事设施保护区域的划定等级及其保护措施

国家根据军事设施的性质、作用、安全保密的需要和使用效能的要求，划定军事禁区、军事管理区；没有划入军事禁区、军事管理区的军事设施，也应当采取保护措施。军事禁区和军事管理区，由国务院和中央军事委员会确定，或者由军区根据国务院和中央军事委员会的规定确定。

（4）规定了军事禁区、军事管理区范围的划定或调整原则

划定或调整原则是指在确保军事设施安全保密及使用效能的前提下，兼顾经济建设、自然环境保护和当地群众的生产、生活。县级以上地方人民政府编制经济和社会发展规划时，应考虑军事设施保护的需要，并征求有关军事机关的意见；安排建设项目或者开辟旅游点时，应避开军事设施；确实不能避开、需要将军事设施拆除或者改作民用的，由省、自治区、直辖市人民政府和军区级军事机关商定，并报国务院和中央军事委员会批准。

（5）规定了违反本法的处置

对非法进入军事禁区的，在军事禁区或者禁区外围安全控制范围内，非法进行摄影、摄像、录音、勘察、测量、描绘和记述的，进行破坏、危害军事设施活动的，军事设施管理单位的值勤人员应予制止，不听制止的，可依照国家有关规定，采取必要的强制措施。在危及军事设施安全或者值勤人员生命等紧急情况下可以使用武器。此外，还规定了破坏、危害军事设施的各类违法犯罪行为应负的法律责任。

6.其他法规

除已经介绍的《中华人民共和国国防法》《中华人民共和国兵役法》《中华人民共和国国防教育法》《中华人民共和国国防动员法》《中华人民共和国军事设施保护法》外，中华人民共和国立法机关、军事机关、行政机关还先后制定了一系列国防和军事法规。如全国人大常委会颁布了《中华人民共和国国家安全法》《中国人民解放军军官军衔条例》《中国人民解放军军官服役条例》《民兵工作条例》等20多个法律法规；国务院和中央军委联合颁发了《征兵工作条例》等40多个单行法规；中央军委制定颁发了《纪律条令》《内务条令》《队列条令》等。总之，我国非常重视国防法律法规的建设，经过几十年的发展，我国的国防法制建设已取得了巨大的成绩，初步形成了中国特色的国防法规体系。

## 三、公民的国防权利和义务

《中华人民共和国宪法》规定：保卫祖国、抵抗侵略是中华人民共和国每一个公民的神圣职责。作为中华人民共和国的公民和组织，应依法履行国防义务和依法享有一定的国防权利。国家通过开展国防教育，使公民增强国防观念，掌握国防知识，发扬爱国主义精神，自觉履行国防义务，行使国防权利。

（一）公民的国防权利

根据我国《国防法》的规定，公民享有以下三个方面的国防权利。

1.国防建设建议权

国防权利是指宪法、法律赋予公民和组织在国防方面享有的权力和利益。《国防法》第五十四条规定："公民和组织有对国防建设提出建议的权利。"提出建议权，就是公民对国防建设的指导思想、方针、原则、规章、制度、实施方法等提出改进意见。这项规定是公民和组织依《宪法》中的相关规定，享有对国家事务的建议权在国防建设方面的体现。

2.制止、检举危害国防行为权

《国防法》第五十四条规定，公民和组织"对危害国防的行为有进行制止或者检举的权利"。所谓制止权，是指公民依法采取一定的方式方法，使危害国防的行为停止下来，从而维护国防利益。所谓检举权，是指危害国防的行为发生后，公民有权对违法行为进行揭发。对违法犯罪行为进行制止、检举是公民享有的一项普遍性权利，在国防领域也不例外。国家对公民和组织为维护国防利益而行使的制止权、检举权，予以支持和保护。对检举的危害国防利益的行为，必须查清事实、依法处理，绝不允许对检举人压制和打击报复，否则将承担法律责任。

3.损失补偿权

《国防法》第五十五条规定，公民和组织因国防建设和军事活动在经济建设上受到直接损失的，可以依照国家有关规定取得补偿。在战时或其他紧急状态下，有些补偿措施是在事后落实的，不应把预先得到的补偿作为接受征用的条件。

（二）公民的国防义务

我国《宪法》第五十五条规定，保卫祖国、抵抗侵略是中华人民共和国每一个公民的神圣职责。依照法律服兵役和参加民兵组织是中华人民共和国公民的光荣义务。

根据有关法律法规，公民应承担的国防义务主要有以下几个方面。

1.履行兵役的义务

兵役义务是公民在参加国家武装力量和以其他形式接受军事训练方面应当履行的责任。《国防法》第五十条规定，依照法律服兵役和参加民兵组织是中华人民共和国公民的光荣义务。《兵役法》第三条规定，中华人民共和国公民，不分民族、种族、职业、家庭出身、宗教信仰和受教育程度，都有义务依照本法的规定服兵役。按照我国《兵役法》的规定，公民履行兵役义务有服现役、服预备役和参加民兵组织三种形式。参加民兵组织、服预备役以及高等院校和高级中学学生参加军事训练，是我国应征公民在军队之外履行兵役义务的普遍形式。

2.接受国防教育的义务

我国《国防法》第五十二条规定，公民应当接受国防教育。我国《国防教育法》第五条进一步强调，中华人民共和国公民都有接受国防教育的权利和义务。国防教育是国家为防备和抵抗侵略，制止武装颠覆，保卫国家的主权统一、领土完整和安全，对全体公民所进行的一种具有特定目的和内容的教育活动，是国家整体教育事业的组成部分。国防教育是建设和巩固国防的基础，是增强民族凝聚力、提高全民素质的重要途径。普及和加强国防教育是全社会的共同责任，自觉接受国防教育是公民应尽的义务。

3.保护国防设施的义务

国防设施是指直接用于国防目的的建筑、场地和设备，包括军事设施、人民防空设施、国防交通设施和其他用于国防目的的设施。我国的《军事设施保护法》第四条明确规定，中华人民共和国的所有组织和公民都有保护军事设施的义务。禁止任何组织或个人破坏、危害军事设施。任何组织或者个人对破坏、危害军事设施的行为，都有权检举、控告。公民在从事经济、文化和其他社会活动时，应当遵守《军事设施保护法》和国家其他有关保护军事设施规定的要求，自觉保护国防设施。

4.保守国家秘密的义务

国防秘密是指关系国家安全利益，在一定时间内只限一定范围人员知悉的军事或与军事有关的政治、经济、外交、科技、教育等方面的事项。我国《宪法》第五十三条规定，中华人民共和国公民必须遵守宪法和法律，保守国家秘密。《中华人民共和国保守国家秘密法》规定，国家秘密关系国家的安全和利益，一切国家机关、武装力量、政党、社会团体、企事业单位和公民都有保守国家秘密的义务。

5.支持国防建设、协助军事活动义务

我国的国防是全民国防，公民应当积极参与和支持国防建设。支持国防建设的形式是多种多样的，公民所做的一切有利于国防建设的事情都是支持国防建设。军事活动是国防活动的核心内容，公民和组织应当根据自己的能力和条件，自觉地提供便利和协作。

# 第三节 国防建设

国防建设是指为国家安全利益需要，提高国防能力而进行的各方面的建设。它是国家建设的重要组成部分，包括精神和物质两个方面的建设。国防建设的内容主要包括武装力量建设、战场建设、人力物力的多种动员准备以及边防、海防、空防和人防建设；战略物资的储备；国防工业建设和国防科学技术研究；对人民群众和学生进行国防教育和军事训练，发展国防体育事业；建立、健全国防法规体系；军事理论研究，发展军事科学，制定并完善符合实际的战略战术原则；后备力量的建设以及与国防相关的铁路、公路、水运、民航、邮电、能源、水利、造林、气象、卫生、航天等方面的建设。武装力量的建设是国防建设的重点。

## 一、国防领导体制

国防领导体制是指国防领导的组织体系及其相应制度。它包括国防领导机构的设置、职权划分、相互关系等。它是国家政权组织形式和机构的重要组成部分。一般设有最高统帅、最高国防决策机构、国家行政机关中管理国防事务的部门、武装力量领导指挥系统等。根据我国《宪法》和《国防法》，中华人民共和国国防领导职权由中共中央、全国人民代表大会及其常务委员会、国家主席、国务院、中央军委来行使。

（一）中共中央的国防领导职权

中共中央在国家事务包括国防事务中发挥着决定性的作用。中华人民共和国的武装力量受中国共产党领导。在中国，关于国防、战争和军队建设的重大问题，都由中共中央、中央军委、中央政治局及其常务委员会做出决策并通过必要的法定程序，作为党和国家统一决策贯彻执行。

（二）全国人民代表大会及其常务委员会的国防领导职能

全国人民代表大会是中华人民共和国最高权力机关，它在国防方面的主要职权有：决定战争与和平的问题；制定有关国防方面的基本法律；选举中央军事委员会主席；根据中央军事委员会主席的提名，决定中央军事委员会其他组成人员，并有权罢免以上人员；审查和批准包括国防建设计划在内的国民经济和社会发展计划以及执行情况的报告；改变或者撤销全国人民代表大会常务委员会在国防方面的不适当决定，监督中央军事委员会的工作。全国人大常委会在全国人民代表大会闭会期间，决定战争状态的宣布，决定全国总动员或局部动员并行使宪法规定的国防方面的其他职权。

（三）国家主席在国防方面的职权

中华人民共和国主席在国防方面的职权主要包括：根据全国人民代表大会的决定和全国人民代表大会常务委员会的决定，宣布战争状态，发布动员令；公布全国人民代表大会及其常务委员会制定的有关国防方面的法律；根据全国人民代表大会常务委员会的决定，授予在国防方面国家的勋章和荣誉称号；根据全国人民代表大会常务委员会的决定，批准和废除同外国缔结的有关国防方面的条约和重要协定。

（四）国务院在国防方面的职权

中华人民共和国国务院是最高权力机关的执行机关和国家的最高行政机关。它在国防事务方面的职权是领导和管理国家的国防建设，包括：编制国防建设发展规划和计划；制定国防建设方面的方针、政策和行政法规；领导和管理国防科研生产；管理国防经费和国防资产；领导和管理国民经济动员工作和人民武装动员、人民防空、国防交通等方面的有关工作；领导和管理拥军优属工作和退出现役军人的安置工作；领导国防教育工作；与中央军事委员会共同领导中国人民武装警察部队、民兵的建设和征兵、预备役工作以及边防、海防、空防的管理工作；法律规定的与国防建设有关的其他职权。

（五）中央军事委员会的国防领导职能

中央军事委员会是党和国家的最高军事机关，统领全国武装力量，负责党和国家的最高军事决策和军事指挥，根据党的路线、方针、政策和国家的安全与发展的需要，确定军事战略，领导军事建设。其职权主要包括：统一指挥全国武装力量；决定军事战略和武装力量的作战方针；领导和管理中国人民解放军的建设，制定规划、计划并组织实施；向全国人民代表大会或全国人民代表大会常务委员会提出议案；根据宪法和法律，制定军事法规，发布决定和命令；决定中国人民解放军的体制和编制；相关单位的任务和职责；依照法律、军事法规和规定，任免、培训、考核和奖惩武装力量成员；批准武装力量的武器装备体制和武器装备发展规划、计划，协同国务院领导和管理国防科研生产；会同国务院管理国防经费和国防资产；法律规定的其他职权。

2016年1月，军委机关调整组建，按照军委管总、战区主战、军种主建的总原则，把总部制改为多部制，由原来的总参谋部、总政治部、总后勤部、总装备部4个总部，改为军委办公厅、军委联合参谋部、军委政治工作部、军委后勤保障部、军委装备发展部、军委训练管理部、军委国防动员部、军委纪律检查委员会、军委政法委员会、军委科学技术委员会、军委战略规划办公室、军委改革和编制办公室、军委国际军事合作办公室、军委审计署、军委机关事务管理总局等15个职能部门。

## 二、国防建设目标和国防政策

（一）国防建设目标

国防建设目标是指一个固定的时期内，根据国际形势、周边环境以及国内条件的发展趋势，在已有国防建设的基础上，运用国家的各种条件和力量，在国防建设上所要达到的预期目的和结果。新时期中国国防的目标和任务，主要有以下内容：维护国家主权、安全和发展利益，维护社会和谐稳定，推进国防和军队现代化，维护世界和平稳定。

## （二）国防政策

国防政策是指国家进行国防建设和使用国防力量的准则。任何一个主权国家，都要根据其相应的军事、政治、经济、科技、文化、地理以及国际环境等条件制定相应的国防政策。国防政策的正确与否，直接关系到整个国防事业的成败，具有决定性意义。

我国国防建设的基本原则是：适应国家根本利益的需要，坚持人民战争思想，提高综合国防力量；与国家经济建设有机结合，协调发展，国防建设以经济建设为基础，并服从国家经济建设大局；坚持以现代化为中心，实现国防科技、武器装备、国防人才、国防体制现代化；突出重点，以武装力量建设为主，全面提高国防建设的综合效益；遵循独立自主、自力更生的方针，把国防建设放在自己力量的基点上，发挥自身优势，学习和借鉴其他国家的先进技术；全国军民共同努力，在中国共产党中央委员会、国务院和中央军事委员会的统一领导下，党、政、军、民通力合作，齐心协力地进行国防建设。

我国的国防政策是根据我国的国防原则，结合实际情况制定的在一定时期内关于国防建设和斗争的基本行动准则，是国家政策的组成部分。我国的国防政策主要包括以下内容：维护国家安全统一，保障国家发展利益；实现国防和军队建设全面协调可持续发展；加强以信息化为主要标志的军队质量建设；贯彻积极防御的军事战略方针；坚持自卫防御的核战略；营造有利于国家和平发展的安全环境。

## 三、武装力量建设

武装力量是国家或政治集团所拥有的各种武装组织的统称。《国防法》《兵役法》规定，中华人民共和国武装力量由中国人民解放军现役部队和预备役部队、中国人民武装警察部队及民兵组成。中华人民共和国中央军事委员会领导并统一指挥全国的武装力量。

（一）中国人民解放军

中国人民解放军是中华人民共和国武装力量的骨干，是抵抗侵略、保卫祖国、维护国家主权和安全的主要力量。中国人民解放军由现役部队和预备役部队组成。

1.中国人民解放军现役部队

中国人民解放军是我国武装力量的主体，它诞生于1927年8月1日南昌起义的战火中。经过几十年的建设，现已发展成为拥有陆军、海军、空军、火箭军、战略支援部队五大军种。依据"军委管总、战区主战、军种主建"的总原则，根据我国安全环境和军队担负的使命任务，把我国国土确定为五大战区，即东部战区、南部战区、西部战区、北部战区、中部战区。这种确定和划分，有利于我军构建并健全联合作战指挥体系，更好地维护国家主权、安全和发展利益，维护地区稳定与世界和平。

（1）中国人民解放军陆军

中国人民解放军陆军是人民解放军的主要军种，是陆地作战的主力。它是人民解放军各军兵种历史最久、在新中国建立前后的历次作战中发挥最出色的军种，也是社会主义现代化建设和各种抢险救灾中的中坚力量。经过几十年的建设和发展，我国陆军由单一兵种逐步发展为一支具有强大火力、突击力和高度机动能力的诸兵种合成军种。它由步兵、炮兵、装甲兵、工程兵、通信兵、防化兵、电子对抗兵等专业部队组成。

陆军按照机动作战、立体攻防的战略要求，实行区域防卫型向全域机动型转变，加快小型化、多能化、模块化发展步伐，适应不同地区不同任务需要，组织作战力量分类建设，构建适应联合作战要求的作战力量体系，提高精确作战、立体作战、全域作战、多能作战、持续作战能力。

（2）中国人民解放军海军

中国人民解放军海军，它诞生于1949年4月23日，是中华人民共和国的海上武装力量。它以舰艇部队和海军航空兵为主体，其主要任务是独立或协同陆军、空军防御敌人从海上的入侵，保卫领海主权，维护海洋权益。经过近70年的建设和发展，中国人民解放军海军由水面舰艇部队、潜艇部队、海军航空兵、海军岸防兵、海军陆战队等专业部队构成。

近年来，中国人民解放军海军以新型航空母舰、新型驱逐舰、新型潜艇、新型战斗机为代表的新一代主战装备，以及与其相配套的新型导弹、鱼雷、舰炮、电子战装备等武器系统陆续交付使用。现在，海军已经拥有大型区域防空舰、核动力潜艇、AIP潜艇等达到世界先进水平的武器装备，海军航空兵现已装备了轰炸机、巡逻机、电子干扰机、水上飞机、运输机等勤务飞机。海防导弹形成系列，不仅有岸对舰导弹、舰对舰导弹，还有舰对空导弹、空对舰导弹、空对空导弹等。

海军按照近海防御、远海护卫的战略要求，逐步实现近海防御型向近海防御与远海护卫型结合转变，构建合成、多能、高效的海上作战力量体系，提高战略威慑与反击、海上机动作战、海上联合作战、综合防御作战和综合保障的能力。

（3）中国人民解放军空军

中国人民解放军空军成立于1949年11月11日。经过半个多世纪的建设，空军已经发展成为一支由航空兵、地空导弹兵、高射炮兵、空降兵、雷达兵、电子对抗兵、气象兵等多兵种合成，由歼击机、强击机、轰炸机、运输机等多机种组成的现代化高技术军种。其主要任务是担负国土防空，支援陆军、海军作战，对敌后方实施空袭，进行空运和航空侦察。

空军按照空天一体、攻防兼备的战略要求，实现国土防空型向攻防兼备型转变，构建适应信息化作战需要的空天防御力量体系，提高战略预警、空中打击、防空反导、信息对抗、空降作战、战略投送和综合保障的能力。

（4）中国人民解放军火箭军

中国人民解放军火箭军，由第二炮兵更名而来，于2015年12月31日正式成立。它是中国大地的战略支撑，是维护国家安全的重要基石。火箭军是我国执行核反击任务的重要战略力量，由核导弹部队、常规导弹部队及相应保障部（分）队组成，受中央军委直接领导。

核导弹部队装备地地战略核导弹武器系统，主要任务是遏制敌人对中国使用核武器，并在敌人对中国发动核袭击时，遵照中央军委的命令，独立或联合其他军种的战略核部队对敌人实施有效自卫反击。常规导弹部队装备常规战役战术导弹武器系统，执行常规导弹火力突击任务。

习近平主席强调，火箭军全体官兵要把握火箭军的职能定位和使命任务，按照"核常兼备、全域慑战"的战略要求，增强可信可靠的核威慑和核反击能力，加强中远程精确打击力量建设，增强战略制衡能力，努力建设一支强大的现代化火箭军。成立火箭军是党中央和中央军委着眼实现中国梦做出的重大决策，是构建中国特色现代军事力量体系的战略举措。

（5）中国人民解放军战略支援部队

中国人民解放军战略支援部队，于2015年12月31日正式成立，是维护国家安全的新型作战力量，是我军新质作战能力的重要增长点，主要将战略性、基础性、支撑性都很强的各类保障力量进行功能整合后组建而成的。成立战略支援部队，有利于优化军事力量结构，提高综合保障能力。战略支援部队包括情报、技术侦察、电子对抗、网络攻防、心理战五大领域。

战略支援部队主要的使命任务是支援战场作战，使我军在航天、太空、网络和电磁空间战场能取得局部优势，保证作战的顺利进行。它是联合作战的重要力量，将与陆军、海军、空军和火箭军的行动融为一体，贯穿整个作战始终，是战争制胜的关键力量。

2.中国人民解放军预备役部队

中国人民解放军预备役部队组建于1983年，是以现役军人为骨干，以预备役军官、士兵为基础，按照军队统一的体制编制组成的部队，是我军后备力量的重要组成部分，是战时实施快速动员的重要组织形式。预备役部队实行统一编制，师、旅、团授予番号、军旗，执行人民解放军的条令、条例，列入人民解放军序列，实行军队和地方党委、政府双重领导制度，战时动员后归指定的现役部队指挥或单独执行作战任务。平时按照规定进行训练，必要时可以依照法律规定协助维护社会秩序，战时根据国家发布的动员令转为现役部队。

（二）中国人民武装警察部队

中国人民武装警察部队是国家武装力量的重要组成部分，武警部队由党中央、中央军委集中统一领导，实行中央军委—武警部队—部队领导指挥体制。按照党中央和中央军委赋予的新时代使命任务，武警部队主要担负执勤、处突、反恐、海上维权、抢险救灾、防卫作战等任务，拓展了维护国家领土主权完整和国家安全职能。2018年1月1日零时起，武警部队建设，按照中央军委规定的建制关系组织领导。中央和国家机关有关部门、地方各级党委和政府与武警部队各级机关相应建立任务需求和工作协调机制。按照军是军、警是警、民是民原则，将部分武警部队序列、国务院部门领导管理的现役力量全部退出武警，将国家海洋局领导管理的海警队伍转隶武警部队，将武警部队担负民事属性任务的黄金、森林、水电部队整体移交国家相关职能部门并改编为非现役专业队伍，同时撤收武警部队海关执勤兵力，彻底理顺武警部队领导管理和指挥使用关系。

（三）民兵

民兵是不脱离生产的群众武装组织，是人民解放军的后备力量，是进行现代条件下人民战争的基础。民兵工作在国务院、中央军委领导下，由军委联合参谋部主管。民兵在军事机关的指挥下，战时担负配合常备军作战、独立作战、为常备军作战提供战斗勤务保障以及补充兵员等任务。平时担负参加社会主义现代化建设、执行战备勤务、抢险救灾和维护社会秩序等任务。民兵建设注重调整规模结构，改善武器装备，推进训练改革，提高以支援保障打赢信息化条件下局部战争能力为核心的完成多样化军事任务能力。

按照《中华人民共和国兵役法》的规定，凡年满18岁至35岁符合服兵役条件的男性公民，除征集服现役者外，编入民兵组织服预备役。民兵分为基干民兵和普通民兵。28岁以下退出现役的士兵和经过军事训练的人员，以及选定参加军事训练的人员编入基干民兵组织。其余18岁至35岁符合服兵役条件的男性公民，编入普通民兵组织。女民兵只编入基干民兵，人数控制在适当的比例内。陆海边疆、少数民族地区和城市有特殊情况的单位，基干民兵的年龄可适当放宽。农村的乡、镇和企事业单位，是民兵的基本组建单位。基干民兵单独编组，在县级行政区内的民兵军事训练基地进行军事训练。目前编有应急分队、联合防空、情报侦察、通信保障、工程抢险、交通运输、装备维修等支援队伍；作战保障、后勤保障、装备保障等储备队伍；高炮、高机、便携式防空导弹、地炮、通信、防化、工兵、侦察等专业技术队伍。

为使民兵在遇有情况时能够招之即来，我国政府建立了民兵战备制度，定期在民兵中开展以增强国防观念为目的的战备教育，有针对性地按战备预案进行演练，提高遂行任务的能力。

### 四、国防建设成就

（一）中国人民解放军的现代化、正规化和革命化建设有了突破性的进展

新中国成立后，人民解放军在毛泽东军事思想、邓小平新时期军事建设思想、江泽民国防和军队建设思想、胡锦涛国防和军队建设思想、习近平国防和军队建设重要论述的指导下，不断向现代化、正规化和革命化迈进。特别是改革开放以来，我国国防实力得到进一步加强，国防现代化建设，尤其是军队的建设，有了突破性的进展，取得了一系列重大成就。

中华人民共和国成立时，人民解放军基本上是一支单一的以步兵为主的陆军，炮兵、装甲兵等技术兵种所占比例非常小，且海军、空军仅具雏形。经过几十年的艰苦努力，人民解放军实现了由单一陆军向诸军兵种合成的军队发展，不仅研制和装备了各种比较齐全的常规武器装备，而且拥有了具有一定威慑力的原子弹、氢弹等尖端武器装备。人民解放军将以新的面貌勇敢地面对任何挑战而不辱使命。

（二）形成了门类齐全、综合配套的国防科技工业体系

国防科技是衡量一个国家综合国力的重要标志之一，也是国防现代化建设的一个重要方面。经过近70年的建设和发展，我国的国防科技工业从无到有、从小到大、从落后到先进，建立起包括电子、船舶、兵器、航空、航天和核能等门类齐全、综合配套的科研实验生产体系，取得了一大批具有国内或国际先进水平的科研成果，为我军现代化建设和切实增强我国的综合国力做出了重要贡献。

在军事电子方面，逐步发展成为具有相当规模、门类齐全的新兴工业部门，特别是在指挥自动化、情报侦查、预警探测、电子对抗和通信等方面，为我军提供了各种新式装备和产品，进一步增强了部队侦查、通信指挥和作战能力；在船舶工业方面，先后自行研制

建造了核动力潜艇、导弹驱逐舰、导弹护卫舰、导弹快艇等作战舰艇，以及各种辅助船舶和新型鱼雷、水雷、反水雷等新装备；在兵器工业方面，研制生产了一大批性能先进的坦克、装甲车辆、火炮、弹药、轻武器、军用光电器材和综合火控、指挥系统等新型武器装备，为我军现代化做出了重要贡献；在航空工业方面，已累计生产歼击机、轰炸机、直升机、运输机、教练机等装备，基本满足了海、空军作战和飞行训练的需要；在航天科技工业方面，已拥有地地、地空、海空和空空导弹武器系统，运载火箭、各种应用卫星的研制发射和实验能力以及各种应用卫星的发射能力在世界航天技术领域占有一席之地。2015年3月30日，首颗新一代北斗导航卫星成功发射，标志着我国北斗卫星导航系统由区域运行向全球拓展的启动实施；在核工业方面，我国不仅可以生产制造原子弹、氢弹，还掌握了核潜艇技术，形成了我国的核威慑力量，在和平利用核能方面我国也取得了突破性进展。

（三）国防后备力量建设取得了长足的发展

我们党和国家历来十分重视国防后备力量的建设。我国国防后备力量建设，已形成了一整套制度和优良作风，并打下了坚实的基础，各项工作均取得了明显的成绩。

①实现了指导思想的战略转变，走上了和平时期稳步发展的轨道。明确提出：民兵工作要以更好地适应新时期军事战略方针和适应发展社会主义市场经济的新形势为指针。

②确立并实行了民兵与预备役相结合的制度，初步形成了具有中国特色的国防后备力量体系，并下大力重点抓了基干民兵队伍建设和预备役部队建设，加强了训练，更新了武器装备，使我国后备兵员的整体素质有了较为明显的提高。

③注重了宏观指导，合理布局，边海防、大中城市和重点地区的民兵工作得到加强。

④民兵、预备役部队在参战支前、保卫边疆、发展生产、扶贫帮困、抢险救灾、维护社会治安等方面发挥了重要作用，为国家的改革、发展和稳定做出了巨大的贡献。

⑤健全了国防动员机构，为了保证国家在一旦发生战争的情况下能很快由平时状态转入战时状态，调动足够的人力、财力、物力应付战争的需要。这次军队改革，军委设立了"军委国防动员部"，从顶层设计上加强了对后备力量建设的领导。

⑥加强了国防教育，增强了对大学、高中（含相当高中）在校学生的军训工作。国防教育纳入整个国民教育体系之中，走上了法制化、规范化的轨道。

# 第四节　国防动员

## 一、国防动员概述

国防动员，是主权国家为适应战争需求或临时应付重大危机、自然灾害等突发情况，以保卫国家安全为根本目的，统一调动人力、物力、财力的一系列活动。国防动员实施主体是国家，即国防动员是国家行为，是国家职能的具体体现。

随着世界新军事变革的加速发展，以信息为核心的联合作战作为一种新的作战样式在改变传统作战方式、方法的同时，也必将对国防动员产生冲击和影响，使国防动员呈现出许多新的特点，诸如动员领域多元化，动员实施一体化、精确动员、联盟动员等。美军在其《2002联合构想》中指出："在未来的军事行动中，不仅要依靠跨军种、跨国的联合，还要准备与美国政府各部门、非政府组织、私营企业以及地区性组织和国际机构合作，在政治、军事、科技、财政、军工生产、交通运输、邮电通信等多个社会领域实施广泛动员，以满足联合作战的需要。"同样，我国国防动员必须适应世界新军事变革的发展，为在未来战争中赢得主动权而有针对性地夯实动员基础。

国防动员的基本任务和内容是发展和积蓄国防潜力，形成将这种潜力转化为战争实力的机制。一旦国家需要，即可快速、高效、安全地由平时向战时体制转化，从而对国家全部力量实行统一领导、控制、调整和分配，以保障国家作战的需要，尽快赢得战争的胜利。

## 二、形式多样的动员

（一）按规模可分为局部动员和总动员

局部动员，是指国家安全受到局部威胁，在部分地区范围内，或部分领域和部门进行的动员。它具有规模小、时间短、相对独立的特点。进行局部动员时，国家在总体上仍实行和平建设时期的政治、经济体制。如20世纪80年代我国在对越自卫反击战时所进行的动员，就属于局部动员的一种形式。

总动员，亦称全面动员，是指在国家发生全面战争的情况下，将整个国家的军事、政治、经济、文化、科技等一切领域纳入战时体制，集中统一地调动一切人力、物力、财力为战争服务。总动员通常是在国家确已发现全面战争征候或大规模全面战争已经爆发，需要举国迎敌的情况下被迫并公开实施的。如中国的抗日战争动员、苏联在二次大战时抵抗德国侵略的战争动员，都属于总动员的类型。

（二）按性质可分为秘密动员和公开动员

秘密动员，是在各种伪装措施掩护下，隐蔽实施的动员。其目的在于：军事上出敌不意，向敌人发起突然袭击或避免暴露己方的行动企图；政治上是为了避免给敌人以发动战争的口实。在战争史上，通过秘密动员而后发动突然袭击的成功战例不胜枚举。第二次世界大战苏德战争爆发前，德国以执行"海狮计划"为名对英国佯攻，并与苏联签订贸易协定，有效地迷惑了苏联，掩护了战前的动员，使其"闪击"战术收到了巨大的作战效益。

公开动员，是公开发布动员令，宣布进入战争状态实施的动员，通常在战争即将爆发前或爆发后进行。公开动员，传播快捷，覆盖范围广，政治号召力强，是快速动员、争取主动的有效动员方式之一。

（三）按时间可分为应急动员和持续动员

应急动员，是在战争临近或遭敌突然袭击的情况下紧急进行的动员，其目的在于以最快的速度在最短的时间内形成与战争相适应的作战力量。应急动员通常包括临战动员和战争初期动员。临战动员是指在战争一触即发的情况下进行的动员；战争初期动员是指战争爆发后较短时间内所进行的动员。现代高技术局部战争的突发性、突变性不断增强，战争进程大大缩短，争取时间对战争胜负具有决定性的意义，应急动员将成为现代条件下国防动员的主要方式。

持续动员，是在战争初期动员后所进行的中、后期动员。持续动员的目的在于不断保持和增强军队的作战实力。如在海湾战争中，美国总统布什曾三次签署行政命令或授权国防部征召预备役人员服现役，并动用后备部队，以保证"沙漠盾牌"和"沙漠风暴"行动，其中，后两次动员就带有持续动员的性质。

### 三、国防动员的主要内容

国防动员的主要内容通常包括武装力量动员、国民经济动员、人民防空动员、国防交通动员、政治动员、信息动员。

（一）武装力量动员

武装力量动员是指国家为适应战争的需要，扩充和调整军队及其他武装组织，使其由平时转入战时状态所进行的活动。它是国防动员的核心，通常包括中国人民解放军现役部队、武装警察部队、预备役部队、民兵动员及相应的武器装备和物资等动员。

1.现役部队动员

现役部队动员，是指人民解放军各军兵种和武警部队从平时编制转为战时编制，按动员计划进行扩编，达到齐装满员，并按照国家战略计划实施战略展开。

2.预备役动员

预备役动员，是指国家为实施战争或应对其他危机，征召预备役部队服现役，并使之可逐行任务状态的活动。预备役部队动员，是战时迅速扩编军队的重要组织形式。

3.民兵动员

民兵动员，是指国家为实施战争或应对其他危机，征召民兵并使之达到可逐行任务状态的活动。民兵是不脱离生产的群众武装性组织，是我国武装力量的重要组成部分，也是我国进行人民战争的重要力量。

（二）国民经济动员

国民经济动员，是国家将经济部门、经济活动和相应的体制从平时状态转入战时状态所进行的活动，是国防动员的重要基础。国家的经济能力及其动员程度，对战争的进程和结局产生极为重大的影响。通常包括工业动员、农业动员、贸易动员、财政金融动员、科学技术动员、医疗卫生动员、劳动力动员等。

工业动员，是指国家调整和扩大工业生产能力，增加武器装备及战争需要的其他工业品产量的活动。在局部战争中，工业动员一般首先对国防工业进行动员，民用工业作为后续动员的对象。其主要内容是统筹安排军需民用，调整工业布局，改组生产与产品结构，实行快速转产，扩大军品生产。组织工厂企业进行必要的搬迁、复产以及作战物资的生产和储备等，最大潜力地把工业潜力转化为实力。

农业动员，是指国家调整和挖掘农业生产潜力，维护农业设施，增加粮食、棉花、油料、肉类及其他农副产品的产量和国家征购量，满足战争和人民生活对农产品的需求。其主要内容有实行战时农产品管理体制，调整农业生产结构，实施战时农业经济政策。

贸易动员，是国家在商品流通领域实行战时管理体制和战时商贸政策，控制商品流通秩序和流向，以满足战争和人民生活对各种商品的需求。其主要内容包括对国内贸易管制和对外贸易管制。

财政金融动员，是指国家为保障战争需要而采取的筹措和分配资金、维持财政金融秩序的活动。在市场经济体制下，资金对于战争所需物资的筹措和调控经济活动具有枢纽作用。现代战争需要巨额的资金保障，筹措资金是财政金融动员的主要任务。其主要内容有实行战时税制，实行战时预算，增加举借债务，加强金融监管。

科学技术动员，是指为保障战争对科学技术的需要，国家统一组织和调整科研机构、科研人员、科研设备、资料及成果所进行的活动。其目的在于开发、研制先进武器装备，为武装力量及其他部门提供技术保障和支持，利用科学技术争取战争优势。其主要内容包括：科研机构动员，科技人员动员，科技经费、设备和物资动员，科技成果和科技情报动员。

医药卫生动员，是指国家战时统一调度和使用医药卫生方面的人力、药品器材、设备和设施，满足战争对于医药卫生的需要所进行的活动。医药卫生动员对于为军民提供可靠的医药卫生保障，恢复军队战斗能力和社会劳动能力，保护人力资源具有重要意义。其主要内容包括：实行医药卫生管制，组织战时医疗救护，搞好卫生防疫。

劳动力动员，是指国家统一调配和使用劳动力，开发劳动力资源，以满足武装力量扩编、军工生产及其他领域对人力的需求所进行的活动。劳动力动员是具有一定独立性的动员分支领域，但其具体实施渗透到各个方面的动员活动之中。其主要内容是：根据战时需求调配和使用劳动力，实行战时就业制度，扩大劳动力资源总量，实行战时劳动制度，提高劳动强度和效率。

（三）人民防空动员

人民防空动员，是指国家战时发动和组织人民群众防备敌人空袭所采取的措施。其主要任务是：依据国家有关法律，动员社会力量，进行防空设施建设，组建防空专业队伍，普及防空知识教育，组织隐蔽疏散，配合防空作战，消除空袭后果，保护居民、经济设施及其他重要目标安全，减少国家及人民群众生命财产的损失，保存战争潜力。

（四）国防交通动员

国防交通动员，是指在全国或部分地区调集交通力量，全力保障战争需要的紧急行动。国防交通动员通常是在国家动员领导机构的统一领导下，由国防交通主管机构组织，协同政府、军队有关部门共同实施。国防交通动员内容包括：在平时制定完备的国防交通动员的法规和计划，健全国防交通机构和机制，建立国防交通保障队伍，储备必要的国防交通物资和器材等。

（五）政治动员

政治动员，是指国家从政治上、组织上、思想上发动人民和军队参加战争所采取的措施。它旨在激发全体军民的爱国热情，动员军队英勇作战，动员人民踊跃参军参战，努力增加生产、厉行节约，全力支援战争。国家通过各种外交活动和对外宣传，争取世界人民和友好国家的同情和支持。

（六）信息动员

信息动员，是指国家统一调控信息资源、技术开发、人才培养和信息基础设施建设以满足军事需求，为战争服务的一系列活动。随着计算机的出现，并在战争领域的广泛应用，信息成为现代战争中各国关注的焦点。这样，信息动员也就具有越来越重要的作用。

## 四、组织领导体制

### （一）动员决策机构

国防动员的最高决策机构是一个拥有高度权威的机构，它在国家遭受侵略时，宣布战争状态，决定局部动员或者全国动员，发布动员令等。我国的动员决策机构是全国人民代表大会常务委员会。中华人民共和国主席根据全国人民代表大会的决定和全国人民代表大会常务委员会的决定，有权"公布法律"，"宣布战争状态，发布动员令"。

动员决策机构的主要职责是：预测判断战略环境，适时做出国防动员准备决策；制定、颁布动员法律；发布动员令和复员令。

### （二）动员协调机构

动员协调机构，是在各级政府中负责动员组织、计划、议事、协调的职能机构。为了使国家的人力、物力、财力在动员活动中得到合理的分配和使用，世界各国通常在中央政府设有国家一级指导、协调战争动员的机构，其成员由政府部门、社会团体和军队系统等方面的代表组成。如美国的"紧急行动委员会"、英国的"国防参谋部作战需求委员会"、法国的"国防总秘书处"、日本的"国防事务局"等。

我国为了加强对国防动员工作的领导，在各级人民政府设有国防动员委员会，下设综合办公室、政治动员办公室、人民武装动员办公室、经济动员办公室、人民防空办公室、交通战备办公室、科技动员办公室、信息动员办公室等办事机构。国防动员委员会是我国国防动员体制的重要组成部分，在实现国防动员决策中具有极其重要的辅助作用。

各级国防动员委员会负有组织实施本级国防动员工作，协调国防动员工作中经济与军事、军队与政府、人力与物力之间的关系的重要任务。其主要职责是：贯彻党中央、国务院、中央军委有关国防动员工作的方针、政策和指示；组织拟订国防动员工作的法律法规和措施；组织制定国防动员规划、计划；检查督促国防动员法规的实施和国防动员计划的执行；协调军事、经济、社会等方面的重大国防动员工作；组织领导本地区的人民武装动员、国民经济动员、人民防空、国防交通等工作；行使党委和政府赋予的其他职权。

### （三）动员执行机构

动员执行机构，既指各级政府和军队组织中负责动员工作的职能部门，又指对上级负责的下级动员机关。下级动员机关相对于上级，它是执行机关，对下级又是本级动员范围内的领导机关。政府和军队中的动员职能部门，既是本级政府或军事指挥机关的动员业务部门，又接受上一级动员职能部门的指导。其主要职责是：根据上级动员工作的指示、命令、计划，结合本级动员范围的实际，制定本级的动员计划和方案；组织实施并检查、指导、督促所属范围动员活动的展开。

### 五、人力、财力、物力的准备

为战时迅速实施动员，平时对人力、物力、财力进行统筹安排，是战争准备的重要组成部分，是国防建设的重要内容之一，同时也是国防动员的基础和前提条件。

**（一）国防动员人力准备**

国防动员人力准备主要包括军事人力和支援保障人力两大部分。

军事人力，主要包括保持必要的现役部队规模、组建预备役部队、组织群众武装、落实后备兵员制度等。现役部队、预备役部队、民兵、人防、交通战备等专业队伍和大中专院校学生等都属于国防人力准备的范畴。其中，现役部队称为国防常备军，除现役部队以外的一切可供国防动员使用的群众性武装力量统称为国防后备军。

支援保障人力，主要包括支援前线的人力、战时社会生产和社会保障方面的人力。它是战争力量的重要组成部分，是战时人力使用的重要方向。

支援前线的人力，是战时担负各种支前勤务人员的统称。支前勤务包括：动员人民群众为军队运送弹药、给养和其他物资；抢救、运送伤员；修筑护卫工事、道路、仓库、机场、码头等军事设施，筹集和提供生活物资、施工器材、运输工具；在后方参加为战争服务的其他各种勤务等。支援前线的人力准备，主要是做好支前人员的登记统计工作和搞好支前编组。

战时社会生产和社会保障人力，是军事人力以外的具有劳动能力的全部社会人口。对这一部分人力的安排，主要是根据战时生产、管理、生活的安排，合理区分各行业、各部门对人力的需求量。通常国家采用人口普查或抽查办法，对各种职业人口进行统计核查，以确定战时的生产规模和人力使用规划。

**（二）国防动员物资准备**

国防动员物资准备，是指为保障国防需要而对国家重要的物质资料进行筹集、储备和分配等一系列活动，是国防动员准备的主要内容和整个国防动员的物质基础。国防动员物资准备主要包括战略物资储备、军队物资储备和动员物资储备三种。

战略物资储备，是指国家在平时有计划建立的关系国计民生的重要物质资料的储存或积蓄。其目的是为了应付战争和其他意外情况，保障国民经济正常运行和国防需求，是国家为保障非常时期物资供应的一种重要方式。

军队物资储备，是指军队保障供应而预先进行的物资储存，是物资保障的基本内容。军队储备的物资主要有武器、弹药、车辆、油料、给养、被装、药材、维修零部件和诸军兵种专用物资器材等。有无充足、合理的物资储备，关系到军队建设、作战等任务能否顺利进行。

动员物资储备，是指国家直接控制和掌握的主要用于临战和战争初期急需的物资储存，是国家物资储备的重要组成部分。通常是为扩大军品生产和军队扩编，以及为保障交通运输、邮电通信、医疗救护等提供必需的重要原材料、设备、零配件和产品。在国家发生其他紧急意外情况时，动员物资储备也起应急作用。

现代高技术战争对物资的依赖性越来越大，国防物资准备的程度，将对未来可能发生的战争的胜负具有举足轻重的影响。

（三）国防动员精神准备

国防动员精神准备，是指国家在和平时期，根据未来战争的要求，为创造战时有利的政治、精神条件，提高政治动员效能所采取的一系列措施。国防动员精神准备分为国内和国际两部分。国内的精神准备，就是对全国军民进行深入持久的国防教育和爱国主义教育，特别是要广泛宣传公民在国防动员中的责任和义务，增强国防观念，提高公民的承受能力。国际的精神准备，就是加强同各国的友好往来和军事联系，为战时建立和扩大国际统一战线创造良好条件。

（四）国防动员组织准备

国防动员组织准备，包括完善动员体制，健全动员法规，制定动员计划等。完善国防动员体制，是指在平时的国防动员准备过程中，本着组织健全、精干高效、上下贯通、责权分明、整体协调等原则，不断增强国防动员机构的领导决策和整体协调功能，确保国防动员工作落实到位。

国防动员法规，是平时进行国防动员准备，战时实施动员的法律依据。完善各级国防动员法规，既是国防动员工作规范有序的重要保障，也是增强动员效率的主要因素。国防动员法规的完善，通常本着"先平时，后战时"，"先基本法，后具体法"的原则，有组织、有计划、分步骤地进行，并逐步齐全配套。

国防动员计划，是国家及有关部门（行业）、地区及企事业单位，为了满足未来战争的需求，对国防动员的准备与实施预先做出的部署与安排。国防动员计划主要由综合动员计划、专项动员计划、具体动员方案等组成。其内容一般包括：制定动员计划的依据，动员的任务、程序、范围、时限、要求和措施等。国防动员计划通常由上而下、分层次制定。

## 六、国防动员的组织实施

将国防潜力转化为战争实力，使国防动员由准备付诸实施，由计划变成行动，是国防动员的实质性和决定性阶段。国防动员的组织实施，通常按照进行动员决策、发布动员令、充实动员机构、修订动员计划和落实动员计划等步骤进行。

（一）进行动员决策

进行动员决策，是战争动员实施过程中首先要解决的问题。只有实施了动员决策，整个国家的政治、军事、经济、文化和外交部门或领域，才能相应地转入战时体制，进行动员的各项活动。动员决策是在正确分析国家安全形势的基础上，按照法定程序对动员做出决定的过程。

决定实施动员的权限属于国家最高权力机关。现代信息化局部战争具有爆发突然、规模有限、进程加快、强度大的特点，对动员决策提出了更高更新的要求，不仅决策要准确地符合国家安全的实际，而且必须迅速果断。

1982年英阿马岛战争时，阿根廷突然出兵攻占马岛后的当晚，英国首相撒切尔夫人就召开了内阁紧急会议，次日成立了战时内阁，并决定紧急派遣一支特混舰队远征马岛，两日后舰队主力就已起航开赴战区。英国此次作战的主要经验之一，就是政府首脑果断决策，目标明确，为迅速进行战略机动，夺取战争最后胜利创造了有利条件。

（二）发布动员令

动员令是宣布全国或部分地区、某些部门转入战时状态的命令。动员令的发布关系战争的胜负和国家的命运，各国大都由最高权力机关或国家元首、政府首脑发布。《中华人民共和国国防法》第十条规定：全国人民代表大会依照宪法规定，决定战争与和平问题。《中华人民共和国国防动员法》第八条明确规定：国家的主权、统一、领土完整和安全遭受威胁时，全国人民代表大会常务委员会依照宪法和有关法律的规定，决定全国总动员或者局部动员。《中华人民共和国国防法》第十一条规定：中华人民共和国主席根据全国人民代表大会的决定，宣布战争状态，发布动员令，并行使宪法规定的国防方面的其他职权。

发布动员令的方式分为公开发布和秘密发布两种。公开发布动员令，一般是在战争即将或已经爆发的情况下，运用一切宣传工具和通信手段，把爆发战争的真实情况和战略态势告诉全体军民。秘密发布动员令，一般是在战争已不可避免但尚未爆发的情况下实施，通常执行严格的保密限制，只秘密通知政府有关部门和军事机构等。动员令的主要内容包括：敌国发动战争的企图和本国面临的战争危险；国家抵抗侵略、保卫疆土的意志和决心；全国或者局部地区转入战时状态的实施要求；国家战争动员领导机关的组成和权限；动员实施的开始时间及完成时限等。

（三）充实动员机构

国防动员机构是指平时负责动员准备，战时负责动员实施的组织领导机构。一旦实施战争动员，和平时期的动员机构，无论是在人力上还是在物力上，都难以适应需要，必须及时调整和加强。为了保证动员机构能够快速组织各项动员工作，要加强各级政府和军事机关在动员中的领导指挥职能，明确各级地方政府和政府部门主要负责人在动员中的领导责任，并赋予其相应的权利；要赋予动员领导机构较高的指挥权威，司法部门对于干扰和阻碍国防动员机构行使职权者依法严惩；要完善动员执行机构，战时由于任务的转换和加重，依靠原有的编制员额难以完成繁重的工作任务，必须对机构的人员进行充实调整；要按战时需要完善机构内部设置，并协调好相互之间的关系。

（四）修订动员计划

修订动员计划必须以国家的动员计划为基本依据，由上而下组织实施。具体工作常常由动员业务部门负责，并吸收有关人员参加。

我国战时动员计划的修订，由各级国防动员委员会负责，具体工作分别由人民武装力量动员、政治动员、国民经济动员、人民防空、国防交通动员、科技动员、信息动员等机构负责。修订时，如果平时制定的动员计划对动员需求的预测基本准确，只需适当修改，否则就要做较大的修改，甚至重新制定。

（五）落实动员计划

落实动员计划是使计划见之于行动，实施战争动员的关键环节。动员令发布之后，负有动员任务的地区和部门，应根据修订的动员计划，迅速转入战时体制。各行各业以及社会生活的各个方面，都应以保障战争胜利为轴心迅速进行调整。其中，武装力量要迅速转入战时状态，现役军人一律停止转业和退伍，停止探亲和休假，外出人员立即归队。预备役部队应迅速集结，发放武器装备，并抓紧时间进行训练，准备承担作战任务。民兵应做好应征准备，同时启封武器装备，或建制进行训练，并准备承担各项任务。国民经济部门迅速转入扩大军工生产；交通运输部门迅速转入战时体制，利用交通运输线、设施和运输工具，保障军队兵员和武器装备、作战物资的运输；组织科研部门、科研人员，有针对性地加速研制新式武器；疏散城市居民，健全报警系统，组织人民防空专业队伍抢修抢险，保护重点目标和交通运输线，配合军队防空作战，消除空袭后果；组织人民群众支前，征用或购买军需物资，筹集战争经费，对公民开展宣传教育和争取国际盟友的支持。各行业、各阶层都要动员起来，落实战争动员任务，为赢得战争胜利贡献自己的力量。

**思考题**

1. 国防的含义是什么？
2. 国防有哪些基本类型？
3. 国防法规的含义是什么？
4. 我国的国防建设目标是什么？
5. 我国武装力量由哪几部分组成？

# 第二章　军事思想

## 第一节　军事思想概述

### 一、军事思想的基本概念

军事思想是关于战争、军队和国防基本问题的理性认识。它揭示战争的基本规律，阐明军队与国防建设的基本理论和原则，为军事斗争的准备以及实施提供思想武器。军事思想来源于人类的军事实践，同时又给人类的军事实践提供理论指导。在《中国军事百科全书》中军事思想作为一个知识门类，包含中国历代军事思想与外国军事思想、马克思恩格斯列宁斯大林军事理论、毛泽东军事思想、军事辩证法四个方面的内容。

### 二、军事思想的特征

军事思想具有以下特征：一是具有鲜明的阶级性。军事思想来源于阶级社会的实践，在阶级社会中各个阶级所奉行和推崇的军事思想必然要反映各个阶级对战争和军队建设的认识和立场。因此，不同阶级、国家或政治集团的军事思想总是要打上自己的烙印，阶级性自然成为军事思想的本质特征。二是具有客观的实践性。任何军事思想都是人们对战争实践的经验总结和升华。军事思想由军事实践产生，并接受军事实践的检验，随着军事实践的发展而发展。三是具有强烈的时代性。军事思想属于历史范畴。军事思想来源于战争实践，在不同的历史时期战争有着不同的形态、不同的军队组成，不同的原则、编制和战略战术。军事思想随着人类社会的发展而与时俱进，不断演变。四是具有明显的继承性。军事理论的继承是人们对以往军事思想的扬弃，即批判地继承，是将以往军事实践认识成果中正确的理论继承下来，而不是简单的古为今用。五是具有发展的创新性。先进的军事思想是其自身发展的结果，而军事思想的发展均是建立在不断创新的基础上的。

# 第二节 中国古代军事思想

## 一、中国古代军事思想的形成与发展

（一）中国古代军事思想初步形成于夏、商、周时期

大约在距今3000年前，也就是中国传说中的炎帝、黄帝及尧、舜、禹时代，中国的原始社会已经开始解体。中国传说中就出现过黄帝、炎帝、蚩尤等部落间的原始战争，并有尧、舜、禹攻三苗之战的文字描述。从中不难发现，中国那时已对战争问题有了自己的思考。

夏、商、周是奴隶制社会形成和发展的时期，也是我国军事史的开端。从此战争便开始真正为政治服务并成为阶级斗争的最高形式。约公元前2100年，作为军事组织的军队就已在夏朝出现。这时的军队已由过去以血缘为基础，以掠夺为主要活动的武装，变成以财产为基础，以奴隶主实行地域统治为主要特征的国家武装。随着贵族军制的渐趋完善，军队的职能具备了对内与对外的双重功能。

这一时期，最著名的战争有夏初的少康复国之战、周灭商的牧野之战等。尽管人们对于战争的认识处于低级阶段，人们还是在这些战争中已注意谋略的运用，产生了以天命观为中心内容的指导战争的军事思想。奴隶主在对外族发动掠夺战争，或用武力镇压本族奴隶反抗的时候，都以占卜方式，假借神的旨意，征讨"违天命者""吊民伐罪""敬天保民"替天行道，并以严刑厚赏驱使士卒作战。作战以集团列阵方式正面冲杀。到公元前1600年之后，作战兵种主要是车兵，车战成为主要的作战方式。军队数量的多寡成为表现军力和国威的象征，"千乘之国"为大国代名词。这一时期，在战争中车战具有绝对统治地位。在军队指挥方面，要求行动统一，严厉管理。这种思想延续了夏、商、周几个王朝。人们通过这一时期的战争实践，审势而动、量力而行、众可以胜寡、强可以胜弱等反映朴素的唯物主义观念的军事认识已初步形成。相传在公元前791年，中国已出现《令典》《军志》和《军政》等军事著作。这些著作虽早已失传，但在《左传》《孙子兵法》等书中，还有一些片断的引文。

（二）中国古代军事思想在春秋战国时期趋于成熟

春秋战国时期，一方面是"公田不治"，一方面是"私田"急剧增加。土地原有的概念已不起作用。土地私有权已得到事实上的承认。伴随"井田制"的崩溃和土地私有制的出现，新兴的自耕农和"隐民""私属徒""宾萌"的数量不断增加，成为新生的地主阶级的剥削对象。而新生地主阶级的成分，一部分由旧的奴隶主转化而来，一部分是获得土地赏赐的军功阶层，一部分是从平民乃至"鄙人"中上升而来的成功者。他们在奴隶大批逃亡、井田制面临崩溃的时代，眼见奴隶制剥削已无利可图，迫使自己改变原来的剥削方式，把土地划分成小块，从中收取地租。这样，封建地主与农民这两个新兴阶级便孕育而

生。随着生产力的发展与社会制度的变革，促进了士兵成分的变化和兵器的改进，军事制度和作战方式也随之产生了变化。随着冶炼技术的发展，铜铁兵器并用，武器变得更轻便和更有杀伤力。春秋时期，中国古代军队开始进入以铁兵器代替铜兵器的时代。这一时期，步兵、骑兵和舟师等新兵种在战争中发挥了更大的作用，郡县征兵制和募兵制取代世袭兵制。由于诸侯争霸，兼并战争日益频繁，战争在社会生活和国家兴亡中的地位更加重要。作战规模、作战样式、作战方法等均呈现出前所未有的变化。这一切为一大批社会地位较低，长期受到压抑的文人墨客施展自己的才华和抱负，提供了难逢机遇与政治军事的实践平台。他们"合则留""不合则去"，或聚徒讲学、授业传道，或游说诸侯、著书立说：倡导义战，反对杀人"盈城盈野"的兼并战争；或诅咒"兵者为不祥之器"，强调"柔弱胜刚强"；或主张"兼爱非攻"，严密守城。在春秋战国时期"百花齐放""百家争鸣"的生态环境里，形成了百家皆谈兵的局面。兵家学派更是异峰突起，引人注目。其代表人物孙武、吴起、孙膑等，在战争舞台上，或登台拜将，或运筹帷幄，或著书立说，至今尚有《孙子兵法》《吴子兵法》《孙膑兵法》等一批军事思想的定鼎之作流传于世。兵家作为诸子百家的一个思想流派，在这一时期既认识到"自古兵家非好战"，同时也看到了战争的进步意义。

著名的《孙子兵法》，标志着封建阶级军事思想的成熟。《孙子兵法》打破了奴隶社会的天命观，以朴素的辩证法和唯物主义思想，指出战争获胜不取决于鬼神，只要能够做到"知彼知己"，就可以"百战不殆"。该书提出，军事斗争必须"上兵伐谋"。认为指导全局的人当以"不战而屈人之兵""必以全（胜）争于天下"为指导，才能谋求实现最理想的战争结局。该书提出了"以正和，以奇胜"和"攻其无备，出其不意"的作战思想。该书还指出，战争胜负是道、天、地、将、法等因素决定的，所以统治者要修明其政治，顺应其民心。这些思想，也为《孙子兵法》同时代的其他兵书和论及军事的著作所重视。公元前5世纪至公元前3世纪，人们对战争的认识又进了一步。例如，孙膑要求用战争手段解决社会混乱局面，其作战思想则特别强调"贵势"和以奇制胜。吴起所著的《吴子兵法》，在探索战争的实质时讨论了战争发生的根源，把战争起因分成几种类型，并赋予定义，还提出了对付各类战争的方略。

《孙子兵法》作者孙武（约公元前545—公元前470年），字长卿，春秋时期著名的军事家、政治家，被尊称为"兵圣"或孙子（孙武子），被誉为"百世兵家之师""东方兵学的鼻祖"。孙武是兵家孙膑的先祖。他由齐国至吴国，经吴国重臣伍子胥举荐，向吴王进呈自己所著兵法十三篇，即《孙子兵法》，受到吴王的盛赞。在用军法操练宫女的过程中，他毅然处死不遵守军纪的吴王宠姬（吴王曾为其求情），在执法的过程中反映了军令如山，将在军君命有所不受的军事规律，用事实证明了他的军事指挥才能。后来吴王重用孙武为将，和伍子胥一起，戎马生涯30载，先西破强楚，后北威齐、晋，助吴王霸业功成。

这一时期，从知战、治军、用战及研究战争的方法论等方面，全面奠定了我国古代军事思想的基础，标示中国古代军事思想进入一个快速发展并走向成熟的时期。

（三）中国古代军事思想在秦朝至五代得到完善和发展

秦国自嬴政亲政后，先后兼并六国诸侯，在中国创立了统一的封建集权制国家。从此，中国封建社会进入了上升时期。此时中国古代军事思想家在考察军事问题时的视野日渐开阔。孔融在《崇国防疏》中，首次正名国防。另外，此时与春秋战国时期的攻城略地不同，秦汉时期在国防观念上追求的是国家的长治久安，是一种讲究内修外备的大国防观。秦朝修筑万里长城以"用险制塞"，对北方游牧部落进行防御。两汉继承了秦朝的政治制度，在巩固国家统一方面，推行军队屯田以安边固疆，做出了积极的贡献。这些都丰富了中国古代国防的理论与实践。秦汉时期出现的军事思想著作并不多，但值得一提的是，汉代在搜集整理古兵书、总结古代军事思想方面做了不少工作。在《汉书·艺文志》中将兵书分为四派：兵权谋、兵形势、兵阴阳、兵技巧。权谋者，以正守国，以奇用兵，先计而后战，兼形势，包阴阳，用技巧者也。形势者，雷动风举，后发而先至，离合背乡，变化无常，以轻疾制敌者也。阴阳者，顺时而发，推刑德，随斗击，因五胜，假鬼神而为助者也（这是把"天""神"作为万物的始基思想在军事上的反映）。技巧者，习手足，便器械，积机关，以立攻守之胜者也。著名军事家张良、韩信以及军事官员杨仆、任宏等人先后奉命搜集古代兵书，归纳合并古代兵法为35家，剔除其中的重复内容，在《孙子兵法》《吴子兵法》等众多兵书的篇目分合、文字润色上也做了大量工作，这对后来古代军事思想的继承、古代兵书的流传都有重要意义。

三国至隋唐时期的数百年间，王朝更替，军阀割据，战争主要在地主阶级内部不同的政治集团之间进行。战争类型掺杂了民族战争和农民起义。战争规模越来越大，战火延伸至高原、荒漠、森林和海洋等广大空间。骑兵远距离战略迂回，大规模江河、城市要塞的进攻与防御作战，远距离渡海登陆（岛）等一系列新的作战样式活跃在更加复杂、更加广阔的战争舞台上。将帅的主观能动性得到了更充分的体现，施展出无数令人眼花缭乱的奇谋妙计，创造出骑兵以快制敌、长途奔袭、穷追猛打的攻势战略，进行了步、骑、舟、车多兵种协同作战，创新了水陆配合横渡江河，多路分进合击的战法。在这一时期，始终伴随着国家的分裂与统一的斗争，人们注重考察多种政治力量的角逐，以解决现实战略与长远战略的关系就变成了一种问题导向，把探讨联盟战略、统一战略以及制定和实施现实战略变成推崇的艺术。由此，军事战略的思想得到了长足的进步。诸葛亮的《隆中对》，就是三国时期战略分析的重要成果。

三国至隋唐时期军事理论上最大的建树是唐代兵书《唐太宗李卫公问对》和《卫公兵法》。前者铺设了中国军事思想传承的历史轨迹，解析了《孙子兵法》的思想精髓，其中唐朝李奇正相生之辩最为精彩；后者对前人较少涉及的战略防御和战略持久理论进行了探讨，对孙武所提倡的"兵贵神速""先机制敌"思想，是极为有益的补充。

火药的发明和热兵器的出现，是这个时期武器装备的一场巨大的革命。火药是中国发明的，早在宋太宗淳化五年（994年）火药就开始用于战争。宋代开封即有专门生产火药兵器的兵工厂，称为"广备攻城作"。到明朝末年军队对火器的使用达到普及的程度。由于火药在军事上的使用，传统的攻城锤、破寨塔被远距离发射的火炮所取代，传统的要塞防御走了下坡路，中国的长城也失去了昔日的防御作用，以至于满清入关之后，再也不去重修那残破的长城。这一时期，指南针的发明和应用对军事运输技术也做出了重大贡献。发达的印刷术也为军事思想的广泛传播提供了更为便捷的途径。一方面，鉴于自汉代董仲舒提出"罢黜百家，独尊儒术"以来，儒学已成为中国占主流地位的意识形态。一些人以崇尚仁义的儒家价值观念否定"兵行诡道"的战争法则，军事的发展进入歧途，兵学日渐式微。宋代攘外安内，军事上实行保守的消极战略方针，与辽、西夏、金、元等非主流军队的交锋多次均以失败而告终。

这一时期，中国的统治者为了教习文臣武将熟悉军事，命曾公亮等编纂《武经总要》，总结历代兵法和本朝方略，颁布了《孙子兵法》《吴子兵法》《司马法》《六韬》《尉缭子》《三略》和《唐太宗李卫公问对》，称为《武经七书》，并官定为武学教材。陈规在《守城录》中，记录了中国军队具体使用火器和改进城防工事进行防御作战的方法，主张"守中有攻"，对城市防御战法有所创新。

（四）中国古代军事思想在宋代至清代前期进入系统化、体系化阶段

明代和清代前期，中国的政治、经济虽然有了新的发展，军事上高度的中央集权统兵制度也日趋巩固，但整个封建社会已开始走向衰落。中国火器技术起步很早而发展缓慢的事实，坐失了军事发展的机遇。这时西方军事技术的发展则突飞猛进，火器逐渐普遍使用，战争进入了冷、热兵器并用的时代。西方火器被中国接受并大量的传入、装备部队用于实战，使作战样式更加复杂。明代杰出抗倭将领戚继光，根据沿海复杂的地形条件和倭寇火器装备的特点，在其《纪效新书》和《练兵实纪》中对阵法作了重大改革。何良臣在《阵纪》中，对于军队组训和战法赋予了革新的内容。在大量火器装备部队后，孙承宗主编的《车营扣答合编》反映了编制和战法的改革。茅元仪为了振兴明王朝的武备编纂了《武备志》，试图从军事理论、建军作战、兵器制造使用、天象地理、江河海防诸方面，确立实行军事改革的依据。这一切都进一步丰富和发展了古代的军事思想。

以《孙子兵法》为代表的中国古代兵学是辉煌的，但就其总体而言，毕竟是属于冷兵器时代的军事思想。随着17—18世纪欧洲资产阶级革命风暴的兴起，工业革命的出现，自然科学的蓬勃发展，战争形态亦发生了翻天覆地的变化，与之相适应的西方近代军事思想也随之出现了。但清王朝却长期奉行"闭关锁国"政策，对西方世界的巨大变化茫然无知。只是在1840年，西方侵略者用"坚船利炮"轰开古老中国大门的时候，中国人才惊讶地发现，自己在很多方面已经落伍了。清军在鸦片战争中的惨败，使一些睁眼看世界的有识之士开始重新认识中国古代军事思想在当时的价值。魏源在《海国图志》一书中率先提出了"师夷长技以制夷"的口号，客观上提出了改造中国古代军事思想的要求。但不可逆转的历史让中国进入了一个屈辱的时代。鸦片战争也就成了中国进入了近代军事思想时期的历史界碑。

## 二、中国古代军事思想的主要内容

（一）重战、慎战思想

重战、慎战是解决战争问题的基本思维定式。

1.重战

《孙子兵法》开宗明义："兵者，国之大事，死生之地，存亡之道，不可不察也。"这反映了孙武所处时代战争的真实地位。当时能称之为大事的行为活动有两个：一个是祭

祀，另一个是战争。春秋末期，诸侯兼并，战争不仅是各诸侯国维持其政治统治、向外扩张发展的重要手段，也是在面临险象环生的战乱吞并中维系国家存亡的无奈选择。战争是关系民众生死、国家存亡的大事，必须要研究。这一精辟的概括，既是孙武军事思想的基本出发点，也是古代人们对国家与战争关系的实质表述，体现了中国传统的重战思想。

2.慎战

中国古代兵家很早就认识到杀人"盈城盈野"虽然不是战争的目的，但这是活生生的战争过程。孙子云："亡国不可以复存，死者不可以复生，故明君慎之，良将警之。"国家灭亡和人死都是不能再复活的。所以，在战争问题上，凡明智的国君都慎重，贤良的将帅都警醒。在战争指导上，当以"非利不动，非得不用，非危不战"为基本原则。那就是对国家无利可图的，就不要采取军事极端行动；没有十足取胜把握的，就不能随意用兵；不是处于危急紧迫情况的，就不能轻易开战。"兵甲者，国之凶器也"，绝不可"怒而兴师""愠而致战"。老子认为：兵者凶器也，不得已而用之。反对穷兵黩武，挑起战端。慎战不是消极地避战，一味地反对战争，而是拥护正义战争，反对非正义战争。"杀人安人，杀之可也；攻其国，爱其民，攻之可也；以战制战，虽战可也。"

（二）知战、谋战思想

1.知战

知战是解决战争全局问题的根本前提。

（1）明确战争与政治的关系。战争是阶级社会永恒的主题：战争是什么？兵者，国之大事。既然是国家的大事，那么国家又是什么？马克思主义认为国家是实行阶级统治的工具。由这个逻辑得出战争是政治的重要内容，显然战争扮演的是工具的角色。《淮南子·兵略训》指出："兵之胜败，本在于政。"以"政"表述政治，概念更加明确，而且高度概括了中国古代军事思想中关于政治是战争胜负的决定性因素这一根本观点。中国历史上出将入相的吏制形态定制了文能治国、武能安邦的人才标准。文武相济治国施政理念也早已扎根于人心。孔子讲"有文事者，必有武备；有武事者，必有文备"，强调搞政治斗争必须有军事作为后盾；搞军事斗争，必须以政治为基础。战国时期，"义兵""义战"等概念在兵家和诸子的兵论中频频出现。《吕氏春秋》："兵苟义，攻伐亦可，救守亦可；兵不义，攻伐不可，救守不可。"由政治衍生出战争的正义性与非正义性的思考，已经触及到了战争的本质，揭示了战争的人心向背与战争结局的必然联系。《孟子》将正义之道引入战争视野："得道多助，失道寡助。寡助之至，亲戚畔之；多助之至，天下顺之。以天下之所顺，攻亲戚之所畔，故君子有不战，战必胜矣。""天时不如地利，地利不如人和。"《淮南子》更以惊人的深刻性指出："得道之兵……因民之欲，乘民之力，而为之去残除贼也。"意思是正义战争顺应社会发展，体现着民众"去残除贼"的愿望，因此能借助民众的力量达到目的。《荀子》："凡用兵攻战之本，在乎壹民。"《吴子兵法》："百姓皆是吾君而非邻国，则战已胜矣。""是以有道之主，将用其民，先和而造大事。"《尉缭子》认为，只有把人民群众动员起来，"使民扬臂争出农战，而天下无敌矣。"《三略》在说明"英雄"与"庶民"在国家所处的地位时指出："英雄者，国之干；庶民者，国之本。"《淮南子》："乘众人之智，则无不任也；用众人之力，则无不胜也。"得出"顺道而动，天下为向；因民而虑，天下为斗"的规律，尽管当时所谓的"民"与我们今天所说的"人民群众"大不相同，但直观地表明了民众在战争中的主体地位和历史作用，闪烁着人民战争思想的星光。

（2）明确战争与经济的关系。经济是政治的基础，是战争运行成本的主要种类和图谋的最直接物质性利益。其一，战争无不受经济条件的制约，孙子将其表述为"兴师十万，日费千金"；其二，"富国"是"强兵之急"，富国是强军的根本；其三，经济是战争的手段，以战养战，胜敌益强。在中国古代兵家看来，充足的战争物资储备，是军队实现攻守自如的物质基础。"有积蓄则久而不匮"，"内可以固守，外可以战胜"。由此，古代兵家在军队保障方面坚持的基本原则：一是要让将士们"必先有含哺鼓腹之乐，而后有折冲御侮之勇"；二是保障要以通为利，确保运输线的安全畅通无阻，实现及时不间断的足够的供应；三是先储先屯，平时军队可以一面屯田一面戍边积累战争物资，同时还要进行预先的军械储备以解决战时供给之忧；四是"取用于国"与"因粮于敌"相结合，"食敌一钟，当吾二十钟"。一方面夺取敌人的粮食物资可以就地解决自己的军需问题，避免长途运输造成的人财物的损耗；另一方面鼓舞自己增强战胜敌人的信心，打击敌人的军心士气，增强自己战胜敌人的物质基础，削弱敌人的战争能力。因此，在战争指导上不仅重视军事的博弈，而且注重经济的较量，以经济实力的消长方式，实现敌我优劣态势的转变，致人而不致于人。

（3）明确知与战的关系。"知彼知己，百战不殆"，是公元前512年孙武在进呈吴王的《孙子兵法》中提出的一条极其重要的军事原则。它揭示了一个颠扑不破的真理：认识战争中敌我双方的矛盾，寻求制胜之法，就必须深刻了解敌我双方一切方面的情况。首先，这种"知"包括了敌我两方面的所有内容。《孙子兵法》从强调决定战争胜负的道、天、地、将、法五个要素入手比较双方：主孰有道？将孰有能？天地孰得？兵众孰强？士卒孰练？法令孰行？赏法孰明？对其不能只知其一，不知其二，或知彼不知己，知己不知彼。其次，这种"知"必须是本质的认识，而不是停留在表面现象的认识。特别要注意防止被敌人制造的种种假象所迷惑。"知彼"虽不能完全达到详尽，但也要以"七计"不漏为要求。"知己"则必须详尽无遗，"料敌者疏，料己者密。料敌者知敌之势，料己者知己之情"就是这个道理。最后，这种"知"不可能一劳永逸。战争中敌我双方的一切情况都处于此消彼长、优劣不断发生变化的情况之中。因此，"知彼知己"是贯彻于战争全过程的活动，一定要"践墨随敌"不停地审时度势做到随机应变。总之，只有做到了"知彼知己""庙算"定谋，做到"动而不迷，举而不穷"，才能运筹帷幄，决胜千里。"庙算"必先知。"先知者，不可取于鬼神，不可象于事，不可验于度，必取于人，知敌之情者也。"

2.谋战

谋战的本质就是趋利避害。

用兵之道，先谋为本。这是一个千古不变的军事规律。数千年来，中国历代兵家都将这个原则作为自己的优良思想来传承。如《孙子兵法》以计开篇"庙算"为平台。《尉缭子·勒卒令》指出："若计不先定，虑不蚤决，则进退不定，疑生必败。"诸葛亮强调"夫用兵之道，先定其谋"，《淮南子·人间训》："凡人之举事，莫不先以其知，规虑揣度而后敢以定谋。"等等，这些都反映出中国古人用兵重在先定谋略的特点。

中国古代兵书中关于战争谋略与战术的观点，确有建树。如"上兵伐谋"的谋胜论；"以全争于天下"的全胜论；"不战而屈人之兵"的威慑论；"众之所助，虽弱必强；众之所去，虽大必亡"的民胜论；"得之国强，去之国亡"的将胜论；"度势""料势""为势"的"胜可为"论；"先人有夺人之心"的"兵贵先"胜论；"后人发，先人至"的后发制胜论；"制人者，握权也；见制于人者，制命也"，"致人而不致于人"的争主动权论；"战势不过奇正，奇正之变，不可胜穷也"，"善用兵者，无不正，无不奇，使敌莫测。故正亦胜奇亦胜"的奇正相生论；"我专而敌分"的"以众击寡"论；"避其锐气，击其惰归"，"勿邀正正之旗，勿击堂堂之阵"，"以治待乱，以静待哗"，"以近待远，以佚待劳，以饱待饥"的"治气""治变""治心""治力"的四治论，等等。谋战主要表现在以下几个方面。

（1）"庙算"制胜。"多算胜，少算不胜，而况于无算乎！吾以此观之，胜负见矣。"战前，计算周密，各种因素作比较，胜利条件多的，就有把握胜敌；计算有遗漏并且胜利条件少的，都不能胜敌；更何况于不去计算比较啊！以此来考察，谁胜谁负就已经区分出来了。庙算制胜，主要是指战前必须从战争的全局上，对战争诸因素进行仔细分析对比，辨明强弱、敌我优劣后，决定打不打？规模、范围的确定，时机选择、战地选择，先打哪里，后打哪里？在用兵、布阵，进行战争准备和后方保障方面，做到成竹在胸，打则必胜。即"运筹于帷幄之中"，"决胜于千里之外"。

（2）诡道制胜。"兵者，诡道也。"用兵打仗是一种博弈行为，要运用诡诈以多变取胜。军事上的诡道是指有异于常规的做法。"兵以诈立"，揭示了战争规律。在战争中如果跟敌人讲"君子"之道，就会受制于敌；若能利用诡道，造成敌人的过失，为自己创造战机，那敌人就会陷于被动挨打的局面。如古时马陵道之战、诸葛亮的"空城计"、现代日本偷袭珍珠港、盟军诺曼底登陆等等，均是以诡诈获得成功的战例。孙武将诡道归纳为示形四法："能而示之不能，用而示之不用，近而示之远，远而示之近。"应对八法："利而诱之，乱而取之，实而备之，强而避之，怒而挠之，卑而骄之，佚而劳之，亲而离之，攻其无备，出其不意。"一语道破"诡道"以密成事，"此兵家之胜，不可先传也"。

（3）"不战而屈人之兵。"在战争中杀人盈城盈野，百战百胜，虽然能达成屈敌目标，但人力物力财力损耗巨大，为战后恢复生产造成极大破坏与战争旨在征服人心的初衷发生一定的背离。"故百战百胜，非善之善者也；不战而屈人之兵，善之善者也。"不战而使敌人屈服之法好在代价小成果优。因此，孙武的选择是："上兵伐谋；其次伐交；其次伐兵；其下攻城。"上策是以谋制胜。其次是以外交手段，分化瓦解敌人，陷敌于孤立，迫敌屈服于我。战国时期，秦国成功兼并六国就是落实"远交近攻"的策略，以外交手段与军事进攻相结合的成果。再次是用武力战胜敌人。最下策是硬碰硬的攻坚战。孙武指出："善用兵者，屈人之兵而非战也，拔人之城而非攻也，毁人之国而非久也，必以全争于天下。故兵不顿而利可全，此谋攻之法也。"不以交战迫敌屈服，而用全胜的谋略争胜于天下的是善用兵者的作法。用此方法，军队既不会疲惫受挫，又能获得比攻战更好的利益。这就是孙武以谋胜敌的原则和全胜的思想。公元前630年烛之武靠入情入理、利害分明的分析让秦穆公如醍醐灌顶，做出判断："既然灭郑对自己没什么好处，还是退兵吧。"这次郑国不战而胜。公元前627年郑国商人弦高与偷袭郑国的秦军不期而遇，急中生智，谎称自己是郑国的使者，带着牛皮和肥牛犒劳秦军，与秦军周旋。秦将孟明视发现郑国已经做好作战准备才顿觉醒悟："郑国已经做好准备，我们又是孤军作战，恐怕难以取胜。"郑国又一次躲过了灭顶之灾。秦国两次灭郑图谋都没有成功，正是两次上善谋略成就了不战而胜的传奇。所以"伐谋"被《孙子兵法》奉为上策。"全胜"与"不战而胜"，不是臆想。没有强大的军事做震慑，是不可能达成不战而胜的目的。著名的平津战役，如果没有天津的武力方式便无北平不战而胜的和平方式可言。

（三）备战、用战思想

1.备战

未雨绸缪，在平时就要讲究蓄势，增强威慑张力。

（1）有备无患。有备，小国也不会轻易灭亡；无备，大国也将面临灭顶之灾。因此，任何时候都要"防乱于未乱，备急于未急"。"用兵之法，无恃其不来，恃吾有以待也；无其不攻，恃吾有所不可攻也。"用兵的原则，不要祈求敌人不会来，而是时刻要有足够的防备；不要寄希望于敌人不会来进攻，而是要力求立于不败之地，让敌人无法攻破。秦始皇筑路通邮，修长城；隋文帝修仓储粮，固长城，开运河；朱元璋修筑明长城、海岸，设置卫所等，就是将自己的立足点放在事先已做好充分应对战争的准备之上，严阵以待，使敌人不敢贸然向我发动进攻的国防实践。

（2）我国古代兵学典籍中探讨备战的主要内容：一是政治备战。古人认为国家的战守存亡，政治具有决定性意义。因此古人主张"不和于国，不可以出军"。二是经济备战。《三略》："国虚则民贫，民贫则上下不亲。敌攻其外，民盗其内，是谓必溃。"国不富，不可以养兵，更谈不上强兵。而富国的前提，在农本经济时代就是要搞好农业生产。《管子》："甲兵之本，必先于田宅。""民事农则田垦，田垦则粟多，粟多则国富，国富者兵强，兵强者战胜，战胜者地广。"由此古人都把经济看作强兵安国的重要条件在备战中加以重视，强调国家要大力发展生产，做到国家富裕、人民殷实，并以此作为打好战争的物资储备。三是思想备战，居安思危。《吴子兵法·料敌第二》："夫安国之道，先戒为宝。今君已戒，祸其远矣。"即使处在太平盛世，戒备之心还是不能丢掉的。这是中国古代兵家重视思想备战的写照。四是军事备战。首先，军队建设是军事备战的主要内容。《荀子》："兵劲城固，敌国畏之。"国以兵强，民以兵安，没有强大军队的国家要想在战争中取胜是不可能的。其次，武器装备的制造也很重要。《论语》："工欲善其事，必先利其器。"《管子》："凡兵有大论，必先论其器。"中国古代兵家很早就认识到，锋利的枪戟、密固的甲胄、能够入坚射远的弓箭，披坚执锐本身就是战斗力的重要组成部分。若"器滥恶不利"，虽为正义之师也无法战胜敌人。为此，其一，要从实战的需要出发满足"长以卫短，短以救长"的战术需要；其二，"取材必以时，择材必以良，而司工者又必依傍古法，顺天之时，随物之性，用人之能"；其三，平时就要重视武器储备，保证装备充足，质量上乘，否则"临难铸兵，岂及马腹？"所以，军事备战以军队建设为核心，以武器制造储备为要素。五是外交备战。外交活动在战争爆发前是敌我双方政治较量的主要方式。在战争过程中，外交活动也是一种重要的斗争形式和法宝。尤其围绕敌我之外的第三方力量的争夺是外交战线的最大任务。正因为如此，孙武才有"上兵伐谋，其次伐交"的认识。

（3）备战的基本原则。《明宣宗实录》："善为国家者，安不忘危，治不忘乱"，"是故圣人致严于武备，为之城郭，为之关防，严甲兵以守其国，规划精密，训练有方，强御以遏，兆民以宁，天下久安长治之道也。"

古代兵家提出备战的基本原则，主要内容有：一是强调立足现实，见微知著，未雨绸缪，防患于未然，提前做好战争的准备。二是备战要按照最高标准严格要求，在政治、经济、军事、技术等各有关决定战争胜负的诸因素方面，都要比敌人更占有绝对优势，全面地超过敌人，压倒敌人。三是农事与甲兵并举，统筹兼顾，备战投入、规模与水平必须要同国力相适应。四是将战争胜利希望不能建立在依靠他人的基础上，要自力更生扎实加强战争准备。五是备战应不动声色，"寓兵于政""寓兵于农""寓兵于刑""寓兵于乐"等。六是"耕战并重"，将战争行动同平时的生产活动相结合，军队一边生产一边保卫边界安全，既是战斗队又是生产队，耕战结合。七是备战必须兼顾各个方面进行全面的整体备战。如此就能国安而防固，"则不战而胜，不攻而得，甲兵不劳而天下服"。八是备多不备少要有冗余，宁可有而不用，不可用而没有。

2.用战

用战是使用武力的艺术。

（1）先胜而后求战

古人非常强调在了解彼此双方情况的基础之上，做好充分准备工作，有胜利的把握才去和敌人交战，从而把胜利的可能变成现实。"先胜而后求战"的用兵思想，包含了知彼知己、揣测必然预知胜负、谋略造势创造先胜态势、先为己之不可战胜、后行诡道而为敌之可胜等内容。

（2）兵之情主速

孙子："兵贵胜，不贵久"，"久则钝兵挫锐，屈力殚货"，"兵闻拙速，未睹巧之久也"。这些思想早已耳熟能详。即使在冷兵器时代，战争对物资的消耗也是惊人的。《孙子兵法》："带甲十万"的大军出征，需要"日费千金"，若是久战不胜，顿兵挫锐就会造成"国用不足"，甚至会造成潜在的敌人趁机袭击我方，以收渔人之利，而陷我于两面乃至多面作战的不利境地，到那时恐怕"虽有智者"也难自救"善其后"。"速则乘机，迟则生变"，凡是进攻无论战略、战役还是战斗都应当实行速战速决，"一决取胜，不可久而用之"。只有神出鬼没，才能达到出敌不意、攻敌不备的目的。《兵垒三十六字·迅》："时不再来，机不可失，则速攻之，速围之，速逐之，速捣之，靡有不胜。"速战就是趁敌人防备最薄弱、兵力最分散、指挥最混乱、士气最低下时及时抓住战机，予以致命打击，消灭敌人。否则，不仅劳而无功，达不到战胜之目的，自己还可能丧失主动权而陷入被动。古代兵家认为"拙速"优于"巧迟"，主张宁可"拙速"，不为"巧迟"。然而，在敌强我弱的情况下，一时还不能赢得主动机会，难以达成速胜的目的时，虽然主观上希望速胜，但是也应考虑持久。随着生产力的发展，战争规模、战场的扩大和战争持续时间的加长，古代兵家认识到持久是转化敌我优劣态势的有效措施，久拖必使敌人疲惫，增大敌人的消耗；同时在与敌人持久的过程中，充分发掘潜力壮大自己的势力，等待战机到来时，再进行反攻。"兵贵神速"并不是一味地追求速胜，而是要在我对敌已形成优势，有速胜机会，有必胜的把握才毫不犹豫，借机发力。否则，"迅雷"容易，而一招制敌难成。因此，速胜是古代兵家的首选，并不是唯一选择。

（3）致人而不致于人

在战争指导上，争取主动权以调动和左右敌人，而不被敌人调动和左右是中国古代兵家的共识。《孙子兵法》的"致人而不致于人"，《太白阴经》："道贵制人，不贵制于人；制人者握权，制于人者遵命也。"李靖也把战争的主动权视为战争最为关键最为核心的内容并直言"千章万句不出乎致人而不致于人"。

（4）以奇制胜

"三军之众，可使必受敌而无败者，奇正是也。""奇正"是中国古代军事思想中的一对哲学概念。一般说来，"正"指常规的用兵之法，"奇"指不拘一格的、非常规的用兵之法。古代兵家认为，"战势不过奇正"，"奇正者，用兵之铃键，制胜之枢机也"，"奇正之变，不可胜穷也"，"运用之妙，存乎一心"。高明的将帅要根据瞬息万变的战场形态而灵活变换奇正战法，积极主动地去夺取胜利。

"奇"与"正"是对立统一的关系。中国古代兵法认为战争不仅是力量的对抗，更是智慧的博弈。"兵者诡道也"，"兵无常势，水无常形"，"战胜不复"，告诉人们一成不变、墨守成规与所谓堂堂之阵、正正之旗等呆板的君子战法以及抱残守缺都是葬送战机，自毁长城。智将必以出奇而制敌。孙子："善出奇者，无穷如天地，不竭如江河。"揭示其中道理。以反常思维、反常用兵，出奇制胜，构成中国古代军事思想的一大亮点。在数千年的中国战争舞台上，许多奇思妙计演义的出奇制胜战果，至今仍为人们津津乐道。

所谓"奇正"相辅相成，是指无"正"即无"奇"，无"奇"即无"正"，"奇正相生"，互相转化。孙子"以正合，以奇胜"正是基于奇与正原理得出的克敌制胜的法则。《唐太宗李卫公问对》："善用兵者，无不正，无不奇，使敌莫测，故正亦胜，奇亦胜。""所谓'形人而我无形'，此乃奇正之极致。"

以上是中国古人用兵的主要思想。另外，还有因地而胜，"夫顿兵之道有地利焉。我先据胜地，则敌不能以胜我；敌先居胜地，则我不能以制敌"；"攻是守之机，守是攻之策，同归乎胜而已矣"；激人之心，励士之气等，都放射着军事思想的智慧。

（四）论将、治军思想

1.论将

（1）将帅的地位和作用。"将者，国家安危之主也。"这是将帅在战争中的重要作用极为中肯的评价。千军易得，一将难求。"大将，心也。士卒，四肢百骸也。"若把军队比作"人"，将帅就是人的"心"，士兵就是四肢躯体。"心""体"不能分割，相互区别，相互制约。将帅是"心"，是军队的大脑和指挥中心，所以在战争中起着关键性作用；同样"将者，成败之所系也"，"存亡之道，命在于将"。又如《孙子兵法》："知兵之将，民之司命，国家安危之主也。"《吴子兵法·论将》："得之国强，去之国亡，是谓良将。"对将帅进行了正确的客观定位。

（2）将帅应具备的条件。《孙子兵法》："将者，智、勇、仁、信、严也。"《孙膑兵法》提出"义、仁、德、信、智"五条。《司马法》强调将帅应具备"礼、仁、信、义、勇、智"六种德行。这些条件虽然字面略有不同，但是总起来看，将帅必须满足德才兼备，智勇双全，能文能武，具有全面素质的条件是共识。正如《吴子兵法》所言："夫总文武者，军之将也；兼刚柔者，兵之事也。"

关于将智，中国古代兵法认为："将不智则三军大疑。"所谓将智，就是要有广博的知识、超人的谋略、深远的洞察力和正确的判断力。"上知天之道，下知地之理，内得其民之心，外知敌之情，阵则知八阵之经，见胜而战，弗见而诤。"同时还要有良好的心理素质，做到"不惵""不怒"，始终保持清醒的头脑，不被敌人制造的各种假象和阴谋诡计所迷惑。关于将勇，"将不勇，则三军不锐"，"勇则不可犯"。勇包括临机果断，"见利不失，遇时不疑"。"多端寡要，好谋而无决"是军中大忌。《六韬》："用兵之害，犹豫最大；三军之灾，生于狐疑。"将勇应当有"临事而惧，好谋而成"，"静以幽，正而治"，"治众如治寡"，"出门如见敌"，"虽克如始战"，"法令省而不烦"的素养。关于将仁，"进不求名，退不避罪，惟人是保"。要有以身许国的责任担当，同生共死的意志决心，有仁爱宽厚、严于律己的操守，"视卒如婴儿，视卒如爱子"。"将受命之日忘其家，张军宿野忘其亲，援枹而鼓忘其身"的大公无私的精神。古人警示："将不仁，则三军不亲。"关于将信，《吕氏春秋》："欲服三军，非信不可也！"中国古代兵家常常强调将帅的信誉。"先之以身，后之以人"，"暑不张盖，寒不重衣，险必下步，军井成而后饮，军食熟而后饭，军垒成而后舍，劳役必以身同之。"吴起以不食其言而立信，自古传为美谈。关于将严，中国古代兵法主张从严治军，信赏明罚，"赏不逾日，罚不还面"。将帅治军以身作则，军法如山，法不容情，千百年来一直是为将者的座右铭。孙子的"将在军君命有所不受"，吴起的"城门立木"，曹操"以发代首"，他们言必信，信必果，忠于赏罚。中国战争摇篮培育了大批卓越将帅，他们或因治军有方而入史册，或以"运筹于帷幄之中，决胜于千里之外"而铸功，或以勇冠三军而扬名，谱写了许多至今仍令人叹为观止的战争华章。

（3）将帅的选拔任用，主要有以下原则：一是德才兼备。司马光等人主张"才者，德之资也；德者才之帅也"。强调在选将时要德才兼备，以德为先。二是老成历练。历代兵家在任用将帅上，都强调一定要选拔有实践经验、有实际指挥才能的人才可以登坛拜将。三是优中选优。用将要量才而用，讲究优化组合。《鬼谷子·权篇》："智者不用其所短，而用愚人之所长；不用其所拙，而用愚人之所工。"四是用人不疑。强调对经过考验确信其忠诚和具备统兵作战能力的指挥人才要大胆使用，并赋予果断指挥的权力，不能轻易地从中过多地干预其行使权力。《孙子兵法》强调"将能而君不御者胜"。五是任人唯贤。"不论贵贱，唯才是举"，"不论亲疏，唯能是用"，人才使用不设界限，致力于"不拘一格""唯才是用"。六是重功轻过。《吕氏春秋》指出："以人之小恶，亡人之大美，此人主之所以失天下之士也。"《汉书·陈汤传》也强调："论大功者不录小过，举大美者不庇细瑕。"不因过而拒功，不以旧错埋没有能力的将才。《武经总要·选将》还推出考察将帅的方法："远使之以观其忠，近使之以观其恭，繁使之以观其能，卒然问焉以观其智，急与之以观其信，委之以货财以观其仁，告之以危以观其节，醉之以酒以观其态，杂之以处以观其色。"这"九验"虽然不尽科学，但是也反映古人对选将的极度重视与用将追求知人善任的认真态度。

2.治军

（1）以治为胜

战争是军队战斗力的较量。《吴子兵法》："……所谓治者，居则有礼，动则有威，进不可当，退不可追，前却有节，左右应麾，虽绝成阵，虽散成行。"吴起又从反面指出其利害："若法令不明，赏罚不信，金之不止，鼓之不进，虽有百万何益于用？"中国古代兵家认为战争的胜利与军队具体的攻守能力有关，而这些能力的提升又与军队日常管理分不开，因而提出了"以治为胜"的重要思想。《孙子兵法》："令之以文，齐之以武，是谓必取。"由于军队特殊的职能，决定了军人不能混同于普通民众，"国容不入军，军容不入国"，治军当严，讲究恩威并举，赏罚分明。所谓"恩"，本质上是以仁爱治军，晓之以理，动之以情，正如《孙子兵法》所言："视卒如婴儿，故可以与之赴深溪；视卒如爱子，故可以与之俱死。"所谓"威"，本质上是以法治军，以刑慑人。《商君书》："人情好爵禄而恶刑罚。"赏之所在，人必趋之；罚之所在，人必避之。做到"壹赏"，就可以使"兵无敌而令行于天下"，将战争意志变成战争行为；做到"壹刑"，就可以使将士"止之如斩足，行之如流水"，上有禁而下不违。

在实施赏罚方面，古代兵家主要强调以下原则：一是赏贵信，罚贵必。《黄石公三略》说："将无还令，赏罚必信，如天如地，乃可御人。"信赏可以使士卒"感心发，而玩心消"；有错必罚可以让士卒"畏心生，而怨心止"。二是"赏不逾时，罚不迁列"。赏是激励、罚是劝诫的有效手段，对于赏罚的运用时机，保证其时效性有重要意义。《司马法》："赏不逾时，欲民速得为善之利也；罚不迁列，欲民速睹为不善之害也。"《草庐经略·督战》："有功者，即于阵前赏之；退却者，即于阵前诛之。则人知有进战之利，反顾之害，故人自为战矣。"这些论述均切中赏罚使用要害。三是赏不加于功，罚不加于无罪。"赏不可以虚施，罚不可以妄加。赏虚施则劳臣怨，罚妄加则直士恨。"赏罚的使用讲究公平、公正，否则会引起军队内讧，削弱战斗力。

中国古代十分重视军事法规法令的建设与实施。《尉缭子》有《重刑令》《伍制令》《勒卒令》《经卒令》和《兵令》等，就是为了"明刑罚，正功赏"，"鼓之，前如雷霆，动如风雨，莫敢当其前，莫敢殿其后"。确保军队"方亦胜，圆亦胜，错邪亦胜，临险亦胜"，始终立于不败之地。

（2）教戒为先

《司马法》："士不先教，不可用也。"古代兵家认为，"教戒"是培育军人战斗素质的途径。"教戒"是备战范畴，必须先行，在平时就要强化养成。军队缺少"教戒"，必然令不行、禁难止，平时队伍涣散难治，官兵容易产生互信危机，战时军心不定，布阵杂乱无章，"入不可以守，出不可以战"。若"教戒"得当，训练有素，则"兵劲城固，敌国不敢婴也"。

"教戒"要注重思想教育，令将士忠君爱国，以死赴战，《吴子兵法》："凡建国制军，必教之以礼，励之以义，使有耻也。"《兵录·教练总说》："教以忠义，使士卒皆有亲上死长之心，然后令之执干戈、环甲胄以御敌"，"苟不得其心，彼虽精于技艺，而不为吾用"。

中国古代兵家强调练为战，要从实战出发，使平日所习所学的号令、营艺都是照临阵的一样。及至临阵，就以平日所习者用之。灵活确定训练内容和训练方法，"因便而教，准利而行，教无常，行无常，两者备施，动乃有功。"贯彻严格施训，"将必先告吏士，申之以三令，以教操兵起居、旌旗指麾之变。"要"因便而教"，区分对象，因材施教，扬长避短，发挥不同人的体力和智力，针对遂行的任务进行适应训练。军队"教戒"看教练。《吴子兵法》指出："故用兵之法教戒为先。一人学战，教成十人。十人学战，教成百人。百人学战，教成千人。千人学战，教成万人。万人学战，教成三军。"《兵略丛言提纲》："不教则不明，不练则不习。"在训练方法上主张"教得其道""练心""练胆""练艺"。这些思想对今天的军队建设仍具有重要的科学价值。

战争是力量的竞赛，大家都明白强者战胜弱者。然而力量强弱并不完全取决于军队数量多少，而在于军队的质量。这是军队强弱的关键。古人是通过强调加强专业教育训练、加强职业道德教育、严明法令纪律等手段来达到治军目的。

# 第三节　毛泽东军事思想

## 一、毛泽东军事思想的含义及特征

（一）毛泽东军事思想的含义

毛泽东军事思想，是以毛泽东为代表的中国共产党人关于中国革命战争和军队问题的科学理论体系。它是马克思列宁主义普遍原理与中国革命战争具体实践相结合的产物，是具有中国特色的马克思主义的军事理论，是中国共产党人及其领导的革命军队集体智慧的结晶，是毛泽东思想科学体系的重要组成部分。毛泽东军事思想概念的内涵包括以下几点：

首先，阐明了毛泽东军事思想，是在中国特定的社会条件下，适应历史要求而产生的，以中国共产党为领导核心进行工农武装革命的理论。因此，毛泽东军事思想就不可避免地打上其产生的时代历史任务的烙印。毛泽东军事思想是中国革命战争中产生并为中国革命战争服务的。

其次，阐明了毛泽东军事思想的无产阶级性质。中国共产党人是马克思列宁主义者，毛泽东军事思想是解决中国革命诸问题的军事理论，是中国劳苦大众革命的思想武器，是为无产阶级政治服务的。因此，毛泽东军事思想就不可避免地打上其产生的主体——无产阶级的烙印。中国共产党是中国人民利益的忠实代表者。毛泽东军事思想是无产阶级的思想武器。

最后，阐述了毛泽东军事思想的科学理论体系。毛泽东军事思想是根据马克思主义的基本原理，结合中国革命战争和人民军队建设的长期实践中一系列独创性经验，所作的理论概括。马克思主义是放之四海而皆准的真理，毛泽东军事思想是马克思主义的继承和发展。毛泽东军事思想就不可避免地打上其产生的科学理论来源——马列主义的烙印。毛泽东军事思想是中国特色的马克思主义的军事理论。

（二）毛泽东军事思想的特征

毛泽东军事思想是在中国革命战争的实践中产生、形成和发展的。这一科学的思想体系有其明显的基本特征。

1.马列主义的基本原理和中国革命战争具体实践相结合是毛泽东军事思想的灵魂

毛泽东军事思想的产生、形成和发展，是以马列主义的理论为基础，以中国革命战争为实践的平台。这是毛泽东军事思想的本质属性与基本特征。

毛泽东是坚定的马克思主义者，但却不是马克思主义的循规蹈矩者。列宁以城市暴动为中心的理论在俄国创造了光辉的范例，而以毛泽东为代表的中国共产党人根据中国大革命夭折的教训，选择了开辟以农村为根据地，走农村包围城市与武装割据相结合的道路。马克思主义认为革命应以工人为主要力量，而毛泽东却创立了以农民为主体的新型人民军队；马克思主义军事经典着重阐述了正规战的理论，而毛泽东却以游击战被称为"现代游击战争之父"；毛泽东关于在革命战争中，根据不同时期、不同任务、不同对象建立统一战线等理论，都不是马克思主义条条本本的翻版，而是马克思主义的灵魂在中国革命战争新的条件下的再现。美国前国防部助理部长菲利普·戴维逊在所著《毛泽东战略》中说，毛泽东是"一切战略家中最重实效、最主张批判地接受经验的一个"。

2.中国伟大的革命战争实践是毛泽东军事思想赖以产生和发展的物质基础

毛泽东和老一辈无产阶级革命家长期活跃在战争舞台上，他们不仅有可能从参加和指导战争的实践中总结战争经验，使之上升为理论，同时，也有条件把这些战争理论拿到战争实践中去反复检验。这样通过对战争不断的实践、认识，再实践、再认识，逐步深化和完善对革命战争规律的认识，使武装斗争理论符合中国的客观实际。中国人民革命战争经历了国共合作的北伐战争、土地革命战争、抗日战争、解放战争和抗美援朝战争之后，又经历了中印、中苏和中越边境等自卫反击作战。战争之频繁、规模之巨大、情况之复杂、道路之曲折、形式之多样、内容之丰富，不仅在中国历史上是空前的，在世界历史上也是罕见的。如此丰富的战争和军事斗争实践，为产生、形成和发展毛泽东军事思想提供生长的土壤，充分反映了毛泽东军事思想所具有的鲜明的实践性特征。

3.中国共产党和中国人民是毛泽东军事思想的群众基础

作为我党的军事理论——毛泽东军事思想，绝不是靠一两个人的天赋就能创造的，它是全党、全军集体智慧的结晶。遵义会议后，党中央逐步形成了以毛泽东为首的集体领导，很多重大路线方针，都经过党中央集体讨论，凝聚了毛泽东及其战友们的集体智慧。由于中国革命战争在相当长的时间内，是在若干个彼此分割、互不相连的地区进行的，从而造就了一大批独当一面的领袖人物和军事将帅，他们从不同的方面对毛泽东军事思想的形成和发展做出过重要的贡献。毛泽东一贯遵循"从群众中来，到群众中去"的原则，注意征询多方面的意见，鼓励他们按实际情况果断处置。全党、全军和全国人民在人民革命战争中迸发出来的聪明才智，由毛泽东加以集中概括，成为无产阶级军事科学中最博大精深的理论体系。正如毛泽东在1942年延安整风时指出的，这不是我一个人的思想，是党和人民以集体的智慧，用千万先烈的鲜血写出来的。以毛泽东的名字命名，是毛泽东集党的领袖、军事统帅和军事理论家于一身，是中国共产党人的杰出代表，是那个造就英雄时代的见证。

4.古今中外军事理论是毛泽东军事思想的创新基础

毛泽东在研究指导中国革命战争中，既珍视经验、尊重历史，又善于扬弃经验、超越历史；既以模式为参照，又敢于轻视模式大胆突破。这就是他能够独领风骚占领一个时代的高峰，俯瞰战争海洋，探索具有中国特色的军事斗争理论的独门绝学。它山之石可以攻玉，据有关资料统计，《毛泽东选集》中引用五四运动以前的中国历史资料共218处，其中，引文94处，提到中国历史人物典籍的地方有64处，提到中国历史事件和战例的地方有60处，等等。毛泽东在对古今中外的军事理论进行批判地继承中吸收营养，并将新的实践经验进行升华，形成新的、更高的军事理论。

5.毛泽东思想的经典内容是军事斗争艺术

在中国共产党取得全国政权前的22年里，军事斗争是我们党的工作重心，毛泽东军事思想占有最突出的地位，毛泽东和他的战友们以极大的精力研究军事、指导战争，因而军事著作很自然地在他的著作中占有大量篇幅和重要地位。1993年12月出版的、由中共中央文献研究室和中国人民解放军军事科学院合作编辑的《毛泽东军事文集》六卷本，涵盖了1937年8月至1972年12月期间，毛泽东关于军事方面的文章、电报、命令、批示、报告等，多达1 600余篇，260余万字，真实全面系统地反映了毛泽东军事思想体系的主要内容。由于毛泽东在指导战争中，将军事、政治、哲学、经济、文化、党的建设等工作熔于一炉，因而在他的其他部分论述中，也不可避免地大量联系军事斗争问题。蕴藏在毛泽东军事思想中的许多原理，也经常被毛泽东引申到重大的政治、经济等理论著作中。毛泽东对军事实践活动倾注了大量的精力，指导战争又是他一生中最光辉的经历。因此，其军事思想部分必然在整个思想体系中占有重要的位置。国外众多著名军事理论研究者普遍认为，共产党军事思想的最好阐述见诸中国。

## 二、毛泽东军事思想的地位和作用

江泽民同志在庆祝我军建军63周年的电视讲话中指出："毛泽东同志把马列主义的基本原理同中国武装斗争和军队建设相结合，集中全党全军的智慧，形成了具有中国特点的毛泽东军事思想，极大地丰富了马克思主义军事理论的宝库——它是我们的宝贵财富，是军队建设的指南，一定要始终坚持，世代相传。"江泽民同志的讲话，是对毛泽东军事思想的地位和作用的精辟论述和高度概括。正如军事家们所公认的那样：毛泽东军事思想是继《孙子兵法》之后，又一次在世界上产生巨大影响的军事理论，闪耀着普遍的真理光芒。

从军事思想发展史来看，在历史上曾经发生过三次历史性的飞跃。一次是中国古代的《孙子兵法》的产生，标志着人们对战争及军事问题的认识，实现了第一次历史性的飞跃；第二次飞跃发生在以拿破仑、克劳塞维茨、约米尼等人的军事思想为代表的近代欧洲。不过，他们的军事理论真理与偏见并存。要么带有当时自然科学中的机械论而牵强附会；要么与社会科学中的历史唯心论的东西鱼龙混杂。然而，以马克思列宁主义的军事理论为启迪的第三次飞跃，首次为真正地解决战争和军事问题，提供了一套科学、完整的历史唯物主义和辩证唯物主义战争观和方法论。以毛泽东为代表的中国共产党人，把马克思主义的军事理论与中国革命战争相结合而创立的毛泽东军事思想，则代表了这次飞跃的最高成就，在军事思想发展史上具有十分重要的地位和作用。

（一）毛泽东军事思想揭示的战争规律达到了空前的广度和深度

历史上，对战争规律的探索，中外众多的军事统帅和军事理论家都有过各自的贡献。但在军事领域研究方面难以找到第二个像毛泽东那样既进行过长期身体力行、统帅军队、指导战争的实践，又不遗余力从事广泛探索军事理论研究的人。他从中国革命战争到世界反侵略战争的研究；从建军到作战方略制定；从游击战到阵地战；从小的战斗到百万大军的战役战略运筹；从战略防御到战略进攻（包括战略决战和战略追击）；从三湾改编到建设现代化的国防；从抗日持久战到速战速决的中印、中苏边境自卫还击战；从追随社会主义阵营到三个世界划分理论；从赢得战争胜利到制止战争和平共处；不论是中国革命战争和军队国防建设的特殊规律，还是军事领域的一般规律；不论是军事科学的应用理论，还是军事科学的基础理论，毛泽东都运用马克思主义的战争观和方法论，对其进行长期的实践检验并提出理论总结。在坚实基础上形成的毛泽东军事思想，其内容博大精深、结构科学合理、系统严密完整是毋庸置疑的。毛泽东对战争规律理论的研究达到了前所未有的境界。

（二）毛泽东军事思想是无产阶级军事理论发展的当代丰碑

毛泽东军事思想是在马克思主义军事理论和列宁主义军事学说的基础上，又更上一层楼。主要表现在：①创新完成了新课题：开辟前所未有的以农村包围城市武装夺取政权的革命道路。②首创了全新的军事学说：军事辩证法。③把前人的观点发展成为系统理论：人民战争。④实现了恩格斯关于"无产阶级的解放在军事上也应有自己的表现"的预见：人民战争的战略与战术理论。⑤解决了建军问题：以全心全意为人民服务为宗旨，以党的绝对领导为核心是建设无产阶级的新型人民军队的基本原则。因此，毛泽东军事思想是当之无愧的无产阶级军事理论发展史上的当代丰碑。

（三）毛泽东军事思想是以弱胜强的高超的战争指导艺术

古今中外的战争虽不同，但从战争指导艺术方面具有一定的可比性。一般说来，在作战力量存在相对优势或势均力敌的情况，赢得战争胜利尚无把握，以少胜多、以弱胜强可就更加困难。西方历史上的亚历山大、汉尼拔、恺撒和拿破仑等人，都因以弱胜强而摘取并获得了"战略之父""战争巨人"等荣耀桂冠和战争艺术的最高荣誉。相比西方军事巨匠，毛泽东的高明在于：世界历史上众多的著名将帅，只是赢得若干战役战斗的胜利，而赢得整个战争最后胜利的并不多见。可是毛泽东在我军长期处于极度劣势的境地，不仅屡次创造了以弱胜强的范例，而且指挥我军始终立于不败之地，取得了中国革命战争的最后胜利；以往世界战争史上的以弱胜强，基本上是兵力对比上的以少胜众，但在武器装备上则相差很小。可是毛泽东往往不仅在数量上以少胜多，而且还创造以小米加步枪打败了飞机大炮的奇迹；毛泽东不但擅长战争指导艺术的实践运用，而且也善于对战争指导艺术本身的提炼和理论上的升华。毛泽东军事论著数量巨大，内容广泛，影响深远，在世界军事史上，无人能与之相比。

（四）毛泽东军事思想提供了具有普遍意义的军事问题认识论和方法论

真理是放之四海而皆准。如果说《孙子兵法》在认识论、方法论方面的价值在于超越时代、跨领域形成辐射。那么，兼有现代哲学成就的毛泽东军事思想所揭示的军事领域的一般规律，本身就具有真理的应用价值。在现实中毛泽东军事思想不仅可以作为我们正确认识战争与和平、军事斗争与军队建设的科学思路，为我们现代化国防建设，特别是信息化战争背景的建军与作战，研究解决新问题提供思想武器，还可以让人们领略其军事哲理，举一反三，触类旁通，运用于现代社会中实现普遍的融通。

（五）毛泽东军事思想，对于新时代我军的强军目标的实现和进行信息化战争仍具有重要的指导作用

毛泽东一贯重视军队建设。在中华人民共和国成立后不久，就及时提出要把人民军队建设成为强大的现代化军队及实现这一目标的方针、原则等。现阶段我军建设的具体环境和条件尽管发生了一些变化，但仍然离不开毛泽东军事思想的指导。我军将长期履行对外反侵略、对内反颠覆的职能，坚持党对军队的绝对领导，坚持忠于党、忠于人民、忠于社会主义祖国的正确的政治方向。当前，我军的现代化建设尽管有很大的发展，但是，由于受到经济条件、科研水平等因素的影响和制约，在武器装备方面，近几年虽然有所突破，有所改善，但与一些发达国家相比，仍然存在较大的差距。未来反侵略战争，我们仍然要强调人在战争中的决定作用，强调提高官兵的军事素质，强调不断的优化部队的整体结构，强调立足于以劣势装备战胜优势装备的敌人。这些都说明，毛泽东军事思想的基本理论，对我们仍然具有非常现实的指导作用。

### 三、毛泽东军事思想的形成与发展

毛泽东军事思想是我党把马克思主义的基本原理运用在中国人民进行的革命战争、国防建设和国防斗争的实践中，逐步形成和发展的军事理论。

从中国共产党成立到土地革命战争时期，是毛泽东军事思想初步形成的时期。建党之初，党的纲领就明确规定要用革命手段推翻旧政权的历史任务。大革命失败的惨痛教训，深刻地教育了中国共产党人，他们开始结合中国国情，探索中国革命的道路。毛泽东不仅提出"政权是由枪杆子中取得的"重要论断，最先在实践上把武装斗争的立足点放在农村，创建、发展了工农红军和农村革命根据地，而且从理论上对中国走什么路、如何建军、如何打仗等问题进行了艰辛的探索，先后写出了《中国的红色政权为什么能够存在》《井冈山的斗争》等许多重要著作。在这些军事著作中，毛泽东深刻揭示了中国革命战争的特点和基本规律，确立了红军作战的战略战术和指导原则，提出了如何建设新型人民军队等一系列重要问题；为中国革命指明了以武装斗争为主要形式、以土地革命为中心内容、以农村根据地为依托、以农村包围城市最后夺取政权的道路。至此，毛泽东军事思想的基本内容已经产生，为其后来科学体系的形成奠定了坚实的实践与理论基础。

抗日战争时期，是毛泽东军事思想趋于成熟的时期。在这一时期，毛泽东在深入研究中外军事思想的基础上，相继发表了《中国革命战争的战略问题》《抗日游击战争的战略问题》《论持久战》《战争和战略问题》等著名的军事著作，系统地论述了中国革命战争的战略指导问题，科学地预见了抗日战争的持久性，回答了中国革命战争如何以少胜多、以弱胜强等一系列战略和策略问题。在《论联合政府》中，毛泽东又进一步明确提出了关于"人民战争""人民军队""人民战争的战略战术"等理论和原则。这表明具有鲜明中国特色的毛泽东军事思想已发展成为系统的理论而趋于成熟，并在战争实践中得到验证。

解放战争时期，毛泽东军事思想得到了全面发展，并在以后的抗美援朝战争和新中国国防与军队建设中进一步完善。毛泽东和他的战友们以集中优势兵力打歼灭战为核心的十大军事原则成功地演绎了人民解放战争，使辽沈、淮海、平津三大战役成为决战典范，表现了驾驭战争全局的能力和指挥艺术。这一时期，毛泽东具有代表性的军事理论著作有《集中优势兵力，各个歼灭敌人》《三个月总结》《解放战争第二年的战略方针》《目前形势和我们的任务》等，进一步丰富和发展了人民军队、人民战争的思想和战略战术原则。抗美援朝战争，是一场现代化战争。指导这场战争取得伟大胜利，把阵地战提高到战略地位为毛泽东军事思想增添了适应现代化战争需要的新内容。1949年后，毛泽东又提出了建设现代化、正规化的军队，完善国防工业体系、发展尖端国防科技和全民皆兵的理论，制定了积极防御的战略方针。毛泽东关于国防建设的思想成为毛泽东军事思想的重要组成部分。

### 四、毛泽东军事思想的主要内容

#### （一）无产阶级的战争观

毛泽东丰富的战争实践，使他对战争问题的认识要比他的前人更深入、更完备。他指出，战争本身就是政治，又不等于一般的政治。政治是不流血的战争，战争是流血的政治；正义战争可以拯救人类，是把全世界历史转到新时代的桥梁。共产党人反对非正义的战争，拥护正义的战争。我们是战争消灭论者，我们不挑起战争，但会用战争去消灭战争。他强调，认识和指导战争，必须把握战争的一般规律和特殊规律，要善于从战争中学习战争。他认为，战争的胜负，主要决定于作战双方的军事、政治、经济、自然等条件，军事家不能超过物质条件许可的范围企图战争的胜利，然而军事家在物质条件许可的范围内可以争取战争的胜利。武器是战争胜负的重要因素，但不是决定因素，决定因素是人而不是物，兵民是胜利之本。

#### （二）人民战争理论

所谓人民战争是指广大人民群众为反抗阶级压迫或抵御外敌入侵而组织和武装起来进行的战争。

1.人民战争具有两个基本特征：战争的正义性，战争的群众性。人民战争的基本精神是：在中国共产党的领导下，以人民军队为骨干，坚决依靠广大人民群众，实行主力兵团与地方兵团相结合，正规军、地方武装、民兵与游击队相结合，武装斗争与非武装斗争相结合的人民战争。其基本原理从根本上就是唯物史观在革命战争中的具体运用。战争伟力的最深厚的根源存在于民众之中，动员了全国的老百姓，就造成了陷敌于灭顶之灾的汪洋大海，造成了弥补武器等缺陷的补救条件，造成了克服一切战争困难的前提。

2.实行人民战争是我党历来坚持的指导战争的基本路线，是毛泽东军事思想的核心内容。其基本原则是：在中国"离开了中国共产党的领导，任何革命都不能成功"，只有共产党必须掌握"对于革命战争的绝对的领导权"，才能拥有革命战争的整体力量；建立一支以农民为主体的人民军队，作为进行人民战争的骨干力量。实行主力兵团、地方兵团和游击队、民兵"三结合"的武装力量体制；深入进行动员，向人民群众表明，进行人民战争的政治目的和方针、政策，依靠组织武装人民群众才能真正实行人民战争；创建根据地作为支持长久战争的战略基地；把武装斗争这个主要斗争形式同其他的斗争形式配合起来，创造和灵活运用适应于打人民战争的一切的战略、战术。

（三）人民战争的战略战术

人民战争的战略战术，充分体现了毛泽东在军事指挥上的伟大智慧和创新精神，是毛泽东关于你打你的，我打我的，打得赢就打，打不赢就走，有什么枪打什么仗，有什么敌人打什么仗，在什么地点、时间打什么地点、时间的仗等通俗战争指导艺术的总结。它揭示了中国革命战争的指导规律，是毛泽东军事思想中十分精彩的部分。

毛泽东从中国革命的战争特点和规律出发，把游击战提到战略地位，认为中国革命战争在长时期内的主要作战形式是游击战或带游击性的运动战，形成了一整套独具特色的人民战争的战略战术："保存自己，消灭敌人。"消灭敌人是主要的，保存自己是第二位的；要在战略上藐视敌人，在战术上重视敌人；中国革命战争应当采取积极防御的战略方针。在敌强我弱的形势下，实行战略的持久战和战役、战斗的速决战。通过战役、战斗上的歼灭战达到战略上不断消耗敌人，逐步改变战斗力量的总体对比和战略态势，最终把战略防御转向战略进攻。要贯彻战略上"以一当十"、战术上"以十当一"的思想，实行集中优势兵力、各个歼灭敌人的原则，以歼灭敌人有生力量为主，而不以保守和夺取地方为目标。照顾战争全局，把握战略重心，实施集中统一指挥，力争主动，力避被动，慎重初战，力求首战必胜。在作战中，运动战、阵地战、游击战三种作战形式必须紧密结合，灵活运用，并适时实行以转换主要作战形式为主要内容的军事战略转变。不打无准备之战，不打无把握之仗，打则必胜。每战都要尽可能有周密的计划，充分的准备，注重细节，把战斗的胜利建立在稳妥可靠的基础上，以确保有把握地歼灭敌人。毛泽东的战略战术思想，以人民战争为基础，以积极防御为核心，以灵活机动为灵魂。他从来不把战略战术的原则当作清规戒律，也从来没有规定过永远不变的作战原则和方案，而是采用将主动性、灵活性和计划性相统一的灵活制胜的方法。

（四）人民军队思想

毛泽东极为重视和强调军队的极端重要性。1927年8月7日他在中央紧急会议上的发言中，建议新政治局常委"以后要非常注意军事。须知政权是由枪杆子中取得的"。以后又指出，"没有一个人民的军队，便没有人民的一切"，"我们要战胜敌人，首先要依靠手里拿枪的军队"。毛泽东在长期的斗争实践中，创立了一整套建军理论与原则，其中主要的有：必须建立一支把全心全意为人民服务作为唯一宗旨的新型人民军队；坚持党的绝对领导，担负着工作队、生产队任务；实行官兵一致、军民一致、瓦解敌军的政治工作三大原则；实行政治民主、经济民主、军事民主；实行官兵团结、军民团结；开展拥政爱民运动；坚持和发扬艰苦奋斗的作风；勇敢战斗、不怕牺牲、不怕疲劳和连续作战的作风；加强军队现代化、正规化建设，要由低级阶段逐步向高级阶段发展，以保证完成保卫祖国安全的任务等。

### （五）国防建设理论

毛泽东在新中国建立前夕就指出，"我们的国防将获得巩固，不允许任何帝国主义者再来侵略我们的国土"；"加强人民的陆海空军，巩固国防，保卫领土主权完整，反对任何帝国主义国家的侵略"。新中国成立后，毛泽东对如何加强国防事业，建设强大的国防，进行了新的探索。其主要内容有：实行积极防御的战略方针，其基本原则是人不犯我，我不犯人，人若犯我，我必犯人；要有独立、完整的国防科技和国防工业体系；坚持自力更生为主、争取外援为辅的方针；发展包括"两弹一星"在内的现代化国防技术，以打破帝国主义的核垄断、核讹诈；实行军民结合，平战结合，靠"两条腿走路"的方针等。他特别强调：今后若不改变经济技术落后的状态，"挨打是不可避免的"。"我们一定要加强国防，因此，一定要首先加强经济建设"。

### （六）辩证法思想

毛泽东是辩证法大师，早在20世纪30年代就提出了"军事辩证法"这一科学概念，并能够熟练运用和正确处理军事事务内部的各种辩证关系，形成了独具特色的、丰富的军事辩证法思想。

#### 1.战争与和平的辩证统一

毛泽东把战争与和平作为一对对立统一的社会矛盾现象来考察，揭示出"战争与和平是互相转化的"这一规律，从哲学高度揭示出战争与和平既有互相对立、互相排斥的一面，又有互相依赖、互相转化的一面。二者互相转化的内在条件不是别的，而是它们之间所具有的同一性，条件就是和平时期酝酿战争，战争中间酝酿和平。他指出，战争与和平"既互相排斥，又互相联结，并在一定条件下互相转化。和平时期不酝酿战争，为什么突然来一个战争？战争中间不酝酿和平，为什么突然来一个和平？"毛泽东认为，战争与和平在一定条件下具有同一性，它们都是政治的表现。和平时期的斗争是政治，战争也是政治，但用的是特殊手段。战争与和平统一于政治。因此，战争是和平时期政治的继续，和平是战争时期政治的继续。只有消灭了阶级，消灭了国家，才能进入永久和平的时代。对于新的世界战争问题，毛泽东预测了可能打和可能被制止的两种可能性，并指出，只要全世界共产党与和平民主力量团结一致，发展和平力量，削弱帝国主义、霸权主义的力量，新的世界战争是能够制止的。

#### 2.国防建设与经济建设的辩证关系

毛泽东认为，全局决定和统帅局部，局部利益必须服从全局，但是局部影响和反作用于全局。国防现代化是国家现代化这个全局的一个重要组成部分，国防必须有整体观念、全局观念，富国与强兵相结合，协调发展，党和国家在制定整个国民经济的发展战略时，必须把人民的长远利益和眼前的暂时利益有机结合起来，国防现代化必须与农业、工业和科学技术现代化协调发展。国防建设是国家经济建设的安全保障，国防建设必须服从经济，以经济建设为基础，与国家经济建设协调发展。他指出，如果你对于原子弹是真想要，十分想要，你就降低军政费用的比重，多搞经济建设。"只有经济建设发展得更快了，国防建设才能够有更大的进步。"同时，国防建设要为经济建设创造良好的和平环境，而这些只有在国防建设不断发展的基础上才能达到。他说："现在我们把兵统统裁掉好不好？那不好。因为还有敌人，我们还受敌人欺负和包围嘛！我们一定要加强国防。"国防建设对经济建设的发展具有反作用，国防建设应在国力允许的情况下得到相应的发展，经济建设也要适当照顾和兼顾国防建设。

3.自力更生与争取外援相辅相成

毛泽东认为，在国防建设方面必须正确处理自力更生与争取外援的关系。他认为独立自主、自力更生是国防现代化的基点。国防领域在涉及国家的独立、主权问题上，比其他任何领域都更敏感，因此，国防领域坚持独立自主、自力更生的方针就显得尤为重要。在中国这样一个发展中的社会主义大国，要建设现代化的国防，没有现成的道路可走，只能立足于自己的国情，走自己的路。但是，坚持独立自主、自力更生，并不是要闭关自守，而是同时要向外国学习，洋为中用，争取国际上的援助。毛泽东一向认为，中国与世界不可分，在国防建设、军队建设方面，要反对教条主义和保守主义，外国的东西既不是一概不好，也不是一概都好，应该批判地吸收其有用成分。国防建设主要是学习外国的先进经验，引进外国的先进技术和装备，以加强自身的活力，加快国防现代化的步伐。毛泽东认为，力争外援，但不能依赖它；学习外国经验，必须采取科学态度。

4.统筹兼顾与突出重点相结合

毛泽东认为，中国的国防建设存在一个国力与国防需求相差很大的矛盾，这就需要突出重点，缩短战线，集中人力物力财力，建设急需的项目。同时考虑到，国防是一个有机整体，在突出重点的同时，又必须兼顾一般，全面发展，形成整体威力。还要做到军民结合、平战结合。毛泽东说，军队和国防的发展要遵循"军民结合，平战结合"的原则，要兼顾"军需与民用"。在实践中，毛泽东总是注意从国家整体大局需要出发，根据不同阶段的形势和任务，充分考虑国防系统内在的矛盾及其运动规律，着眼于保持协调发展，正确选定国防建设的重点，在抓全面建设的同时，特别重视那些对国防建设全局有决定性影响的重点项目。比如，对于发展原子弹、导弹等尖端技术，在最困难的时期，他仍然十分关注，并给予了最大的支持。

5.指导军事斗争的辩证法

毛泽东认为，要正确地科学地胜利地指导军事斗争，还必须处理好各种各样的辩证关系：第一，敢于斗争与善于斗争的关系。要求既有革命的勇气，又有作战的韬略。不打则已，打则必胜。第二，全局与局部的关系。要求把注意力放在关照全局上面，抓住战略枢纽部署战役，抓住战役枢纽部署战斗。第三，战略与战术的相反相成。其内容包括战略上藐视敌人与战术上重视敌人；战略上的防御作战与战役上的进攻作战，战略上的内线作战与战役上的外线作战，战略上的持久作战与战役上的速决战，战略上的有规则有定向作战与战役上的无规则无定向作战。第四，战略转变与主要作战形式的转换。即随着敌我总体力量的变化和战争特点的不同，而适时实行以转换主要作战形式为主要内容的战略转变。第五，战略主动权与战役主动权的相辅相成。掌握战略主动权是获取战役主动权的有利条件，但不等于同时就有了战役主动权。后者需要在既定客观物质基础上充分发挥主观能动性去夺取。战役主动权依赖战略主动权而存在，战略主动权依靠战役主动权来保持。

# 第四节　邓小平新时期军队建设思想

邓小平作为人民军队的创建者和重要领导人之一，为民族独立、人民解放和新中国的诞生，建立过不朽的功勋。在开辟建设有中国特色社会主义道路的历史进程中，以惊人的魄力和政治家的才干，开创了前所未有的军队和国防建设道路，创立了以他的名字命名的新一代军事理论，即邓小平新时期军队建设思想。

## 一、邓小平新时期军队建设思想的科学含义

（一）邓小平新时期军队建设思想是马克思主义军事理论与当代中国实际和时代特征相结合的历史产物

邓小平新时期军队建设思想的产生并被确定为新时期军队和国防建设的指导思想不是偶然的，其根本原因在于我国军队和国防建设所处的历史条件发生了重大的历史性变化。

1.国际环境与时代主题发生了变化

战争与革命的时代主题在特定的历史条件下转换为和平与发展的时代主题。当今世界围绕时代主题的变化，基本矛盾出现新的力量组合并出现新的斗争焦点，这对我军新时期的军事斗争和军队建设既提出了挑战，也提供了机遇。

2.国内出现了新情况

粉碎"四人帮"挽救了党和国家，中国共产党十一届三中全会以后，党和国家的工作重心转移到以经济建设为中心，实行改革开放，建立社会主义市场经济，以解放和发展生产力为特征的中国特色社会主义建设上来，对军队和国防建设提出了新的更高的要求。

3.军队建设特点的变化

以邓小平重新主持军队工作为标志，我军已逐步进入了新的发展阶段。邓小平提出军队和国防建设要以现代化为中心的任务，以及军队和国防建设指导思想实行战略性转变，表明军队建设走上新的征途，步入新的发展轨道。

邓小平新时期军队建设思想正是带着这些历史特征，适应这样的历史需要的过程中形成和发展起来的。

（二）邓小平新时期军队建设思想是毛泽东军事思想的继承和发展

作为党的第二代领导集体的核心，邓小平适应新时期军队和国防建设的客观需要，以大胆创新的精神和求真务实的态度，运用马克思列宁主义军事理论和毛泽东军事思想的立场、观点和方法，提出了新时期军队和国防建设的理论、方针和原则，揭示了新时期武装

力量建设和军事斗争的基本规律，为创立新时期军队和国防建设的正确指导思想做出了重大贡献。

邓小平获得了公认"总设计师"的赞誉。我军建设在后来所取得的一切成就和进步，都凝聚了他的智慧和心血。他的新时期加强军队建设的方针和原则，丰富和发展了毛泽东军事思想的理论宝库。

（三）邓小平新时期军队建设思想是邓小平理论的重要组成部分

邓小平在创立建设有中国特色社会主义理论体系的同时，也创立了新时期军队建设思想。其一，解放思想、实事求是是邓小平理论的精髓，也是邓小平新时期军队建设思想的理论基础。其二，关于时代主题的理论作为邓小平理论的一块重要基石，是我们正确认识国际战略环境进行战略决策的重要依据，自然是邓小平新时期军队建设思想的重要内容。其三，以经济建设为中心，坚持改革开放，坚持四项基本原则的基本路线，既是邓小平理论的核心，也是构成了邓小平新时期军队建设思想的灵魂，由此也规定了我军现代化、正规化、革命化的建设总目标。

## 二、邓小平新时期军队建设思想的基本内容

（一）基于战争与和平的新思路、新观念

邓小平考虑军事战略问题，总是把国家和民族的利益放在首位，把国家利益作为军事战略的根本出发点。他指出："我们这个军队永远是党领导下的军队，永远是国家的捍卫者，永远是社会主义的捍卫者，永远是人民利益的捍卫者。"1989年10月，邓小平在会见美国前总统尼克松时又指出："考虑国与国之间的关系主要应该从国家自身战略利益出发，主要着眼于长远的战略利益。"

随着军事领域的不断发展，邓小平运用马克思主义关于战争与和平问题的观点、方法，从分析新的世界历史条件入手，进而深入分析了当代国际形势，揭示出和平与发展是当代世界的两大主题，并对战争与和平形势做了新的概括。

1.世界大战"在相当长的时间里可以避免"

邓小平通过对国际形势的长期观察，科学分析了当代世界的基本问题，做出了世界大战可以避免的新判断。他指出："世界战争的危险还是存在的，但是世界和平力量的增长超过战争力量的增长。"他认为，制约世界大战爆发的因素主要有三个：一是核武器的巨大威力，成为遏制世界大战爆发的重要因素。二是原来有资格打世界大战的两个超级大国都有毁灭对方的能力，谁对谁都没有绝对优势。三是美国的全球战略部署屡屡受挫。这些因素消耗和削弱了战争力量。另外，和平因素在日益增长：第三世界国家的人民，十分渴望和平，反对战争已成为最重要、最强大的制止战争力量；第二世界国家的人民潜在不想打破平静的力量；第一世界国家的人民同样渴望和平而反对战争。这就使得和平力量的增长必然超过战争力量的增长而在国际战略关系中居于主导地位。

2.现代战争的首要根源是霸权主义

战争与和平是一对始终处于矛盾运动并在一定条件下可以互相转化的动态因素，邓小平十分明了当代世界战争与和平二者之间的新关系。他指出，现代战争的首要因素、首要

的根源是霸权主义。而霸权主义有两种表现形式：一种是地区霸权主义，一种是世界霸权主义。由新霸权主义战争必将引起的是新反霸权主义战争。与此同时，因领土争端、宗教信仰、极端民族主义和历史遗留纠纷等问题仍然有可能爆发战争。据此，邓小平指出，战争因素并未消除，战争危险仍然存在。军队做好战争的准备，就有可能制止战争的发生。邓小平指出："我们一定要扎扎实实做好反侵略战争的准备，为保卫世界和平，为保卫祖国领土的安全，为争取台湾早日回归祖国，实现祖国统一的神圣大业做出新的贡献。"中国渴望和平，但在霸权主义、强权政治横行的世界里，放弃防卫手段，只能助长霸权主义、强权政治，只能增大战争的危险。

3.在大战打不起来的条件下局部战争的危险性在上升

邓小平认为，就全球范围来说，局部战争是难以避免的。能否把两类战争区别开来，对国家确立正确的战略路线具有重要意义。因为用分析世界性战争的方法，很难解决局部战争问题；用认识局部战争的观点来认识世界大战，也势必得出脱离实际的结论。为此，他提出，在观察分析战略问题时，不仅应把世界大战与局部战争区别开来，而且还应把战争的危险与制止战争的可能性区别开来。他认为，在世界大战打不起来的情况下局部战争的危险性突出了，而且难以预料，因此军队必须随时做好应付局部战争的准备。同时中国是一个大国，能够对中国安全构成严重威胁的是世界大战，因此，确定国防建设的重点和军队建设的指导思想，主要依据对世界性战争的判断。

4."用和平方式"解决争端

邓小平在关注战争问题时还提出："世界上有许多争端，总要找个解决问题的出路。我多年来一直在想，找个什么方法，不用战争手段而用和平方式，来解决这种问题。"他创造性地提出了以政治协商、外交谈判、"一国两制"等和平方式解决国际争端和内部事务的新思路，坚决反对霸权主义，维护世界和平，坚持独立自主的原则，不搞战略结盟。择机与苏联进行安全对话，实现中苏关系正常化，妥善处理了中国与美国的安全问题与周边国家的关系，为改革开放和现代化建设创造了良好的周边环境。这是对马克思主义战争与和平理论的重大突破和重大发展。

5.实行积极防御的军事战略方针

邓小平重新审视军事战略方针问题，明确指出：对于我们应对未来的反侵略战争方针，我赞成就是"积极防御"四个字。他认为：积极防御本身就不只是一个防御，防御中有进攻；既然是积极防御，本身就包括持久作战。他还说过，我们的战略问题不能太死，我们军队的好处就是活。从这些论述中我们可以看出，新时代积极防御的军事战略方针的基本指导思想就是力求做到有理、有利、有节，明确了坚持自卫立场，实行后发制人，持久胜敌。邓小平指出：我们的战略是毛主席制定的，毛主席的战略就是人民战争，现在我们还是坚持人民战争。虽然战争样式、规模、地点、武器装备等方面和过去相比发生了变化，但是坚持积极防御的军事战略，最基本的还是依靠人民战争。有了人民就有了正义，就有了群众，加上人民战争的战略战术就可以持久作战，最终战胜强大敌人。

（二）中国特色的军队建设思想

1.建设一支强大的现代化、正规化的革命军队

20世纪80年代，邓小平同志指出："必须把我军建设成为一支强大的现代化、正规化的革命军队。"这是新时期军队建设的总目标、总任务。它包含三方面的内容。其一，对于如何加强我军革命化建设、确保我军政治上永远合格的问题，邓小平一方面要求我军加强思想政治工作，发扬优良传统，使政治工作在新的条件下发展提高；另一方面要求我军深入开展坚持四项基本原则、反对资产阶级自由化的教育，切实保证党对军队的绝对领导。其二，对于如何加强我军现代化建设问题，邓小平指出："现在我们一定要承认我们的科学技术水平与世界先进水平相比，还差很长的一截。要承认我们军队打现代化战争的能力不够。"不讲究科学技术在战争中是要吃亏的。武器装备的现代化是军队和国防现代化的重要标志。邓小平明确提出："我们一定要在国民经济不断发展的基础上，改善武器装备，加速国防现代化。""靠空讲不能实现现代化，必须有知识，有人才。""要办各级学校，经过训练，使军队领导干部掌握现代科学文化知识和现代战争知识。"其三，对于如何加强我军正规化建设的问题，邓小平特别强调减少工作指导上的主观随意性，要通过健全完善各种法规制度，进一步提高我军的正规化水平。归结起来，革命化是根本，是现代化、正规化的灵魂；现代化是中心，是我军建设向高级阶段发展的必由之路，是革命化、正规化的基础；正规化是保证，是现代化建设的必要条件，革命化、现代化、正规化三个方面彼此互相联系、互相促进，形成新时期具有鲜明特色的军队建设目标体系。

2.我们这个军队是党指挥枪，不是枪指挥党

邓小平指出，我们军队的传统历来是党领导的，我们国家之所以稳定，是因为军队没有脱离党的领导。要使军队永远听党的话，听从党的指挥，关键是要选忠于党、忠于党的事业的人。邓小平强调："我们今后配备领导班子的时候，要选用什么人呢？要选那些认真学习马列主义、毛泽东思想，在斗争中经得起考验的人。"他特别指出，配备领导班子，要警惕那些"政治品质不好、思想体系是反马克思主义"的人。他根据马克思主义国家、政党、阶级和军队相互关系的学说，十分缜密地界定了我军的性质："我确信，我们的军队能够始终不渝地坚持自己的性质。这个性质是：党的军队，人民的军队，社会主义国家的军队。"将我军的阶级属性、国家属性、人民属性统一起来，有力地反击了军队"非党化""非政治化""军队国家化"等奇谈怪论。

邓小平还强调，军队里的思想政治工作需要加强，必须把思想政治工作放在非常重要的地位。我们说改善党的领导，其中最主要的就是加强思想政治工作。要加强军队党的建设，加强思想政治工作队伍建设。政治干部要特别强调以身作则，不能说的是一套，做的又是另一套。要抓紧四项基本原则的教育，搞好马克思主义基本原理的学习和教育。在新的历史条件下，不要只看眼前，而要看到长远。总之，要通过加强思想政治工作，发扬政治工作的优良传统，研究和解决新问题，以保证军队政治上合格。

3.服从国家建设大局，走有中国特色的精兵之路

军队建设必须服从国家建设大局，与经济建设相适应。"军队不能打自己的旗帜。"这是邓小平为我军立下的一条重要规矩。十一届三中全会以来，我们党逐步形成了以"一个

中心，两个基本点"为主要内容的党在社会主义初级阶段的基本路线，开辟了中国特色社会主义道路。邓小平要求"军队、国家政权，都要维护这条道路、这个制度、这些政策"，要成为党的基本路线及其方针政策的忠实执行者和坚定捍卫者。军队建设指导思想实行战略性转变的首要任务，就是逐步理顺军队建设的内部、外部关系，特别是处理好军队建设与国家建设的关系。邓小平指出："现在需要的是全国党政军民一心一意地服从国家建设这个大局，照顾这个大局。这个问题，我们军队有自己的责任，不能妨碍这个大局，要紧密地配合这个大局，而且要在这个大局下面行动。"对于在服从国家建设大局的前提下，如何搞好军队建设的问题，邓小平一方面提出军队要"忍耐"，"军队装备真正现代化，只有国民经济建立了比较好的基础才有可能"。另一方面他又明确指出这种"忍耐"是积极的，绝不是消极的，要求我们立足现有条件，努力做好各项工作，绝不能降低我军的装备水平和忽视人员素质的提高。军队建设必须在改革中前进。根据邓小平的有关论述和指示，中央军委于1988年制定的《关于加快和深化军队改革的工作纲要》提出：军队改革的总任务，就是要建立适应国际战略环境，适应国民经济发展水平和国防建设需要，适应现代战争要求的军事体制和运行机制，把我军建设成为具有中国特色的现代化、正规化革命军队。在1975年他指出："现在，好多优良传统丢掉了，军队臃肿不堪。军队的人数增加很多，军费开支占国家预算的比重增大，把很多钱花费在人员的穿衣吃饭上面。更主要的是，军队膨胀起来，不精干，打起仗来就不行。"邓小平还进一步指出精简军队与提高战斗力的关系。他说："军队要提高战斗力，提高工作效率，不'消肿'不行。"对于裁军与提高质量的问题，邓小平着重强调了三点：一要进行体制、编制整顿，从体制、编制上解决"肿"的问题。二要把提高战斗力作为军队改革与建设的出发点和落脚点，作为检验军队各项工作的根本标准。三要通过健全各种制度来精简军队。

4.将教育训练提升到战略位置

将教育训练提升到战略位置是邓小平同志新时期治军的一项重要战略举措。在不打仗的情况下战斗力的提高主要靠训练。早在1975年，邓小平就鲜明提出："战略要研究的问题，不仅是作战问题，还包括训练。要把训练放在战略问题的一个重要位置上。"1977年邓小平同志再次复出后，在当年8月召开的军委座谈会上，又专门以《军队要把教育训练提高到战略地位》为主题做了重要讲话。以后他又反复强调这个问题时指出，我军过去是在长期战争环境中锻炼成长的，现在不打仗的情况下，考验干部、提高干部、提高军队素质和战斗力，要从教育训练着手，要靠教育训练来实现。加强教育训练，一方面是部队本身要提倡苦学苦练，通过学习、训练、拉练、演习，提高军队政治觉悟和军事本领；另一方面是通过办学校来解决干部问题。为此，要认真加强军队院校建设。在世界军事变革刚刚风生水起的时候，他就敏锐地指出，要承认我们军队打现代化战争的能力不够。必须提升训练的层次。"现在是合成军队作战，空中也有，地面也有，水里也有，不是过去的小米加步枪了。"要把军队训练得像军队的"样子"，就要学习包括现代化战争知识、诸军兵种联合作战等内容。在邓小平同志这一思想指引下，全军达成了共识，形成了制度，教育训练出现了新局面。通过部队和院校的教育训练，提高干部的管理水平和知识化、专业化水平及指挥与合成能力。把军队办成一个大学校的思想，干部、战士经过训练后，学会了进行现代战争的方法。他们既能打仗，又能搞社会主义建设，成为军队和地方都适用的人才。

5.培养和造就一大批治军人才

邓小平同志强调组织路线是政治路线得以贯彻落实的重要保证。强调教育对于国防和军队建设的基础作用和先导作用。他提出要通过办学校解决干部问题，把军队院校办成集体干部部。在他主持军委工作期间，先后四次召开全军院校工作会议，研究解决加强院校建设的一系列重大问题，理顺了初、中、高三级培训体制，形成了具有我军特色的院校体系，把我军院校建设推进到一个崭新的阶段。邓小平强调，要通过办学校解决干部问题。鉴于十年内乱我军院校教育基本废弛的状况，他提出要把原有的院校，除个别的外，基本上恢复起来。把更多的干部放到学校去训练。他强调"要从制度上考虑，从排长起，各级军官都必须经过军官学校的训练。""每个阶段的晋升都必须经过学习。"要下气力办好院校，使院校起到"集体干部部"的作用，担负起"训练干部、选拔干部、推荐干部"的职能。

6.恢复发扬我军的优良传统和作风

邓小平认为，"军队好就是作风好。"治军必正风，治军必以严，这是邓小平提出"军队要像军队的样子"的一个重要内涵和基本指向。而要保持好作风，就是要"发扬优良传统，保持老红军本色"。在1978年全军政治工作会议上，邓小平指出："这次会议着重研究和解决在新的历史条件下，发扬政治工作的优良传统，提高我军战斗力的问题。"

（1）恢复实事求是的思想路线。针对"文革"后一些受帮派体系影响的人表里不一、阳奉阴违的现象，他说："我们的传统就是老老实实，说通俗一点，就是各级干部都要老老实实。""比如过去打仗，宁可少报战功也不多报，谎报战功要杀头。你看这简单吗？这是非常重要的。要老老实实，不能弄虚作假，自己欺骗自己。不能把打了败仗说成是胜仗，打半胜仗也不能说打胜仗。"

（2）找回群众路线的传统法宝。邓小平指出："密切联系群众，这是最根本的一条。"他提倡："各行各业的干部，都应该下连队去当当兵。""军一级干部，不单是师、团级干部，都要懂得自己的连队。"

（3）倡导艰苦奋斗的优良作风。邓小平强调："部队要讲实事求是、群众路线、艰苦奋斗、组织纪律这四句话，要在苦练中培养出这些作风。"伴随着改革开放的进程，他对社会上的"酒绿灯红"现象，对资产阶级腐朽思想文化和生活方式对军队的侵蚀，保持了高度的警觉。邓小平特别关注两条：一条是军民一致，另一条是官兵一致。他强调，各级领导干部要保持普通一兵的本色，在生活上不能搞特殊化，"现在有些干部侵占战士的利益，这是不允许的"。强调要旗帜鲜明地反对拜金主义、享乐主义和极端个人主义，永远保持革命战争年代的那么一股劲，那么一股革命热情，那么一种拼命精神。

（4）秉持法纪治军的理念。纪律严明本身就是优良作风，同时也是培育其他优良作风的重要保证。从严治军、以法治军是邓小平新时期国防和军队建设的一个重要指导原则。邓小平强调："军队非讲纪律不可，纪律松弛是不行的。""整顿军队必须严格整顿纪律。"他说，我们这个军队，历来强调一切行动听指挥，强调自觉遵守革命纪律。不这样，我们能够战胜比我们强大得多的敌人吗？能够保证党对军队的绝对领导、贯彻执行党的路线方针政策吗？能够加速我军革命化、现代化、正规化建设吗？根据他的意见，1977年军委会议制定并通过了9个决定、条例，内容包括教育训练、武器装备、编制体制等许多方面。十一届三中全会后的一段时间，在邓小平同志领导下，军委总部先后制定颁发了60个军事法规。法规建设是一项基础建设、长远建设，为我军依法建设和管理部队开辟了道路。

习近平将"军队要像军队的样子"融入军队建设的目标体系和顶层设计之中，提出了"建设一支听党指挥、能打胜仗、作风优良的人民军队"的强军目标。牢牢把握这一目标，我军就一定能够不断展示迈向现代化、信息化的新风采，在实现强军梦的新征途上铸造新的辉煌！

### 三、中国特色的现代大国防观

邓小平在关于和平与发展是当今时代主题、战争与和平构成新关系的判断下，全面深刻地研究了中国国防建设面临的新历史条件，建立起了新的国防观，即现代大国防观。

（一）经济建设是大局

邓小平运用马克思主义哲学中抓主要矛盾以及矛盾的主要方面的方法，提出经济建设是国防建设的基础，中国的核心问题是四个现代化，而四个现代化关键就是经济建设。经济建设不仅是其他三化的基础，同时也是国防现代化的基础。国防建设作为其中的局部，必须服从这个大局。他指出，军队要服从整个国家建设大局，大局好起来了，国力大大增强了，再搞一点原子弹、导弹，更新一些装备，空中的也好，海上的也好，陆上的也好，到那个时候就容易了。他还说："四化总得有先有后，军队装备真正现代化，只有国民经济建立了比较好的基础才有可能。"

（二）国防建设与经济建设统筹兼顾

邓小平认为，在了解经济建设是国防建设的基础的同时，还要看到国防建设对经济建设具有促进和保证作用。经济建设没有国防的安全保证，就谈不上进行经济建设。而国防建设在整个国家建设中比重过大时，就会拖经济建设的后腿。如果处理得当，国防建设不仅不会妨碍经济建设的发展，而且还可以保证促进经济建设的发展。国防建设的根本任务是保卫国家安全，反对外来侵略，维护国内政治和社会环境的稳定，促进安定团结。同时还要尽可能利用国防资源、国防设施为国家经济建设服务。他明确指出，"四化"是一个有机整体，要在正确处理局部与全局关系的基础上使"四化"协调发展。任何时候，忽视了国防建设，都不符合"四化"建设的总要求，都会影响综合国力的增强。

（三）整体建设，全民办国防

邓小平提出实施伟大的战略转变时，不仅提出国防建设应在服从国家建设大局的前提下，与国家总体建设协调发展，而且还非常重视包括军事、政治、经济、科技等在内的综合国力建设，也包括了常备军、后备力量、国防科技、国防工业、国防教育和军事理论等在内的国防总体力量建设。新时期"军民结合，平战结合，军品优先，以民养军"的国防科技发展方针，为国防建设的发展开辟了一条新路子，使军民相互结合、相互促进发展。邓小平认为常备军和后备力量是构成现代化国防的两大基本要素。常备军是国防武装力量的主体和骨干，后备力量是基础。只有全民参与的国防才是真正的国防。新时期民兵与预备役相结合的制度，是国防后备力量建设的正确轨道。邓小平指出：军队平时的组成要同战时结合……要制定出动员方案。平时多养兵不合算，不需要这么多兵，如果把动员方案制定好，战时指定哪些地方补充……就可以减少军队兵员数量。邓小平这一论述明确了新时期国防建设一条重要的原则，即寓兵于民，平时少养兵，战时多出兵。要做到这一点，就必须建立健全国防动员体制，坚持全民办国防，建设强大的国防后备力量。同时，邓小平从长远利益出发，强调深入持久地开展全民国防教育，为增强全民的国防意识、培养国防观念打下了坚实的社会基础。

### 四、邓小平新时期军队建设思想的地位和作用

（一）邓小平新时期军队建设思想是当代马克思主义军事理论

邓小平新时期军队建设思想作为邓小平理论的重要组成部分，是新的历史条件下在我国社会主义改革开放和现代化建设的伟大实践中对马克思主义军事理论运用的成果。它的形成和发展是邓小平对当时国际形势和我国国情、军情进行实事求是的科学分析的产物。因此，它具有鲜明的时代特征，是具有中国特色的当代马克思主义军事理论。

（二）邓小平新时期军队建设思想是军队和国防建设的科学指南

邓小平新时期军队建设思想，揭示了和平时期军队和国防建设的基本规律。它坚持把国防和军队建设的一般规律和原则，同我国国防和军队建设的实际情况有机结合，把我军传统的原则同新时期的新情况有机结合，抓住军队建设的主要矛盾，解决了新时期我军建设面临的各种困难，是新时期我军和国防建设的科学指南。

（三）邓小平新时期军队建设思想是我军做好军事斗争准备的指导原则

邓小平新时期军队建设思想，揭示了现代战争的特点和规律。特别是和平与发展的新理论，极大地丰富了马克思主义的战争观，为人们提供了认识战争的新视野；现代条件下实行人民战争理论，把建设强大的常备军与建设强大的后备力量相结合，形成了遏制霸权战争的现实力量；新时期积极防御战略方针，赋予了中国人民爱好和平、珍惜发展的时代内涵；我军建设的总目标，以现代化建设为中心，彰显了全面加强军队质量建设信心。这一切都成为几十年来我们进行军事斗争准备一贯坚守的原则。

# 第五节　江泽民国防和军队建设思想

江泽民国防和军队建设思想是江泽民在领导国防和军队建设的实践中，在解决新时期军事战略、军队建设和国防建设等基本问题的立场、观点和方法体系。它是以江泽民为核心的党的第三代领导集体，继承和发展毛泽东军事思想、邓小平新时期军队建设思想的理论创新成果，为丰富马克思主义军事理论宝库增添了新内容。

## 一、江泽民国防和军队建设思想的主要内容

### （一）正确认识和把握当今世界战略格局的发展变化

正确认识和把握国际战略格局和国家发展大局，是筹划、指导国防和军事建设的基本依据。江泽民同志深刻指出，和平与发展仍然是当今世界局势的主流，这为我国全面推进社会主义现代化建设事业提供了难得的历史机遇。他认为，世界"总体和平、局部战争，总体缓和、局部紧张，总体稳定、局部动荡"，一方面经济全球化不断加快，另一方面"传统安全威胁与非传统安全威胁的因素相互交织，恐怖主义危害上升"，"影响国际和平与安全的不确定因素还在增加"。依据世界格局正处于多极化趋势的发展中，称霸与反霸的斗争将长期存在的现实，提出"霸权主义和强权政治是威胁世界和平与稳定的主要根源"的论断，明确继续推进现代化建设，完成祖国统一，维护世界和平与促进共同发展，是我国进入新世纪的三大任务。他提出"树立互信、互利、平等和协作的新安全观，通过对话和合作解决争端，而不应诉诸武力或以武力相威胁"的论断，发展了邓小平的战争和平观。

### （二）确立新时期军事战略方针

江泽民同志认为，军事战略归根结底是治国之道。一个国家、一个民族，要生存和发展，要在竞争激烈的国际环境中站稳脚跟，就不能没有正确的战略方针。20世纪末，科索沃战争的作战行动呈现战场空间扩大、持续时间压缩、人力密度缩小、战略指导直接等新特点。在突然性、集中火力、精确行动、联合作战等方面要求军队必须提升战场的感知力、作战指挥的效率、战场的生存力、后勤保障的能力，促进了军事理论的发展。他科学预见"争夺信息优势、取得制信息权将成为作战的重心之一"。军队的组织与编制，将打破传统的陆、海、空构成，将按照侦察监视、指挥控制、精确打击和支援保障四大功能，建立探测预警、指挥控制、精确打击与作战、支援保障等四个子系统来作为争夺信息优势的物质条件。他主持制定了新时期军事战略方针，确定把军事斗争准备的基点由应付一般条件下的局部战争转到打赢现代技术特别是高技术条件下的局部战争上来，并强调要用新时期军事战略方针指导和统揽全局，军队的各项建设和一切工作，包括军事训练、政治工作、后勤保障、国防科研等，都要立足于打赢现代技术特别是高技术条件下的局部战争，周密规划、全面部署和深入展开。明确指出科学技术是第一生产力，也是非常重要的战斗力。科技进步不仅是经济社会发展的重要动力，也是军队现代化的重要动力。有了强大的国防和先进的科学技术，我们就能顺利实施新时期军事战略方针。强调必须把依靠科技进步作为提高军队战斗力的基础。特别是在高技术战争条件下，"拥有高技术优势的一方明显地掌握着更多的战场主动权"。新时期军事战略方针的确立，抓住了现代化水平与现代战争要求不相适应这一我军建设的主要矛盾，明确了新形势下军事斗争的目标和任务，正确解决了我军建设和改革的发展方向问题，为新形势下国防和军队现代化建设提供了科学的依据。

### （三）实施科技强军战略，强化军事斗争准备

（1）在军事斗争准备的基点上，根据现代战争发展趋势和未来可能面对的战争形态，

他主持确立和充实完善了新时期军事战略方针。在提出"把未来军事斗争准备的基点，放在打赢可能发生的现代技术特别是高技术条件下的局部战争上"的基础上，他进一步提出了要把军事斗争准备基点由准备应对工业时代的战争转到准备应对信息时代的战争上来的论断，为在新的起点上谋划和推动我军军事斗争准备和现代化建设确立了更高的起点，为做好军事斗争准备指明了方向。

（2）在军事斗争准备的战略指导上，以做好军事斗争准备为龙头带动军队现代化建设；把主要力量投入到对军事斗争准备和军队建设具有战略性影响的领域，以重点项目建设支撑带动体系建设的发展；以重点部队的建设示范带动作用推动全军各部队的总体建设。重视当前建设与长远发展的关系的处理，把军事斗争准备的总体部署与军队现代化建设"三步走"的发展战略联系起来，以局部的跃升发展带动军队现代化建设的整体推进。明确"要把提高信息作战能力摆到更加突出的位置"，坚持走复合式、跨越式发展道路，下定决心努力实现军队建设整体转型，把军事斗争准备不断提高到新的水平。为在信息时代的战争中赢得战略主动权，提供了焕然一新的视角。

（3）在军事斗争准备的任务上，着重加强部队战斗意志和战斗作风的培养，树立敢打必胜的坚定信念，培养一不怕苦、二不怕死的英雄主义气概。以军事理论创新为先导，构建既适应世界新军事革命发展，又具有中国特色的信息化建设和作战理论。加快实施人才战略工程，以高新武器装备军队，加快发展军队信息化的步伐；着眼一体化联合作战要求，建立适应信息化战争的领导指挥体制、后勤保障体制与一体化联合作战的力量体系。加强海军、空军和二炮等短板军兵种的建设，提升我军打赢信息化条件下局部战争的整体作战能力。要求"既要准备应对可能发生的局部战争和武装冲突，保卫国家安全和领土主权的完整，又要准备应对国内可能出现的突发事件，维护社会的安定"，并"把反恐怖斗争纳入军队的职责范围"，为应对局部战争、武装冲突、恐怖主义等，提供了重要的指导原则，增强了军事斗争准备的针对性。

（4）在军事斗争准备的主要内容上，认为现代战争必须依靠国家的战略能力。这种战略能力包括经济实力、科技实力、国防实力和民族凝聚力等硬实力和软实力。这是国家在采取战争行动时所能够调动的各种力量与资源的总和，即综合国力。要求"努力提高我军在高技术条件下联合作战的能力"明确包括心理战、舆论战、法律战，是战争双方争取政治主动、赢得军事胜利的重要手段。

（5）军事斗争准备必须以中国特色的现代化国防建设为基础。国防和军队建设是全党、全国人民的共同事业。军事斗争准备，必须以中国特色的现代化国防建设为基础，必须加强集中统一领导，调动和协调各方面的建设，依靠党政军民团结配合和紧密协作，形成全民备战的合力，增强战争潜力和战争实力。江泽民同志特别强调，人民战争是我们真正的力量所在，要按照人民战争的战略思想，既要加强精干的常备军建设，又要高度重视民兵、预备役等国防后备力量的建设，不断增强军事斗争准备的紧迫感，按照"平战结合、军民结合、寓兵于民"的方针，高标准地做好军事斗争准备工作，进一步健全和完善国防动员体制，提高全民国防动员的能力。这些关于信息化条件下军事斗争准备的新认识、新观点，对于全面理解和准确把握江泽民同志提出的实施科技强军战略，把武器装备建设摆在提高军事实力的突出位置，依靠科技进步提高战斗力，深入开展科技练兵，培养和造就大批高素质新型军事人才的思想，对中国特色的现代化国防建设具有重要的引领作用。

（四）提出全面推进军队建设的根本指导原则

江泽民同志指出，坚持党对军队的绝对领导，是我们建军的根本原则，是我军特有的政治优势和永远不变的军魂。保证党对军队的绝对领导，关系我军的性质和宗旨，关系社会主义的前途命运，关系国家的长治久安。他认为，坚持党对军队的绝对领导，必须坚持和落实党对军队绝对领导的一系列基本制度，切实加强军队党的建设，保证党在思想上政治上组织上牢牢掌握军队，保证我军在任何时候、任何情况下都同党中央保持一致，模范执行党的路线方针政策，一切行动听从党中央、中央军委的指挥。关键是保证枪杆子要掌握在忠于党的可靠的人手里，选拔和培训大批能继往开来、担当重任的优秀年轻干部。坚决反对把军队和党并列起来、"平起平坐"的思想和言行，不允许在这个问题上出现任何的怀疑、犹豫和干扰。

全军要做到"政治合格、军事过硬、作风优良、纪律严明、保障有力"，坚持军事战略必须服从和服务于国家战略，根据国家战略确定军事战略的目标和任务，国防和军队建设必须走以现代化为中心的发展道路。

建设一支强大的现代化、正规化革命军队，是新时期我军建设的总目标。如何实现这个总目标，是一个全局性、战略性的问题。江泽民同志把"五句话"作为军队建设的总要求，就是要把新时期军队建设的总目标具体化，并贯彻到各项工作中去。要在全军牢固树立和落实全面建设、协调发展的思想，防止把军队建设的各个方面割裂开来，搞"单打一"。落实"五句话"，关键要端正指导思想，改进领导作风和工作方法，坚决克服形式主义、官僚主义，下功夫抓落实。军队建设的基础在基层，基层工作搞不好，抓什么都会落空。所以必须始终按照《军队基层建设纲要》的要求去做，使基层建设有一个全面的进步。"五句话"总要求的提出和确立，从认识论和方法论上解决了军队建设全面推进的指导思想，理顺了军队各个方面协同一致的关系，明确了军队建设的基本标准，成为实现新时期军队建设总目标必须遵循的行动准绳。

（1）在党与军队的关系上，他认为，坚持党对军队的绝对领导，必须坚持和落实党对军队绝对领导的一系列基本制度，切实加强军队党的建设，保证党在思想上政治上组织上牢牢掌握军队，保证我军在任何时候、任何情况下都同党中央保持一致，模范执行党的路线方针政策，一切行动听从党中央、中央军委的指挥。他指出："必须把党对军队的绝对领导作为永远不变的军魂。"坚决反对把军队和党并列起来、"平起平坐"的思想和言行，不允许在这个问题上出现任何的怀疑、犹豫和干扰。

全军要做到"政治合格、军事过硬、作风优良、纪律严明、保障有力"，坚持邓小平同志关于我们这个军队永远是党领导下的军队的观点，为我军在新形势下坚持党对军队的领导提供了具有决定性意义的根本原则。

（2）在国防和军队建设的指导思想上，江泽民认为当今新的军事革命，实质上是一场军事信息化革命，信息化战争将成为21世纪的主要战争形式。我军正处在实现机械化的任务尚未完成、又必须要努力向信息化过渡的特殊时期。因此，军队建设要针对自身特点，有所为有所不为，必须在加强军队机械化建设的同时，加快信息化建设，以信息化带动机械化，最大限度地发挥后发优势，科技强兵，增强部队战斗力，实现我军现代化的跨越式发展，提高打赢高科技战争的能力。同时，要从国情、军情出发，走出一条投入较少、效益较高的军队现代化建设的路子。军队必须"实现我军由数量规模型向质量效能型、由人力密集型向科技密集型转变"；必须与国家经济发展战略相协调、相配套，有计划、分步骤地实现国防和军队现代化建设的战略目标。

（3）在军队建设的总目标、总要求上，他提出，要坚持以毛泽东军事思想、邓小平新时期军队建设思想为指导，全面贯彻"三个代表"重要思想，按照政治合格、军事过硬、作风优良、纪律严明、保障有力"五句话"的总要求，紧紧围绕打得赢、不变质两个历史性课题，坚定不移地走中国特色的精兵之路，加强军队的革命化、现代化、正规化建设。为加强军队质量建设、走中国特色建军之路，确立了根本指导原则。

（4）在国防和军队的应急性建设与长远性、根本性建设的关系上，坚持军事战略必须服从和服务于国家总体发展战略，根据国家发展战略确定军事战略的目标和任务，国防和军队建设必须走以现代化为中心的发展道路。强调以军事斗争准备为龙头，牵引和带动国防和军队现代化建设整体推进，为我们在既要关注现实威胁，又要考虑未来挑战的军事安全形势下，把军事斗争准备这个最现实最紧迫的任务与军队改革和现代化建设这个根本大计统一起来，提供了科学的战略方针。

这些关于国防和军队建设规律的新认识，为完整理解江泽民同志提出的建立巩固的国防是我国现代化建设战略任务的思想，把思想政治建设摆在军队各项建设首位的思想，军队精神文明要走在全社会前列的思想，走出一条投入较少、效益较高的军队现代化建设路子的思想等等，更加自觉地投身于国防和军队现代化建设的实践，具有重要的科学指导作用。

## 二、江泽民国防和军队建设思想的指导作用

江泽民国防和军队建设思想是在邓小平新时期军队建设思想的基础上进一步创新发展，开拓了我们党军事指导理论发展的新境界，是对毛泽东军事思想特别是邓小平新时期军队建设思想的继承、丰富和发展。作为"三个代表"重要思想的"军事篇"，它科学总结了世纪之交我国国防和军队建设的实践经验，深刻揭示了新形势下国防和军队建设发展的基本规律，具有深刻的实践性、鲜明的时代性、传统的继承性、系统的理论性和科学的指导性，是新世纪推进我国国防和军队现代化建设跨越式发展的根本依据和科学指南。

马克思主义军事理论，本质上是随着时代和实践的发展而不断向前发展的科学。马克思主义军事理论植根实践、有了一代接一代革命家的不懈努力才与时俱进、永具活力。事实证明，江泽民不仅是邓小平新时期军队建设思想的忠实继承者和模范坚守者，还是一个坚定实践者、推广发展者。在新世纪新阶段，坚持江泽民国防和军队建设思想，就是真正坚持马列主义军事路线，贯彻毛泽东军事思想和邓小平新时期军队建设思想。

# 第六节　胡锦涛国防和军队建设思想

　　胡锦涛关于国防和军队建设的重要论述，是以胡锦涛为核心的党中央站在继往开来的历史起点，全面继承和发展了马克思主义、毛泽东军事思想、邓小平新时期军队建设思想、江泽民国防和军队建设思想，开创性地对新世纪加强国防和军队建设提出的一系列战略思考和重要指示，是科学发展观在国防和军队建设领域的延伸展开，是新世纪新阶段国防和军队建设的科学指南。

## 一、胡锦涛国防和军队建设思想的主要内容

### （一）军事战略指导方针

**1.用科学发展观指导国防和军队建设**

　　科学发展观是我们党从新世纪新阶段党和国家事业发展全局提出的重大战略思想，反映了我们党对发展问题的新认识。把科学发展观确立为加强国防和军队建设的重要指导方针是胡锦涛2005年底在一次军队重要会议上提出的。在这次会议上，胡锦涛对在国防和军队建设中贯彻落实科学发展观进行了系统阐述。他指出，科学发展观是指导我们抓住机遇加快发展的世界观和方法论，是我们应对复杂的国际国内环境和各种挑战的强大思想武器。树立和落实科学发展观，关系党和国家工作的大局，关系中国特色社会主义事业的全面发展。只有用科学发展观统领国防和军队建设，才能把各个方面的建设统一起来，把各个方面的力量协调好，把各个方面的积极性调动起来，全面提高部队战斗力，从而履行好新世纪新阶段我军的历史使命。国防和军队建设贯彻落实科学发展观的总体要求：一是从坚持和发展中国特色社会主义的高度出发，按照革命化、现代化、正规化相统一的原则，加强军队全面建设；二是坚持以拓展和深化军事斗争准备为龙头，带动军队现代化建设整体发展；三是注重解决体制机制上制约军队发展的深层次矛盾和问题；四是改革创新作为推动国防和军队建设科学发展、科技进步，加快转变战斗力生成模式；五是积极探索军民结合、寓军于民的发展路子；六是把改革创新作为推动国防和军队建设科学发展的根本动力；七是坚持以人为本，充分尊重广大官兵主体地位和创造精神。要求全军全面准确地把握科学发展观的深刻内涵和基本要求，把科学发展观贯穿于国防和军队建设的全过程，落实到国防和军队建设的各个领域，实现国防和军队建设全面协调可持续发展。

**2.正确认识安全形势**

　　放眼世界，大多数国家都在努力维护和平、发展、合作的局面，但影响世界和平与发展的不稳定、不确定因素也在暗流涌动，随着在综合国力竞争中军事力量的地位和作用进一步凸现，军事能力作为国家战略的核心能力要素，日益成为各国进行战略竞争、处理利益关系的关键支撑和重大筹码。在这样的时代背景下，如何提高我军应对危机、维护和平、遏制战争、打赢战争的能力，为国家发展提供强有力安全保障？一方面，我们要积极

适应国际形势变化，正确看待我国经济实力、综合国力、国际影响力的变化，在"捧杀"面前不上当，在重大利益上不让步，提高应对国际局势和处理国际事务能力，展示负责任大国形象。要坚持和平发展道路，坚持互利共赢的开放战略，加强同所有国家的交流合作，共同推动建立公平、公正、包容、有序的国际经济新秩序。这是政略。另一方面，要把维护国家主权和安全放在第一位，进一步强化忧患意识，加快推进中国特色军事变革，加强军队全面建设，加紧推进军事斗争准备，坚决履行好捍卫国家主权、统一、领土完整和安全的神圣职责，为维护国家发展的重要战略机遇期、实现全面建设小康社会的目标提供坚强有力的安全保证。这是战略。

能战方能言和，军队只有达到足够高的实战水平具备威慑力时，才能为国家赢得和平发展战略机遇提供可靠的安全保障。可严峻的现实是我军建设的总体水平与世界先进水平相比，还存在很大差距，要实现赶超就必须谋求通过跨越式发展，来提高现代高技术条件下防卫作战的能力。因此，实现国防建设与经济建设协调发展，是军队履行新世纪新阶段历史使命的前提与最紧迫的要求。

（二）国防和军队建设思想

1.坚持党绝对领导下的人民军队的根本性质和宗旨

坚持党的绝对领导与为人民服务的根本性质和宗旨，是我军从胜利走向胜利的根本。"党对军队的绝对领导，是我军建军的根本原则和永远不变的军魂，是我国的基本军事制度和中国特色社会主义政治制度的重要组成部分，是党和国家的重要政治优势。"全军要从时代高度审视思想政治建设，以创新精神推动思想政治建设，把军队思想政治建设提高到一个新水平。要坚持紧贴时代发展、紧贴使命任务、紧贴官兵实际，切实改进创新思想政治工作。"从思想上、政治上、组织上确保我军始终成为党绝对领导下的人民军队，确保国防和军队建设科学发展，确保有效履行新世纪新阶段我军历史使命。"围绕强化官兵精神支柱，大力培育"忠诚于党、热爱人民、报效国家、献身使命、崇尚荣誉"的当代革命军人核心价值观，以此来固化官兵的思想和行为定式，保证官兵始终政治坚定、思想先进、道德纯洁，真正做到打得赢、不变质。不断创新思想政治工作的内容、方式、方法、手段和机制，使思想政治工作始终与时代发展同步、与使命任务要求相适应、与官兵思想实际相融合。以中国特色社会主义理论体系为指导，增强思想政治建设的科学性。坚持以人为本的理念，深入开展人民军队宗旨、历史使命、理想信念、战斗精神和社会主义荣辱观教育，增强官兵对"听党指挥、服务人民、英勇善战"的普遍理解认同，自觉养成与努力践行。

2.按照革命化、现代化、正规化相统一的原则加强军队全面建设

把我军建设成一支强大的革命化、现代化、正规化人民军队，是毛泽东、邓小平、江泽民同志一以贯之的建军治军思想。革命化、现代化、正规化是一个动态发展的过程，新形势、新任务、新使命赋予了军队革命化、现代化、正规化建设新的时代内涵，三者统一于不断提高部队战斗力的实践之中。

革命化建设集中体现了我军的政治本色，深刻反映了人民军队性质宗旨的根本要求，是保持现代化、正规化建设正确发展方向可靠的根本保证。我军作为一支新型的无产阶级

军队，从诞生之日起，一直置于中国共产党的绝对领导之下，完成中国革命与建设赋予的政治任务的武装集团。党的绝对领导与全心全意为人民务的宗旨是我军区别于其他军队的特殊标志。现代化建设是我军建设解决主要矛盾、适应世界新军事变革潮流、谋求打赢现代战争的中心任务，是革命化、正规化建设的实践基础。正规化建设反映了我军建设走向高级阶段的客观要求，是军队管理水平的重要标准，是完成革命化、现代化任务的重要保证。

军队革命化、现代化、正规化建设是统一的整体，必须融入国家现代化战略全局的发展进行全面加强，必须与国家安全和发展利益相适应协调推进发展。要始终坚持党对军队绝对领导的根本原则和人民军队的根本宗旨，深入进行军队历史使命、理想信念、战斗精神和社会主义荣辱观教育，大力弘扬听党指挥、服务人民、英勇善战的优良传统。坚持以人为本，推动军队建设与促进官兵全面发展。坚持科技强军，按照建设信息化军队、打赢信息化战争的战略目标，加快机械化和信息化复合发展，积极开展信息化条件下军事训练，加紧培养大批高素质新型军事人才，走中国特色精兵之路，速度、质量、效益相协调，切实转变战斗力生成模式。坚持依法治军、从严治军，完善军事法规，加强科学管理。

3.把以人为本作为重要的建军治军理念

人是战争的决定性因素，决定战争胜负的最终是人而不是物。人是作为战争的主体，既是战争的策划组织者、作战方法的创造者，又是战争中的军事行动实践者。战斗力的形成与人的素质和精神状态有着至关重要的作用。科学发展观确立的以人为本的核心，落实到战争组织的建设中，就必须把以人为本作为建军治军的重要理念。其一，人民军队要和党保持高度一致，坚决维护人民群众的根本利益，始终坚持全心全意为人民服务的人民军队根本性质和宗旨。不管任何时候，形势和任务如何变化，人民子弟兵始终是人民利益的忠实捍卫者，这一条在任何情况下都不能有任何的改变。其二，以人为本的建军治军理念，要求军队的建设发展必须以尊重官兵的主体地位，发挥官兵在军队建设中的主体作用为主题。必须把推进军队"三化"建设与促进官兵全面发展有机统一起来。关心官兵的切身利益，认真研究解决新形势下官兵关系出现的新情况、新问题，维护官兵正当权益；充分信任和依靠广大官兵，不断改善官兵的物质文化生活条件，提高官兵的思想政治素质、科学文化素质、军事专业素质和身体心理素质，增强官兵的主人翁意识、使命感、责任感；充分调动官兵的积极性和创造性，大力培育当代革命军人核心价值观，促进和实现官兵全面发展，巩固和发展我军团结、友爱、和谐、纯洁的内部关系。激活官兵群体中蕴藏的巨大潜能并发挥到军队现代化建设上来。其三，要充分认识军队作为武装集团的特殊性，必须按作战标准严格要求，将爱护官兵生命与培育战斗精神，关心官兵个人发展与依法从严治军，尊重官兵权益与确保一切行动听从指挥统一到提高军队战斗力上来。继承和发扬我军大无畏的英雄主义气概和英勇顽强、不怕疲劳、连续作战的战斗作风，为了人民的利益不惜抛头颅、洒热血。严格制度、严格纪律、严格训练、严格管理，做到令行禁止。正确认识军人的义务和权利，认真履行职责，做"忠诚于党、热爱人民、报效国家、献身使命、崇尚荣誉"的模范。

4.全面建设现代后勤与实现我军武器装备的自主发展、跨越式发展、可持续发展

(1) 全面建设现代后勤。随着信息化战争的兴起，我国安全环境的复杂多变，后勤建设面临的挑战前所未有，机遇也前所未有。胡锦涛做出了"加快全面建设现代后勤步伐"的战略部署，明确了"保障体制向一体化推进，保障方式向社会化拓展，保障手段向信息化迈进，后勤管理向科学化转变"的目标任务。要求到2020年基本完成全面建设现代后勤的任务。从此，我军贯彻落实科学发展观，推进后勤现代化建设有了明确的目标指向、战略抓手和实践载体。军队后勤建设以联合作战体系建设为牵引，深化保障体制向一体化推进，创新保障方式，发展先进保障手段，提高后勤管理水平，努力使后勤现代化水平与保障打赢信息化条件下局部战争的要求相适应，努力使后勤保障能力与履行我军历史使命的要求相适应，保障我军能够在各种复杂形势下从容应对危机、维护和平、遏制战争，赢得战争胜利；以军民融合发展为途径，以实现投入较少、效益较高为尺度，把军队后勤建设科学融入国家经济社会发展体系与民用的日常生活之中，充分利用和依托民用资源与社会保障资源，逐步建成骨干在军、主体在民的社会化保障体系。凡有能够利用的民用资源，就不自己另铺摊子；凡能纳入国家经济与科技发展体系的建设项目就不另起炉灶，依托社会保障资源就能办的事情都要实行社会化保障，切实把有限的军费管好用好并发挥最大效益；以提高信息化水平为方向，运用现代的信息技术、网络环境基础平台和信息资源，推进后勤信息系统与后勤保障装备的一体融合，实现保障需求实时可知，保障资源实时可用，保障活动实时可控，保障手段向信息化迈进；坚持"向科学管理要效益"，统筹国防军队建设与国家经济建设的关系，统筹军队后勤建设与军队整体建设的关系，统筹军事斗争后勤准备与后勤建设的关系，正确处理后勤建设中现实需要与将来可能的关系。按照时代发展的要求，着力构建科学民主的后勤决策体系、完善配套的法规和标准体系、严格规范的管理监督体系，实现后勤保障的理念、体制、方式、手段以及后勤管理和后勤人才队伍的全面进步和可持续发展，为保障力生成提供机制支撑，以满足因未来战争变化而不断增长的后勤保障需求。

在以一体化保障满足信息化战争的时代要求的大背景之下，我军进行了"建立三军一体化后勤保障体制"的探索：一是体制编制开始打破军种界限，打破专业界限；二是后勤力量的建设、管理和使用，逐步由分散走向集中。

(2) 实现我军武器装备的自主发展、跨越式发展、可持续发展。武器装备的现代化，是军队现代化的重要组成部分。胡锦涛认为必须以作战需求为牵引，以信息化为主导，走机械化、信息化复合发展的道路，不断提升国防科技和武器装备自主创新的能力。与武器装备现代化同步发展、相辅相成，部队高技术构成的比例也要增加，军队组织结构也需要优化。胡锦涛主政期间，军队规模更趋精干，军队联合作战指挥、联合训练、联合保障的体制体系日趋健全。从解放军战略规划部的成立，到对总参谋部、通信部、军训和兵种部的改编，将一批作战部队师改旅，对院校、训练机构的优化整合以及对体制编制进行的调整改革，日益推进了军队组织形态的现代化。

深刻认识自主创新是攸关民族发展命运的关键，是国防科技和武器装备现代化的战略基点，切实增强科技创新的使命感、责任感、紧迫感。坚持以科学发展观为重要指导方针，把基础研究摆在更加重要位置，加大投入，加强扶持，在技术创新中强基固本。加快建立军民结合、寓军于民的创新体系，团结协作，集智攻关，在创新中充分发挥社会主义制度的强大政治优势。军地携手共同努力，拓宽科技创新源头，浓厚科技创新氛围，丰富科技创新内容，锻造科学文化创新团队。传承弘扬科学文化，守望好科技创新的精神家园，以文化的高度自觉为创新提供不竭的精神动力。为国家战略能力的提升提供国防科技支撑与武器装备现代化的保障。

### 5.我军在新世纪新阶段的历史使命

根据中国革命和建设不同时期党所面临的形势和任务的要求明确军队历史使命，是党对军队实行正确领导的一贯做法。早在土地革命时期，工农红军要执行打仗消灭敌人、打土豪筹款子、做群众工作的任务；抗日战争时期，我党领导的抗日武装要执行打仗、做群众工作、生产的任务；在解放战争全面胜利前夕，人民军队的任务概括为战斗队、工作队、生产队；1954年新中国第一部《宪法》明确规定，中华人民共和国武装力量要"保卫人民革命和国家建设的成果，保卫国家的主权、领土完整和安全"；20世纪80年代，我军肩负起了"保卫社会主义祖国、保卫四化建设的光荣使命"；20世纪90年代，党要求军队完成为国家的安全统一和全面建设小康社会提供坚强有力的保障任务。新世纪新阶段，胡锦涛明确将军队的使命精辟概括为"三个提供、一个发挥"，成为国防和军队建设紧扣时代脉搏、顺应发展需要的重要指针。既同毛泽东军事思想、邓小平新时期军队建设思想、江泽民国防和军队建设思想一脉相承，又与时俱进，赋予我军历史使命新的时代内涵。

（1）为党巩固执政地位提供重要的力量保证。这是军队作为党的军队、人民的军队、社会主义国家的军队必须担当的使命。进入新世纪新阶段，国际国内敌对势力相互勾结、相互呼应，不忘企图颠覆我们党的执政地位，颠覆人民民主专政的国家政权，推翻中国的社会主义制度。为此，军队必须坚持党的绝对领导的根本原则和制度，把自身革命化、现代化、正规化的建设抓实抓好，确保在各种斗争任务和各种复杂环境下，都能立于不败之地，始终成为党巩固执政地位的坚强柱石。

（2）为维护国家发展的重要战略机遇期提供坚强的安全保障。在新阶段维护国家安全、捍卫国家主权统一和领土完整，赢得和平的国际环境，就是维护国家发展的重要战略机遇期。因此，军队始终要把国家主权和安全放在首位，履行维护国家主权的神圣职责，为国家创造全面建设小康社会、加快推进社会主义现代化建设的长治久安环境提供坚强保障。

（3）为国家利益的拓展提供有力的战略支撑。时代的进步和发展，要求军队必须拓展原有的安全和军事战略视野，在关注和维护国家的生存权益同时，还要关注和维护国家发展利益；不仅要关注和维护领土安全、领海安全、领空安全，还要关注和维护海洋安全、网络安全、太空安全、电磁空间安全以及其他方面的其他领域的安全，全方位应对信息化带来的未来战争的各种变化，克敌制胜。

（4）为维护世界和平与促进共同发展发挥重要作用。经济全球化发展趋势，使世界经济联系空前紧密，任何国家都难以独立于全球经济联系而谋求自身发展。现实的中国经济和世界经济总体上已形成"你中有我、我中有你"的局面。中国的发展离不开世界，世界的发展也离不开中国。中国的发展与强大的脚步是不可阻挡的，但我们必须正确把握世界发展趋势，根据我们社会主义国家的性质，坚持走和平发展道路，高举和平、发展、合作的旗帜，坚持依靠自身力量独立自主地建设中国特色社会主义。同时通过合作共赢的方式充分利用国外资源和市场，争取和平环境来发展自己，又以自身发展来维护世界和平。但也要看到，中国要实现和平发展，维护国家安全和利益，维护世界和平与促进共同发展，就必须以强大的军事实力为后盾，才能更好地履行维护国家安全、捍卫国家主权和领土完整的职责，发挥维护世界和平的积极作用。

胡锦涛关于军队历史使命的重要论述，科学回答了新世纪新阶段国防和军队建设朝什么方向发展，如何科学发展，未来战争需要什么样的军事力量，如何科学运用军事力量的时代课题，进一步拓展了我军的职能任务，明确了国防和军队建设的发展目标，提高了军事斗争准备的标准，充实了军事力量运用的指导原则。

这是科学发展观在国防和军队建设领域的生动运用和展开，体现了党的历史任务对我军的新要求，创新发展了我们党的军事指导理论。

6.加快转变战斗力生成模式

加快转变战斗力生成模式是关系国防和军队建设全局的重大战略任务，是解决我军建设中存在"两个不相适应"主要矛盾的内在要求，是推动国防和军队建设科学发展的必由之路。

战斗力取决于人、武器以及人和武器的结合三个基本要素，是敌对双方在作战中表现出来的一种相对力量。战斗力生成模式，主要取决于战争主导因素、指挥关系、作战方式、构建方法四个方面，是敌对双方在作战中依赖的作战体系。

胡锦涛提出的所要转变的战斗力生成模式，就是要从机械化条件下战斗力生成模式向信息化条件下战斗力生成模式的转变。其一，战斗力生成模式转变，意味着现行的模式与未来发展趋势已发生背离的现象并出现制约发展的情况。这是对原有结构简单复制低效的传统生成模式的扬弃，其本质就是实现自身超越，是深化中国特色军事变革的内在要求。其二，加快转变是一个机遇与挑战并存的系统工程的转变。战斗力生成模式转变，意味着要进入新的领域甚至未知的世界，必然要面对许多我们不曾熟悉的新概念、新思想、新形式，肯定会有很多现在一时还弄不明白但最终会被我们驯服的东西。其三，决定武器装备发展的是人，决定武器装备效能发挥的还是人，越是先进的武器装备对人的素质要求就越高。同样，无论未来武器装备的性能如何先进，它都只是结构和功能的工具要素变化，而人却是整合工具的要素之主。就人的潜能而言，至今尚有未被科学发现和利用的情况。因此，面对信息化社会的现实情况，提高军队的科学技术含量，加强以信息为主要标志的军队质量建设，成为世界军队发展的趋势。加快战斗力生成模式转变必须以信息主导作为逻辑起点和最终归宿。要坚持把拓展和深化军事斗争准备作为龙头，依靠科技进步和创新把全面提高军队信息化水平作为发展方向，把提高基于信息系统的体系作战能力作为出发点和落脚点，把发展新型作战力量作为战略重点，加大实施人才战略工程的力度，造就大批适应军队信息化建设、信息化条件下遂行作战任务的高素质新型军事人才。把深入推进军民融合式发展作为重要途径，加快转变战斗力生成模式，推动国防和军队现代化建设又好又快发展。

7.在全面建设小康社会进程中实现富国和强军的统一

富国和强军都是我国现代化建设的战略任务，是发展中国特色社会主义、实现中华民族伟大复兴的重要基石。要着眼国家安全和发展战略全局，深刻认识国防和军队建设的重要地位，进一步探索统筹经济建设和国防建设的内在规律，正确把握国防和军队建设与经济建设的辩证关系：经济建设是国防建设的基本依托，经济建设搞不上去，国防建设就无从谈起。国防实力是综合国力的重要组成部分，国防建设搞不上去，经济建设的安全环境就难以保障。解决包括国防和军队建设在内的所有问题，发挥其重要前提和物质基础地位的作用，还必须从全面建设小康社会的全局高度，把推进国防和军队现代化建设作为推进社会主义现代化建设的一项重大战略任务抓紧抓实，按照全面履行新世纪新阶段军队历史使命的要求，提高军队应对多种安全威胁、完成多样化军事任务的能力。坚持用中国特色社会主义理论体系武装全军，推动国防和军队建设科学发展。依托国家经济社会发展，把国防建设融入现代化建设全局之中，统筹国防资源和经济资源，注重国防经济和社会经济、军用技术和民用技术、军队人才和地方人才的兼容发展，进一步形成国防建设和经济建设相互促进、协调发展的良好局面。实现国防和军队建设与经济繁荣相适应、与国家国际地位相匹配、与国家安全和发展利益相适应的发展目标，做到对外不畏强权，对内长治久安。

8.积极探索军民结合、寓军于民的发展路子

胡锦涛强调，要适应新的形势，积极探索军民结合、寓军于民的新途径新方法，全面推进经济、科技、教育、人才等方面的军民结合，从国家经济社会发展中获取国防和军队现代化建设的丰厚资源和强大支撑。

要实现两个建设协调发展的目标，关键要从完善运行机制和加强制度建设入手，建立"寓军于民、军民兼容"的发展机制，促使两个建设在结构、布局、技术、人才、信息等方面形成全方位、多层次的内在结合，从而使国防和军队建设更有效地依托国家经济社会的总体发展，更充分地发挥国民经济对国防建设的基础性支撑作用，从体制机制上保障国防和军队建设融入社会主义现代化建设的全局之中。这是科学发展观在实现国防建设与经济建设协调发展中的重要体现和基本要求。

要从国家战略层面，对军民两用技术的发展做出专项规划；加快制定两用技术标准；进一步完善两用技术的投入政策，加大两用技术的研发投入；健全两用技术的管理体制，鼓励非公有制企业参与军民两用高技术的开发及产业化运营，从而使两用技术成为国防建设与经济建设相互促进的技术支撑点和强大推动力。

军队人才培养要依托国民教育，努力实现"寓才于民"。拓宽军地之间人才兼容、储备、交流的渠道。

军队后勤保障要依托国民经济体系，不断提高后勤的社会化保障水平。减轻军队办社会的负担，使军费投入更好地集中于军队承担的主要职能上，提高军费使用的功能性效益。

经济布局要兼顾国防原则和经济原则，努力构建有利于军民产业之间互动的空间结构。特别是国防科技工业布局，既要注意形成纵深梯次配置，提高其战时的安全性，又要

与当前国家宏观经济布局向中西部纵深地区推进的幅度相衔接，注意与相应的民用产业群的布局联系，提高军民产业互动的布局效益。

胡锦涛指出：改革是国家发展的动力，也是军队发展的动力。通过深化改革，推动国防经济领域所有制结构的多样化，既有利于加速军品市场主体培育的进程，使之增强对社会主义市场经济大环境的适应能力，又有利于形成民用企业进入军工科研生产领域的长效机制，使贯彻军民结合、寓军于民的方针具有体制性保障。

9.紧紧依靠人民办国防

胡锦涛认为，国防和军队建设是全党全国各族人民的共同事业，依靠人民建设国防、建设军队是我们的优良传统。人民战争是我党我军的光荣传统，是我们克敌制胜的法宝。一切为了人民，紧紧依靠人民，是我军团结战斗的思想基础和力量源泉。无论武器装备怎样发展、战争形态怎样变化，人民战争都不会过时，兵民是胜利之本永远是颠扑不破的真理。我们要坚持人民战争的战略思想，紧紧依靠人民办国防，坚持实行精干的常备军和强大的后备力量相结合，不断增强国家战争潜力和国防实力。

以爱国主义为核心的伟大民族精神是中国人民团结奋进的精神动力。要在全社会深入持久地开展爱国主义教育，并坚持把爱国主义教育同集体主义、社会主义教育有机统一起来，把广大人民群众的爱国热情凝聚到全面建设小康社会的伟大事业上来，凝聚到胸怀全局、认真做好本职工作上来，更加自觉地为建设富强民主文明的社会主义现代化国家贡献力量。胡锦涛指出，爱国主义是一个民族、一个国家的精神支柱，是我国社会主义国防观念的重要思想基础。军队要配合地方各级党委和政府认真贯彻落实《国防教育法》，深入开展拥政爱民活动，紧紧依靠广大人民群众的支持，努力把国防和军队现代化建设推向新的发展阶段。胡锦涛还要求地方各级党委和政府要积极关心、支持国防和军队建设，广泛开展国防教育，进一步做好拥军优属工作，妥善安置军队转业干部、复员退伍军人和离退休军队干部，妥善解决随军家属就业、伤病残人员移交等问题，积极配合军队搞好教育训练、战备执勤、科研试验等任务，支持部队完成多样化军事任务，为国防和军队建设提供强大后盾。

## 二、胡锦涛国防和军队建设思想的地位和意义

胡锦涛国防和军队建设思想是一个科学体系。关于国防和军队建设的指导方针、国防和军队建设的主题主线、国防和军队建设的总基调、国防和军队建设的目标任务、国防和军队建设的发展道路、国防和军队建设的发展理念、国防和军队建设的内在动力、国防和军队的思想政治建设等一系列重要论述，既有军事哲学层次的指导思想，也有军事实践活动的方法原则，丰富和发展了新形势下国防和军队建设的目标、道路、理念、动力、保证等基本内容，形成了一个完整、科学、开放的军事思想体系。这一重要军事指导思想，反映了军队建设继往开来的客观规律，是加强军队建设的基本遵循，是引领、推动国防和军队建设实践不断前进的强大思想武器。

学习贯彻胡锦涛国防和军队建设思想，必须全面准确地把握这一重要思想的基本精神，并把它贯彻运用于军队建设和改革的具体实践中。要把学习胡锦涛国防和军队建设思

想同学习毛泽东军事思想、邓小平新时期军队建设思想、江泽民国防和军队建设思想结合起来，同学习习近平强军思想结合起来，努力掌握蕴含其中的马克思主义立场、观点和方法，全面、系统、准确地理解和把握党的军事理论创新成果。要大力发扬理论联系实际的学风，在武装头脑、指导实践、推动工作上下功夫、见成效。全军各级领导和政治机关以及理论工作者，要在学习、宣传、研究、贯彻胡锦涛国防和军队建设思想上当先锋做表率，引导和带动部队的学习不断深入发展，为建设一支听党指挥、能打胜仗、作风优良的人民军队提供强有力的思想基础、政治保证和精神力量。

党的十六大以后，以胡锦涛同志为总书记的党中央，在领导全党全国人民全面建设小康社会的伟大实践中，创造性地提出了科学发展观这一重大战略思想。以人为本、全面协调可持续发展的科学发展观，是我们党对共产党执政规律、社会主义建设规律和人类社会发展规律进行艰辛探索的智慧结晶，是马克思主义世界观和方法论的集中体现，是推进我国经济建设、政治建设、文化建设、社会建设的指导方针，也是解决军队建设发展问题的锐利思想武器。胡锦涛同志明确指出，要坚持把科学发展观作为国防和军队建设的重要指导方针。这一重要论述，从时代高度进一步指明了我军的兴军之策、强军之道，是党的军事指导理论的又一次与时俱进。

确立科学发展观在军事领域的指导地位，是当代中国国防和军队建设的必然选择。进入新世纪新阶段，国家安全问题的综合性、复杂性、多变性进一步增强，与军队职能使命相联系的军事任务的多样性进一步发展，国防建设与经济社会建设的融合程度进一步加深，军事斗争准备和中国特色军事变革的步伐进一步加快，军队建设中一些深层次的体制性、结构性矛盾进一步显现，从而使如何推动和实现国防和军队建设科学发展的问题，历史地摆在了我们面前。只有按照科学发展观的要求，抓住发展机遇，转变发展观念，丰富发展内涵，拓展发展思路，创新发展模式，提高发展质量，才能使国防和军队建设顺应时代大势，遵循客观规律，在新的起点上又快又好发展。从战略全局上讲，确立和坚持科学发展观重要指导方针，是用党的创新理论引领军队建设前进方向的根本要求，是有效履行新时期新阶段我军历史使命的根本保证，是解决新形势下军队建设突出矛盾和问题的根本之举，在我军建设发展史上具有新的里程碑意义。

在领导国防和军队建设新的实践中，胡锦涛同志坚持运用科学发展观思考回答军事领域面临的重大理论和现实问题，提出了一系列新思想、新观点和论断。特别是提出的关于新世纪新阶段我军历史使命的重要论述；关于坚持把国防和军队建设融入国家现代化建设的战略全局，在全面建设小康社会的历史进程中实现富国与强军统一的观点；关于按照革命化、现代化、正规化相统一的原则，科学统筹军队建设发展全局的观点；关于坚持党对军队的绝对领导，是我军建设和发展首要问题的观点；关于把思想政治建设作为军队根本性基础性建设，更加有力、更加扎实、更加富有成效地向前推进的观点；关于牢固确立以人为本的建军治军理念，把推动部队建设与促进官兵全面发展有机统一起来的观点；关于坚持以军事斗争准备为龙头，带动军队现代化建设整体发展的观点；关于依靠科技进步加快转变战斗力生成模式，提高我军信息化条件下的威慑和实战能力的观点；关于把军事训练作为重要的治军方式和管理方式的观点；关于积极推进机械化条件下军事训练向信息化条件下军事训练转变的观点；关于大力推进军事理论、军事技术、军事组织体制和军事管理创新的观点；关于坚持把从严治军作为一项全局性、基础性、长期性工作紧抓不放的观点，等等，可以说都是科学发展观在国防和军队建设中的具体展开和延伸。这些重要思想观点，坚持我们党领导国防和军队建设的根本原则，继承中华民族的优秀军事文化传统，吸纳世界军事理论的先进成果，正确回答了国防和军队建设朝什么样的科学目标发展、如何实现科学发展的根本问题，与毛泽东军事思想、邓小平新时期军队建设思想、江泽民国防和军队建设思想既一脉相承，又与时俱进，以其鲜明的时代性、深刻的实践性和非凡的创造性，开拓了马克思主义军事理论发展的新境界。

# 第七节　习近平新时代强军思想

十八大以来，世界军事斗争形势变化和我军面临的考验给我们提出了一个重大时代课题：这就是必须从理论上系统回答新时代建设什么样的军队，怎样坚持和发展中国特色的国防，人民军队建设的总目标、总任务、总体布局、战略布局和发展方向、发展方式、发展动力、战略步骤、外部条件、政治保证等基本问题，并且要根据新的军事斗争需要对国家安全、国防和军队等各方面，包括新时代"人民军队听谁指挥，怎样铸牢军魂"；"为什么强军，怎样强军"；"打什么仗，怎样打胜仗"等国防和军队建设一系列带有根本性方向性全局性的重大问题进行理论分析和政策指导，以利于更好地坚持和发展中国特色国防与人民军队的建设。

围绕强军这个重大时代课题，以习近平为首的党中央、中央军委坚持以马克思列宁主义、毛泽东思想、邓小平理论、"三个代表"重要思想、科学发展观为指导，坚持解放思想、实事求是、与时俱进、求真务实，坚持辩证唯物主义和历史唯物主义，紧密结合新时代战争实践要求，以全新的视野深化对信息化战争规律、人民军队建设规律、军民融合发展规律的认识，并进行理论探索，取得了重大理论创新成果，形成了新时代党的强军思想。

新时代的到来，必须以新思想、新理论为标志。我们正处于一个需要新的思想体系，并且也一定能够产生新的思想体系的新时代。2017年10月24日，中国共产党第十九次全国代表大会通过了关于《中国共产党章程（修正案）》的决议，习近平强军思想作为我军新时代指导思想写入党章。这标志着我国国防与军队建设的理论进入新时代。

## 一、习近平新时代强军思想的主要内容

### （一）与时俱进的强军理念

马克思主义认为，一切划时代的体系的真正内容，都是由于产生这些体系的那个时期的需要而形成起来的。世界新军事革命风起云涌，战争形态正在加速向信息化演变，中国面临的各种威胁和风险挑战更加严峻，各种矛盾异常尖锐复杂。2014年8月29日下午，习

近平在十八届中共中央政治局第十七次集体学习时说："研究军事问题，首先要科学判断世界发展大势，准确把握世界军事发展新趋势。"当今世界正处于发展的十字路口，中国正在经历着有史以来最广泛而深刻的社会变革。中国共产党人对于军事力量的建设和运用规律的认识，也趁势达到崭新的高度。习近平认为，现代军事领域的发展变化，以信息化为核心，以军事战略、军事技术、作战思想、作战力量、组织体制和军事管理创新为基本内容，以重塑军事体系为主要目标，正在推动新军事革命深入发展。习近平还认为，世界新军事革命对我们既是机遇，也是挑战。世界新军事革命，反映在军事科技突飞猛进上，也反映在军事理论不断创新上，还反映在军事制度深刻变革上。他还提到，我军的发展史就是一部创新史，我们党靠不断创新，逐步形成了一整套建军治军的原则和制度，创造了人民战争的战略战术，形成了我军的特有优势，我们比以往任何时候都更加需要继承和发扬军事创新这个优良传统。

理论是时代的产物，也是时代精神的图腾。习近平指出，要坚持抓好理论研究和决策咨询，要密切跟踪世界新军事革命发展趋势。深入研究信息化战争制胜机理，研究高新技术发展运用及其对战争的影响，研究军事斗争准备重大现实问题，构建具有我军特色、符合现代战争规律的先进作战理论体系。要充分发挥高端智库作用，围绕党中央和中央军委决策需求，聚焦国家安全、国防和军队建设等重大问题，开展政策研究，提出对策建议。正是习近平以政治家、战略家的高瞻远瞩和深谋远虑，着眼世界新时代战略格局，着眼坚持和发展中国特色社会主义，实现中华民族伟大复兴的中国梦，围绕强军兴军提出了一系列重大战略思想、重大理论观点，做出一系列重大决策部署，形成了习近平强军思想的大思路、大格局。在国防和军队建设带根本性、方向性、全局性的重大问题上，依托国防斗争与军队建设实践把党的军事指导理论发展到一个新高度，为加快推进国防和军队现代化提供了根本遵循，引领我国国防和军队建设实践进入新的发展时代。

（二）切合实际的强军目标

知其所来，识其所在，才能明其将往。任何时代、任何民族、任何国家都逃不脱这样一个铁律：强于天下者必胜于兵，衰于天下者必弱于兵。实现"中国梦"首先必须实现"强军梦"。近代中国发生的灾难，是从西方列强在军事上超越中国并欺负中国开始的。习近平指出："明确党在新时代的强军目标是建设一支听党指挥、能打胜仗、作风优良的人民军队，把人民军队建设成为世界一流军队。"其中，听党指挥是灵魂，决定军队建设的政治方向；能打胜仗是核心，反映军队的根本职能和军队建设的根本指向；作风优良是保证，关系军队的性质、宗旨、本色。这个强军目标反映了国家安全环境的深刻变化和时代发展对军队建设的必然要求，是对人民军队建设战略目标的重大创新发展，为新时代推进国防和军队建设提供了目标指引。当前，国防和军队建设正站在新的历史起点上，以中国梦为要求对强军梦量体裁衣，明确了我国新时代军队建设战略规划分两步走：到2020年基本实现机械化，信息化建设取得重大进展，战略能力有大的提升。同国家现代化进程相一致，全面推进军事理论现代化、军队组织形态现代化、军事人员现代化、武器装备现代化，力争到2035年基本实现国防和军队现代化，到21世纪中叶把人民军队全面建成世界一流军队。

（三）科学规划的强军布局

习近平强军思想明确了强军事业的战略布局，即坚持政治建军、改革强军、科技兴军、依法治军。

**1.政治建军**

习近平指出，巩固马克思主义在意识形态领域的指导地位，巩固全党全国人民团结奋斗的共同思想基础，必须坚守党性原则，坚定政治信念，增强政治意识，站稳政治立场，严守政治纪律，做政治上的明白人。各级领导干部要强化使命担当，自觉学习马克思列宁主义、毛泽东思想，学习中国特色社会主义理论体系，学习十八大以来党的理论创新成果，掌握马克思主义立场、观点和方法，增强政治敏锐性和政治鉴别力。要强化看齐意识，经常、主动、坚决向党中央和中央军委看齐，严守政治纪律和政治规矩，自觉践行"三严三实"要求，扎实推进"红色基因代代传"工程，传承和发扬好我党我军光荣传统和优良作风。把毫不动摇坚持党对军队绝对领导扎根在思想上、落实在行动上，在实现强军目标中发挥模范带头作用。要带头坚定理想信念，毫不动摇坚持党对军队的绝对领导，始终同党中央和中央军委保持高度一致，永远听党的话、跟党走。确保部队在任何时候、任何情况下都坚决听从党中央、中央军委的指挥。要抓住坚定理想信念这个根本，要坚持扭住党的组织抓基层，落实好"支部建在连上"这一重要原则和制度，增强党组织的创造力、凝聚力、战斗力，强化管党员、管干部的职能，充分发挥基层党组织的战斗堡垒作用，确保党从思想上、政治上、组织上牢牢掌握部队。坚持用中国特色社会主义理论体系武装官兵，教育引导广大官兵坚定道路自信、理论自信、制度自信。加强军魂教育，强化官兵政治意识、政权意识，增强思想政治工作的主动性、针对性、实效性。着力增强思想政治教育的时代性和感召力，用真理说服人，用真情感染人，用真实打动人。加强思想道德修养，充分发挥优秀传统文化教化人、培育人的作用。深入开展岗位练兵、比武竞赛等活动，加强战斗精神培育，激励官兵争当训练尖子、技术能手、精武标兵，引导官兵争做有灵魂、有本事、有血性、有品德的革命军人。塑造中国心、民族魂，助推中国梦、强军梦的实现。和平建设时期检验军队是否坚持党的领导，主要是看贯彻执行党中央、中央军委的决策指示是否坚决有力、严肃认真。

坚持党对人民军队的绝对领导。建设一支听党指挥、能打胜仗、作风优良的人民军队，是实现"两个一百年"奋斗目标、实现强军目标以及中华民族伟大复兴的战略支撑。必须全面贯彻党领导人民军队的一系列根本原则和制度，确立新时代党的强军思想在国防和军队建设中的指导地位。

**2.改革强军**

习近平强调深化国防和军队改革是一场整体性、革命性变革，要坚持以党在新形势下的强军目标为引领，贯彻新形势下军事战略方针，全面实施改革强军战略，着力解决制约国防和军队建设的体制性障碍、结构性矛盾、政策性问题，推进军队组织形态现代化，进一步解放和发展战斗力，进一步解放和增强军队活力，建设同我国国际地位相称、同国家安全和发展利益相适应的强大国防和军队，为实现"两个一百年"奋斗目标、实现中华民族伟大复兴的中国梦提供坚强力量保证。

习近平指出，要着力统一思想认识，把思想政治工作贯穿改革全过程，引导各级干部强化政治意识、大局意识、号令意识，引导官兵积极拥护、支持、参与改革。要着力搞好配套保障，坚持立法同改革相衔接，抓紧做好法规制度立改废释工作，确保改革在法治轨道上推进，保证各级机关按照新体制正常有序运转。

以深入推进依法治军、从严治军，抓住治权作为改革强军关键，构建严密的权力运行制约和监督体系。重点解决军队纪检、巡视、审计、司法监督独立性和权威性不够的问题，以编密扎紧制度的笼子，努力铲除腐败现象滋生蔓延的土壤。

2020年前，在领导管理体制、联合作战指挥体制改革上取得突破性进展，在优化规模结构、完善政策制度、推动军民融合发展等方面的改革上取得重要成果，努力构建能够打赢信息化战争、有效履行使命任务的中国特色现代军事力量体系，完善中国特色社会主义军事制度。

习近平强调，要着眼于贯彻新形势下政治建军的要求，推进领导掌握部队和高效指挥部队有机统一，形成军委管总、战区主战、军种主建的格局。着力构建军委—战区—部队的作战指挥体系和军委—军种—部队的领导管理体系。

习近平强调，要着眼于打造精锐作战力量，优化规模结构和部队编成，推动我军由数量规模型向质量效能型转变。坚持精简高效的原则，精简机关和非战斗机构人员，使军队更加精干高效。调整改善军种比例，优化军种力量结构，推进以效能为核心的军事管理改革，树立现代管理理念，完善管理体系，优化管理流程，不断提高军队专业化、精细化、科学化管理水平。

着眼于抢占未来军事竞争战略制高点，充分发挥创新驱动发展作用，培育战斗力新的增长点。国防科技发展是具有基础性、引领性的战略工程。必须选准突破口，超前布局，加强前瞻性、先导性、探索性的重大技术研究和新概念研究，积极谋取军事技术竞争优势，提高创新对战斗力增长的贡献率。推进军事训练改革创新，加大军事创新力度，加快重要领域关键环节的改革步伐，抓紧各种短板弱项，着力破解影响实战化训练的突出矛盾和问题。培养造就优秀军事人才，切实按照能打仗、打胜仗的要求，大力实施人才战略工程，着力优化作战力量结构，特别是要把联合作战指挥人才、新型作战力量人才培养作为重中之重，为完成军事斗争任务提供坚强的人才保证。从根本上端正训练指导思想，下决心解决训风、演风、考风不实问题，引导部队大胆训练、科学训练、安全训练，坚决纠正练为看、演为看和以牺牲战斗力为代价的消极保安全等不良现象。

以贯彻军民融合发展战略，推进跨军地重大改革任务，推动经济建设和国防建设融合发展。着力解决制约军民融合发展的体制机制问题，努力构建统一领导、军地协调、顺畅高效的组织管理体系，国家主导、需求牵引、市场运作相统一的工作运行体系，系统完备衔接配套、有效激励的政策制度体系，形成全要素、多领域、高效益的军民融合深度发展格局。完善民兵预备役、国防动员体制机制。在国家层面加强对退役军人管理保障工作的组织领导，健全服务保障体系和相关政策制度，下决心全面停止军队有偿服务。

3.科技兴军

习近平认为，科技创新是军事斗争的关键要素。其一，创新是驱动发展的第一动力。

创新是军队发展进步的灵魂，攸关军队生死荣辱，影响战争胜负得失，关系着国家前途命运。创新能力是军队的核心竞争力。其二，科技创新是生成和提高战斗力的加速器。科技是第一生产力和重要的战斗力，也是军事发展最为活跃、最具革命性的因素。其三，科技创新是实现强军目标的迫切需要。当前我军正处在换挡提速、加速转型的关键时期，同世界军事强国相比差距依然较大，"两个不相适应""两个能力不够"的问题依然突出，实现国防和军队现代化建设的任务依然艰巨。其四，科技创新是建设世界一流军队的必然选择。建设世界一流军队，要求我们不能当旁观者、跟跑者，而要做并跑者、领跑者。习近平着眼国防和军队建设全局，深刻阐明了科学技术在实现党在新形势下的强军目标、建设世界一流军队中的重要作用。加强科技兴军战略设计，必须着力加快建立军民融合创新体系，下更大气力推动科技兴军，坚持向科技创新要战斗力，为我军建设提供强大科技支撑。

党的十八大以来，在以习近平为首的党中央和中央军委领导下，全军围绕实现强军目标，统一思想，抓紧工作，实现国防和军队改革历史性突破，牢牢扭住国防科技自主创新这个战略基点，大力推进科技进步和创新，努力在前瞻性、战略性领域占有一席之地。主动发现、培育、运用可服务于国防和军队建设的前沿尖端技术，捕捉军事能力发展的潜在增长点。深入推进我军现代化建设和军事斗争准备，快速发展武器装备和新型作战力量，拓宽人才培养渠道，改进人才培养模式。增强科技创新、科学普及是实现创新发展的两翼，把科学普及放在与科技创新同等重要的位置来对待。把提高官兵科技素养作为一项基础性工作来抓，在全军大力传播科学精神、普及科学知识，使学习科技、运用科技在全军形成风气。同时，科技兴军战略设计，必须以更大决心和力度抓紧推动科技创新和进步，加快我军建设向质量效能型和科技密集型转变。

4.依法治军

新形势下，习近平深入推进依法治军、从严治军，必须贯彻落实党的十八大、十九大的精神，不忘初心，牢记使命，高举中国特色社会主义伟大旗帜，以马克思列宁主义、毛泽东思想、邓小平理论、"三个代表"重要思想、科学发展观为指导，深入贯彻习近平一系列重要讲话精神，按照全面建成小康社会、全面深化改革、全面依法治国、全面从严治党的战略布局，紧紧围绕党在新形势下的强军目标，着眼全面加强革命化、现代化、正规化建设，创新发展依法治军的理论和实践，构建完善中国特色军事法治体系，形成系统完备、严密高效的军事法规制度体系、军事法治实施体系、军事法治监督体系、军事法治保障体系，提高国防和军队建设的法治化水平。坚持战斗力标准，扎实推进军队建设、改革和军事斗争准备各项工作，立说立行，善作善成。要带头廉洁自律，巩固和拓展党的群众路线教育实践活动成果，自觉依法用权、秉公用权、廉洁用权，营造风清气正的政治生态。

力争2020年前构建起一个覆盖全面、有机统一、科学实效的军事法规制度体系；构建起一个党委依法决策、机关依法指导、部队依法行动、官兵依法履职的军事法治实施体系；构建起一个党内监督、层级监督、专门监督、群众监督等互联互动、有力有效的军事法治监督体系；构建起一个理论科学、队伍过硬、文化先进的军事法治保障体系。习近平执掌军委后，主要从以下四个方面落实依法治军。

（1）健全完善军委主席负责制的体制机制

军委主席负责制，是宪法明确规定的中国特色社会主义重要的政治制度、军事制度，是落实党对军队实行绝对领导的最高组织形式。其核心要义是：全国武装力量由军委主席统一领导和指挥；国防和军队建设的一切重大问题由军委主席决策和决定；中央军委的全面工作由军委主席主持和负责。

（2）健全完善依法运转的工作机制

首先，党委依法决策是依法运转工作机制的关键，主要是党委决策必须于法有据，严格做到议题合法、程序合法、决议合法。健全党委议事规则和决策程序，做到凡是提交党委决策的重大事项，都要事先经法制工作部门进行合法性审查；凡是党委议事决策时，都要听取法制工作部门意见，防止和纠正违法违规决策。其次，机关部门依法指导，是依法运转工作机制的重要环节，各级机关必须严格遵循法定职权，依法履职尽责，建立完善机关工作统筹协调、督查惩治机制，细化完善各级各类人员的岗位职责、工作标准和行为规范，使官兵一切行动都有具体明确的法规军事制度依据。

（3）健全完善依法严格责任追究机制

要建立完善重大决策终身责任追究制度及责任倒查机制，建立"一案双查"制度，健全责任追究监督制度，健全责任追究公开制度。坚持有权必有责、用权受监督、失职要问责、违法必追究，对违法违纪行为零容忍。

首先，强化军事监督，严格党内监督；改进层级监督，强化专门监督；拓宽群众监督、畅通社会监督。其次，健全军事法律人才培训体系，完善依托国民教育培养军事法律人才的机制，选派军事法律人才到外国学习交流。建立既符合军事职业要求又体现法律职业特点的军事法律人才管理制度，完善军事法律人才分类管理制度和职业保障制度，完善军事法律人才跨部门交流机制。建设能够胜任以法治军的高素质军事法律人才队伍。

（4）提高运用法治思维和法治方式履行职责的能力

首先，领导干部要做遵法懂法守法用法的模范；各级党委要重视法治培训，完善学法制度，不断提高领导干部的法治素养；把能不能遵守法律、依法办事作为领导干部选拔任用的重要条件，纳入干部考核评价体系；建立领导干部推进法治建设实绩的考核制度；在相同条件下，优先提拔使用法律素养好、依法办事能力强的干部，对不学法、不懂法、不依法办事的领导干部要严肃批评教育，对经教育仍不改正的干部调离领导岗位。其次，全面推进部队法治教育训练，把法治教育训练纳入部队教育训练体系，在思想政治教学大纲中，增加法治基本理论、法律常识和依法维权等内容；在军事训练与考核大纲中，充实完善官兵履行职责、执行任务必备的法律知识和技能训练内容；从具有法律专长的官兵中选任法治教育训练辅导员。军队院校要将普遍开展法律知识教学作为必修课。

5.政治建军、改革强军、科技兴军、依法治军之间的关系

政治建军是强军的本质工程，以听党指挥为强军的意志灵魂；改革强军是强军的整合工程，以高效集约为强军的统筹方法，能打胜仗是强军的核心工程，以信息化战争为强军的实践平台；科技兴军是强军的驱动工程，以转变战斗力生成模式为强军的主要抓手；依法治军、从严治军是强军的基础工程，以作风优良为强军的质量体系。毋庸置疑，政治建

军、改革强军、科技兴军、依法治军都是强军的伟大工程、强军的系统工程。当前推动科技兴军，就是在打造实现强军目标的新战略引擎，驱动军队与国防建设在较短的时期实现加速转型。处理好科技兴军与作战指挥、军队建设、军事管理的关系，是实现国防和军队改革目标的重要环节。科技兴军战略设计必须基于促成军委管总、战区主战、军种主建的格局，构建军委—战区—部队的作战指挥体系和军委—军种—部队的领导管理体系来进行设计和制度安排。

（四）特色鲜明的强军要求

如何深入推进政治建军、改革强军、科技兴军、依法治军的进程？如何实现军队与国防建设更高质量、更高效益、更可持续的发展？习近平站在时代发展和战略全局的高度，明确提出"五个更加注重"的具体要求：更加注重聚焦实战，更加注重创新驱动，更加注重体系建设，更加注重集约高效，更加注重军民融合。这"五个更加注重"，是实现强军目标过程中的配套工程，是破解当前发展难题的金钥匙。"五个更加注重"同政治建军、改革强军、科技兴军、依法治军构成了建设现代化军队的强军方略，为国防和军队建设提供了根本指导方向。

"五个更加注重"，是一个内在联系、互为贯通的有机整体。其中，聚焦实战是军队一切发展的根本指向，创新驱动是军事升级发展依靠的内在动力，体系建设是军事功能整合提高的基本方法，集约高效是军事优化发展的必选模式，军民融合是现代国防发展的必由之路。抓住"五个更加注重"，就能使强军兴军步入快车道，实现从理论到实践的本质飞跃。

"人的思维是否具有客观的真理性，这不是一个理论的问题，而是一个实践的问题。""五个更加注重"的落实，首要的是确立新的理念。广大官兵只有在学习新知识过程中对新军事变革有了深刻认识，才能自觉从陈旧落后的思路和思维定势中摆脱出来，真正让实战、创新、体系、集约、融合发展的新理念在头脑中扎下根来，弄清转变的方式，明白要转什么、应该怎么转、具体往哪里转。推动我军从立足和平环境搞建设思维转到聚焦实战的理念上来；从经验式、跟仿式的发展老路转到创新超越的发展新轨上来；从原来习惯的传统合成转到完全的体系集成对抗上来；从粗放发展模式转到集约高效精细化模式上来；从军民融合统筹统管不够协调转到军民融合深度和谐发展上来。牢牢扭住打胜仗这个突破重点，抓住作战需求牵引这个最紧要的任务上来，提高实战能力。抓住科技和理论创新这个双引擎，构建创新驱动发展的新时代格局。抓住信息网络这个核心环节，提高平战体系建设的水平。抓住精确精准这个重要导向，促进军事管理向集约高效的方向发展。抓住体制机制建设这个关键问题，有效推进军民融合深度发展。

（五）军民融合的国防战略

习近平强军思想将军民融合作为发展战略来认识，推进跨军地重大改革任务，推动经济建设和国防建设融合发展。以解决制约军民融合发展的体制机制问题为抓手，努力构建统一领导、军地协调、顺畅高效的组织管理机构，以国家为主导、以需求为牵引、市场运作相统一的工作运行模式，系统完备、衔接配套、有效激励的政策制度建设，形成全要素、多领域、高效益的军民融合深度发展格局。完善民兵预备役、国防动员体制机制。在国家层面加强对退役军人管理保障工作的组织领导，健全服务保障体系和相关政策制度，下决心全面停止军队有偿服务。

备战打仗只靠锻造招之即来、来之能战、战之必胜的精兵劲旅还不能完全赢得未来战争胜利。习近平同志强调：推进强军事业，必须深入推进军民融合发展，构建军民一体化的国家战略体系。党的十八大以来，习近平同志着眼国家安全和发展全局，系统阐述了军民融合发展的目标任务和基本路径。坚定不移走军民融合式创新之路，在更广范围、更高层次、更深程度上把军事创新体系纳入国家创新体系之中，实现两个体系相互兼容、同步发展。为破解我国军事斗争准备中存在的深层次矛盾和问题标定了科学路径、提供了根本遵循。军民融合国家战略，既是兴国之举，又是强军之策。维护军政军民团结，牢记我军根本宗旨，严守群众纪律，自觉拥政爱民，推动军民融合深度发展，为经济社会建设贡献力量。

习近平指出，要把军队创新纳入国家创新体系，大力开展军民协同创新，探索建立有利于国防科技创新的体制机制，推进军民融合深度发展。中央国家机关、地方各级党委和政府要满腔热忱支持国防和军队建设、军事斗争准备，为国防和军队现代化建设创造良好条件。

2017年春节前夕，中央军民融合发展委员会成立，习近平亲自出任委员会主任。此前他还担任了两个与军队建设密切相关的新职务——深化国防和军队改革领导小组组长和军委联指总指挥。每一个新职务背后，都意味着军队统帅对强军事业的亲力担当和强力推动。

习近平指出，要强化大局意识，军地双方要树立一盘棋思想，站在党和国家事业发展全局的高度思考问题、推动工作，做到责任到位、措施到位、落实到位。要强化改革创新，着力解决制约军民融合发展的体制性障碍、结构性矛盾、政策性问题，努力形成统一领导、军地协调、顺畅高效的组织管理体系，国家主导、需求牵引、市场运作相统一的工作运行体系，系统完备、衔接配套、有效激励的政策制度体系。要强化战略规划，拿出可行办法推动规划落实，加强督导检查，建立问责机制，强化规划刚性约束和执行力。要强化法治保障，善于运用法治思维和法治方式推动军民融合发展，充分发挥法律法规的规范、引导、保障作用，提高军民融合发展的法治化水平。

习近平努力解决经济与国防二元分立的难题，强化国防和军队建设与经济社会发展的良性互动，为实现民族复兴提供新的、可持续的发展动力。

（六）关照总体的国家安全观

习近平指出："当下的国家安全并不是某一个部门可以涵盖的，无论是外交部、商务部或军方等，都不可能独立应对。因此，成立国安委有利于统筹国内和国际、军和民两个大局。这关系到国家军事、外交、对外经贸、投资等各个领域，既包括军事斗争准备等在内的传统安全，也包括反恐和类似非典一样的疫病灾害等非传统安全。"增强忧患意识，做到居安思危，是我们治党治国必须始终坚持的一个重大原则。我们党要巩固执政地位，要团结带领人民坚持和发展中国特色社会主义，保证国家安全是头等大事。

当前，我国国家安全的内涵和外延比历史上任何时候都要丰富，时空领域比历史上任何时候都要宽广，内外因素比历史上任何时候都要复杂，必须坚持总体国家安全观，以人民安全为宗旨，以政治安全为根本，以经济安全为基础，以军事、文化、社会安全为保障，以促进国际安全为依托，走出一条中国特色国家安全道路。贯彻落实总体国家安全观，必须既重视内部安全，又重视外部安全，对内求发展、求变革、求稳定、建设平安中国，对外求和平、求合作、求共赢、建设和谐世界；既重视国土安全，又重视国民安全，坚持以民为本、以人为本，坚持国家安全一切为了人民、一切依靠人民，真正夯实国家安全的群众基础；既重视传统安全，又重视非传统安全，构建集政治安全、国土安全、军事安全、经济安全、文化安全、社会安全、科技安全、信息安全、生态安全、资源安全、核安全等于一体的国家安全体系；既重视发展问题，又重视安全问题，发展是安全的基础，安全是发展的条件，富国才能强兵，强兵才能卫国；既重视自身安全，又重视共同安全，打造命运共同体，推动各方朝着互利互惠、共同安全的目标相向而行。

贯彻落实总体国家安全观，必须遵循集中统一、科学谋划、统分结合、协调行动、精干高效的原则，聚焦重点，抓纲带目，紧紧围绕国家安全工作的统一部署狠抓落实。

（七）贯彻始终的辩证思维

恩格斯曾经指出："任何哲学只不过是在思想上反映出来的时代内容。"习近平同志军事辩证法思想，充分体现在对新形势下国防和军队建设的现实思考和战略运筹之中。

辩证思维，就是承认矛盾、一分为二研究问题、分析矛盾、解决矛盾，善于抓住关键、找重点、洞察事物发现规律。习近平的军事辩证法思想，为强军实践提供全方位的思想视野。

一是战争与和平的辩证关系。习近平深刻把握人类历史发展规律和当代世界格局，运用唯物主义的观点对战争与和平的辩证法作了新概括："能战方能止战，准备打才可能不必打，越不能打越可能挨打，这就是战争与和平的辩证法。"这一新的科学论断，使我们在认识和处理战争与和平关系问题时，有了最新的理论指导和对新时代强军实践的正确理解。习近平指出："要把备战与止战、威慑与实战、战争行动与和平时期军事力量运用作为一个整体加以运筹，为国家和平发展营造有利战略态势。"这深刻揭示了军事力量在国家安全和发展战略全局中的地位作用。

二是军事与政治的辩证关系。习近平指出："筹划和指导战争，必须深刻认识战争的政治属性，坚持军事服从政治、战略服从政略，从政治高度思考战争问题。"军事服从政治、战略服从政略，是党在领导中国革命与建设的过程中的不二法则。习近平强军思想确立了国防与军队建设、改革和进行军事斗争准备的战略布局，是国家安全理念的主动塑造，是军民融合多元并举、国防综合发力进入历史性转变的宣言。"必须坚持按照革命化、现代化、正规化相统一的原则加强军队全面建设。"

三是全面与重点兼顾的统筹方法。"我国面临的安全威胁复杂多样，并呈现多向联动的特点。抓备战必须通盘考虑，不能顾此失彼。"以强国为目标指向，以强军为战略支撑，将强国梦与强军梦当成民族复兴的两大基石。将军事安全与其他领域安全兼顾，提出总体国家安全观，坚持走中国特色国家安全道路。"国防和军队改革是系统工程，必须加强统筹谋划。""不谋万世者，不足谋一时。不谋全局者，不足谋一域。"习近平在建军强军兴军治军的实践中，既注重全局把控，也不放松局部的过程设计，特别强调抓重要环节。在全面中凸显重点，在重点中关照全面，把两点论与重点论辩证统一，将辩证法的运用演绎成有声有色、炉火纯青的领导艺术。"必须坚持按照革命化、现代化、正规化相统一的原则加强军队全面建设。"军队建设是一个整体，注重全面建设，是我们在军队建设长期实践中形成的一条基本经验。习近平指出："开展调查研究就是走群众路线，没有调查就没有发言权，就没有决策权。"这是从现象开始到本质的认识过程，也是问题导向工作方法的基本原理。到部队去调研，不要光跑面，下部队时间可以长一些，点不一定那么多，精选一下，然后沉下去做深入调研，把情况搞透。不要下车就听汇报、听完就讲话、讲完就走人，雾里看花，水中捞月，成了空对空！

## 二、习近平新时代强军思想的意义

（一）习近平新时代强军思想是军队与国防建设理论的又一次重大创新发展

习近平新时代强军思想，是运用马克思主义基本原理，观察和分析现代军事问题，创造性地揭示和反映新时代军事活动的本质与规律，并用于指导中国现代军事实践的科学理论体系。它是对马克思列宁主义、毛泽东军事思想、邓小平新时期军队建设思想和江泽民、胡锦涛国防与军队建设思想的继承和发展，是马克思主义中国化的最新重大成果，是"中国梦"在军队建设领域延伸生成的"强军梦"，是以习近平为核心的党中央集体智慧的结晶，是新时代中国特色社会主义理论体系的重要组成部分。

习近平强军思想，以一系列的新思想、新观点、新论断，科学阐明了加快推进国防和军队现代化的重大理论和现实问题，丰富和发展了党的军事指导方面的理论，是中国化马克思主义军事理论的新篇章。

（二）习近平新时代强军思想反映了中国梦对国防和军队建设的根本要求

现在我国正在面临前所未有的历史发展机遇。同时，也面临着各种风险和因发展而带来的各种阻力，必须建设一支强大人民军队以作为发展战略的支撑。习近平强军思想，以实现中华民族伟大复兴为战略视角，全面阐述新形势下军队建设的地位作用、目标任务、方针原则、战略布局等重大问题，精准回应了中华民族走近世界舞台中心的刻不容缓的使命召唤，以实现党在新时代的强军目标，解决了建设世界一流人民军队的重大问题，充分反映了全党全军和全体中华儿女强国强军的殷切期盼，体现了人民军队在实现国家民族最高利益过程中的历史担当和党完成执政使命对军队建设的时代要求，为我军更好地担负起维护国家统一、领土主权、海洋权益和国家发展利益的职能，完成中华民族复兴使命提供了有力引领。

（三）习近平新时代强军思想是加快推进国防和军队现代化的行动纲领

从理论层面看，习近平强军思想是马克思主义军事理论中国化的新飞跃，使中国化的马克思主义军事理论上升到一个全新的时代高度。从实践层面看，习近平强军思想是坚持走中国特色强军之路的核心行动指南。习近平强军思想围绕党在新形势下的强军目标，始终扭住铸牢军魂这个根本。抓住了新形势下人民军队建设发展的首要问题，揭示了强军兴军必须确保部队绝对忠诚、绝对纯洁、绝对可靠的内在要求，指明了军队思想政治建设的根本任务。

习近平新时代强军思想，实现了党在军事指导理论上的与时俱进，是我国军队建设与国防事业的行动指南，必须长期坚持并不断发展。十八大以来，国防和军队建设取得的新进步、新成就一再表明，只要我们把习近平强军思想牢固确立起来，贯彻到国防和军队建设全过程，就一定能够不断开创国防和军队建设的新局面。

**思考题**

1.军事思想的含义是什么？它具有哪些特征？

2.中国古代军事思想经历哪几个时期？主要内容有哪些？

3.毛泽东军事思想主要内容有哪些？

4.毛泽东人民战争思想的基本精神、基本特征是什么？

5.邓小平、江泽民、胡锦涛国防和军队建设思想有哪些？

6.习近平新时代强军思想作为一个理论体系的标志是什么？

7.习近平新时代强军思想的主要内容有哪些？

# 第三章　国际战略环境

冷战结束后，两极终结，世界发生深刻复杂变化，但和平与发展仍然是时代主题。国际战略环境处于一个动荡、分化、改组和向多极化发展的新时期。国际力量对比朝着有利于维护世界和平方向发展，国际形势保持总体和平稳定的基本态势。要和平、谋合作、促发展已经成为时代的主流，但国际社会并没有进入一个持续稳定的发展阶段，各种复杂交织的因素使大国之间的关系重新调整，地区性冲突此起彼伏，国际战略环境仍然处于一种"冷和平""高风险"的状态。认识和了解国际战略环境在国家安全和经济建设中的地位和作用，对正确分析我国周边安全环境具有十分重大的意义。

## 第一节　国际战略环境概述

国际战略环境是国家安全和发展的国际条件，对实现国家的战略目标和战略利益有重大的影响，并决定或制约着一个国家政治、军事、经济斗争的对象和敌友关系以及采取的方针、政策和策略。任何一种战略，都是依据一定的环境条件而提出来的，在实施过程中都要受到这种环境条件的制约，因此，对国际战略环境的分析和判断，是制定战略决策和战略实施过程中必须特别加以重视的一个至关紧要的问题。只有站在时代的高度，从各主要国家或政治集团的战略利益关系入手，比较系统地考察一个时期内国际战略格局的状况和国际战略形势的发展趋势，综合分析影响国家安全和发展的各种国际化条件，判明本国遭受威胁的可能、方向、性质和程度，才能提出正确的战略对策。

### 一、战略

（一）战略的概念

1.战略的定义

"战略"一词最早是军事方面的概念，由于后来被其他领域广泛使用，目前战略的概念有广义和狭义之分。广义的战略"泛指对全局性、高层次、长远的重大问题的筹划和指导，如国家战略、国家安全战略、经济发展战略等"。狭义的战略只限于军事范围，是"军事战略"的简称。《中国大百科全书·军事》对其定义是："战争指导者为达成战争的政治目的，依据战争规律所制定和采取的准备和实施战争的方针、策略和方法。"本章所指战略特指军事战略，即筹划和指导战争全局的方略。

2.战略的分类

战略可以按不同方法来划分类型。按照社会历史时期划分，有古代战略、近代战略、现代战略等；按照作战性质划分，有进攻战略和防御战略；按照使用武器装备的类型划分，有常规战争战略和核战争战略；按照军种划分，有陆军战略、海军战略和空军战略等；按照作战持续时间划分，有速决战略和持久战略等。

3.战略所要解决的问题

军事战略是为国家利益服务的，为国家的生存和发展提供基本的条件和可靠的保证，具有对外反侵略、对内反颠覆的双重职能。根据国家利益要求，战略既指导战争时期的作战活动，也指导和平时期的军事斗争；既指导准备与打赢战争，也指导遏制和防止战争；既要保卫国家的和平与安全，捍卫国家的主权和领土完整，又要以有效的军事行动支持国家的外交斗争，维护国家利益。因此，战略所要研究解决的问题即判明国家安全面临的威胁及其性质、程度，确定战略上的主要对手和作战对象，提出军队斗争要达到的总体目标和主要任务，规定战略上的主要方向和重点地区，确定战争准备和战争实施的指导方针和基本原则，明确运用的主要战略手段、斗争形式和保障方法，制定总体行动计划和实施步骤。

（二）战略的构成要素

战略的构成要素即构成战略的基本成分，主要有战略目的、战略方针、战略力量和战略措施等内容。它是战略本质属性的反映，也是战略内容和形式的具体体现。

1.战略目的

战略目的是战略行动所要达到的预期结果，是制定和实施战略的出发点和归宿点。战略目的是根据战略形势和国家利益的需要所确定。不同性质的国家和军队，其战略目的不同。对于奉行防御战略的国家来说，维护国家和民族的根本利益、长远利益和整体利益，特别是维护国家的领土主权完整和统一是战略的基本目的。

2.战略方针

战略方针是指导战争全局的方针，是指导军事行动的纲领和制定战略计划的基本依据。它是在分析国际战略形势和敌对双方战争诸因素基础上制定的，具有很强的针对性。对不同的作战对象，不同条件下的战争，应采取不同内容的战略方针。每个时期或每次战争除了总的战略方针外，还需制定具体的战略方针，以确定战略任务、战略重点、主要的战略方向、力量的部署与使用等问题。

3.战略力量

战略力量是战略的物质基础和支柱。战略力量以国家综合国力为后盾，军事力量为核心，在发展经济和科学技术的基础上，根据战略目的和战略方针的要求，确定其建设的规模、发展方向和重点，并与国家的总体力量协调发展。

4.战略措施

战略措施是为准备和进行战争而实行的具有全局意义的保障，是战略决策机构根据战争的需要，在政治、军事、外交、经济、科学技术和战略领导与指挥等方面，所采取的各种全局性的切实可行的方法和步骤。

### （三）战略的基本特征

战略同世界上任何事物一样，有区别于其他事物的本质属性。由于战略有特定的研究对象、内容和表现形式，因而具有鲜明的特征，主要体现在全局性、对抗性、谋略性、预见性和相对稳定性等方面。

1.全局性。战略是从全局上谋划和运筹军事领域的活动。全局性是反映战略的本质特征。全局指的是国家整个军事斗争的全局，带有照顾各方面、各部分和各阶段的性质。战略是国家关于军事问题的最高决策，处于军事领域的最高层次。战略对军事斗争全局的指导，往往是通过对全局具有决定影响的关键问题的筹划和解决来实现的

2.对抗性。战略是筹划和指导战争全局的方略，而战争是解决阶级与阶级、民族与民族、国家与国家、政治集团与政治集团之间矛盾的一种最高斗争形式。因此，战略本身所具有的政治属性，是其对抗性产生和依存的基础。任何战略都是为一定阶级、民族、国家和政治集团服务的，因而具有鲜明的阶级性和对抗性。

战略的对抗性，主要表现在针对国家安全所面临的威胁，全面筹划和运用军事力量去夺取战争的胜利。

3.谋略性。战争不仅是双方物质力量的对抗，而且是双方战略指导者的智慧较量。谋略是战略指导者基于客观情况而提出的计谋和策略，是人的自觉能动性的高度体现，是指导军事斗争取得胜利的一个重要因素，也是战略的一个突出特点。

4.预见性。预见性是谋划的前提、决策的基础。在广泛调查研究的基础上，全面分析、正确判断、科学预测国际国内战略环境和敌友关系，以及敌对双方战争诸因素等可能的发展变化，把握时代的特征，明确现实的和潜在的斗争对象，判明面临威胁的性质、方向和程度，科学预测未来战争可能爆发的时机、样式、方向、规模、进程和结局，揭示未来战争的特点和规律，是制定、调整和实施战略的客观依据。

5.相对稳定性。军事斗争情况的发展变化，决定着军事斗争指导规律的发展变化。战略必须随着军事斗争的发展而发展，依照情况的变化而改变。一成不变的战略是不存在的。然而，由于战略处于军事领域的最高层次，指导范围广，影响重大而深远，是一切军事活动的依据和准则，因此，战略又具有相对的稳定性。主要体现在战略的指导对象、战略的理论指导原则、战略的基本内容等方面在一定时期内都较为稳定。

## 二、战略环境

### （一）战略环境的概念

战略环境是指影响国家安全或战争全局的客观条件。它主要包括国际和国内的政治、经济、军事、外交、科技、地理等方面的客观条件及其形成的战略态势。战略环境是动态的，它随着自然界和人类历史的发展而发展，随着国内外形势的演变而变化。

### （二）战略环境主要研究的内容

战略环境主要由国际战略环境和国内战略环境组成。

1.国际战略环境

国际战略环境是指世界各主要国家和政治集团在一定时期内在战略上相互联系、相互

作用、相互斗争所形成的世界全局性的大环境。它是国际政治、经济、军事形势的综合体现。它主要包括国际战略格局和国际战略形势两个方面。国际战略格局是国际战略环境的框架结构；国际战略形势是国际战略环境的动态表现。它从本质上反映了世界各主要国家和政治集团建立在一定军事、经济实力基础上的政治关系的基本状况和总体趋势。其核心是世界范围内战争与和平的问题。

一般主要从时代特征、国际战略格局、主要国家的战略动向、当代世界战争与和平的趋势以及国家周边安全形势等方面对其进行研究和考察。本章重点阐述国际战略格局和国家周边安全形势两方面内容。

（1）时代特征。时代特征是指与特定时代相适应的国际政治经济关系的基本状态以及由世界的基本矛盾所决定和反映的基本特征。具有世界性和阶段性，它所反映的是世界发展总进程中的矛盾领域和斗争状况，是整个世界在一定历史阶段的总标志。国际战略环境是在一定的时代背景下形成的，时代特征对它的基本面貌有决定性的影响。正确认识和掌握时代特征，有助于准确把握世界主要矛盾和发展趋势，从而对国际战略环境做出科学正确的判断。

（2）国际战略格局。国际战略格局反映了一定时期内世界上各主要国家和政治集团的力量对比、利益矛盾和需求，以及基本的战略关系。对国际战略格局进行分析与研究，有助于从总体上了解世界各主要国家和政治集团在世界全局中的地位以及战略利益方面的矛盾和需求，有助于对国际形势及其可能的发展趋势做出基本的估计。

（3）主要国家的战略动向。世界上一些实力较强的世界性或区域性大国，特别是超级大国所推行的战略，对其周边地区乃至世界的安全与稳定都具有重大的影响，对其他国家的战略也有不同程度的影响。因此，了解和掌握一定时期内各主要国家的战略动向，有助于从世界各国特别是大国之间关系上具体地研究国际战略环境，进而对国际形势做出正确判断。

（4）当代世界战争与和平的趋势。战争与和平始终是国际安全面临的重大问题。当代世界战争与和平的趋势在国际战略环境中最引人注目，也是世界各国研究和制定军事战略时关注的焦点。

（5）国家周边安全形势。周边安全形势是指周边国家直接、间接影响本国安全的条件和因素。国家周边安全形势中最值得注意的是周边国家与本国的利益矛盾、对本国的政策企图、与本国密切相关的军事力量及其部署等直接影响本国安全的情况和因素。国家周边安全形势是制定国防战略的首要依据。

此外，影响国际战略环境的主要因素还有：国际战略利益的矛盾及其发展；政治、军事、经济力量在世界范围内的分布与配置；主要国家之间的战略关系及其斗争、制约、合作的态势；战争的进程和结局，以及战争威胁的性质和程度等。

2.国内战略环境

国内战略环境是指对筹划、指导军事斗争全局具有重大影响的国内社会环境与自然环境。它反映了国家军事力量建设与运用的可能条件与制约因素，决定着战略的基本性质与方向，是制定战略的依据。

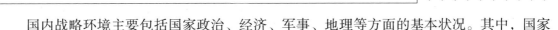

国内战略环境主要包括国家政治、经济、军事、地理等方面的基本状况。其中，国家地理环境、政治环境和综合国力状况对国内战略环境具有最直接的影响。

（三）战略环境与战略的关系

战略环境与战略是客观实际与主观指导的关系。战略环境是制定战略的客观基础，任何战略的制定都离不开战略环境。同时，战略在实施的过程中也会促使战略环境发生变化。

1.战略环境是制定战略的客观基础

正确认识和分析战略环境是正确制定战略的先决条件。战略环境是独立于战争指导者意识之外的客观存在，其内容非常广泛，涉及制定战略的国家和与其相关的国家的政治、经济、科技、军事、地理等各方面的情况。因此，只有深入了解和熟悉这些内容，找到它们之间的相互联系、相互影响、相互作用及其对敌我行动产生影响的特点和规律，才可能制定出正确的战略。对战略环境的认识和分析越全面、越准确、越深刻，制定的战略才会越符合实际，成功的把握性也就越大。

2.战略对战略环境的发展变化也具有重大的能动作用

战略是对军事斗争全局的筹划与指导，不论其正确与否，都对战略环境的发展变化具有很大的能动作用，推动着战略环境的发展变化。在一定条件下，正确的战略可以改变不利的战略环境，创造出有利局面；而错误的战略则恰恰相反。因此，任何国家在制定和推行战略的过程中，都尽可能地促使战略环境朝着有利于自己的方向发展。

# 第二节　国际战略格局

国际战略格局是国际战略环境的总体框架，表现了世界力量的分布、组合和对比。在当今国际战略舞台上，国家与国家之间的关系，最本质的是它们之间的力量对比关系。因此，国际战略格局就是一种国际战略力量的对比关系。

## 一、国际战略格局概述

（一）国际战略格局的概念

国际战略格局是指国际社会中国际战略力量之间在一定历史时期内相互联系、相互作用而形成的具有全球的相对稳定的力量对比结构及基本态势。

国际战略格局作为国际斗争的直接产物和国际战略运用的必然结果，其构成要素是国际战略力量，或被称为"极"或"力量中心"。这种"极"或"力量中心"通常拥有强大的军事实力和政治影响力，在世界事务中扮演主要角色、起着主导作用的国家和地区。即在国际关系中能够独立地发挥作用，并对国际形势及国际战略的运用和发展具有重大影响的国家或国家集团。因此，在考察各种战略力量时，不仅要考察它们本身所具有的实力地位，而且要考察它们在国际事务中实际发挥的作用和影响力。只有把这些因素联系起来加以分析，才能确定哪些是主导性力量，哪些仅仅是潜在性力量，从而形成正确的战略判断。

（二）国际战略格局的结构类型

国际战略格局同经常变动的国际战略形势不同，它在一个相应的历史时期内具有相对的稳定性。新旧战略格局的交替转换通常发生在涉及世界主要国家的剧烈的社会大动荡之后，其根本原因在于世界基本矛盾的不断发展变化。根据国际战略格局的内部结构和外在形态，可把国际战略格局分为四种基本类型。

1. 单极格局

单极格局即某一个大国在国际战略格局中占据主导地位，形成一国独霸的局面。这种格局是资本主义刚刚形成时期的特定产物。由于当时资本主义刚刚在局部地区出现，近现代意义上的国际社会正在逐步形成，因而资本主义发展最早的国家，往往能够确立独霸地位。但这种霸权在很大程度上局限于欧洲地区，真正的世界霸权并未建立起来。如资本主义初期的西班牙、荷兰和英国，都曾有过独霸世界的历史。英国的世界霸权地位维系了200年之久，曾被称为"日不落帝国"。

2. 两极格局

两极格局即两大战略力量之间的相互对立和相互斗争，对整个国际事务起着决定性影响的局面。这种类型的格局在历史上多次出现，如第一次世界大战期间的同盟国和协约国、第二次世界大战期间的法西斯轴心国和反法西斯同盟国、二战后初期的社会主义和资本主义两大阵营，以及随后的美国和苏联两极对抗，都是历史上的两极格局。可见，"两极"主要是两大对立的国家集团，而不完全是两个国家之间或某个国家单独与另一个国家集团之间的对立。当然，在两极之外也存在不从属于"两极"的国家。

3. 多级格局

多极格局即多种战略力量既相对独立又相互联系，既相互合作又相互制约而形成的一种相对平衡的战略关系。在多极格局中，作为格局构成要素的战略力量，可以是单个的国家，也可以是国家集团。这种格局类型在20世纪70年代以后已见端倪，即中、美、苏、日、西欧和第三世界这六大力量的竞相发展。冷战结束后，多极化趋势呈现出更加强劲的发展势头，目前已经形成了初步的轮廓。

4. 多元交叉格局

多元交叉格局是一种由两极向多极，或由多极向两极的过渡性格局。在这种格局状态下，一方面存在着两大战略力量或多种战略力量之间的对立，这是格局的主导方面，同时也存在着独立于上述力量之外的其他战略力量。这些战略力量既在一定程度上受到现有格局中的支配力量的影响，又能够在国际事务中发挥自身的独特作用，从而构成国际战略格局中潜在的一极。冷战结束后，在向多极格局的过渡时期，多元交叉格局表现得更为明显。欧美虽是盟友关系，但欧洲正在成为新的一极。美日同盟也有新的发展，然而日本的政治独立性也有很大增强，很可能在多极格局中占有一席之地。中、俄既与其他战略力量保持着联系，同时又坚持自身的独立地位。这种多元交叉格局无疑构成了未来多极格局的基础。

## 二、国际战略格局的演变

国际战略格局的发展演变受多种因素的影响和制约，其根本原因在于世界基本矛盾的不断发展变化，造成国家之间力量不均衡。当这种不均衡发展产生质的变化时，就必然会打破旧的力量平衡，建立新的国际力量平衡，从而推动新的国际战略格局的形成。新形成的国际战略格局是与同时期历史阶段相联系，与同时期世界经济格局相适应，与同时期国际秩序相互关联，与时代的发展密切相关。

国际战略格局先后经历了1648—1815年威斯特伐利亚体系多极均势格局、1815—1871年维也纳体系多极均势格局、1871—1918年法兰克福格局（两大军事集团对峙的两极格局）、1918—1945年凡尔赛—华盛顿体系（多极格局）、1945—1991年雅尔塔体系（两极格局）和1991年至今的"一超多强"格局阶段。

两极格局的形成。第二次世界大战使国际政治、经济力量对比发生了深刻变化。从国际层次上看，欧洲中心地位不复存在。从国家层面上看，欧洲主要大国综合国力受到极大削弱，丧失了昔日主宰国际事务的能力和地位。曾经横行欧洲的德国和意大利彻底失败后，在相当长的时间都在国际事务中被排除出去。法国在战争中损失惨重，元气大伤，国际地位急剧下降。而称雄世界百年的英国也江河日下，被战争搞得疲惫不堪，沦为二等强国。而美国却在战争中得到巨大的发展，成了资本主义世界的政治、军事和经济超级强国。苏联虽在战争中损失巨大，但是经受住了考验，成为欧亚大陆强国。到二战末期，美国和苏联两个大国已经成为国际政治舞台上的两支主要力量。旧的传统上以欧洲为中心的国际政治格局宣告终结。同时，随着二战末期美国、英国和苏联三国首脑举行的德黑兰会议、雅尔塔会议和波茨坦会议（尤以雅尔塔会议最为重要）的召开，以美国和苏联两大强国为首的两极格局即雅尔塔体系开始形成。这些会议达成的协议和谅解，加速了反法西斯世界大战的结束，确定了美国和苏联两国的势力范围，标志着两极格局初步形成。

1949年美国、加拿大、比利时、法国、卢森堡、荷兰、英国、丹麦、挪威、冰岛、葡萄牙和意大利在华盛顿签署了北大西洋公约，决定成立北大西洋公约组织。苏联也不甘示弱，在1955年同阿尔巴尼亚、保加利亚、匈牙利、德意志民主共和国、波兰、罗马尼亚、捷克斯洛伐克共八国在华沙签署了友好合作互助条约，简称《华沙条约》，成立了华沙条约组织，以此来对抗北大西洋公约组织。从而形成了以美国为首的资本主义国家和以苏联为首的社会主义国家两大阵营对峙的局面，形成两极格局。

1991年12月25日苏联解体，长达近五十年的两极格局也宣布结束，世界开始进入"一超多强"的局面。

## 三、国际战略格局的现状、特点和发展趋势

（一）国际战略格局的现状

当前，国际战略格局正处于新旧交替并向多极化方向发展过渡的重要历史时期。"一超多强，多极发展"是当前乃至今后相当长时间内世界主要战略力量对比的总体态势和特征，世界已进入了向多极化趋势迈进的新时代。

1991年，苏联解体，冷战结束，两极格局也随之瓦解，世界原来相对平衡的力量结构被彻底打破。美国成了世界上唯一的超级大国，无论经济、科技和军事实力，还是国际影响力、文化扩散力，都是其他国家望尘莫及的。同时，旧的平衡被打破，新的平衡一时难以建立起来，两极格局解体留下的空间，造成了多极化趋势发展的客观条件。在国际战略力量相互作用下，国际关系的中心结构发生了变化。俄罗斯及欧盟国家、日本、中国、印度等新的力量中心迅速发展，与美国各方面的差距逐步缩小。因此，在未来的国际战略格局中，起主导作用的是美国、欧盟、俄罗斯、日本、印度、中国等国家或国家集团。与此同时，其他一些重要的国际组织、区域集团和地区性大国，也将发挥重要的作用。

**1.美国：谋求独霸世界**

美国为了实现建立单极世界的战略构想，在全球战略方面，既联合又试图控制欧洲；既利用又制约日本；以北约东扩为手段，进一步挤压俄罗斯的战略空间，削弱俄罗斯的世界影响力；加强美日、美菲、美韩等军事同盟，拉拢印度和东盟各国，对中国实施战略遏制和战略包围。在政治上，极力推行以美国为模式的所谓"全球民主化"；在经济上，倚仗其强大的经济实力，以进行经济制裁为手段，利用高科技和不等价交换等手段剥削发展中国家；在军事上，保持庞大的"防务"开支，不断翻新军事概念，力图实现威慑大国、瓦解暴力恐怖势力和提升盟友能力三大军事战略目标。美国着力发展全球快速打击系统，加快部署全球反导系统，强化核威慑和网络威慑能力，加紧研制智能化武器、电磁武器和激光武器等，确保绝对军事优势。目前，美国拥有一支全球进攻性军事力量，战略核力量是世界上最强的核进攻力量。美国具有很强的远程精确打击、隐形攻击、电子战、联合作战和综合保障能力，海军能够控制世界各大洋和海峡咽喉要道，空军能全球到达和全球攻击，陆军能够在世界各地区实施作战，后勤力量能够有效保障美军在海外的作战行动。另外，美军把全球区分为五大战区。在海外部署了大量军事力量，在世界和各个重要地区保持"前沿存在"，准备在海外同时打两场大规模的战争。

**2.欧盟：势力影响日益扩大**

欧盟作为一个高度一体化的政治经济集团，拥有雄厚的经济、科技和军事实力，在联合国安理会5个常任理事国中占有2个席位，在处理全球或地区事务中有很大的发言权，在南北关系中有较大的影响力，尤其与曾是其殖民地的发展中国家，还保持着较为密切的政治、经济、文化等领域的联系。随着一体化的扩大、深化和实力的壮大，欧盟独立自主意识日益增强，在国际上发出的声音更为响亮有力，地位、作用日益增强。这些表明了欧盟正在朝着世界独立"一极"的目标迈出了实质性的步伐。尽管欧盟也面临英国脱欧在政治、经济和军事上的冲击，但却不能动摇未来欧盟将可能成为国际社会上具有重要影响力的一极。

**3.俄罗斯：极力维护世界大国地位**

俄罗斯的实力和国际影响力虽较苏联大大削弱，但仍拥有世界上唯一能与美国抗衡的军事实力。政治、经济上，俄罗斯近年来正利用其巨大的能源储量和产量来影响世界，试图重振大国雄风，恢复世界强国的影响力；在军事上，俄罗斯继续谋求在潜艇和导弹等战略力量方面的传统优势。同时，依据《2020年前俄联邦国家安全战略》坚定推进军备升级，把提高机动性和快反能力作为军队改革方向的核心。为弥补综合国力的不足，俄罗斯越来越把核武器作为恢复大国地位的支柱，放弃不首先使用核武器的承诺，试图以此遏制北约、欧盟东扩，维护国家利益和自身安全，保持其大国影响力。从发展趋势来看，俄罗斯将会重新崛起，成为国际战略格局中有重大影响的角色。

4.日本：争做政治、军事大国

日本是世界经济大国之一，科技水平位居世界前列，人均国民生产总值（GNP）已超过美国。但由于历史等原因，日本在国际社会的政治、军事影响却远未达到其经济上对世界的影响。2013年安倍内阁上台以来，日本政治上搭乘美国地缘战略部署调整便车，强化与美国的盟友关系，加大对东南亚、南亚和中亚的力量投入，再度联合德国、印度、巴西力争成为联合国安理会常任理事国，向政治大国迈进。军事上，极力否定"专守防卫"政策，积极推行"主动先制"战略，提出要对敌人导弹发射基地实施"先发制人"打击；操纵修改《和平宪法》，解禁"集体自卫权"；放弃实施多年的"武器出口三原则"，大幅放宽向外输出日本武器装备和军事技术的条件；首相带头参拜靖国神社，否认二战侵略历史，公开为军国主义招魂；强调日本自卫队将以"更加积极主动"的姿态参加海外维和行动，使日本在国际舞台上扮演"更重要"的角色，努力扩大国际影响力；不断增加军费，加紧扩充军事实力。尽管日本近些年经济较低迷，但整体实力依然强大。随着经济、科技及军事力量的增强，日本力争在关系世界稳定和发展的重大问题上，拥有不亚于其他大国的发言权，成为未来国际战略格局中"支撑国际秩序的一极"。

5.印度：极力维护地区强国地位

为了保护本国的战略利益，印度极力维护其地区强国地位。"走向印度洋，称霸南亚"，是印度长期以来的战略梦想。近年来，印度紧紧围绕这一战略目标，积极进行军事战略调整，并对其国防体制、武器装备和核打击能力等方面进行了全面变革。主要体现在从陆上战略向海洋战略的转变、从常规战略向核战略的转变和从消极性防御向主动性进攻的转变等方面。特别是特朗普出任美国总统后，随着其"印太战略"的提出，印度的战略位置凸显，因而其在国际上的发声也越来越频繁。

6.中国：综合国力稳步上升

中国是社会主义国家，也是最大的发展中国家。中国不与任何国家结盟，不干涉别国的内部事务，坚决维护自己的独立和主权，同时也尊重别国的独立和主权。中国一贯坚持正义的原则立场，反对以大欺小、以强凌弱和以富压贫的强权政治，致力于建立公正合理的国际新秩序，是反对霸权主义和维护世界和平的重要力量。中国作为独立自主的政治大国，坚定地走具有自己特色的现代化发展道路，致力于发展经济、振兴科技，综合国力大幅度提升，经济总量已跃居世界第二，成为世界上经济发展最快的国家之一，在国际事务中发挥着越来越大的作用，对周边和世界的影响越来越大。

党的十八大以来，以习近平同志为核心的党中央统筹国内、国际两个大局，洞察世界各国人民的前途命运越来越紧密地联系在一起的趋势，顺应并引领和平、发展、合作、共赢的时代潮流，提出了构建人类命运共同体的主张。构建人类命运共同体，已经成为中国为顺应经济全球化趋势而向世界提供的核心发展理念，体现着中国将自身发展同世界共同发展相统一的全球视野、世界胸怀和大国担当，具有强大的理论吸引力、思想感召力和实践生命力，在全球得到了越来越多国家和人民的认同。实践人类命运共同体理念的"一带一路"倡议，已得到百余个国家和国际组织的支持和参与，成为有关国家实现共同发展的巨大合作平台。中国在宣示以更为广阔的胸襟和更为大胆的力度实行全方位开放的同时，也表明了要以自身发展给世界创造更多机遇、与世界人民共享发展成果的意愿，要通过深化自身实践探索人类社会发展规律并同世界各国分享。国际社会对全球治理体系中国方案的普遍认可、积极响应，进一步凸显了全球治理视域下习近平新时代中国特色社会主义思想的世界意义。

除上述大国外，巴西、澳大利亚、韩国、印尼、土耳其、伊朗、南非等"中等强国"，自主发展的意愿和能力也在不同程度加强，在国际和地区事务中更加活跃。在乌克兰、叙利亚、阿富汗、伊核、朝核等地区和国际热点问题上，中国、俄罗斯、印度、伊朗、土耳其、沙特等国家的影响力持续上升。随着非盟、阿盟、东盟、南亚区域合作联盟、拉美共同体等区域合作向前推进，新兴经济体的地位和影响力进一步提升。此外，国际非政府组织、跨国公司等非国家行为体，也凭借各自优势，对国际和地区事务施加越来越大的影响，给大国的地位和作用造成制约和冲击。在全球和地区事务中的地位和作用日益提高。

（二）冷战后至今国际战略格局的特点和未来国际战略格局的发展趋势

综观冷战后国际战略格局的发展变化，主要表现为世界形势总体稳定、局部动荡，大国关系相对稳定、地区国家相互靠拢，霸权主义仍然存在和大国间在加强对话与合作的同时，仍在政治、经济、军事等领域进行着较量的特点。

1.世界形势总体稳定，局部动荡

总体稳定是世界形势的主流。冷战结束后，国际形势总体上由紧张转变为缓和，由对抗转变为对话。两极世界解体后，世界各国均面临着发展本国经济的严峻挑战，大力推进经济建设，增强综合国力已成为共识。全球性的军事对抗已不复存在，爆发世界大战的可能性越来越小；许多国际热点问题，大都通过政治、外交途径得以解决，或陆续取得一些突破性进展；大国关系出现战略性调整，中国、美国、俄罗斯、欧盟、日本等国家或国家集团和地区集团频繁进行高层领导人直接对话，采取多种务实性措施，建立多种形式的战略伙伴关系，积极推动和发展了国家之间的正常关系，促进了国际安全环境的改善，有助于世界的和平与稳定。但由于历史结怨、格局转换、民族矛盾、宗教对立、力量失衡、外部插手、资源纠纷、武器扩散等因素，导致局部战争和武装冲突此起彼伏。因此，局部战争的危险依然存在。

2.大国关系相对稳定，地区国家相互靠拢

20世纪80—90年代，经济全球化的进程呈现加速发展趋势。国际合作化程度的提高，使任何国家都不能孤立于世界之外去发展自己的经济。一方面，经济全球化以诱人的经济利益拉近了各国的经济联系，使得国土意义上的经济活动边界越来越模糊；经济活动的主体出现由多个国家、组织的群体所联合起来的复合体，逐渐显露出"以世界为工厂，以各国为车间"进行生产的跨国化体系；经济主权也有了共享、转移的余地。另一方面，它又以同样的经济利益把国与国之间、各经济组织之间的摩擦和竞争也拉紧在一起，使得全球市场、资金、资源的争夺和矛盾更加尖锐，世界范围的贸易竞争和国与国之间经济实力的较量越来越激烈。近年来，大国之间在各领域的合作和斗争中相互影响、相互制约，因而相对稳定的状态并未打破。同时，广大中小国家联合自强的趋势明显加强。

3. 霸权主义仍然存在

霸权主义国家在国际上仍占据一定的地位，对国际的事务有重要的影响，在国际政治、军事和经济上多少都有部分影响。其主要表现形式为在政治上的新干涉、军事上的先发制人和经济上的新殖民主义。

4. 大国间在加强对话与合作的同时，仍在政治、经济、军事等领域进行着较量

如今，综合国力成为权衡一个国家在国际上的地位，成为各国首要的发展目标。综合国力的竞争体现在经济、军事、政治方面进行力量的抗衡。因此，国际上大国间存在的竞争与合作，已从冷战时期以军事力量为主，转向以经济、科技为基础，以军事为后盾的综合国力较量。世界上各国经济之间的联系越来越紧密，经济的发展快速高效，影响经济的因素不断增加和复杂化，经济在国际事务上的地位不断提升。同时，世界军备竞赛有所升级，质量建军成为主要竞争形式。由于国际形势日渐缓和，世界军备竞赛总体有所趋缓，但军备下降幅度并不平衡，一些国家和地区甚至出现了回升的趋势。减少军备数量，提高军备质量成为各国军队建设的主要方向，质量建军的步伐明显加快。美国通过冷战后进行的多场高技术条件下的局部战争，加快了运用高技术提高军队质量水平的步伐，继续引领着世界新军事革命的潮流。俄罗斯尽管财力有限，但为了加速在21世纪的复兴，要求运用最新科技成果、最新工艺、最新材料超前研制新一代武器装备。日本近年来军费节节攀升，自2013年至2018年，军费连续实现6连涨，大幅度增加的经费主要用于引进美国的先进武器装备，如F-35战机、新型拦截系统"陆基宙斯盾"和远程巡航导弹等。同时在警备部队基地建设，大量国际联合军事演习，海外"维和"及海外军事基地的费用等方面也加大投入。我国周边东盟各国，随着经济发展，大都增加了军费开支，加快了对发展高技术武器装备的投入，以期在未来的领土、海洋权益争端中获取有利地位。

因此，未来多极化国际战略格局的发展趋势不可逆转。未来的多极格局，不仅有全球范围内的，也有地区范围内的。多极化趋势的发展增强了广大中小国家参与国际事务的权利，削弱了超级大国控制和左右国际局势的能力，有利于世界的和平与稳定。然而，由于此次国际战略格局的转换不是战争的结果，这就决定了新旧格局的交替必然是一个长期、复杂、曲折的渐进过程。在新旧格局的转换过程中，各种力量将呈现出既相互竞争又相互依存、既相互制约又相互借重、既充满斗争又协调合作的多极互动局面。

# 第三节　我国周边安全环境

周边安全环境是国际安全环境的一部分，指一个国家周边有无危险和受到威胁的情况

及条件的综合，是一个国家对其周边国家或集团在一定时期内对自己国家主权、领土完整是否构成威胁、有无军事入侵和渗透颠覆等情况的综合分析和评估。它是周边地区各种力量长期作用的产物，事关国家的安全和发展，是制定国防战略的首要依据。我国周边安全环境是指中国在其国土周围面临的安全条件和所处的安全状况，即中国周边地区的安全形势以及中国与周边国家在安全领域的利害关系。

## 一、国家安全环境的威胁分析

国家安全环境的威胁分析，是指运用科学的理论体系对周边国家或地区客观存在的以军事行动危害本国安全的状况进行的评估活动。其基本的原则就是实事求是。评估国家在安全上所面临的威胁，必须是客观存在的。既不能对已经存在的威胁视而不见，自欺欺人，也不能无中生有，人为地制造威胁，杞人忧天。前者可能因忘战而导致国家的"危"或"亡"；后者可能因过度备战而劳民伤财，消耗国家大量的人力、物力和财力，从而影响国家正常的经济建设。只有客观地、正确地判断国家的安全形势，才能制定正确的国防战略，做出合理的国防部署，进行适度的国防建设。

（一）威胁的要素

任何一个周边国家对邻国构成威胁，总是事出有因的。例如，历史遗留或现实的利益冲突（领土争端、经济纠纷、民族宿怨）或社会制度的对立等。从理论上讲，只要双方有威胁的动因存在，相互之间就构成了威胁。一国对邻国是否构成实际的威胁，决定于威胁本身的要素即实力和企图。

1.实力

实力是威胁的客观要素。到目前为止，威胁主要以实力来实现弱肉强食的行为。即实力强大的国家对实力弱小的国家构成现实威胁，实力弱小的国家只能对实力强大的国家构成潜在威胁。实力就国家而言，有政治的、外交的、经济的、科技的、军事的等诸多方面。但威胁的实力，主要是指军事实力。因此，当某一国的军事实力的发展超过了国家防御的需要，它就具备了对另一国构成威胁的可能。

2.企图

企图是构成威胁的主观要素。它是分析构成威胁时具有定性意义的因素。一个国家对另一个国家是否构成威胁，一是看其军事实力的发展是否超过了国家防御的需要。如果其军事实力的发展超过了国家防御的需要，那么，它只是具备了对另一国构成威胁的可能，而不能说构成威胁。二是看其是否对他国有威胁企图。如果一个国家虽然有强大的力量，但并无侵略、扩张的野心，那么，它就不会对别国构成威胁。有些国家虽然没有强大的力量，但一心称雄称霸，那么，它对别国构成潜在威胁。因此，有无威胁企图是判断是否构成威胁的关键。对威胁的分析，既要进行定量分析，即分析对方是否具备威胁的能力，也要进行定性分析，即分析对方是否具有威胁的企图。定性分析是定量分析的目的，定量分析是定性分析的手段，两者缺一不可。

科学的威胁分析方法是从国家的政治制度和现行的对外政策去历史的、辩证的分析。无论哪个国家只要推行霸权主义、扩张主义、军国主义和强权政治，它就从本质上就带有侵略性，就对他国构成了威胁。

威胁企图有时是明朗的，有时则是隐藏的。为了达成目的，侵略者的威胁企图往往隐藏于花言巧语或甜言蜜语之中。他们有时会故意做出一些姿态，以示友好，而实际上却没安好心。

然而，再隐蔽的军事威胁企图总有蛛丝马迹和端倪可寻。比如，军事实力的发展大大超出本土防卫的需要，本身就有某种企图；军事演习本身就反映着军队未来的作战意向；军队部署的调整本身就是实现某种企图的前奏以及军费的增长超出正常防卫的需要等。这些都能表明，以往存在的潜在威胁，即将有可能成为现实。

任何威胁行为都离不开特定的国际环境，国际环境既可以为其提供可乘之机，也可以断其妄想。正因为如此，威胁就有了转化的可能。也就是说在国际环境的作用下，它既可以向战争转化，也可以向缓和转化。根据构成威胁的原因的变化，威胁也会随之发生转化。如果构成威胁的原因激化了，威胁就有可能转化为战争。如果构成威胁的原因淡化了，威胁就可能转化为缓和。因此，一个国家如果不是好战的话，那么，它的国防在面临威胁时，应当尽力做好消除威胁的工作，化干戈为玉帛，使威胁淡化，转为缓和，而不应当让威胁激化为战争。必须说明的是，威胁的淡化并不等于威胁的消失。因为淡化了的威胁，在一定条件下还可能重新激化起来，所以即使威胁已经淡化了，还不能放松对威胁的警惕。"天下虽安，忘战必危"，古人的忠告，应当成为我们时刻不忘加强国防建设的警钟！

（二）威胁的类型

威胁的类型可以根据面临威胁的当前状况、面临威胁的广度、面临威胁的地位、面临威胁的性质、面临威胁的手段、面临威胁的作用方式等等来划分。

1. 从面临威胁的当前状况看，有现实威胁与潜在威胁

现实威胁，是指在现实的国际关系中已存在的威胁。如一国对另一国存有敌意，且有大兵压境、不断寻衅滋事、霸占领土、蚕食扩张等行为。潜在威胁，是指在现实中还没有构成威胁，但未来有可能构成的威胁。如一个国家素有称霸野心，但一时尚不具备称霸的力量；或有强大的经济力量但眼下暂无匹配的军事力量等。

2. 从面临威胁的广度看，有全面威胁与局部威胁

全面威胁，是指对一个国家的整体安全构成的现实威胁。这种威胁一般只在强国对弱国或两国势均力敌时才可能出现。局部威胁，是指对一个国家局部地区的现实威胁。这种威胁，一般是在两个或多个国家之间的部分领土争端、边界纠纷，或者是其他主权利益、经济资源等问题，不能以和平的方式解决时出现的威胁。

3. 从面临威胁的地位看，有主要威胁与次要威胁

主要威胁，是若干现实威胁中的具有决定性意义的威胁。当一个国家同时面临来自多个方面不同（国家）的威胁时，确定主要的威胁很重要，这有利于将国防的重点放在主要威胁方面。次要威胁，是若干现实威胁中不具有决定意义的威胁。局部威胁与全面威胁相比，通常是属于次要威胁，但次要威胁有时也可能会上升为主要威胁。

4.从面临威胁的性质看，有特殊武力威胁（核威胁）与一般武力威胁

特殊武力威胁（核威胁），是指以核武器进行的威胁。这种威胁，有酿成核战争的危险，在应对这种威胁时应针锋相对，以迫使对方放弃这种威胁。一般武力威胁，是指以常规武器进行的威胁。现今世界上的主权国家大多面临的是常规威胁。但是，由于科学技术的发展，经过高技术改进的常规武器，有的杀伤和破坏能力并不亚于小型核弹。

5.从面临威胁的手段来看，有军事威胁与综合威胁

军事威胁，是指以军事手段即武装入侵的手段进行威胁。综合威胁，是指军事手段与非军事手段相结合的威胁，包括军事威胁、经济制裁等。在相对和平时期，研究综合威胁，对于现代国防建设具有特殊意义。

6.从面临威胁的作用方式来看，有直接威胁和间接威胁

直接威胁是以武力直接作用于威胁对象的国家。间接威胁是以武力作用于威胁对象有共同利益的国家而对其产生的威胁等。

## 二、我国周边安全环境概况

21世纪初，中国周边安全环境继续发生深刻而复杂的变化，各种利害因素使我国周边安全环境呈现出总体稳定与局部动荡并存的局面。在地缘方向上，中国周边安全环境也有很大差异，表现为"北稳、南和、东紧、西动"和"陆稳海动、陆缓海紧"的态势。

（一）概况

1.我国是陆海大国

我国是地处欧亚大陆东南部、亚洲东部、太平洋西岸的濒海大国。陆地面积约960万平方千米，陆地边界线长2.2万余千米。海洋国土面积300余万平方千米，海岸线总长1.8万千米(不含岛屿海界)。陆海相连，总面积达1 260万平方千米，疆域辽阔。

2.我国战略位置重要

我国战略位置重要，主要表现在我国及其周边也是世界热点和潜在热点最多的地区。朝鲜半岛、千叶群岛、台湾海峡、南沙群岛、克什米尔等热点地区都位于这一区域。世界公认的五大力量中心，除欧洲外，美国、中国、俄罗斯、日本均交汇于此。同时，世界上实际上有核的国家在中国周边构成了最密集的核分布圈，核安全形势严峻。

3.我国邻国众多，人口集中，情况复杂

中国有为数众多的邻国。由于邻国众多，众多邻国对中国安全的影响是复杂的。在陆上与中国接壤的国家有14个，按地理位置排列，它们依次是：朝鲜、俄罗斯、蒙古、哈萨克斯坦、吉尔吉斯斯坦、塔吉克斯坦、阿富汗、巴基斯坦、印度、尼泊尔、不丹、缅甸、老挝、越南。在海洋方面，中国有日本、韩国、马来西亚、印度尼西亚、文莱、菲律宾6个邻国，而越南与朝鲜则在海陆两方面与中国互为邻国。

中国是一个人口大国，而周边国家也多是人口大国，如印度、印度尼西亚、俄罗斯、日本、巴基斯坦、孟加拉国等等。这些国家人口总和占世界人口一半以上。中国同周边国家构成世界上拥有上亿人口国家最集中的地区。

在这些邻国中，有的过去曾经对中国进行过侵略，并且目前仍然是经济大国或军事大

国，有着雄厚的综合国力和军事实力，具有对中国安全造成重大影响的能力，尤其在核扩散方面形势严峻。有的邻国之间积怨很深，严重对立，必将影响中国边境安全。有的国家内部不稳定因素很多，一旦发生大的内乱，必将对中国边境造成很大压力。

同时，由于历史原因，我国与一些邻国存在领土争端问题。多年来，尽管解决了部分争端，但是，仍然存在着复杂的领土和领海纠纷。

4.我国周边国家和地区政治、经济、宗教、文化等方面差异明显

我国周边国家政治制度及经济发展水平差距较大，民族宗教情况复杂。我国周边地区社会主义国家与资本主义国家并存；发达国家与发展中国家并存；既有富国，也有穷国；既有老牌的经济强国，也有崛起的新兴国家。中国是亚太地区中心的大国，亚太地区是同中国安全关系最为密切的外部环境，特别是周边国家形势同我国安全直接相关。因此，周边国家和地区所奉行的国家安全战略和外交政策不同，对我国安全造成了复杂影响。

同时，我国周边地区民族分布和构成不同，宗教信仰和文化传统各异，存在区域内和区域间的巨大差异和复杂矛盾。而我国又是一个多民族、多宗教国家，不少民族和宗教有跨境联系。有的国家居民与中国边境地区居民属于同一民族，一方面这有利于与邻国开展友好往来，改善国家关系；另一方面一旦这些邻国国内的狭隘民族主义泛起，可能会引起中国国内的民族纠纷。有的国家居民与中国某些地区的居民信奉同一宗教，一旦这些国家宗教派别斗争加剧或者某些极端教派掌权，就可能增加中国国内相关地区的不稳定因素。这些矛盾所导致的冲突将不可避免地对我国安全造成消极影响，而且这种影响还会日益突出。

5.我国地缘复杂，安全环境受外部影响因素大

我国地缘复杂，位于世界两大地缘战略区的交接处，既受其他大国关系的影响，又影响其他大国关系。目前，世界可划分为两大地缘战略区，即海洋地缘战略区和欧亚大陆地缘战略区。美国属于海洋地缘战略区，而且是世界超级海洋强国，具有全球性影响。世界上其他强国大都集中在欧亚大陆地缘战略区，俄罗斯则位于该战略区的心脏地带。与中国同处在欧亚大陆东部边缘的日本，经济实力占世界第二位，军费开支占亚洲第一位，世界第二位，并且正在向政治大国迈进。中国属于欧亚大陆地缘战略区，背靠欧亚大陆，面向太平洋，处于两大战略区的交接处。因此，如何处理好与两大地缘战略区的大国之间的关系，不仅关系到中国自身的安全，而且关系到东亚、亚太地区乃至世界的安全与稳定。

6."三股恶势力"严重威胁我国社会稳定和民族团结

近年来，在国际战略格局变化的大背景下，我国周边国家和地区各种极端的民族、宗教势力日益蔓延，并向我国境内渗透，这必将对我国边境地区的安全与稳定带来直接的影响。与国际反华势力相勾结、相呼应的宗教极端主义、民族分裂主义和国际恐怖主义三股势力的破坏活动是我国社会稳定和民族团结的严重威胁。

同时，朝鲜半岛问题，南海问题，南亚印巴问题，民族冲突与恐怖主义问题，加之地区热点问题与大国博弈相互渗透并彼此影响，导致了传统安全问题与非传统安全问题同步放大，中国周边安全环境错综复杂。

（二）我国在《联合国海洋法公约》中的权益

海洋是巨大的宝库，蕴藏丰富的资源，对人类生活、生产与发展具有十分重要的战略意义，它一直是利益相关国家争夺的对象。《联合国海洋法公约》对当前全球各处的领海主权争端、海上自然资源管理、污染处理等具有重要的指导和裁决作用，几乎涉及海洋法的所有方面。

《联合国海洋法公约》（United Nations Convention on the Law of the Sea，以下简称《公约》）于1982年12月10日在牙买加的蒙特哥湾召开的第三次联合国海洋法会议上通过，1994年11月16日起正式生效。整个会议从1973年12月3日开始到1982年12月10日签字闭幕用了9年时间。会议围绕着领海、海峡、大陆架、专属经济区、群岛国、岛屿制度等一系列问题，展开了一系列的辩论，甚至是针锋相对的斗争。最终，对内水、领海、邻接海域、大陆架、专属经济区、公海等重要概念做了界定。

我国是联合国海洋法公约国，海洋对我国安全影响深远。我国濒临黄海、东海、南海，不仅拥有内海渤海，而且拥有漫长的海岸和6 500多个岛屿。根据《联合国海洋法公约》，应划归我国管辖的海洋国土，除内水、领海、毗连区外，还包括专属经济区和大陆架，共计300余万平方千米。

《联合国海洋法公约》中与我国周边安全环境密切相关的要素如下：

1. 领海基线

领海基线是陆地和海洋的分界线，为沿海国测算领海宽度的起算线，也是测算毗连区、专属经济区和大陆架宽度的起点线。基线内向陆地一侧的水为内水，向海的一侧依次是毗连区、专属经济区和大陆架等管辖海域。一般有3种确定沿海国领海基线的方法：一是正常基线法，即领海基线，是海水退潮时退到离海岸最远的那条线。二是直线基线法，即在海岸上和沿海岛屿上选定一系列的基点，在这些基点之间划出一条条相互连接的直线，构成一条折线，这条折线即为领海基线。一般适用于海岸线比较曲折，沿海有许多岛屿的国家。三是混合基线法。《公约》规定："沿海国为适应不同情况，可交替使用以上各条规定的任何方法以确定基线。"所以称为"混合基线法"。

领海基线不仅对沿海国的领海主张有重要意义，而且对其他的海洋区域毗连区、专属经济区和大陆架的主张也至关重要。因此，确定沿海国领海基线的位置是确定不同海洋管辖区域的必要前提。同时，它还表示国家陆地领土边界的外限，或内水的边界。

由于中国海岸线非常曲折，确定领海基线有一定难度，目前大部分领海基线尚未划定。中国海岸线长度是1.8万千米，仅500平方米以上的岛屿就有6 500多个。选定哪些基点来确定领海基线，既要符合国际法的合理性，同时还要尽可能最大限度地维护我国海洋权益。这两者要找到一个合法的平衡点，需要进行严密的计算和测算。

我国1958年的《中华人民共和国关于领海的声明》中指出："中国大陆及其沿海岛屿的领海以连接大陆岸上和沿海岸外缘岛屿上各基点之间的各直线为基线。"1992年颁发的《中华人民共和国领海及毗连区法》明确规定："中华人民共和国领海基线采用直线基线法划定，由各相邻基点之间的直线连接组成。"根据此法，我国于1996年5月15日发表声明，宣布了我国领海的部分基线和西沙群岛的领海基线。2012年9月10日，中国政府发表声明，公布了中国钓鱼岛及其附属岛屿的领海基线。

2. 内水

内水指一国领陆范围以内的河流、湖泊和领海基线向陆地一侧的内海、海湾、海港和海峡内的水域。沿海国在内水享有排他性的主权，沿海国有权制定法律规章加以管理，而他国船舶无通行之权利。其中，海湾根据湾口宽度以及海湾与沿海国的关系，有三种情况：沿岸属于一国领土的海湾；沿岸属于两个或者两个以上国家领土的海湾；沿岸属于一国，其湾口虽然超过领海宽度的两倍，但历史上一向被认为是沿海国内海湾的海湾，称为历史性海湾，如我国的渤海湾。历史性海湾完全处于沿海国排他性主权的管辖下。

3. 领海

领海指沿海国主权管辖下与其海岸或内水相邻的一定宽度的海域，是国家领土的组成部分。其范围是领海基线至领海线之间的海域。《公约》规定："每一个国家有权确定其领海宽度，直至从按照本公约确定的基线量起不超过12海里的界线为止。"目前，包括中国在内，世界上有117个国家实行12海里的领海宽度。领海是沿海国领土组成部分，受沿海国主权的管辖和支配。沿海国在领海享有属地最高权，领海内的一切人和物均受沿海国管辖。沿海国有权制定和颁布有关领海的法律和规章。外国船舶可以在领海上无害通过，但外国飞机未经许可不得飞跃他国领海的上空。沿海国对领海的主权不仅包括领海，还包括领海的上空、海床和底土。

4. 毗连区

沿海国在其毗邻领海以外的一定范围内，为行使必要管制权而划定的区域。毗连区从领海基线量起不得超过24海里。沿海国在毗连区内可以对本国和外国公民及船只行使海关、政治、卫生和移民等事项的管制权。

1992年我国颁布的《中华人民共和国领海及毗连区》规定："中华人民共和国毗连区为领海以外邻接领海一带海域，毗连区宽度为十二海里。"

5. 专属经济区

专属经济区是指主权国家在其领海以外并邻接领海的一个区域设立的经济管辖区。其界线是从领海基线起算，不应超过200海里的海域。专属经济区是国家自然资源区的组成部分，国家对其行使有关国际海洋法规定的经济权利和管辖权。

专属经济区介于领海和公海之间，具有独立的法律地位。专属经济区属于沿海国管辖区域，但不构成沿海国领土的组成部分，沿海国对它不享有绝对的、排他的主权。专属经济区也不同于公海，其他国家在专属经济区有自由航行、飞越权，但不是公海意义上的那种自由，而是主权国可对其他国家在专属经济区内的活动加以限制。

6. 大陆架

大陆架是指大陆沿岸土地在海面下向海洋的自然延伸和缓倾的浅水平台。其范围从低潮线起，向海洋方面延伸，直到海底坡度突陡止。沿海国有对其行使勘探和开发自然资源为目的的主权权利。在国际法中，大陆架是指沿海国的陆地在海水下面的自然延伸，并与大陆形成一个连续的完整的整体。《公约》规定：如陆地领土向海底延伸部分不足200海里时，可扩展到200海里；如延伸部分超过200海里时，不应超过从测算领海宽度的基线量起 350 海里，或不超过连接 2 500 米深度各点的等深线 100 海里。

我国的海岸线漫长，大陆架极为广阔，属于大陆架超过 200 海里的 18 个国家之一。渤海、黄海海底全部为大陆架，东海有 2/3 的海底是大陆架，最宽处近 400 海里，南海大陆架总面积约有 150 万平方千米，占南海海底面积的一半以上。但是，除了渤海大陆架外，我国大陆架都与邻国存在划界问题。中国政府多次郑重声明，根据大陆架是陆地领土自然延伸的基本原则，中国对东海大陆架拥有不可侵犯的权利。东海大陆架涉及其他国家的部分，应由中国和有关国家协商划分。位于南海上的东沙、西沙、中沙和南沙群岛的领海，有 150 多个岛屿和礁、滩，自古以来就是中国的领土。南海诸岛大陆架与其他国家的划界问题，应由我国与相关国家依据《公约》和国际习惯，通过谈判协商公平合理地划定。

海权是国家的一种综合力量，是国家安全的门户，操之在我则存，操之在人则亡。新中国成立之前的一百多年，我国被侵略和掠夺的历史告诉我们，没有海权，唇亡而齿寒，国家无安宁可言。海洋及海洋国土是我国经济发展的战略资源，与我们中华民族今后的生存与发展息息相关。科学家预言，21 世纪将是海洋世纪。在海洋经济时代，谁拥有海洋，谁能在海洋开发中占有优势，谁就能在世界上取得更多的利益、拥有更大的生存权利。当今世界为争夺海洋国土和海洋权益的斗争日趋激烈，越来越多的国家早已将目光投向海洋，海洋上的经济争夺、军事斗争已向我们提出了严峻挑战。

### 三、我国周边安全环境的历史演变

中华人民共和国成立之初，百废待兴，面临十分困难和复杂的国际环境。特别是以美国为首的国际反华敌对势力从外部封锁中国，企图把新生的共和国扼杀在摇篮之中。这一时期，我国清除了帝国主义在华势力，坚持"另起炉灶""打扫干净屋子再请客"和"一边倒"的方针，中心任务是维护国家的独立、主权、领土完整，为社会主义革命和建设创造一个和平、安定的国际环境。首先与苏联、东欧各国、周边国家以及一些西欧国家建立了外交关系，并于 1950 年 2 月 14 日签署了《中苏友好同盟互助条约》，使中苏两国结为同盟关系，加强了社会主义国家之间的团结，打破了帝国主义企图孤立中国的阴谋。同时，中国坚决反对帝国主义的侵略和扩张政策。中国人民先后在朝鲜半岛、台湾海峡和印度支那三条战线上与以美国为首的帝国主义集团进行较量并取得了胜利，粉碎了美国等帝国主义国家对新中国的"遏制"政策。新中国在国际舞台上初步站稳了脚跟，国家安全环境有了一定的改善。

20 世纪 50 年代末到 60 年代，国际形势出现了大动荡、大分化、大改组的局面，苏联开始推行霸权主义的政策，与中国关系急剧恶化。与此同时，美国则继续与中国人民为敌。这样就出现了美苏两国同时对中国施加压力的局面。针对这种情况，中国政府为维护国家安全利益，维护国家的领土主权完整，坚持"两个拳头打人"，既反对美国的侵略干涉，又反对苏联的霸权主义政策。

进入 20 世纪 70 年代，国际形势发生新的变化，美苏争夺出现苏攻美守的战略态势。与此同时，我国的周边安全环境也发生了新的重大变化。这一时期，苏联继续在中苏、中蒙边境陈兵百万，支持越南入侵柬埔寨，武装入侵阿富汗，从而构成了中苏关系的三大障碍。苏联的霸权主义及其侵略扩张政策已构成对我国安全的最主要威胁。美国出自战略利益的需要，调整对华政策。1972年2月，美国总统尼克松访华，两国在上海发表了《中美联合公报》，中美关系逐步走向正常化。1979年1月1日，中美两国建立了正式外交关系。随着中美关系的改善，中国同西方各国的关系有了较快发展。1972年9月，日本首相田中访华，中日两国正式建立了外交关系。1978年8月，中日签署了《中日和平友好条约》，为中日两国关系的发展奠定了基础。中国与东南亚国家关系也逐步实现正常化，周边安全环境有所改善。

进入20世纪80年代，国际形势趋于缓和，我国的周边安全环境在总体上得到了明显的改善。与此同时，我国开始了改革开放，我国的经济实力以及综合国力都有了明显的提升。20世纪80年代末至90年代初，随着东欧剧变和苏联解体，冷战格局被打破，国际局势复杂多变，我国的周边安全环境也面临一系列新的挑战。特别是以美国为首的西方国家对中国施压，采取了一系列的"制裁"和"遏制"政策。面对这种困难情况，中国坚持"冷静观察，稳住阵脚，沉着应付"的方针，坚持在和平共处五项原则基础上努力改善和发展与西方各国的关系。与此同时，我国积极发展与周边国家的睦邻友好关系，使我们争取到了一个良好稳定的周边安全环境。

进入21世纪以来，我国的周边安全环境面临新的挑战和机遇，朝鲜半岛问题，印巴冲突问题，南海问题，中亚地区恐怖主义、民族主义、分裂主义等问题导致了我国传统安全问题与非传统安全问题同步放大，中国周边安全环境错综复杂。但我国进一步加强国际合作，巩固睦邻友好格局，坚持走和平发展的道路，努力构建和谐世界，深入推进周边命运共同体建设。坚定推进全球治理，稳定了外交大局。大力推进"一带一路"建设，在国际上的地位进一步提高，影响进一步扩大。

### 四、我国周边安全环境的现状

21世纪以来，世界格局和安全形势发生了深刻变化，但和平与发展仍为新时代的主题。一个相对和平稳定的安全环境已经出现，中国在坚持"和平共处五项原则"基础上与一切国家发展友好关系，特别注重发展与邻国的睦邻友好关系。由于受到美国重返亚太战略的影响，中国周边安全环境一波三折，但仍旧在曲折中前进，中国与所有邻国的关系均得到改善，继续向健康的道路发展。

（一）中俄关系对中国安全的影响深远

冷战结束以后，中俄关系发展顺利.两国保持着良好的国家关系，两国领导人保持互访，发表了一系列联合声明。1996年双方建立了"平等信任、面向21世纪的战略伙伴关系"，由原来"建设性伙伴关系"上升到"战略协作伙伴关系"。中俄已经建立不对抗、不结盟，以"和平共处五项原则"为基础的友好和互利合作关系。进入21世纪后，两国政府和人民决心继续致力于中俄世代友好这一主题，2001年7月，两国领导人在莫斯科签署了具有历史意义的《中俄睦邻友好合作条约》。该条约以"永做好邻居、好朋友、好伙伴，永不为敌"的战略思想为核心，全面总结了20世纪中俄关系的历程，并对未来双边关系发展确定了指导原则。中俄两国已经建立了良好的国家关系。俄罗斯总统普京于2016年访华期间，双方签署《中华人民共和国和俄罗斯联邦联合声明》。未来，两国关系必将更加稳固，合作领域还将更加宽广。

（二）中日关系是今天国际关系中的重要组成部分

中日复交后，两国关系发展基本平稳，双方都把发展长期稳定的友好关系作为各自的基本国策。1998年11月，双方曾在中国领导人访日的联合宣言中明确"建立致力于和平与发展的友好合作伙伴关系"。中日两国的根本利益，决定中日关系必将克服一切困难向前发展。2012年日本对钓鱼岛"国有化"、日本首相参拜靖国神社、积极修宪等导致中日关系恶化，日本政治右倾化趋势明显。但2017年以来，中日关系的总体态势是从全面对峙到出现转机。2018年1月，日本外相河野太郎对中国进行了正式访问，日本首相安倍晋三也向中国发出了"示好"的良好信号。如果中日关系能够保持住目前这种改善的势头与氛围，那么肯定会有利于中日关系的长远顺利发展。

（三）中国与东盟关系正在由快速发展的成长期迈向提质升级的成熟期

中国和东盟一直是山水相连、人文相亲的好邻居，是紧密协作、共同发展的好伙伴。近年来，中国与东盟关系日益密切，政治互信更加牢固，发展对话合作的愿望更加迫切，中国和东盟关系已成为东盟与对话伙伴关系中最具活力、最富内涵、最有成果的一组关系。从1994年起，中国和东盟从磋商伙伴到全面对话伙伴，再到建立睦邻互信伙伴关系，再到确立战略伙伴关系，不到10年实现了三级跳。2011年，我国与东盟建立自由贸易区。2015年建成了东盟共同体。但2016年经济全球化和区域一体化遭受挫折，东盟区域合作遇到的阻力和困难也增大。一些域外势力怀有不良战略图谋，以南海问题为借口，挑拨离间东盟国家与中国的关系，不惜激化矛盾，为的是从"鹬蚌相争"中坐收地缘政治、经济和安全的"渔翁之利"，干扰了东盟合作进程。立足当前，中国和东盟的关系处在提质升级的关键节点。双方本着尊重各自国情、社情、民情的原则，围绕构建更加紧密的中国—东盟命运共同体这一美好愿景，正致力于打造更高水平的战略伙伴关系。展望未来，基于中国自身发展进步对外部世界的影响，也基于"一带一路"倡议等中国智慧和方案持续助力解决周边和世界问题，更基于中国携手东盟在全球经济舞台上的主动作为，中国同东盟各国共同开辟本地区更加繁荣、更加安宁的美好未来备受期待。

（四）中国同南亚的关系得到发展，全面加强政治、经济、文化交往，国家领导人经常互访

中越边界问题得到较好解决。1999年签署了《中越边境条约》。对中越来说，最大的问题就是南海纷争，南海问题最难解决的，也是中越纷争。因此，2017年1月，越共总书记阮富仲访问中国时，习近平总书记提出的七点建议中，有一点就是：妥善管控分歧，推进海上合作。2017年11月，习近平主席在党的十九大后的首次出访便选择了越南，中越关系正在步入新时代，迈向新征程。

中国和印度都被国际社会认为具有在21世纪发展成为世界大国的潜力。中印有着2000多年的友好历史，目前长期困扰中印关系有两大突出问题：一是边界问题；二是西藏问题。双方曾签署了《关于中印边境实际控制线地区军事领域建立信任措施的协定》。2005年，中印签署了《中华人民共和国和印度共和国联合声明》《解决中印边界问题政治

指导原则的协定》《中印全面经贸合作五年规划》。自2014年5月莫迪上台以来，中印两国在外交上形成互惠互利的合作模式。比如，印度加入了上海合作组织和亚洲基础设施投资银行，中方在印度建设工业园区。虽然2017年发生了"6·18"中印洞朗对峙事件，但2017年8月28日，印方将越界人员和设备全部撤回边界印方一侧。2018年4月27日，中国国家主席习近平在武汉同印度总理莫迪举行非正式会晤。两国领导人通过会晤增进互信，找准了增进中印关系的切入点，引领中印关系走向新起点。经过非正式会晤，两国领导人深入交换意见，达成广泛共识。双方认为，中印是邻居、是朋友、是伙伴。中印各自的发展壮大是历史必然，大势所趋，对双方是重要机遇。中印都奉行独立自主、和平发展的政策。这也正是习近平提出从战略上把握中印关系的三个关键点。作为正在形成中的多极化国际秩序中的两个大国，中国和印度同时发展将对未来国际体系产生积极影响。

中方始终把中巴关系置于中国外交优先方向，习近平主席与巴方领导人共同确定的"1+4"合作布局，坚持共商共建共享，加快推进中巴经济走廊建设，不断充实全天候战略合作伙伴关系内涵，稳步推进瓜达尔港及周边配套项目。双方在反恐、安全等领域加强合作，密切在重大国际和地区事务上的协调配合，为国际和地区稳定发展做出努力。

（五）中国与中亚各国政治互信不断增强，双方的安全和经济合作不断得到深化

20世纪90年代以来，中国分别与俄罗斯、哈萨克斯坦、吉尔吉斯斯坦签订了国界协定，与俄罗斯、哈萨克斯坦的国界问题已经得到完全解决。1991年，中亚五国独立后，与中国关系迅速发展。特别是2001年上海合作组织成立以来，在维护地区安全，打击恐怖主义、极端主义和分裂主义"三股势力"方面开展了卓有成效的合作。2016年6月23日至24日，上海合作组织元首理事会第十六次会议在乌兹别克斯坦首都塔什干举行，与会领导人签署了《上合组织成立十五周年塔什干宣言》。另外，2017年上合组织首次扩员，将印度和巴基斯坦正式吸纳为上海合作组织成员，使上海合作组织的合作地区和领域进一步延伸拓展。

### 五、我国周边安全环境面临的主要挑战

中国的安全环境存在着两重性：一方面，一个相对和平稳定的安全环境不断得到巩固和发展；另一方面，中国又面临着一些不安全因素和潜在的威胁。

（一）美国等大国纷纷与中国建立伙伴关系，但遏制中国的暗流仍在涌动

在各大国与中国关系向前发展的同时，在以美国为首的西方世界仍然有一股企图遏制中国的逆流在涌动。这股反华势力顽固地坚持冷战思维，把中国看成是继苏联之后新的敌人。他们不愿看到中国的富强和统一，对中国综合国力迅速增长感到十分恐惧，竭力鼓吹"中国威胁论"。随着中国综合国力的持续提升和影响力的不断扩大，美国直言不讳地把中国说成是它的潜在威胁和巨大挑战，遏制中国已成为美国全球称霸战略的基点之一。虽然美国与我国不接壤，但从美国的战略目标、政策走向来看，其实质都是企图遏制中国上升为世界强国。为此美国对我国在政治、经济、军事等方面，处处制造事端，鼓动、唆使我国周边国家与我国对抗，从而成为我国周边安全环境中对我国威胁最大的国家。政治上，加紧实施"西化""分化"，企图将我国纳入美国主导的世界经济体系。军事上，对我国全

面遏制和防范。美国利用其世界头号军事强国的绝对经济和军事优势，不断对我国周边国家进行军事渗透，逐步缩小对我国的军事包围圈。在亚洲东面，美国依靠美日军事同盟联手遏制中国，特别是美日军事同盟的新一轮强化，对中国及亚太地区的和平与稳定将产生严重的负面影响。在西亚，美国借反恐名义向西亚地区渗透；在东南亚，与东南亚国家加强军事合作，美国还利用多年与台湾形成默契，打"台湾牌"制约中国的崛起；在北亚，美国加强与蒙古的全面关系。随着美国战略东移的实际展开，东亚和中亚地区都将成为美国军事部署和战略争夺的重点，这在客观上也势必加大对中国的军事压力。随着美国重返亚太战略的提出和目前特朗普政府提出的"印太战略"，美国军事部署的重点也在不断调整，大量先进的海空力量逐步部署到东亚地区。在此情况下，中美之间在东北亚、东海和南海以及中亚地区的"战略相撞"难以避免。这些问题如果处理失当，不仅会造成中美双方的摩擦甚至冲突，也会影响中国周边地区的稳定。

（二）朝鲜半岛局势动荡，朝核问题可能威胁我国周边安全

在中国周边地区的热点问题中，对中国安全影响较大的是朝鲜半岛问题。既存在着降温、缓和的发展趋势，又存在着升温、发生危机的可能性。朝鲜半岛问题根源在于南北方的分裂局面，表现为朝鲜与韩国的对立及朝鲜与美国的对立。特别是2009年以来，朝鲜多次进行导弹试验并进行核爆炸试验，南北关系趋于紧张。但在多方积极努力下，双方对立关系有所缓和。朝鲜与韩国也开始从对峙走向对话。虽然双方和谈的进程将是长期的和曲折复杂的，但相互间气氛逐渐缓和，特别是2018年4月27日，韩国总统文在寅与朝鲜最高领导人金正恩在板门店韩方一侧"和平之家"举行会晤，并签署《为实现半岛和平、繁荣和统一的板门店宣言》。双方就改善南北关系、缓和军事紧张状态、推动停和机制转换及确立半岛无核化共同目标等问题达成共识。朝鲜半岛是东亚各大国利益的交汇点，各大国都不希望半岛出现危机，各大国的努力也是半岛形势出现缓和的原因之一。另一方面，朝鲜半岛形势发生突破的可能性不能排除。朝鲜半岛是中国周边地区中军事力量最为密集的地区，而且南北军事部署近在咫尺，军事对峙的僵局很难打破。朝鲜半岛发生战争的可能性不能排除。一旦这种情况发生，将给中国造成极大压力。特别是美国在韩国部署"萨德"反导系统，该系统X波段雷达系统的侦察半径达2 000公里，可深入亚洲大陆腹地，直接威胁中国与俄罗斯远东地区的战略安全，打破了区域战略平衡，名为保护半岛安全，实则是对中国的一种威慑，也不排除会引发新一轮的军备竞赛的可能。

（三）中日之间存在一系列的矛盾和斗争

当前影响中日关系发展的主要原因有历史问题、台湾问题、领土争端问题、"中国威胁论"问题等内部因素，还有美国这样的外部因素。

1.日本当局歪曲历史，美化侵略战争，拒绝承担战争责任

对历史问题的认识一直是中日间最敏感的话题。中日关系中的历史问题主要表现在日本对侵略历史的认识与态度上。二战以后，日本从未像德国那样对自己的战争罪行进行深刻反思，反而极力否认和美化侵华战争，尤其是20世纪80年代初日本政府制定了"政治总决算路线"后，历史问题更加突出。20世纪80年代以来，日本政府对战争责任政策进行了调整、转换和再调整，总的趋势是推卸战争责任，拒绝反省和认罪；日本右翼团体和

保守派结成右翼保守势力，推动日本政府的战争责任政策向右调整；而日本大多数民众由于受政府政策的影响以及右翼势力的鼓动，对日本侵华战争也缺乏正确的认识和深刻的反省。于是日本社会不断出现教科书事件、参拜靖国神社、突破《和平宪法》、拒绝对战争受害者赔偿等为侵华战争历史翻案的恶性事件。甚至有日本教材引用了希特勒自传《我的奋斗》（希特勒的自传《我的奋斗》在德国被禁长达70年）的部分内容，供学校选用，将刺枪术（俗称拼刺刀）列入中学体育课程，军国主义思想严重。日本对历史问题的错误认识极大地伤害了中国人民的感情和尊严，并且严重阻碍了中日关系的健康发展。

2.在台湾问题上挑战中国的国家核心利益

台湾问题是当今制约中日关系发展的主要因素之一。日本侵占台湾50年，培育了日本人斩不断的台湾情结。许多日本人依旧怀念着强占台湾为殖民地的旧时代，对台湾的眷念之情难以释怀，对被迫归还台湾更是耿耿于怀。这些人明里暗里与台独势力勾结，妄图把台湾从中国分离出去。在台湾问题上，中日两国恢复邦交时，日本政府就承诺只与台湾保持民间层次的经贸关系。然而近年来，日本不断突破与台湾的民间和经贸交往，发展与台湾的政治关系，并由低层次、隐蔽的接触转向较高层次、公开直接的接触。此外，《日美防卫合作指针》及其相关法案，强化日美安保体制，扩大防卫合作区域，其中所谓的"周边事态"范围明显包括中国台湾。这意味着一旦美国在台湾海峡卷入军事冲突，日本很可能援引新指针及其相关法案，向美国提供援助，与美国一道阻碍中国的统一大业。日本介入台湾问题的主要目的是通过介入台湾问题对海峡两岸关系的发展造成掣肘，延缓、阻碍中国的统一进程，制约中国的进一步强大。

3.在钓鱼岛、东海大陆架等方面存在领土争端

中日之间的领土争端主要体现在两个问题上，即钓鱼岛问题和东海问题。其中，钓鱼岛问题是中日两国领土争端的典型代表，它是涉及中日主权争议的一个重要问题。钓鱼岛及其附属岛屿自古以来就是中国固有领土，历史上曾割与日本。二战后，根据《开罗宣言》和《波茨坦公告》，日本应将通过侵略强占的钓鱼岛归还中国，但由于美国的介入而拖延至今。中日建交之时，中国政府提出了"搁置争议，待日后解决"的方针，为日方所接受。但日本却并未信守承诺，屡屡挑起事端，致使争议非但未被搁置反而愈演愈烈，共同开发更无从谈起。针对日本在钓鱼岛问题上的挑衅行为，中国人民表示了强烈地反对，中国政府通过各种途径表达了自己的严正立场。今后，钓鱼岛问题仍将制约中日关系的发展。同时，中国与日本之间关于东海大陆架划分与油气资源问题也有争议。

4.日本反复制造"中国威胁论"，视中国为竞争和战略对手，在多个方面对中国进行牵制与防范，制约中日两国关系发展

改革开放以来，中国经济迅猛发展，综合国力不断提升。而日本由于受到泡沫经济的冲击，其经济的发展陷入困境。这使得中日关系逐渐由"弱强型"关系向双方都趋于强大的"强强型"关系发展。本来这种"强强型"的中日关系可以使双方在更加平等的条件下相处，但由于两国的社会制度和意识形态不同以及历史上的恩恩怨怨，中国的迅速崛起和日本向政治大国、军事大国迈进的趋势，导致两国间的战略猜疑和竞争意识增强。面对中国的快速崛起和中日关系的新格局，日本逐步调整对华战略，在继续与中国进行多方合作

的同时，开始视中国为竞争和战略对手，在多个方面对中国进行牵制与防范。近年来日本对华政策日趋强硬和消极面逐步凸现就是日本外交战略调整的体现，这不能不使中日关系的发展蒙上一层阴影。

（四）反"台独"斗争依然严峻，祖国统一面临复杂形势

台湾是西太平洋第一岛链的战略枢纽，不仅扼守中国南北海上交通要冲，而且是控制西太平洋地区的第一咽喉要点。

在对中国周边安全问题构成影响的诸因素中，台湾问题无疑是主要因素之一。台湾问题事关祖国完全统一，事关国家核心利益。

2008年以来，两岸在反对"台独"、坚持"九二共识"基础上增进政治互信，开展对话协商，实现"三通"、推进经济金融合作等达成一系列协议。中国大陆和台湾地区官方也多次会晤。2015年11月7日，海峡两岸领导人习近平、马英九在新加坡会晤，这是1949年以来两岸领导人首次会晤。实践证明，海峡两岸总体形势由对抗走向对话，由紧张走向缓和，由隔绝走向交往，可以通过协商谈判积累共识、减少分歧、循序渐进解决问题。

但"台独"势力在分裂的道路上越走越远。特别是2016年民进党候选人蔡英文当选台湾地区领导人。台湾当局拒不接受"九二共识"，放任纵容"去中国化""渐进台独"活动，阻挠两岸交流合作。"台独"势力鼓噪"公投""修宪"，挑动两岸敌意，破坏两岸关系和平发展，威胁台海和平稳定，严重损害台湾同胞利益。

习近平总书记在党的十九大报告中强调，"坚决维护国家主权和领土完整，绝不容忍国家分裂的历史悲剧重演。一切分裂祖国的活动都必将遭到全体中国人坚决反对。我们有坚定的意志、充分的信心、足够的能力挫败任何形式的'台独'分裂图谋。绝不允许任何人、任何组织、任何政党、在任何时候、以任何形式、把任何一块中国领土从中国分裂出去。"这一宣示掷地有声，振聋发聩，在维护国家主权和领土完整上划出清晰红线，充分表明大陆方面对"台独"零容忍的鲜明立场和严正态度。这是习近平同志代表中国共产党对人民做出的庄严承诺，也体现了大国领袖在国家统一问题上的战略自信、战略定力与历史担当。

（五）南海主权和海洋权益面临严峻复杂挑战

南海诸岛为南海中中国许多岛礁的总称，包括广泛分布的200多个岛、礁、沙滩。按其分布位置，分为4个群岛：东沙群岛、西沙群岛、中沙群岛、南沙群岛。据中国地名委员会1983年发表的公告，南海诸岛被标准化处理的岛、洲、暗沙、暗礁、沙滩共252个，其中被称为岛的有25个。南海诸岛自古就是中国领土不可分割的一部分。1988年4月13日第七届全国人民代表大会第一次会议批准设立海南省，将西沙群岛、南沙群岛、中沙群岛的岛礁及其海域划归海南省管辖。东沙群岛归广东省汕尾市陆丰市管辖。南海诸岛位于太平洋和印度洋之间，是扼守两洋运输的要冲，是邻近各国航海运输的必经之地。南海诸岛是中国最南的领土，对巩固海防和维护海洋权益具有重要作用。

国际上有观点认为，谁控制了南海，谁就可以控制了东南亚，从而控制整个西北太平洋和澳洲大陆。初步估计，整个南海的石油地质储量在230亿～300亿吨之间，约占中国总资源量的1/3，有"第二个波斯湾"之称。自近现代以来，中国与东南亚国家的海洋权

益的冲突争议日益增多。而越南、菲律宾、印度尼西亚、马来西亚等国家非法占领我国南海中的岛屿，开采油气资源，严重损害了我国领土主权和经济权益，越来越不利于中国的发展。南海问题初期是大国与小国之间的纷争，具有一定的可控性。我国在有关南海问题上一贯坚持"主权属我、搁置争议、共同开发"原则，主张有关争议当事方通过双边直接对话，协商解决问题，反对南海问题的多边化、地区化和国际化。但2015年以来，南海问题一个最大的变化是美国从幕后走向了前台，中美在南海问题上的战略博弈明显升温，南海地区紧张局势有所加剧。美国在南海进行了一系列不断升级的挑衅行动，构成了对中国南海主权最为严重的挑战，恶化了地区安全局势。美国政府改变了此前在南海问题上居于幕后进行挑动、干预的做法，开始走上了与中国直面相对的前台，从而使中美两国在南海地区的战略博弈进入了一个新的阶段。

（六）恐怖主义活动猖獗，对我国威胁增大

中国处于国际恐怖势力猖獗的高危弧形地带。从北高加索、中东、中亚、南亚到东南亚，都是国际恐怖势力的主要盘踞地和威胁高发区。这些地区是恐怖主义、民族主义、分裂主义的主要集中地区，对我国周边安全形势的威胁不能低估，特别是阿富汗、巴基斯坦一带，恐怖主义仍然活跃。"台独""东突""藏独"等分裂势力都是威胁国家统一安全、对国家安全构成挑战的因素。这些敌对分裂势力内外勾结，不断进行捣乱破坏。达赖集团在国外建立流亡政府，成为外国反华势力"分化"中国的工具，是西藏民族分裂主义的根源。新疆境内接连发生的暴力恐怖袭击案件，罪魁祸首是境内外"三股势力"（民族分裂势力、宗教极端势力、暴力恐怖势力）。他们煽动民族仇恨，制造宗教狂热，大搞暴力恐怖活动，残杀无辜群众，挑起暴乱、骚乱。他们以暴力恐怖行为，破坏社会秩序，借机扩大境内外影响。

## 六、我国安全政策

当今世界正处在大发展大变革大调整时期。和平与发展仍然是时代主题。世界多极化、经济全球化深入发展，社会信息化、文化多样化持续推进，新一轮科技革命和产业革命孕育成长。但是，时代潮流中也有险滩、暗礁。各种风险挑战层出不穷，世界"逆全球化"思潮上扬，冷战思维仍存在，经济增长乏力，热点问题交替升温，非传统安全威胁持续蔓延，影响全球战略稳定的消极因素增多，复杂和不确定成为国际安全的新现实。我国国家安全形势保持总体稳定，但面临的安全和发展环境更趋复杂。要在这种深刻变化的时代中赢得主动，要在伟大斗争中赢得胜利，就要以更长远的战略眼光把握国家安全面临的新课题。

根据国际国内形势发展，我国的安全政策也顺应时代发展变化的新趋势，进行了与时俱进的调整。2014年4月，习近平同志主持召开中央国家安全委员会第一次会议，首次提出总体国家安全观，并首次系统提出了要构建集政治安全、国土安全、军事安全、经济安全、文化安全、社会安全、科技安全、信息安全、生态安全、资源安全、核安全等于一体的国家安全体系。2015年4月20日提请十二届全国人大常委会第十四次会议进行二次审议的国家安全法草案，明确了总体国家安全观的内涵。即国家安全工作应当坚持总体国家安全观，以人民安全为宗旨，以政治安全为根本，以经济安全为基础，以军事、文化、社会安全为保障，以促进国际安全为依托，维护各领域国家安全，构建国家安全体系，走中国特色国家安全道路。

习近平强调，要准确把握国家安全形势变化新特点、新趋势，坚持总体国家安全观，走出一条中国特色国家安全道路。

习近平指出，增强忧患意识，做到居安思危，是我们治党治国必须始终坚持的一个重大原则。我们党要巩固执政地位，要团结带领人民坚持和发展中国特色社会主义，保证国家安全是头等大事。当前，我国国家安全内涵和外延比历史上任何时候都要丰富，时空领域比历史上任何时候都要宽广，内外因素比历史上任何时候都要复杂，必须坚持总体国家安全观。

习近平指出，贯彻落实总体国家安全观，必须既重视外部安全，又重视内部安全，对内求发展、求变革、求稳定、建设平安中国，对外求和平、求合作、求共赢、建设和谐世界；既重视国土安全，又重视国民安全，坚持以民为本、以人为本，坚持国家安全一切为了人民、一切依靠人民，真正夯实国家安全的群众基础；既重视传统安全，又重视非传统安全，构建集政治安全、国土安全、军事安全、经济安全、文化安全、社会安全、科技安全、信息安全、生态安全、资源安全、核安全等于一体的国家安全体系；既重视发展问题，又重视安全问题，发展是安全的基础，安全是发展的条件，富国才能强兵，强兵才能卫国；既重视自身安全，又重视共同安全，打造命运共同体，推动各方朝着互利互惠、共同安全的目标相向而行。

总体国家安全观强调只有坚持共同、综合、合作、可持续安全的新理念，同心协力应对各种问题，才能实现共享尊严、共享发展成果、共享安全保障。

总体国家安全观始终把人民安全放在最高位置，维护和塑造中国特色大国安全。国家安全一切为了人民，必须把人民安全作为根本目的，充分体现以人民为中心的国家安全理念。完善立体化社会治安防控体系，坚决打击暴力恐怖活动，坚决遏制严重刑事犯罪高发态势，创造了更加安定的社会环境。加强海外利益保护，综合施策保障境外公民和机构安全，积极营救被绑架劫持人员，从局势动荡的马里、南苏丹、也门、尼泊尔等国撤离滞留同胞。坚持"一国两制"方针不动摇，依法遏制"港独"，保持香港、澳门的繁荣稳定。推进两岸关系，坚决开展反"台独"斗争，努力维护两岸关系和平发展局面。积极维护海洋权益，开展卓有成效的维权斗争。

总体国家安全观加强安全领域国际合作，巩固睦邻友好格局，深入推进周边命运共同体建设，打造可靠的战略依托。努力构建总体稳定的大国关系框架，推动中美关系持续健康稳定发展，全方位推进中俄高水平战略协作，加强中欧各领域交流合作，稳定了外交大局。大力推进"一带一路"建设，携手打造"绿色丝绸之路""健康丝绸之路""智力丝绸之路"以及"和平丝绸之路"。在国际舞台上积极发出中国声音，坚决维护我国主权、安全和发展利益。

总体国家安全观倡导构建人类命运共同体，具有广泛的包容性，产生了深远的国际影响。中国的国家安全和世界的和平发展息息相关。总体国家安全观强调以促进国际安全为依托，实现自身安全与共同安全相统一，共同构建人类命运共同体。这一安全理念摒弃了零和博弈、绝对安全、结盟理论等旧观念，在国际上树立起一种普遍包容的国家安全理念，体现了中国风格，展示了中国胸怀，彰显了中国智慧。中国坚持和平发展，积极承担与我国国力地位相适应的国际责任，为建设一个普遍安全的世界提供了中国方案。近年来，中国通过精心组织二十国集团杭州峰会、首倡创办亚洲基础设施投资银行、建设性参与中东和平进程等努力，带头为解决全球问题提供解决方案，赢得国际社会普遍赞誉。2017年2月10日，"构建人类命运共同体"首次写入联合国决议，这一理念已经得到国际社会的普遍认同，这是中国对世界和平与发展的崇高事业做出的积极贡献。

同时，中央国家安全委员会成立以来，坚持党的全面领导，按照总体国家安全观的要求，初步构建了国家安全体系主体框架，形成了国家安全理论体系，完善了国家安全战略体系，建立了国家安全工作协调机制，解决了许多长期想解决而没有解决的难题，办成了许多过去想办而没有办成的大事，国家安全工作得到全面加强，牢牢掌握了维护国家安全的全局性主动。

2018年4月17日，在中共中央总书记、国家主席、中央军委主席、中央国家安全委员会主席习近平主持召开的十九届中央国家安全委员会第一次会议中，习近平强调，要加强党对国家安全工作的集中统一领导，正确把握当前国家安全形势，全面贯彻落实总体国家安全观，努力开创新时代国家安全工作新局面，为实现"两个一百年"奋斗目标、实现中华民族伟大复兴的中国梦提供牢靠安全保障。

**思考题**

1.国际战略环境的概念是什么？

2.什么是国际战略格局？你对当前的国际战略格局如何认识？

3.试述我国周边安全环境。

4.我国总体国家安全观的主要内容是什么？

5.试述加强国民"海洋意识"的重要性。

# 第四章　军事高技术

## 第一节　军事高技术概述

人类前进的步伐已经迈入了崭新的21世纪。人类社会正在由工业文明向信息文明转变，出现了社会信息化、经济全球化、军事高技术化、国际战略格局多极化的时代大趋势。在这种形势下，战略理论研究领域也开始出现异彩纷呈的局面，高技术战争理论、控制战争理论、信息战理论、空间战理论等等都成为热门话题。

回首20世纪，信息、材料、能源已成为人类社会赖以生存和发展的三大支柱，军事技术也得到了前所未有的发展。信息技术快速发展，成为各项技术的核心；生物技术和纳米技术领域也有望取得重大突破。随着军事需求的变化和各项技术的交叉融合，未来军事高技术群日益凸现，一大批基础技术领域的重大突破正在酝酿一场新的军事技术革命。

军事高技术化是以美国为代表的发达国家率先起步并极力推动的。20世纪70年代，随着世界范围新技术革命的兴起，以信息技术、生物技术、新材料技术、新能源技术、空间技术、海洋技术为内容的高技术引起世人广泛关注并不断取得新的突破，美军的高技术化进程也随之全面展开，其标志是提出并大力发展以"看""打""走""隐"为内容的新一代军事能力。20世纪80年代末，美军初步实现了主战武器的高技术化，其成果在海湾战争中得以充分显示。90年代以来，在信息技术迅猛发展的推动下，军事高技术化呈现出加速发展的趋势，以强劲的势头进入21世纪，成为对21世纪世界军事发展及国际战略环境具有重要影响的因素之一。

军事高技术化的实质，是高技术在军事领域里应用的全面化。全面化的实现包括三个发展阶段：第一阶段是军用高技术的突破及新一代武器装备的发展；第二阶段是应用高技术对现有武器装备进行改造；第三阶段是应用高技术对整个军事系统进行改造。目前，美国等发达国家的军事高技术化已处在对整个军事系统进行改造的阶段，也就是上面所说的第三个阶段，大多数发展中国家尚处在第一、第二阶段，第三阶段才刚刚起步。

### 一、军事高技术的概念

#### （一）高技术

高技术，亦称高新技术，是从"High Technology"这个英文单词直译过来的。它是指建立在综合科学研究的基础上，在科学技术领域中处于前沿和尖端地位，对发展社会生产力、促进社会文明、增强国防力量起重大先导作用和巨大推动作用的新技术群。高技术是一个动态的、发展的概念，由于科学技术的飞速发展，今天被称为"高"的技术，到了明天，有了更高的技术出来，它就会成为"平""低""常"技术了。高技术最主要的特征是"综合性"，即各项高技术都是由多种技术组成的，是一个技术群。当代的高技术主要指信息技术群、新材料技术群、新能源技术群、生物技术群、航天技术群和海洋开发技术群等。

（二）军事高技术

军事从来不是一个独立于其他领域之外的封闭系统。几乎所有的现代技术都应用于军事；反过来，为军事需要而专门开发的技术也大都能用于民用上。换句话说，一项技术姓军还是姓民，只是侧重点的不同，程度上的差异，没有本质的区别，高技术也不例外。

所以说，军事高技术或军用高技术，指主要用于军事方面的，对提高军队战斗力，满足国防现代化需要，强化国防实力，起重大作用的那一部分高技术。具体地说，军事高技术是建立在现代科学技术成就的基础上，处于当代科学技术前沿，对武器装备发展起巨大推动作用的那部分高技术的总称。

## 二、军事高技术的分类

军事高技术包括两个层次，即军事基础高技术、军事应用高技术。

（一）军事基础高技术

军事基础高技术是指武器系统和国防科技装备的研制所需要的各种基础理论和技术。军事高技术在基础技术方面主要集中在十个方面，包括军用微电子技术、军用电子计算机和人工智能技术、军用光电子技术、军用航天技术、军用新型材料技术、军用生物技术、军用信息技术、军用核技术、军用海洋开发技术、军用定向能技术，由此构成了军事高技术争夺的"十大热点"。

1.军用微电子技术

微电子技术是指微小型电子元件和电路的研制、生产及运用它们实现电子系统功能的技术领域，其核心是军用集成电路技术，其先进程度用线宽或集成度来表示。军用微电子技术的应用遍及各个领域，被称为现代武器装备的"神经系统"。在当今世界，无论是发达国家，还是发展中国家，都不惜斥巨资来发展军用微电子技术，并把它放在军事高技术发展的首要位置。微电子技术在军事领域的运用，使武器系统的体积、重量和功耗大大缩小，可靠性大大提高。特别是从信息能力方面使武器装备性能发生了革命性的变化。在21世纪，军用微电子技术将在进一步缩小线宽、增大集成度的基础上，寻求在改进集成技术、采用新型材料、研制新概念器件上的突破。

2.军用电子计算机和人工智能技术

电子计算机是20世纪最辉煌的科技成果之一，它标志着现代科学技术发展的又一个重大突破。在军事上，计算机是战略、战役、战术武器及航天系统的信息处理中心，是军队自动化指挥系统的核心，是实施战场指挥管理和武器控制的主要装备。电子计算机的技术水平已成为衡量军事技术发展和武器装备现代化程度的主要标志。当前，计算机技术竞争的一个重要方面是研制第五代"智能"计算机，它是用计算机部分代替人的思维或决策过程的技术。这一技术的进一步发展，将导致智能机器人和智能武器的出现。智能机器人的研制也是高技术竞争中一个最激烈的领域。

3.军用光电子技术

光电子技术是以激光器和先进光电探测器为基础，由光学技术、电子技术、精密机械技术和计算机技术等密切结合而形成的一项军事高技术。目前已广泛应用于侦察预警、跟踪识别、火控制导、通信导航、模拟显示、信息处理和光电对抗等领域。军用激光器是重要的军用光电装备之一，激光测距机、激光指示器已大量装备部队；激光雷达正在迅速发展；激光制导武器在近期的局部战争中发挥了巨大作用。红外技术也是军用光电子技术的重要内容，美国的"小牛"导弹、"斯拉姆"空地导弹和欧洲的"崔格特"反坦克导弹，都是利用目标红外图像引导的导弹，实现了"发射后不管"的使用方式。高性能的红外焦平面阵列仪器，使夜视装备实现了全天候、高透视的效果，使夜间战场实现了白昼化，目前已经广泛应用于坦克、飞机、舰艇的火控系统，并向小型化的单兵装备迅速发展。美国现役的导弹预警卫星，采用红外焦平面陈列技术，能够从地球同步轨道探测到导弹发射的尾焰，是其反导弹系统的核心部分。未来军用光电子技术发展的重点将主要是促进激光应用的小型化和低成本化，积极发展光纤领域的长波、单模式传输技术，以及在红外领域发展凝视型红外焦平面阵列技术等。

4.军用航天技术

军用航天技术是指为军事目的服务的航天技术。它主要是利用卫星和其他航天器所携带的各种遥感器、无线电接收机、通信设备和其他观测设备，执行侦察、预警、通信、导航、测绘和气象测报等军事航天任务。军用航天技术的发展，必将加剧太空的军事争夺，对未来的军事活动将产生深远的影响。

5.军用新型材料技术

信息、材料和能源是客观世界的三大要素，而新型材料技术又是其他高技术发展的物质基础和重要依托。它们性能优异，在军事领域有着广泛的应用，在提高武器装备性能，实现新功能，突破现有局限性方面有着极为重要的意义。如复合材料与传统的金属材料相比，强度和刚度均高，军用飞机和航天器使用后，可减轻重量20%～40%。这类材料已经成功地运用于F-16、F-18、"幻影"2000等军用战斗机和"民兵""三叉戟"等战略导弹，以及M-1、"豹"Ⅱ等坦克上，取得了良好的效果。隐身材料则使导弹和飞机的隐身技术走进实用阶段，美国的F-117、B-2、F-22等隐身战机均大量使用了这类材料，因而具有良好的隐身效果。军用新型材料技术在20世纪后期已有了重大发展，21世纪，军用新型材料研究的重点将集中在信息材料、结构功能材料、新能源材料、超导材料及低成本材料五个方面。其中信息材料将主要是提高容量和处理速度，提高全频域灵敏度，以及实现机、电、光与生物电子高度融合等；结构功能材料将向复合化、一体化和智能化方向发展；超导材料则有可能走出实验室。

6.军用生物技术

随着军用生物技术的迅速发展，一大批危害极大的生物武器已经或即将步入现代战争。生物技术在军事上的应用主要包括：

（1）开发生物传感器，提高对毒剂、炸药和麻醉剂的实时探测和识别能力；

（2）利用微生物在各种条件下逐渐形成并完成生物化学转变的能力，生产具有特殊用途的产品，或者解决危险废物和战略金属回收问题；

（3）研制特种生物材料，例如具有密封使用且有良好化学和机械性能的生物弹性体，新型的生物黏合剂，新型的生物润滑剂等；

（4）开展生物电子学研究，研究生物芯片，进而开发生物计算机，像人脑那样具有学习、记忆、逻辑思维能力；

（5）利用基因工程，通过基因转移和重组，培育毒性大、耐力强、有抗药性的新的致病微生物，制造基因武器。

7.军用信息技术

军用信息技术是在作战体系中综合运用现代电子与信息科学技术和军事科学理论，融指挥控制、侦察情报、预警探测、通信和电子对抗为一体，实现作战信息收集、传递、处理自动化和决策方法科学化，保障实施高效指挥的人—机结合的系统技术。在复杂多变的未来战场上，可靠的军用信息系统是确保诸军兵种协同作战和协同指挥、充分发挥各种现代武器系统整体综合作战能力的关键，是整个军事力量的"中枢神经"。军用信息系统一般分为战略和战术两级。战略系统是国家和战区级指挥系统，战术级主要是军、师级系统。21世纪军用信息系统的发展趋势将是实现多级多维多系统综合一体化，数据传输处理实时化，以及提高生存防护能力等。

8.军用核技术

军用核技术的重点在于发展核武器。核武器是利用核材料的原子核反应瞬间释放的巨大能量对目标造成杀伤破坏作用的一类武器的总称。核武器从原子弹发展到氢弹，从氢弹发展到增加辐射弹、电磁脉冲弹、核爆炸激励的定向能武器等，如今第四代核武器又在开始研制中。核武器因其巨大的杀伤力，在战争中主要发挥威慑作用。当代核武器的研究，在武器类型上：一是研制小型核武器。小型化，是核武器发展的又一个新动向。据悉，俄罗斯曾经研制一种体积虽小、但杀伤威力却很大的核炸弹。这种炸弹可以装在一个长60厘米、宽40厘米、高20厘米的普通公文箱中，尽管携带和操作都很简便，其威力却相当于1 000吨TNT炸药。有人把这种核炸弹称为"袖珍核弹"。二是研制钻地攻击的核武器。钻地攻击的核炸弹，显示出核武器发展的新动向。1997年6月，西方报刊曾经大量报道，美军已经部署了一种编号为B61-11的新式核炸弹。B61-11核弹长约66米，装在一个坚硬的贫化铀弹头里，用B-2轰炸机投掷。这种贫化铀弹头能够射穿地下工事上面覆盖的坚固岩石和混凝土，穿入地下达15米；如果地层比较松软，它的钻地深度可达到数十米，然后在地下工事里爆炸，用冲击波摧毁地下目标。美军研制B61-11核弹时，以小规模爆炸试验代替计算机模拟，以保持其弹头的安全。这种全新的核弹不仅对地下硬目标具有前所未有的破坏力，而且爆炸以后，其放射性物质大多被包容在地下，对环境的危害相对比较小。三是发展第四代核武器。美国、法国、俄罗斯正在研制的第四代核武器将不产生剩余核辐射，可以作为"常规武器"使用。例如，氢气在一定的压力下可以转化为固态结晶体，称为金属氢。金属氢在室温下不需要密封就可以保存很长时间，其爆炸威力相当于同等质量 TNT 炸药的 25～35 倍。这种威力强大的化学爆炸物被称为金属氢武器，是第四代核武器之一。核同质异能素产生的爆炸威力比同质量的普通高能炸药的能量大 100 万倍。科学研究表明，极少量的物质与它的反物质相互作用，可以迅速释放出巨大能量。反物质核武器是目前研究的第四代核武器中最重要的一种。

9. 军用海洋开发技术

军用海洋开发技术，主要包括海水淡化、海水提铀、海底采矿以及海底工程建设技术。随着海洋开发技术的发展，海底将成为建设巨大军事基地的理想场所，水下基地将部署大量遥感设备和各种高效自动杀伤武器，并利用甚低、超低频通信技术和卫星上的 $C^3I$ 系统联网，指挥作战。

10. 军用定向能技术

定向能技术又称束能技术，它是利用强激光、高能粒子束、强微波的能量，产生高温、高压、电离、辐射等综合效应，以"能束"的形式定向发射，借以摧毁或损伤目标的技术，并以此制成定向能武器。采用定向能技术的武器具有很多优点：一是能在极短的时间里把高度集中的"能束"能量直接照射到目标上。例如，有的聚焦激光波束的能量达到每平方厘米 1 亿瓦，短时传输这么大的能量，将导致目标被破坏。二是射束以光速或接近光速传播。射击时往往不需要计算提前量，可直接对准目标，瞬间进行射击，抗干扰性能好，是防御反舰导弹最理想的一种手段。三是只对目标本身造成破坏，不像核武器那样会造成大面积的破坏。目前绝大多数国家该技术尚处于武器的探索性发展阶段或可行性验证阶段，但美国的定向能技术已进入成熟阶段，即将应用于武器领域。

（二）军事应用高技术

军事应用高技术是利用各种科技成果进行武器装备的研制和生产的技术，以及军队充分发挥武器装备效能的综合使用技术。军事应用高技术的内容非常广泛，分类方法多种多样。按其完成的军事任务可分为：战略武器装备技术、战役战术武器装备技术、后勤保障装备技术、军事工程技术、军事系统工程技术等。按其研制的武器装备的种类可分为：制导技术、隐身伪装技术、侦察监视技术、电子对抗技术、航天技术、激光技术、核生化武器及防护技术、军队指挥自动化技术、作战平台及常规武器技术等。

### 三、军事高技术的主要特点

军事高技术是高技术的重要组成部分，它既具有高技术的共同特征，又有其自身的特点。军事高技术与一般技术相比，具有以下七大特点。

（一）高智力

高技术是知识密集型技术，其发展和运用都必须依靠创造性的智力劳动，依靠富有创新意识、创新能力的高素质人才，体现了高智力的特性。比如半导体集成电路，从成本上讲，原料及能源仅占其总成本的 2%，而其余 98% 都是其智力含量。

（二）高投资

高技术的研究开发，需要昂贵的设备和较长的研制周期，因而需要耗费巨额资金。据统计，一般高技术企业用于研究开发的经费占其产品销售额的比例高达10%～30%，而科研成果产业化的投资又比研究开发投资高出5～20倍，形成高技术产业后的设备更新投资还会越来越大。

（三）高竞争

高技术的竞争性决定了谁先掌握并应用高技术，先研发出新型武器装备并抢先用于战场，谁就能占据战争主动权。为此，世界军事大国都试图在高技术发展的竞争中占据主动地位。

（四）高风险

高技术研究本身蕴含着巨大的风险。高技术竞争的失败，对民用技术而言，意味着企业投资的失败；对军事技术而言，则意味着国家利益将受到损害。以航天技术发展为例，我国50多年来取得了神话般的巨大成就，但在1961年3月23日，苏联的邦达连科就成了为航天事业献身的第一人；1986年1月28日，美国"挑战者号"航天飞机失事；2003年2月1日，"哥伦比亚"号航天飞机在重返大气层时在空中解体，可见其风险之大。

（五）高效益

新型武器装备往往是军事高技术的产物，是军事高技术的综合集成。战争实践证明，军事高技术成果一旦转化为新型武器装备，不仅能够大大提高部队战斗力，而且能够逐步改变作战样式甚至战争形态。比如航天技术，其投资效益比高达1∶14，充分体现了高效益的特点。

（六）高保密

高技术本身具有极强的综合性和技术辐射性，隐含着巨大的潜力，更加强调保密。高技术的保密，对于民用技术来说，保的就是"金钱"；而对于军事技术而言，保的则是"生命"。比如F-117隐形战斗轰炸机在1982年8月23日服役后，一直处于高度保密之中，1989年12月20日首次用于巴拿马战争；海湾战争中出动42架、1 000多架次，却完成了40%的战略目标空袭任务，特别是完成了95%巴格达战略目标的打击任务，作战能力和效果十分突出；1999年3月27日被南联盟军队击落后，这种世界上先进隐形战机的技术暴露无遗，作战能力大大降低。

（七）高速度

高技术产业是目前发达国家经济中最活跃也是增长速度最快的领域。美国经济在"9·11"事件前已连续十多年呈现高增长、低通胀趋势，都是以信息技术为龙头的高技术产业带来的结果。高技术产业的成功，不仅表现在产值、产量的发展高速度上，而且还突出表现在产品性能更新的高速度上。比如计算机芯片的处理速度，从其诞生至今几乎每隔18个月就翻一倍。

# 第二节　高技术在军事上的应用

## 一、点穴打击的精确制导技术

第二次世界大战后，各种军事高技术迅猛发展，其中精确制导武器的研究进展备受瞩目，其在各国军队中的大量装备和广泛应用，对现代战争产生了巨大、深刻的影响。如今，精确制导装备的拥有程度和运用能力已经成为衡量一个国家军事现代化程度的一个重要指标。

### （一）精确制导技术的概念

精确制导技术的基本含义是：以各种高性能光电探测器为基础，采用目标识别跟踪、相关跟踪等新方法，控制和引导武器准确命中目标的技术。

制导技术的出现最早可以追溯到二战末期，当时纳粹德国制造的V1、V2导弹，采用的惯性制导和辅助程序制导技术，解决了常规弹头不能远程作战和不能在飞行中修正弹道的缺陷，极大地提高了战斗力。二战结束后，美、苏接收了德国的大批武器装备和制造技术，其中就包括V1、V2导弹及其制造技术。之后，美、苏在此基础上延伸和发展，大大丰富和提高了制导技术。现在的精确制导技术，在中（段）制导的配合下，特别注意提高武器末（段）制导的精度。尤其是主动寻的制导技术的应用，使精确制导武器具有远程作战、"发射后不管"、自动选择目标和攻击目标要害部位的能力，而且直接命中目标的概率不受距离的影响，甚至更为有利。

### （二）精确制导技术的分类

随着无线电、红外、激光、微波、电视、光电、声电等技术以及精密测量技术、自动控制技术、微电子、计算机等等技术的飞速发展，制导技术也得以快速发展。目前常用的制导方式可分为寻的制导、遥控制导、惯性制导、地形匹配与影像匹配制导、全球定位系统（GPS）制导、复合制导6类。

1.寻的制导

寻的制导又称自寻的制导，其主要特点是：通过弹上的导引系统（导引头或寻的器）感受目标辐射或反射的能量，自动跟踪目标，导引武器飞向目标。此方法精度很高，但是作用距离较短，主要用于末（段）制导。

寻的制导系统由导引头、计算装置、执行装置等组成。导引头利用多种测量方式，源源不断地获得目标的各种数据，然后输入计算装置。通过计算装置的精确计算后，发出各种修正或攻击指令，最后由执行装置来实施。根据导引头接收能量（波长）的不同，可将之分为：（微波）雷达寻的制导、红外寻的制导、毫米波寻的制导、电视寻的制导和激光寻的制导等类型。按目标信号来源分类，寻的制导的主要方式可分为：主动寻的制导、半主动寻的制导和被动寻的制导。

　　主动寻的制导：弹上装有能量发射装置（照射源）和接收装置。当主动导引头捕捉到目标并能正常跟踪后，无须其他装置参与，就能独立完成任务，其最大的优点与被动寻的制导一样，就是发射后不管。

　　半主动寻的制导：弹上无能量发射装置，照射目标的能源安装在弹外的地面、水面以及空中等机械制导站内。如我国的HQ-61中、低空地空导弹，就是采用一部大功率连续波照射雷达对目标进行跟踪的，此雷达安放在导弹发射点。

　　被动寻的制导：不使用照射源，弹上只安装接收目标本身辐射能量的装置，利用目标的不同物理特性作为跟踪信息来源。

　　2.遥控制导

　　引导系统的全部或部分设备安装在弹外制导站，由制导站执行全部或部分的测量武器与目标的相对运动参数并形成制导指令的任务，再通过弹上控制系统导引制导武器飞向目标。这种制导方式称为遥控制导，可分为指令制导和波束制导。

　　（1）指令制导

　　指令制导有下列几种方式：

　　a.手控指令制导。利用人眼或光学系统跟踪目标和导弹，由操作手控制制导武器飞行方向，并命中目标。这种方式常用于短程制导武器。

　　b.半自动指令制导。利用人眼跟踪目标，利用仪器自动跟踪导弹并发出修正导弹飞行路线的指令。另一种半自动指令制导则是对目标进行自动跟踪，而由操作手控制导弹。

　　c.自动指令制导。目标和导弹的跟踪和导弹的控制均自动化，可细分为有线指令制导和无线指令制导。

　　（2）波束制导

　　波束制导又称为驾束制导，是利用雷达波束或激光波束导引导弹飞向目标的遥控制导技术。其系统及工作过程是：制导站雷达（或激光器）向目标发射一束旋转波束，导弹沿波束的旋转轴飞行，弹上设备自动测出导弹偏离波束旋转轴的参数并形成制导指令，弹上控制系统根据指令导引导弹飞向目标。如美国的"麻雀I"导弹就是采用雷达波束制导。虽然激光波束制导直到20世纪70年代才出现，但由于它有很多优点，故发展较快，如瑞典的RBS-70小型防空导弹就采用了激光制导。

　　遥控制导的优点是弹上设备简单，在较短射程范围内可获得较高制导精度；缺点是射程受到制导站跟踪探测系统作用距离的限制，精度随射程增加而降低，但随着各种精确测量技术的发展，这种影响越来越小了。

　　3.惯性制导

　　利用惯性测量设备测量导弹运动参数的制导技术，称为惯性制导技术。惯性制导系统全部安装在弹上，主要有陀螺仪、加速表、制导计算机和控制系统。采用此类制导技术的中远程导弹，一般用于攻击固定目标，有关目标的特征信息是预先设置好并输入弹载计算机。导弹飞行过程中，计算机根据惯性测量装置测得的数据和初始条件，给出制导指令，弹上控制系统根据指令导引导弹飞向目标。

　　根据惯性测量仪表在弹上的安装方式，可将惯性制导技术分为平台式惯性制导和捷联式惯性制导两种。

惯性制导是一种自主制导技术，它不需要弹外设备的配合，也不需要外界提供目标的直接信息，仅靠弹上设备独立工作，不与外界发生联系，因此有抗干扰性强、隐蔽性好、不受气象条件影响等优点。

惯性制导的主要缺点是：制导精度随飞行时间（距离）的增加而降低，因此工作时间较长的惯性制导系统，常采用其他制导方式来修正其积累的误差，这就构成了复合制导。

4. 地形匹配与影像匹配制导

地形匹配制导又称为地图匹配制导。其工作原理是：在导弹发射区与目标之间选择若干特征明显的标志区，通过遥测、遥感手段按其地面坐标点数据绘制成数字地图（称为高程数字模型地图），预先存入弹载计算机内。导弹飞临这些地区时，弹载的雷达高度表测出地面相对高度和海拔高度数据，计算机将其同预存数字地图比较，算出修正弹道偏差的指令，弹上控制系统执行指令，控制导弹飞向目标。

影像匹配制导又称为数字影像匹配区域相关制导或区域相关制导。其工作原理与地形匹配制导相似，是利用弹载"影像匹配相关器"获取目标区域景物图像数字地图（称为灰度数字模型区域图），将其与预存的参考图像（灰度数字地图）进行相关处理，从而确定导弹相对于目标的位置。数字式影像匹配区域相关器，一般由成像传感器、图像处理装置、数字相关器和计算机组成。景物图像的获得可由不同工作波长的设备完成，从而有雷达区域相关、光学区域相关、电视摄像区域相关、红外成像区域相关等类型的数字地图。

5. 全球定位系统（GPS）制导

全球定位系统（GPS）制导又称为卫星制导，该系统是美国为满足各军种导航需要，于1987年开发，1993年建成的导航卫星全球定位系统，简称GPS系统。

GPS系统由空间设备、地面控制设备和用户设备三部分组成。空间设备由24颗导航卫星（其中21颗工作卫星，3颗备用卫星）构成；用户设备为各种GPS接收机（导航接收机）。该系统最初的研制目的是为海上舰船、空中飞机和地面车辆等提供全天候、连续、实时、高精度的三维位置、速度和精度的时间信息，现已扩展成为精确制导武器复合制导的一种手段。其工作原理是利用弹上安装的GPS接收机接收4颗以上导航卫星播发的信号来修正导弹的飞行路线，提高制导精度。目前已报道的GPS空间位置精度为16米，时间精度为1微秒。出于保密考虑，美国现在开通的GPS服务分为两个等级，即标准定位服务（SPS）和精密定位服务（PPS），只有后者才能实时获取精确的GPS数据。精确制导武器利用GPS系统可以大大提高制导精度。例如，美国BGM-109C"战斧"巡航导弹已改装为"Block Ⅲ"型，其主要改进是加装一个GPS接收机和天线系统，据说可使圆概率误差（CEP）值由9米降为3米。

安装GPS接收机还可以取消地形匹配制导，缩短制定攻击计划所需时间，或攻击非预定目标。

6. 复合制导（组合制导）

复合制导亦称组合制导。上述各种制导系统（技术、方式）单独使用时各有长短。一般导弹从发射到命中目标要经历三个飞行阶段，即初始段、中段和末段。若在其中某段或某几段采用一种以上的制导方式，即称为复合制导。采用复合制导的目的是为了提高导弹命中精度，增强其抗干扰能力，增大制导距离。但在"一体化"、减少重量和体积、系统可靠性、大容量高速计算机等方面有很高的要求，成本也较高。随着科学技术的不断发展，这些问题正得到逐步解决，复合制导将得到越来越广泛的运用。

目前，常用的复合制导有：惯性—星光制导，惯性—雷达相关制导，惯性—地形匹配制导，遥控—寻的制导，惯性—遥控—寻的制导，等等。

### （三）精确制导技术在军事上的应用

精确制导技术在军事上的应用，主要表现为精确制导武器的广泛使用。从英阿马岛战争到后来的海湾战争和科索沃战争，精确制导武器以其卓越的性能，令人满意的打击效果，给世人留下了深刻的印象。

#### 1.精确制导武器的定义和特点

精确制导武器是指直接命中率超过50%的制导武器。直接命中的含义是指制导武器的圆概率误差小于该制导武器弹头的杀伤半径。精确制导武器有如下特点。

（1）可控性强

采用导引、控制系统或装置，调整受控对象（导弹、炸弹、炮弹等）的运动轨迹，使之完成规定的任务，并且具有了初步智能化特征，可以自动识别、搜索目标，进一步选择最佳杀伤范围。

（2）命中精度高

这是精确制导武器最基本的特征，现在一些先进的具有代表性的制导武器，其命中概率已达80%以上，圆概率偏差在2米以下，比普通弹药高出几十倍甚至上百倍。

（3）总体效能高

衡量精确制导的效能主要看其精度、威力、射程、效费比、可靠性等战术技术性能指标。虽然精确制导武器单发制造费用较高，但是其整体效能却是常规武器所无法比拟的。比如一枚数万美元的反坦克导弹就能摧毁数百万美元造价的坦克，一枚几百万美元的防空导弹就能击毁几千万美元一架的飞机。而最具代表性的是英阿马岛之战中，阿根廷一枚20万美元的"飞鱼"反舰导弹击沉了英军一艘价值2亿美元的"谢菲尔德号"导弹驱逐舰。

#### 2.精确制导武器的分类

精确制导武器包括精确制导导弹和精确制导弹药两大类。

精确制导导弹是一种依靠自身的动力装置推进，由精确制导系统探测、处理、引导、控制其飞行轨迹、导向并命中目标的武器，是精确制导武器中类别最多和使用数量最大的一种现代化武器。

导弹的分类方法很多，一般常用的有四种。

（1）按发射点与目标位置的关系分类

比如，从地面发射攻击地面目标的为地地导弹；从空中发射攻击地面目标的为空地导弹；反之，从地面发射攻击空中目标的就叫地空导弹；以此类推，我们就知道比如岸舰、舰空、潜地、空潜、潜潜等导弹的含义了。

（2）按攻击目标的范围分类

可分为：反舰导弹、反坦克导弹、反潜导弹、反弹道导弹、反卫星导弹等等。

（3）按飞行轨道分类

可分为：在主动段按预定弹道飞行，在发动机关闭后按自由抛物体轨迹飞行的弹道导弹；在大气层中以巡航状态飞行的巡航导弹等。

（4）按作战使用分类

可分为：打击战役战术目标的战术导弹和打击战略目标的战略导弹。

精确制导弹药可分为末制导弹药和末敏弹药两类。前者主要有制导炮弹、制导炸弹、制导地雷等；后者主要是一些反装甲、反集群目标子弹药。两类弹药自身基本无动力装置，需借助火炮、飞机投掷。

3.精确制导武器的现状

在精确制导武器中，种类、数量最多的是各类导弹，其次是制导炮弹和制导炸弹。这里着重介绍防空导弹、巡航导弹、反坦克导弹、空空导弹、空地（舰）导弹、地地战术弹道导弹、制导炮弹、制导（航空）炸弹八种。

（1）防空导弹

防空导弹又称为面空导弹，主要包括地空导弹和舰空导弹。防空导弹按其用途、射程、射高分为：高空远程防空导弹，最大有效射程超过40千米，最大有效射高超过20千米；中空中程防空导弹，最大有效射程15～40千米，最大有效射高6～20千米；低空近程防空导弹，最大有效射程≤15千米，最大有效射高≤6 000米；超低空便携式防空导弹，有效射程≤15千米，有效射高≤3 000米。

防空导弹的运用始于20世纪50年代，当时主要是地空导弹，用于攻击轰炸机和高空侦察机，但由于技术原因，存在着比如制导方式单一、抗干扰能力差、体积笨重、使用维护不便、机动性差等缺点。经过半个多世纪的发展，国外防空导弹已发展到第三代，主要是改进了第一代的缺陷而发展起来的，典型代表有"爱国者"（美）、SA-90（法）、ADATS"阿达茨"（美、瑞士）、西北风（法）等。

（2）巡航导弹

巡航导弹是指在大气层内以巡航状态飞行的各种导弹，又称为飞航式导弹。二战中纳粹德国制造的V1就是其原型。巡航导弹的优点是射程远、命中精度高、打击效果明显、通用性强、综合效益高等。但这种导弹也有其明显的缺点：一是飞行速度较低（一般只能是亚音速飞行），这就为拦截创造了可能性；二是准备时间较长，需要的信息量大。

巡航导弹包括实施核威慑和打击的战略巡航导弹、远程战术巡航导弹、各种飞航式反舰导弹和各种飞航式空舰导弹等。

（3）反坦克导弹

反坦克导弹是指用于摧毁坦克和其他装甲目标的导弹。自从20世纪50年代开始研制以来，与传统的反坦克武器（火箭筒、无坐力炮、反坦克炮）相比，它具有射程远、威力大、重量轻、机动性强等优点，现已成为反坦克的主力军。

（4）空空导弹

空空导弹是指从空中平台发射，攻击空中目标的导弹。它是歼击机对空作战的主要武器，也是歼击轰炸机、轰炸机、攻击机的空中自卫武器。它与航炮相比，具有射程远、命中精度高、毁伤威力大等优点。按射程可分为近程（距）（数百米至20千米）导弹、中程（距）（20～100千米）导弹、远程（距）（超过100千米）导弹。

到目前为止，空空导弹已经经历了四代。第四代空空导弹的特点是：多数兼具超视距攻击和近距格斗的功能；全高度、全方位、全天候攻击能力；制导精度和抗干扰能力大为增强等。

（5）空地（舰）导弹

空地（舰）导弹是指从空中平台发射，攻击地面和水面目标的导弹。按作战使命可分为战略空地导弹和战术空地导弹两类。战略空地导弹均为战略巡航导弹，可携带核弹头。战术空地导弹可分为通用战术空地导弹、反辐射（反雷达）导弹、反（舰）导弹等。

（6）地地战术弹道导弹

地地战术弹道导弹是从地面发射，攻击敌方战役纵深重要目标的导弹。其按射程可分为远程（5 000～10 000千米）地地战术导弹、中程（3 000～5 000千米）地地战术导弹、近程（≤3 000千米）地地战术导弹。

二战中纳粹德国制造的V2就是其原型，现在已经发展到第三代，基本采用固体火箭发动机，机动发射，制导技术先进，命中精度高，反应速度快，具有多种战斗部等优点，已成为陆军地面作战的"杀手锏"。

（7）制导炮弹

制导炮弹是用地面火炮发射，弹丸带有制导装置的炮弹。其主要打击对象是各种装甲目标。制导炮弹主要有激光制导炮弹、毫米波制导炮弹、红外寻的制导炮弹以及复合制导炮弹等。

（8）制导（航空）炸弹

制导（航空）炸弹是航空制导炸弹的简称，是指由飞机投掷、带有制导装置、能自动导向目标的滑翔炸弹。它们大都由常规炸弹加装制导装置和气动控制面（弹翼、尾翼）构成。制导炸弹由各种飞机携带，用于摧毁敌人防空系统、火炮、坦克和装甲车辆、机场、桥梁、建筑物等，是对地面目标实行精确打击的重要武器。

4.精确制导武器的对抗

（1）精确制导武器的弱点

精确制导武器技术含量高，命中率高，但其自身仍存在一系列弱点。

a.系统组成复杂，任何一个部分或部分间的结合出现故障和差错，都会影响整体的效能。

b.作战使用时技术与保障环节较多，任何一个环节或其相互配合出现差错均将影响作战效能的发挥。

c.除惯性制导外，使用的其他各种制导系统都可以干扰。

d.战场环境（地形、目标与背景、天时、电磁等）及气象条件都影响其作战效能。

这些弱点提供了对抗精确制导武器的可能性。

（2）对抗精确制导武器的手段

a.摧毁手段。这是积极的、进攻性的手段。第一种方式是摧毁敌方精确制导武器的发射系统。第二种方式是摧毁敌方精确制导武器的侦察预警、指挥控制系统。第三种方式是拦截摧毁已发射的精确制导武器。

正在研究的拦截摧毁武器有动能拦截弹、定向能武器（激光）、高效率微波武器等。

b.干扰欺骗手段。主要技术途径是干扰精确制导武器的制导系统。主要方式有：①利用地形地物，将重要目标（如导弹发射架等）隐蔽在侦察死角，如山坡背面、山沟里或较厚的植被下面。伊拉克的"飞毛腿"导弹发射架就曾藏在立交桥下。②采用伪装手段，如伪装网等。③电波"静默"，控制雷达开机和无线电通信。④采取隐身措施，如缩小雷达反射截面，减少红外辐射特征，涂敷雷达波吸收涂层、红外隐身涂料和低激光反射涂料等。⑤利用不良气候条件。⑥施放烟幕。⑦对目标进行加固（装甲、构筑工事和掩体）。⑧提高目标的机动能力，如提高行军状态与战斗状态互相转换的速度及越野能力、行驶速度、最大行程等。

（3）巡航导弹的对抗

a.巡航导弹的特点。巡航导弹的优点是：雷达反射截面小（发现距离短），低空和超低空突防能力强，防空雷达很难及时发现。巡航导弹的弱点是：飞行速度较低（目前多数为亚音速），透析选定攻击目标的能力差（目前多用于攻击事先经过充分侦察和预定固定目标）。

b.对抗巡航导弹的措施。这类措施主要有：①侦察。弄清巡航导弹发射平台的部署情况及其可能攻击的目标。②立探测网，尽早预警。探测网通常由预警卫星、预警飞机及无人驾驶预警飞机、飞行器等装载的雷达、各种地面雷达、战场低空探测雷达和目视观察哨等构成。③控制。在统帅部战略意图指导下明确分工，联合作战截击来袭巡航导弹。④多层联合拦截。由于巡航导弹难以发现，而且几乎可以在任何地方实施跃升加俯冲，因此必须采取分层防御，诸军种联合实施纵深作战，利用火炮、导弹、激光武器等直接分层拦截。

在100千米以外可利用战斗机发射空空导弹摧毁，或利用机载干扰机使巡航导弹改变航向。在100千米以内可使用各种舰空、地空导弹，如"爱国者"导弹。在几十千米距离上可使用近程和超近程地（舰）空导弹，如ADATS（阿达茨）导弹等。近距离拦截可使用近程防御系统，如"守门员"（荷）系统的7管30毫米机关炮，每分钟发射7×600发脱壳穿甲弹，在导弹的航路上筑成一道弹幕，将其摧毁。

在中、近程上，将来还可以使用新概念武器，如战术激光武器、高功率微波武器、粒子束武器等。

（4）地地战术弹道导弹的对抗

海湾战争演示了反战术弹道导弹的技术可行性，结束了"弹道导弹无克星"的历史。

a.战术弹道导弹的主要特点。

①飞行速度快、时间短。按最小能量弹道计算，射程1 000千米左右的弹道导弹，从

发射到命中目标只需8～9分钟；射程100千米左右的弹道导弹，从发射到命中目标只需3分钟。

②助推飞行时间短，助推火箭关机高度低。

③可携带不同类型的弹头，包括核、生、化等弹头。

b.战术弹道导弹的一些制约因素。

①只能在战术弹道导弹飞行的中后段或末段才能实施拦截，这样探测要求更高、预警时间更短。

②不能用天基武器拦截助推飞行中的战术弹道导弹。

③只能用非核武器拦截，否则将在自己的防区造成核灾难。

c.反战术弹道导弹武器系统的方案。

反战术弹道导弹武器系统的方案具有如下共同点：在战术弹道导弹飞行的中后段或末段，用地基拦截弹进行拦截。该系统主要由预警雷达、指挥控制通信中心和拦截导弹武器构成，分层防御、拦截、摧毁。美、英、以色列的方案即是例证。

①美国的方案：

第一层：高空远程拦截。拟使用THAAD（战区高空区域防御拦截弹）及"箭"式导弹。

第二层：战术弹道导弹飞行末段的防御。拟采用地基雷达和"智能眼"卫星探测预警，用ERINT（增程拦截弹）及（或）"爱国者-Ⅲ"导弹进行拦截。

②英国的欧洲战区防御系统方案：

探测系统：天基红外探测器、机械高空光电探测器和工作频率在400～10 000兆赫的地基雷达。

第一层：射程为400千米的大气层外拦截弹。

第二层：射程为30千米的大气层内拦截弹。

第三层：射程为10千米的末段拦截弹。

③以色列的方案：

探测系统：遥控飞行器、携带光电探测器的高空气球和地基雷达。

第一层：40千米以上高度用"箭"式反战术弹道导弹武器，采用破片杀伤摧毁战斗部。

第二层：用射高20千米的AB-10型中低空地空导弹拦截。

第三层：利用未来的低空防御技术，如电磁炮、战术激光武器等。

上述三个方案的基本作战模式可概括为以下过程：

第一步：卫星及（或）飞机及时探测出敌方刚刚发射升空的弹道导弹，计算机处理探测到的数据，判定目标性质，发布预警并决定是否拦截。预警时间越长，防御部队的发射准备就越充分，越有可能在更远的距离拦截目标。预警系统还应为地基雷达指示目标，减少其搜索的空域，增大其探测的距离。

第二步：地基雷达捕获、跟踪、识别来袭目标，为地基拦截导弹提供目标的弹道数据，引导拦截导弹飞行。捕获、跟踪目标的距离越远，对拦截越有利。

第三步：拦截、摧毁来袭导弹。拦截距离越远，高度越高，则防御区域越大，并可提供第二、第三次拦截机会。反之，即使拦截成功，形成的破片也会造成伤害。例如，海湾战争中有一枚"飞毛腿"导弹在沙特阿拉伯的里亚得上空被"爱国者"导弹拦截，但因拦截高度太低，一部分破片落在一座办公大楼上，炸死一人，炸坏大楼一角。

5.精确制导武器的发展趋势

近代一系列高技术战争表明，精确制导武器已成为现代战争的基本火力。随着微电子技术、计算机技术、光电技术、新材料技术等技术的发展，尽管不同类型的制导武器有各自不同的特点，但是，世界各国在发展精确制导武器过程中却有着以下相同的发展趋势。

（1）提高武器人工智能化

未来战争的战场环境越来越复杂，瞬息万变，精确制导武器要适应各种各样的环境，并要在极短的时间内识别、跟踪、击毁目标，仅仅依靠现有的制导技术是远远不够的，必须使其具有人工智能，让其在战场上自动识别真假目标，自动选择最佳攻击时间、地点，自动识别对己方威胁最大的目标，而最重要的是要能够自动规避反制导武器，提高生存能力。

（2）进一步提高命中精度

现在的精确制导武器与非制导武器命中精度相比虽然不可同日而语，大多达到了50%以上，但是也有很多不尽如人意的地方。据统计，在海湾战争中，精确制导武器在实战中的总体效能只有50%～60%，仍需进一步改进提高，而要提高命中精度就必然要提高制导系统的性能。精确制导武器现阶段的发展方向主要为：①探测方式从点源探测向成像探测方面发展；②普遍采用复合制导技术；③探测元件从单元向多元发展；④一种武器多种制导头；⑤信号处理由模拟式向数字式发展，提高信息处理速度。

（3）提高抗干扰能力和突防能力

在现代高技术战争中，各种电磁干扰武器相继出现，并发挥着重要的作用。而在实际战争中，敌方又千方百计地破坏精确制导武器的正常工作条件，所以精确制导武器就不可避免地会受到干扰，其应有的效能就难以发挥。

提高抗干扰能力已成为精确制导武器发挥效能的关键，其发展方向为：①提高攻击隐蔽性，如多采用被动寻的制导；②采用多种抗干扰措施，毫米波制导将是发展重点。

提高突防能力的发展方向：①采用隐身技术，降低雷达反射面，减少被敌方雷达发现的概率或尽量缩短敌方发现距离，使其反应时间短，无法拦截。②提高速度，研发超音速导弹，使对方防御系统来不及反应，从而提高生存能力。

（4）提高远程打击能力

由于技术进步和新的作战理论的发展，现代战争更加强调对敌方战役纵深甚至战略纵深重要目标实施有效的火力打击；另一方面，精确制导武器的发射平台一般较昂贵，而且又面临着对方远程火力的打击。所以，为了提高打击的灵活性和武器发射平台的生存能力，发展远程精确制导武器已成为必然趋势。

（5）提高武器的通用性，向"模块化"发展

将武器系统分为若干组件，并采用模块化设计，这不仅仅是精确制导武器的发展方向，而且也是其他武器发展的必然趋势。这样的好处不仅降低了武器本身的制造费用，而且还减少了武器维护费用。比如，我们可以更换不同的导引系统，组装成不同用途的精确制导武器，以对付不同类型的目标，适应不同军种的需要。

## 二、瞒天过海的伪装与隐身技术

### （一）伪装技术

伪装就是进行隐真示假，为欺骗或迷惑对方所采取的各种隐蔽措施，是军队战斗保障的一项重要内容。

伪装的基本原理是减少目标与背景在可见光、红外、微波波段等电磁波的散射或辐射特性方面的差别，以隐蔽真实目标或降低目标的可探测性特征；模拟或扩大目标与背景的这些区别，以构成假目标欺骗敌方。

1.伪装的技术措施

伪装的技术措施包括天然伪装、迷彩伪装、植物伪装、人工遮障伪装、烟幕伪装、假目标伪装等。

（1）天然伪装技术

天然伪装技术，就是充分利用地形、地物、夜暗和能见度不良的气候条件（雾、雨、风、雪等），隐蔽目标或降低目标的显著特性。该技术主要用于对付光学侦察，在一定条件下亦能对付红外侦察、雷达侦察、声测和遥感侦察。实施天然伪装应因地制宜，并保持背景外表不发生任何破坏和不合理的改变，使在探测器中目标配置后形成的斑点与背景的总斑点图案吻合。天然伪装具有简便、省时，无须更多材料的特点。

（2）迷彩伪装技术

迷彩伪装技术，就是利用涂料、染料和其他材料来改变目标的颜色及斑点图案，以消除目标的光泽，降低目标的显著性和改变目标的外形。外装迷彩大致可分为保护色迷彩、变形迷彩、仿照迷彩、多功能迷彩等。

（3）植物伪装技术

植物伪装技术，就是利用种植植物、采集植物和改变植物颜色等方法对目标实施伪装的技术。植物伪装技术简单易行，所以在现代战争中仍是常用的伪装技术，而且十分有效。

（4）人工遮障伪装技术

人工遮障伪装技术，就是利用各种制式伪装器材设置对目标进行遮蔽的屏障。伪装遮障由遮障面和支撑构件组成。遮障面采用制式的伪装网或用材料编扎，制式遮障面有各式伪装网和伪装遮障。支撑屏障按其用途和外形，可分为水平遮障、垂直遮障、遮掩遮障、变形遮障和反雷达遮障等五种。

人工遮障的设置必须尽量使遮障面轮廓、斑点、图案和物理特性（反射可见光、红外线、雷达波）与周围背景相接近，同时还应考虑距离不同时的观察效果，以避免目标暴露。

（5）烟幕伪装技术

烟幕伪装技术，就是利用烟幕遮蔽目标，迷惑敌人。这种无源干扰技术通过散射、吸收的方式衰减光波能量，干扰敌方的光学侦察。在红外波段，经过改进的烟幕同样具有遮蔽作用。同时，烟幕还可用于对付激光制导炸弹。

（6）假目标伪装技术

假目标伪装技术，主要是指仿造的兵器（如假飞机、假火炮、假坦克、假军舰等）、人员、工事、桥梁等形体假目标。使用假目标能迷惑敌人，吸引敌人的注意力和火力，从而有效地保护真目标。假目标伪装技术的关键在于：假目标的制作外形、尺寸应与真目标一致，在红外辐射及微波反射特征上，应尽量类似于真目标。此外，还有灯火与音响伪装技术等。

2.现代伪装在高技术战争中的应用

现代伪装在高技术战争中的应用主要包括防光学侦察、防雷达侦察及防红外侦察。

（1）防光学侦察伪装

防光学侦察伪装，是指利用天然遮障、人工遮障、伪装材料、烟幕及布置人工斑点等来减少目标的暴露特征，防止敌人光学侦察的发现。

目标与背景颜色的差别直接影响到光学侦察的效果，因此，处理颜色的差别是防光学侦察最有效的方法。这些方法主要有消除颜色差别、降低颜色差别、模仿颜色差别。

（2）防雷达侦察伪装

雷达波近似直线传播，因此，利用地形、地貌是防雷达侦察伪装的最佳途径。但对于雷达通视区内的目标，则应设法消除和模仿雷达波的反射差别。

①消除雷达波反射差别。消除目标与背景对雷达的反射差别，目的是消除它们之间的回波差别，使雷达荧光屏上无法显示目标信号。消除的方法可以从目标、背景和雷达分辨率三个方面考虑：提高背景反射雷达波的强度，使雷达荧光屏上目标回波淹没在背景回波中；利用雷达分辨率的限制，将目标配置在地物近旁，使目标的光标信号与地物的光标信号融为一体；减少目标对雷达波的反射强度，如使用衰减无线电波的干扰器材作为隔绝遮障，或在目标的表面覆盖对雷达波吸收率高的材料，可以达到削弱雷达反射目标的目的。

②模仿雷达波反射差别。在目标上装有雷达波接收与发射装置，当这种装置接收到雷达所发射的脉冲时，经延迟、放大后再发射出去，使敌方雷达显示屏上看到的距离和位置均与真实目标不同。另外，也可设置防雷达假目标。

（3）防红外侦察伪装

防红外侦察伪装的途径分为消除和模仿红外辐射差别两个方面。

消除目标背景的红外辐射差别的方法有：将目标配置在与红外侦察器材不通视的天然屏障中；利用具有一定厚度且背景相似的粗糙器材将目标遮掩；在发热目标表面涂刷隔热层或覆盖隔热材料以降低红外辐射。

模仿红外辐射差别的方法有：对付红外夜视和照相，可在对付光学侦察的假目标内增设热源；而对付红外探测仪，则可直接设置热源。

（二）隐身技术

隐身技术，又称为隐形技术或低可探测技术，是通过降低武器装备等目标的信号特征，使其难以被发现、识别、跟踪和攻击的综合性技术，是21世纪主要发展的军用高技术之一。

隐身技术是传统伪装技术走向高技术化的发展和延伸，它综合了如流体力学、材料学、电子学、光学、声学、热学等众多领域的技术于一身。隐身技术包括主动（有源）隐身技术和被动（无源）隐身技术两大类。主动（有源）隐身技术主要是指利用光或电子干扰手段隐蔽己方目标，比如施放光或电子干扰，使对方光电探测系统迷茫，或释放诱饵，使对方跟踪假目标。被动（无源）隐身技术则相反，是靠减少武器装备等目标的可探测信息特征来达到隐形目的的。

1.被动（无源）隐身技术

（1）隐身外形技术

外形是目标暴露的主要特征，现代兵器对外表形状处理得如何，将直接影响到反可见光和雷达侦察的效果。

防雷达探测隐身外形技术。目标的雷达散射截面积与雷达探测距离的4次方成正比，它直接决定着雷达的探测能力。因此，要想缩短雷达的探测距离，防雷达探测的外形设计也必须把缩小雷达散射截面作为武器系统隐身的重要措施。在外形设计时，应避免出现任何边缘、棱角、尖端、缺口等垂直相交的面，将这些部位设计成锐缘或弯曲缘，以抑制强天线型散射和谐振散射。

防可见光探测隐身外形技术。在可见光侦察条件下，目标的尺寸越小越难辨认；目标的外表形状越不规则，则外形轮廓也越不清楚。因此，隐身兵器的外形设计必须考虑到尽量缩小目标的外形尺寸。

（2）隐身结构技术

世界各国对兵器隐身结构的研究，是以整体结构和局部结构为对象，探索其组合规律和合理形式，达到减少目标被探测特征的目的。现代兵器的结构非常复杂，反光、声、电、热、磁探测的隐身结构技术应与之相匹配发展。

防雷达探测隐身结构技术。主要包括：合理设计发动机进气和排气系统；减少辐射源数量，尽量消除外露突起部分；采用遮挡结构；缩小兵器尺寸。

防红外探测隐身结构技术。主要是通过改造红外辐射源来抑制目标的红外辐射。其技术措施包括：采用散发热量较小的发动机；改进发动机结构，改进发动机喷射的设计；采用闭合环路冷却的环境控制系统，用以降低载荷设备的工作温度。

防电子探测隐身结构技术。主要包括：减少无线电设备；采用低截获概率技术改进电子设备；减少电缆的电磁辐射；避免电子设备天线的被动反射率。

防可见光探测隐身结构技术。主要包括：控制目标的亮度和颜色；控制目标发动机喷口的火焰和烟迹信号；控制目标照明和信标灯火；控制目标运动构件的闪光信号。

防声呐探测隐身结构技术。主要包括：改进发动机和辅助机的设计；采用减振和隔声装置；减少螺旋桨运动对介质的扰动噪声；合理进行目标整体设计等。

（3）隐身材料技术

隐身材料技术是隐身技术的关键技术。隐身技术的出现并取得突破性进展，在很大程度上与传统隐身材料的改造和新型隐身材料的研制是分不开的。目前已研制出的隐身材料类型很多，主要有以下几种：

吸波、透波材料。吸波材料是指对雷达波吸收能力很强的隐身材料。当雷达波照射到这种材料上时，由于吸收、散射等原因，使电波大量衰减而透过蒙皮（涂层）的部分电波照射到目标体内或目标体（非吸波材料制造）上后，又经目标体反射到蒙皮（涂层）上，再次被吸收、散射，最后只有一部分反射回雷达。

吸热、隔热材料。吸热材料是指那些热容量较大或能将热能转换成其他能量的材料。隔热材料是导热系数小、热阻大的材料。用于隐身兵器的吸热材料，由于热容量大、升高温度所需吸收的热量就较多，目标向外辐射红外线就较少；又由于材料能将部分热量转换成其他形式的能量，使目标向外辐射红外线的强度减弱。而隔热材料则可直接阻隔或大大减少目标向外辐射红外线。

吸声、阻尼声材料。使用吸声、阻尼声材料之所以能减弱、消除武器装备（特别是各类舰船、潜艇）的反射波，降低目标的辐射噪声，是因为这类材料具有优越的吸声性能。用于潜艇的吸声和阻尼声材料有吸声涂料和吸声瓦（降噪阻尼吸声橡胶片）两类。

对抗侦察监视，除了上述伪装、隐身等技术措施外，还有保密、机动、佯动、干扰、摧毁等措施。对付不同的侦察监视手段，应灵活采用不同的对抗措施。

2.主动（有源）隐身技术

被动（无源）隐身技术有其固有缺陷，如隐身外形会在一定程度上影响飞行器的气动性能和弹药装载量；吸波涂层会增加平台和武器的重量，影响其速度和机动性等。主动（有源）隐身技术可有效地克服上述弊病，获得更佳的隐身效果，因此近年来越来越受到青睐。实现有源隐身的主要技术途径有：

（1）采取有源抵消法

近年来，随着射频技术和计算机技术的发展，探知雷达波信号的相位成为可能。目标可在此基础上发射与敌方雷达波幅度相近、相位相反的电磁波，二者能量对消，从而使敌方雷达接收机合成方向图上的指示始终为零，雷达手无法发现目标。美国的B-2隐身轰炸机所装备的ZSR-63电子战设备就是一种主动发射电磁波的有源对消系统。

（2）采用低截获概率电子设备

为尽量减少机载电子设备电磁信号被截获的机会，通常采用如下措施：机载雷达自主管理发射功率，捕获到目标后立即将辐射能量自动降低到跟踪目标所需要的最小值；在时间、空间和频谱方面控制电子设备的电磁波发射；采用频率捷变技术。如美国的B-2、F-22等隐身飞机都装载了低截获概率雷达。

（3）采用主动伪装措施

在兵器上安装特殊照明系统或采用电致变色材料。目标与背景之间存在一定的对比度，这种对比度与颜色、表面反光特性有关。安装特殊照明系统可调节目标的表面亮度，降低或消除目标与背景的对比度；采用电致变色材料可使目标与背景颜色相近或一致，从而取得隐身效果。

3.当代隐身技术机理研究

近年来，美、俄、英、法等军事强国都加大了隐身技术的研究力度，研究范围不断扩展，新隐身技术机理研究取得突破，一批新型隐身材料研制成功并投入使用。可以预见，隐身兵器和作战平台将会有较大的发展，并逐步实现全天候、全天时、多功能的隐身，

"隐身战场"正在形成之中。

在外形隐身、材料隐身、结构隐身等传统隐身技术的研究基础上，各国都在不断探索新的隐身机理，主要有以下几种：

（1）仿生学隐身技术

在自然界中，许多动物都有天生的隐身本领，为隐身研究提出了一些有趣的课题。比如，为什么变色龙能根据背景环境而变化颜色？燕八哥与海鸥的大小相近，为什么雷达截面只是海鸥的1/200？蜜蜂的体积远小于麻雀，但为什么雷达截面反而比麻雀大16倍？科学家们正在研究这些现象，以寻求新的隐身机理和技术。

（2）等离子体隐身技术

实验证明，飞机、舰船、卫星等兵器的表面形成等离子体层后，雷达波会被吸收或折射，从而使反射到雷达接收机的能量减少。例如，应用该隐身机理研制的13厘米长的微波反射器，在4～14吉赫的频率范围内，可使雷达接收的回波能量减少到原来的1%。等离子体不仅可吸收雷达波，还能吸收红外辐射，具有吸收频带宽、吸收率高、使用简单、寿命长等优点。等离子体隐身技术已在俄罗斯部分战斗机上使用，隐身效果可与美军目前的隐身战斗机相媲美，并且不影响飞机的气动性能，为飞机隐身开辟了一条新途径。

（3）微波传播指示技术

这种技术是利用计算机预测雷达波在不同大气中的传播特点来实现的。大气层的湿度、温度等环境因素的变化能够改变雷达波的作用距离，使雷达波在传播过程中发生畸变，以致在雷达覆盖范围内产生"空隙"，即盲区。同时，雷达波在大气中以"波道"形式传播时，能量集中于"波道"内，"波道"外几乎没有能量。如果掌握了不同气候条件下的微波传播规律，通过计算和预测，使突防兵器在"空隙"内或"波道"外通过，就可以避开敌方雷达的探测，达到隐身的目的。

（4）有源隐身技术

有源隐身技术主要是利用光电、红外等主动干扰手段隐蔽目标。其主要技术途径：削减和抵消敌人探测信号；使敌方雷达、红外探测仪出现大面积的虚假特征信号。美国国防部预测；在未来15年内，战场军事装备将采用有源射频、红外隐身技术来部分取代、以减少雷达、红外特征信号为主要途径的被动隐身技术。2015年，美国战场军事装备还装配了"一体化欺骗装备"，使其免受敌方袭击。

4.隐身材料简介

隐身材料是兵器实现隐身的重要手段，其开发和运用是隐身技术发展的关键环节之一。目前已在使用和尚在研制的新型隐身材料如下：

（1）宽频带吸波剂

目前隐身吸波材料中多使用磁性吸波剂，存在吸收频带窄、密度大、不易维护的缺点。各国正在竞相开发各种新型吸收剂，如美国开发的席夫碱盐吸收剂，在受到雷达波照射时，其分子结构会轻微而短暂的重新排列，从而吸收电磁能量，使雷达波衰减80%，而其重量只有铁氧体材料的10%；欧洲推出的多晶铁纤维吸收剂，是一种磁性雷达波吸收剂，重量较一般的雷达吸收涂层轻40%～60%，可在很宽的频带内保持高吸收率，实现了雷达吸收材料薄、轻、宽频带的目标。该项技术已用于法军的战略导弹和无人飞行器。

（2）高分子隐身材料

高分子隐身材料研制周期短、投资少、效益大，极具发展潜力。其中的导电聚合物结构多样、密度低、物理化学性能独特、能与无机磁损耗物质或超微粒子复合，可发展成为一种新型的轻质、宽带微波吸收材料。高分子的光功能材料能够透射、吸收、转换光线，有的材料在光的作用下可以变色，它们将在红外和可见光隐身技术中大显身手。

（3）纳米隐身材料

当材料的尺寸达到纳米级时，会出现小尺寸效应、量子效应、隧道效应、表面和界面效应，从而呈现出奇特的电、磁、光、热特性，使一些纳米材料具有极好的吸波特性。如纳米级的氧化铝、碳化硅材料可以宽频带吸收红外光；某些纳米金属粉对于雷达波不仅不反射，反而具有很强的吸收能力。美国研制出的"超黑粉"纳米吸波材料，对雷达波的吸收率高达99%。这些纳米隐身材料可用来制成吸波薄膜、涂层或复合材料。

（4）手征材料

所谓手征，是指一种物质与其镜像之间不存在几何对称性，且不能通过任何操作使之与镜像相重合。研究表明，具有手征特性的材料能减少入射电磁波的反射并能吸收电磁波。在基体材料中掺杂手征结构物质，可形成吸收雷达波的手征复合材料。

（5）结构吸波材料

吸波性能优良的结构材料主要有层板型、蜂窝型与复合型，一般以热塑性材料（如环氧树脂）为基体与吸波剂混合，并用玻璃纤维、碳纤维、芳纶纤维、碳化硅纤维进行增强而成。新研制的结构型吸波材料不仅对雷达波、红外线有很高的吸收率，而且具有较好的承载能力，容易维护，发展潜力很大。采用碳纤维增强的热塑性树脂结构吸波材料作为武器系统的主承力结构，不仅具有良好的透波、吸波性能，而且强度高、韧性大、质量轻，可使武器减少自重、增强机动性能。美国计划大量使用结构型吸波材料，把"联合攻击战斗机"（JSF）研制成一种表面不用任何涂层的隐身飞机。

（6）智能隐身材料

智能隐身材料是一种具有感知功能和信息处理功能，可通过自我指令对信号做出最佳响应的功能材料。它具有自动适应环境变化的优点，如表面喷涂了智能材料薄膜层的飞行器可自动检测并改变表面温度，控制红外辐射特征。智能隐身材料将广泛应用于武器平台，使其具有自检测、自监控、自校正、自适应功能，为实现智能型隐身提供技术上的可能。

5.当代隐形武器简介

采用隐形技术，不易被敌方发现的武器称为隐形武器。随着科学技术的发展，隐身技术研究也有了突破性进展；更由于战争的需要，各种隐形武器也相继出现，并且在实战中发挥重要作用。目前比较成熟的有隐形轰炸机、隐形战斗机、隐形侦察机、隐形巡航导弹等，而隐形坦克、隐形战舰等正在研制中。

（1）隐形飞行器

隐形飞行器特别是隐形飞机是研制和取得成果最多的隐形武器，其发展主要有以下几个特点：①将形成完整的体系结构；②隐形性能将不断得到加强，飞行器雷达截面将不断缩小；③多种隐形特性复合运用，能够对抗多种侦察手段；④重视对现役飞机的改装，使其具有部分隐形性能。

在隐形技术方面美国居世界领先地位，第一代（如F-117）、第二代（如B-2）隐形战斗机已服役并取得了实战经验，第三代隐形战斗机正在研制当中，并于不久将装备部队，如F-22、MRF多用途战斗机，RAH-66"柯曼奇"侦察攻击直升机等。此外美国还注重各种现役飞机的改装，如F-16C/D、F/A-18E/F和OH-58D等。其他国家如俄罗斯的米格—31、苏-27战机，日本的TV无人侦察机，加拿大的CL-227"哨兵"隐形飞机，西欧国家联合研制的欧洲战机（EFA）等均具有了一定的隐身性能。

（2）隐形战舰

隐形战舰的研究是20世纪90年代开始兴起的，与隐形飞机一样，其主要目的是为了使舰船具有低可探测性和高生存能力。隐形战舰的隐形途径主要有：①改进舰体的上层建筑，采用吸波和透波材料，采用尾流隐蔽技术等来缩小舰船的雷达散射截面。②采用超低声发动机、辅助机和传动部件，采用隔音罩、消声装置等技术来降低舰船的噪声辐射。③采用隔热和涂敷绝热层等技术抑制舰船的红外辐射。④改进电子设备，减少电缆辐射的技术抑制舰船自身的电磁特征。目前，各国都重视隐形战舰的研制，美国研制的隐形战舰种类最多，其中最引人瞩目的是"海影"远洋隐形战舰。

## 三、火眼金睛的侦察监视技术

### （一）侦察监视技术概述

**1.侦察监视技术的基本概念**

现代侦察监视技术是指为发现、识别、监视、跟踪目标，并对目标进行精确定位所采用的一系列技术措施。

随着现代科学技术特别是高技术的发展，现代侦察监视技术已经取得了并正在不断取得突破性进展，基本上实现了全方位、全天候、多手段的侦察，成为获取对方信息的最主要技术手段。它可以为指挥人员的决策提供及时、全面、准确的情报信息，是夺取战争胜利的重要保障。

**2.影响侦察的基本因素**

**（1）目标的特征信息**

目标所产生的声、光、电、磁、热力等信息，称为目标的特征信息。现代侦察监视是以目标特征信息的暴露为前提的，目标不同，其特征信息必然不同。目标特征信息的强弱与背景反差等，都是影响侦察识别、探测距离的重要因素。战场目标最主要、最直接、最便于使用遥感方式探测的特征信息是目标本身辐射或发射的各种波（电磁、声波等）。各种目标辐射或反射波的形式和能力是不同的。几乎所有的目标都能够辐射红外线，并且有反射电磁波的特性；某些目标（雷达、电台）还能够辐射强烈的电磁波；目标在运动时还不可避免地发出声波，从而为现代侦察监视技术设备的探测，提供了目标的特征信息。

（2）地形、地物条件

各种光学侦察设备、地面侦察雷达都要求通视条件良好，而地形起伏、高大地物遮障、地球曲率都会给这部分侦察设备观察目标带来障碍。

（3）气象条件

侦察器材受暗夜和气象条件的影响程度，取决于它们采用的工作波长，波长越短，频率越高，受到的影响越大。例如，暗夜使工作在电磁频谱最高段的光学器材失去作用；烟、雾、雨、雪则降低红外器材的效能，而对雷达的影响较小；大的降水影响高频雷达的工作，而对低频雷达的影响较小。因此，要具备全天候、大空域、全天时的侦察监视能力，就必须综合运用各种技术侦察手段，才能完成侦察保障任务。

（4）人为条件

现代战争战场瞬息万变，对方又采用各种手段千方百计地阻挠己方侦察。随着科学技术的发展，反侦察手段也有所进展，比如隐身技术、伪装技术等。这就对侦察监视技术提出了更高的要求，不仅要具备全天候、大空域、全方位的侦察监视能力和必须综合运用各种技术的侦察，而且还要不断运用高技术，改进侦察设备。只有这样，才能及时、准确、全面地掌握对方信息。

3.现代侦察技术的分类及侦察系统的工作进程

（1）现代侦察技术的分类

现代侦察技术主要是指应用现代高技术手段进行的侦察。它按照各种运载侦察装备平台的活动空域，分为地面侦察、水面（下）侦察、空中侦察、航天侦察四类；按照侦察任务范围，分为战略侦察、战役侦察和战术侦察；按照侦察活动的方式，分为武装侦察、谍报侦察和技术侦察；按照不同兵种的任务范围，分为陆军侦察、海军侦察、空军侦察和战略导弹部队侦察；按照侦察监视所采取的手段，分为观察、窃听、搜索、捕俘、火力侦察、照相侦察、雷达侦察、无线电侦察、调查询问、搜索文件资料等；按照实现探测知识的技术原理，分为光学侦察、电子侦察、声学侦察三类。

（2）侦察系统的工作过程

高技术侦察系统的工作过程为：获取目标的特征信息；以波的形式通过介质对获取的情报信息进行传输；接受输来的情报信息；对情报信息进行加工、处理、分析、判断；将侦察监视得到的目标信息直接传递到指挥所信息处理显示设备，为指挥提供决策所需的准确情报。

（二）现代侦察监视技术的主要种类

1.无线电侦察技术

无线电侦察技术分为无线电通信信号接收、测向和无线电非通信信号接收、测向两大类。详细内容请参看电子对抗有关章节。

2.照相侦察技术

照相侦察技术，是依靠照相机摄取目标图像，从而获取情报信息的一种技术。照相侦察技术包括可见光照相侦察、红外线照相侦察、紫外线照相侦察、多光谱照相侦察、微波照相侦察、激光照相侦察等。

（1）可见光照相侦察

可见光是波长为0.39～0.76微米的电磁波，它能引起视觉，故称为可见光。可见光照相根据使用胶卷的不同可分为黑白照相和彩色照相。由于人眼对色彩的分辨本领较高，所以彩色照相可以增加分辨物体的信息量，并易于判读。

（2）红外线照相侦察

红外线的波长范围为0.76～1 000微米，它位于可见光谱的红外端，故称为红外线。红外线照相是红外胶卷对目标和背景反射和辐射的红外线感光形成的影像。它的主要优点有：

配合黑白照相，以弥补其色调的不足。在红外照片上，由于植物的色调很浅，所以桥梁、码头等目标就明显显现出来，而上述目标与背景在黑白照片上色调差别不大，故不易区分。因此，红外照片与黑白照片相配合使用，更便于准确详细地判读目标。

一是能揭露部分伪装。由于绿色植物对红外线的反射率要远高于一般绿色颜料，因此涂上绿色保护漆的军事目标即使处于绿色植物背景中或覆盖反可见光伪装网，在红外照片上依然容易被识别发现。二是能在烟雾中使用。由于景物反射的红外光在烟雾中衰减较小，故在烟雾中进行红外照相容易获得目标图像信息。

（3）紫外线照相侦察

紫外线波长范围为0.1～0.39微米，它在可见光谱的紫外端，故称为紫外线。照相机镜头上装上紫外滤光镜，就可以进行紫外线照相。由于白雪对紫外线的反射率很高，而一般白色颜料及大多数材料对紫外线的反射率较低，所以紫外线照相可用于揭露雪地上涂有白色颜料的伪装目标。

（4）多光谱照相侦察

多光谱照相是在可见光照相的基础上，通过各种滤光片和多种感光胶片的组合，向红外和紫外两个方向扩展而形成的一种照相方法。它能够把同一目标发射的各种波长的电磁波（目标的光谱）划分为若干窄的波段（光谱带），在同时间内，由几台仪器分别在各个不同光谱带上对同一目标进行照相，然后将图像资料进行加工处理，并绘制成光谱曲线，再以同样的方法将预先测得的各种目标反射与反射光谱曲线作比较，就可以鉴别出目标的类型。

（5）微波照相侦察

微波照相是利用无线电回波或目标自身辐射的微波形成图像的一种照相方法。微波照相不受气象条件、光照条件的限制，并且有利于揭露隐蔽和伪装的目标，显示目标景象。

（6）激光照相侦察

激光照相是利用激光良好的相干性实现的非透镜成像。这样照相记录了目标的全部光信息，因此又称为全息照相。其优点为：①观看全息底片近似于观察实物，即改变观察角度，可以看到原先被障碍物挡住的部分；②全息底片的任何小的一块，都能再现拍摄的完整画面；③同一底片可使用不同频率的激光束拍摄不同的画面，目前，同一底片最多可拍摄150幅画面而不相混淆。激光全息照相的照片生动逼真，立体感强，分辨率高，容易判读，为军事侦察提供了良好的应用前景。

3.雷达侦察技术

雷达侦察技术是利用物体对无线电波的反射特性来发现目标和测定目标状态（距离、高度、方位角和运动速度）的一种侦察手段。

（1）雷达的组成及工作原理

雷达由天线、天线控制设备、调谐机构、接收机和终端设备等部分组成。雷达侦察的基本原理为：用雷达对抗侦察设备，对敌方各种雷达设备所发射的信号进行侦收、检测、识别、分析、定位和处理，以查明敌方武器装备的类型、用途、性能和配置，并测定其各种参数，实施警告和引导干扰或为火力摧毁提供坐标。

（2）侦察雷达的类型及应用

预警雷达。预警雷达一般采用相控阵或超视距技术，其作用距离在1 000～5 000千米之间，能在远距离上探测到各种远程导弹或轰炸机，根据探测数据提供早期的预警。

中、近程对空侦察雷达。中、近程对空侦察雷达探测的目标主要是各种作战飞机、巡航导弹、直升机、无人驾驶机等。这种雷达的作用距离在150～200千米之间，主要担任防空系统的空情侦察任务，也可以对我方飞机导航或对制导雷达作方向引导。

炮位侦察雷达。炮位侦察雷达主要用于对敌人发射火炮的位置进行测定，并能为己方炮兵射击校正弹着点，其作用距离一般在20～50千米之间。

战场侦察雷达。战场侦察雷达主要用于对战场各种地面活动目标进行侦察，也可以对超低空飞行的直升机、地地导弹进行侦察。这种雷达按照最大作用距离可分为：近程侦察雷达，探测距离为10千米以内；中程侦察雷达，探测距离为30千米以内；远程侦察雷达，探测距离为30千米以上。

海岸侦察雷达。海岸侦察雷达是以海上各种舰、船、低空飞行的飞机、岸舰导弹为主要侦察目标。这种雷达具有较强的海浪杂波信号（海浪强烈反射雷达波）抑制能力，探测距离一般在100～200千米之间。

4.传感器侦察技术

（1）地面侦察传感器

地面侦察传感器是一种能够对地面目标所引起的战场环境的物理场变化进行探测的小型侦察设备。它能够适应各种环境，全天候、全天时、被动式地连续工作。它可用飞机空投、火炮发射，或人工埋设到交通线上和敌人可能入侵的地段，侦察敌人地面目标活动情况，或者在己方要地担任警戒任务。

地面传感器依据其探测器的工作原理，可分为声响传感器、震动传感器、磁性传感器、红外传感器、应变电缆传感器等类型。

声响传感器的探测器是一个传声筒，其工作原理与麦克风和调频发射机的工作原理相同。声响传感器的优点是能够鉴别目标是人员还是车辆，根据人员谈话可以判明是敌方还是己方，根据车辆的声响可以判明其种类。其探测范围，一般对人员正常谈话可以达到40米，对运动车辆可以达到数百米。如美国陆军使用了一种悬挂在树上的被称为"音响浮标"的装置，探测距离为300～400米，接近人的听觉范围。

震动传感器是通过震动探头（也叫拾震器）拾取地面震动波来探测目标的类似于记录

地震和原子弹爆炸震波的地震仪。震动传感器分为空投式和地面安放式两种，主要用来接收人员或车辆活动造成的地面震动信号。震动传感器的灵敏度高，可探测到30米处行走的人员或300米处行进的车辆，但其探测距离受土质和地形影响较大。坚硬土质探测距离远，松软土质探测距离近，洼地、沟壑、溪流几乎可以使拾震器失去作用。

磁性传感器的探测器为一个磁性探头，其工作原理与金属检测器相同。当由铁磁金属制成的物体，如步枪、车辆等进入磁性传感器的探测范围时，传感器便发出警报信号。其探测范围，对武装人员在5米之内，对轮式车辆在15米以内。

红外传感器是利用钽酸锂（LiTaO）受热释电的原理而制成的无源被动式探测器。该探测器通常隐蔽地布设在监视地区（道路）附近，当目标经过时，红外探测头即吸收目标发出的红外辐射，释放电荷，变成电信号输出。它能发现视角扇面内20～50米以内的目标。其优点是：体积小，无源探测，隐蔽性好；响应速度快，能探测快速运动的目标，并能测定目标方位。不足之处是：必须人工布设，探测张角范围有限，没有辨别目标性质的能力。

（2）水下侦察传感器

水下侦察传感器主要是"声呐"。声呐是接受水中声波的装置，主要用于对水中目标的搜索、测定、识别和跟踪，也可以用于水声对抗、水下通信、导航和对水下武器（鱼雷、水雷等）的制导或控制。

声呐的基本原理是：捕捉、接收水声信号，将水声信号转换成电信号，经过放大处理后，由显示控制台显示定位。其按工作方式可分为被动式声呐和主动式声呐。被动式声呐又称为噪声声呐，它本身不发射声波信号，靠捕捉水面和水下目标（水面舰艇、潜艇、鱼雷等）在航行和工作时所产生的噪声，来搜索目标并确定其方位、距离和速度。主动式声呐又称为回声声呐，它本身发射声波信号，靠目标反射的回波信号来搜索测定目标。

5.其他侦察技术

侦察监视技术除无线电、照相、雷达和传感器侦察技术外，还有战场窃听侦察、电视侦察和炮位声测侦察等技术。

战场窃听侦察，是以偷听敌人语音来获取情报的一种手段。其基本样式可分为：声音窃听、电话窃听和激光窃听。

电视侦察，是利用电视技术获取图像情报的一种技术。其特点是：①音像共存，景象直观；②情报传递速度快，传播面广，时效性强；③可搭载各种平台实现立体侦察；④具有全天时侦察能力。

炮位声测侦察，是利用声音探测装置发现敌人正在发射的炮兵阵地，确定其位置以引导己方炮兵或火箭兵以火力进行压制或摧毁的一种技术。声测设备是一组（至少有两个）分开配置的听音器，假设火炮发出的声音，以已知速度均匀地向外传播，到达各听音器时就会出现时间差，根据每两个听音器之间的距离（声测基线）和听到声音的时间差，就可以确定火炮位置。其特点是：①不受能见度限制，可全天侦察；②不受透视条件限制，可在山地森林实施侦察；③受战场无关声音的影响较小，当无关声源（如飞机、坦克）距离听音器大于400米时，一般不影响声测作业；④既可侦察敌方的炮位，又可为己方火炮校正弹着点；⑤属于被动式侦察设备，隐蔽性较好。

（三）侦察监视技术在军事上的应用

现代侦察监视技术在军事上的应用，按空间地域及其运载工具的不同，可分为地面侦察、海上侦察、航空侦察、航天侦察。

1.地面侦察

地面侦察是指在陆地上进行侦察与监视，可分为便携式侦察和机动侦察，可执行战略、战役、战术侦察任务。常用的侦察设备有：可见光照相机、望远镜、潜望镜、观察镜、瞄准镜；各种红外光、微光、激光、电视、声测等侦察观测器材，地面传感器、地面侦察雷达、装甲侦察车、无线电技术侦察设备、电话窃听器等。

在现代化装甲侦察车上装备有各种侦察观测设备，如大倍率光学潜望镜、主动红外观察镜、激光测距仪、地面导航仪、红外报警仪、战场侦察雷达、核生化探测器等先进的侦察设备。

2.海上侦察

海上侦察主要分为水面舰艇侦察、海军航空兵侦察和两栖侦察，可用于执行战略、战役、战术侦察任务。常用的技术装备有：舰艇警戒雷达、声呐、各种红外、微光、激光、电视等光电侦察设备；潜望镜等光学观察设备；红外搜索仪、水声侦察仪、雷达侦察仪、磁力侦察仪，以及电子侦察设备等。

3.航空侦察

航空侦察是指使用航空器在环绕地球的空气间，对敌方活动、阵地等情况进行的侦察与监视。航空侦察使用的平台有：飞机、飞艇、飘浮气球、系留气球和旋翼升空器等，其中又以有人驾驶侦察机、侦察直升机、无人驾驶侦察机和预警机为主。航空侦察主要用于执行战略、战役、战术侦察任务。

航空侦察设备主要有：可见光照相机、红外照相机、红外前视设备、侧视雷达、红外扫描仪、多光谱照相机、激光扫描相机、电视摄像机、合成孔径雷达、机载预警雷达、微波辐射仪、无线电技术侦察设备等。

4.航天侦察

航天侦察按使用的航天器的不同可分为卫星侦察、宇宙飞船侦察、空间站侦察和航天飞机侦察。航天侦察主要用于战略侦察，也可以进行战役、战术侦察。

卫星侦察是使用人造卫星进行的侦察。根据任务和侦察设备的不同，侦察卫星又分为照相侦察卫星、电子侦察卫星、海洋监视卫星、预警卫星和核爆炸探测卫星等。

航天侦察的设备主要有：可见光照相机、电视摄像机、多光谱照相机、各种扫描仪、红外线探测器、侧视雷达、无线电技术侦察设备及探测核爆炸用的X射线、γ射线、中子探测器等。

（四）高技术侦察特点和发展趋势

1.空间上的立体化

由于现代武器的射程急剧增加，部队的机动能力迅速提高，现代战争必然是大纵深的立体战争。为了适应这种特点，侦察与监视体制必然是由空间、空中、地（水）面以及水下侦察系统组成的战场立体侦察系统。众所周知，各种侦察与监视系统虽然各有自己的优点，但也都存在着各自的局限性。然而，当人们把性能互补的几种侦察系统组成一个有机的综合体系时，就可以在侦察与监视的地域、时间、周期以及情报的处理和利用方面，取长补短，互相补充，互相印证，从而获得准确、完整的情报。

海湾战争中，以美国为首的多国部队部署了适应立体战场的侦察情报设备或平台系统。其中，空中侦察有侦察卫星23颗，各种侦察机、预警机和无人驾驶机130多架；海上侦察有各种舰船装载的信号监听、测向和电子支援系统以及雷达监视系统；地面侦察有装甲侦察车、战场侦察雷达、炮位侦察雷达、战场电视、地面遥感和传感器热成像仪、光电侦察设备以及谍报侦察等。这些装备（或手段）遍及天、空、地、海之间，组成了远中近程、高中低空的全方位、多层次、多手段的立体侦察监视体系，形成了各具特色、性能互补、全天候、全天时侦察监视网，为制定作战行动计划，确定武器攻击的目标，发挥武器装备效能等提供了可靠的情报保障。

2.速度上的实时化

情报的价值首先取决于其实效性。现代战争的作战方式转换快、战斗节奏快、战场情况瞬息万变，因而要求军事侦察尽量缩短获取、传递和处理情报的时间，以使侦察情报具有一定的实时性。

海湾战争中，美国使用"锁眼"KH-11照相侦察卫星拍摄到的战场地物图像，经卫星上数—模转换器变成数字信号后，立即传送到华盛顿国家判读中心还原成高分辨率（0.15～0.3米）地面图像，供判读人员使用，全部过程在1.5小时内即可完成。

上述快捷、高效的实时侦察能力，得益于高技术的侦察监视技术手段和以计算机为核心的军队自动化指挥系统。它们组成的侦察监视系统，提高了收集、分析、处理、传送战场信息的实效性，能够为指挥员提供及时准确的战场情报。

3.手段上的综合化

现代高技术战争首先是信息总体战，单靠某一种侦察手段难以完成侦察情报保障任务，因此必须依靠诸兵种的合成侦察力量，综合运用各种技术侦察手段，以形成整体侦察的最佳功能，才能满足部队作战的需要。当今世界各国侦察监视系统都向多频段、多传感器综合使用的方向发展。这种系统能把可见光、红外、夜视、电视、激光、雷达等各种侦察技术有机地组合起来，形成功能齐全的综合化侦察系统。美国的"锁眼"KH-12照相侦察卫星，既能将目标成像，又能侦察各种电磁波信号；美军"升降式目标侦察系统"在M113型装甲车上装有战场侦察雷达、前视红外仪、电视、激光测距目标指示器，以及射频干扰仪，可对目标的多种频段信息特征进行侦察定位，为战斗行动提供全面的侦察保障。

4.侦察与攻击一体化

具有高技术武器装备的部队，基本上实现了情报、指挥与控制、打击一体化。当今，美、俄、英、法的战斗机，除装备有先进的脉冲多普勒火控雷达外，还装有前视红外仪、红外搜索跟踪系统、微光电视设备、夜视眼镜及地形跟踪雷达等，能在各种恶劣的天气和夜幕条件下作战，实施侦察搜索和有效的攻击。如美国的F-117隐形战斗轰炸机，机上装有红外搜索跟踪系统和激光测距目标指示系统，夜间飞行性能好，一旦发现目标，只要机上瞄准具的十字线对准目标，激光制导炸弹就可以准确无误地击中目标。美国M1A1、英国"挑战者"2、苏制T-80型主战坦克，都装有先进的光电侦察设备，能够在昼夜间搜索目标进行攻击。

5.更加注重提高侦察监视系统的生存能力

由于侦察监视系统本身存在一些缺点，同样可以被对方的侦察监视系统反侦察，更由于现代反侦察手段的不断提高，特别是精确制导武器的威胁，侦察监视系统的生存能力越来越受到各国的重视。比如，反卫星导弹、反激光武器的出现，高空中的卫星不再是"高枕无忧"，而是要不断地提高反攻击、反电子干扰、反辐射的能力。

## 四、兵不血刃的电子对抗技术

随着科学技术的不断发展，电子技术几乎渗透到军事技术的各个领域。电子技术水平的高低和装备数量的多少，已成为军事系统现代化水平高低的重要标志之一。包括$C^3I$系统在内的一切军事电子系统的效能能否充分发挥，将直接影响现代化武器系统乃至整个军事系统的综合作战能力。敌对双方围绕电子系统使用效能的削弱与反削弱、破坏与反破坏的斗争——电子对抗，已成为现代战争的显著特征和重要组成部分。

（一）电子对抗概述

1.电子对抗的定义

电子对抗是指采用各种措施、行动（比如利用电磁能或定向能）以攻击、削弱、破坏对方电子设备（系统）的使用效能，保护己方电子设备（系统）正常发挥效能的斗争。

电子对抗（电子侦察、干扰）一般不能直接对敌方人员和武器装备构成杀伤，但它能使敌人无线电通信指挥系统失灵、雷达迷茫、火炮和导弹系统失控，为保卫自己和大量杀伤敌人有生力量创造条件。因此，电子对抗对夺取战争中的制海权、制空权，甚至整个战争的主动权具有重要意义，其地位越来越重要，已成为军事电子技术中发展最快的领域之一。

在国外，电子对抗通常被称为电子战。1993年，美军将电子对抗定义为：电子战是利用电磁能和定向能以控制电磁频谱，或用电磁频谱攻击敌方的任何军事行动。电子对抗与电子战的实质相同。

2.电磁频谱

电磁是物质所表现的电性和磁性的统称，如电子感应、电磁波。频谱则是一个信号的各次谐波，同一个信号参数可以是幅度和相位。电磁频谱是这两者的总称。

按照使用的电磁频谱，运用电磁能量来探测、确定、削弱或瓦解敌方使用的电磁频谱，同时又能保障己方正常运用电磁频谱的军事行动，是电子对抗的重要组成部分。目前，雷达电子对抗的频段有米波、分米波、厘米波和毫米波四个波段。进入光波波段，则称为光电对抗，包括红外对抗、电视对抗和激光对抗等，主要用来对付红外探测、夜视设备和激光雷达，以及对付红外、电视、激光制导的武器系统。在电子对抗斗争中，光电对抗是近年来发展最快的电子对抗领域。

3.电子对抗的主要内容

电子对抗的主要内容有无线电通信对抗、雷达对抗、光电（红外、激光）对抗等。

（1）无线电通信对抗

无线电通信对抗简称通信对抗。通信的目的是传递信息。语音通信中的信息是语言，以差错率（误码率、误比特率）衡量。数字通信中的信息是数据，将原始数据如语言、文字、图像等变成数字通信脉冲编码信号而实现信息交换的方式，称为数字通信。无线电通信是把信息从发射端传送到接收端，通信系统的质量以有效性、可靠性、抗干扰性指标衡量。通信对抗是指为削弱、破坏敌方无线电通信设备的使用效能，保护己方无线电通信设备正常发挥效能而采取的各种措施和行动的统称。其基本内容包括通信对抗侦察、通信干扰和通信电子防御等。

通信对抗侦察，是为获取通信对抗所需的情报而进行的电子对抗侦察。其主要通过搜索、截获、分析和识别敌方无线电信号等方式，来查明敌方无线电通信设备的频率、频谱结构、调制方式、功率电平、工作体制、配置位置以及通信规律、通信网络的性质和组成等。

通信干扰，是为削弱或破坏敌方无线电通信效能而进行的电子干扰。按干扰性质，无线电通信干扰可分为压制性通信干扰和欺骗性通信干扰。欺骗性通信干扰又叫做通信欺骗。通信干扰的目的，在于破坏、降低敌方通信系统工作的有效性和可靠性。一般雷达的发射和接收是在同一地点，而通信的收、发则分在两地，往往不知接收端的位置，通常只能在较大方位范围实施干扰。通信干扰信号对通信发射端不产生干扰作用，仅对通信的接收端进行干扰。当通信干扰信号特征与通信信号特征接近吻合，接收机难以区分干扰信号时，干扰效果最佳。

通信干扰的方式与雷达干扰方式类同，有窄带噪声和连续波单音干扰（瞄准式）、宽带噪声干扰（阻塞式）和扫描调频干扰（扫描瞄准式）。语音通信干扰的调制方式有等幅报、调幅报、移频报、单边带等。对不同通信方式必须使用不同的最佳干扰方式，对语音通信的干扰使系统信噪比下降，接收端听不清，对数字信号的干扰使系统信噪比下降，误码率增加，信息无法恢复。

通信电子防御，是电子防御的重要组成部分，是为保护己方电子设备及其系统正常发挥效能所采取的措施与行动，主要包括反电子侦察、反电子干扰和反辐射武器等。该防御通常由雷达、无线电通信等专业部（分）队和使用各种电子设备的战斗部（分）队，按统一计划分别组织实施。

（2）雷达对抗

雷达是通过发射探测脉冲并接收被照射目标回波来发现、测定目标的空间位置并可对目标进行跟踪的设备。雷达对抗是指与敌方雷达和雷达制导导弹系统及火控系统做斗争的各种战术和措施的总称。它利用专门的电子设备或器材，对敌方雷达设备做斗争，以阻止敌方雷达获得电磁信息，减弱和破坏武器系统的效能和威力，同时保护己方的电子设备及武器系统在敌方干扰条件下仍能发挥效能和威力。其中，进攻性对抗措施主要包括雷达的侦察、干扰、伪装、欺骗和摧毁。

1942年9月，美国海军首次在实战中应用了雷达对抗。雷达对抗发展最早，技术更新最快，对抗频段分布最宽，是综合技术发展最受重视的一个专业领域。70多年以来，雷达对抗技术和装备发展迅速，其战术应用效果明显。由于雷达对抗装备能够及时发现雷达的照射，快速测量雷达信号参数和识别威胁，可对最具威胁的雷达进行干扰破坏，从而使对方的雷达迷茫，雷达制导的导弹系统和火控系统失效，因而成为现代防空系统以及飞机、军舰等高级平台保卫自己、消灭敌人必须具备的电子技术设备。

雷达对抗与反对抗的斗争，其实质是电磁信息的斗争。雷达对抗按技术的不同可分为：雷达对抗侦察、雷达干扰和反辐射摧毁等。雷达的电子进攻和雷达本身的电子防御，常被称为"雷达对抗"和"反雷达对抗"。

随着雷达对抗技术的不断发展，现代雷达对抗技术的特点和要求是：发展单倍频程、多倍频程的天线，微波元件和功率器件的圆极化和多种极化，以适应对各种雷达的侦察、干扰；雷达干扰机应有尽可能高的功率，特别是高的连续波功率；全频段、全空域的侦察干扰能力；适时快速的信号处理能力，以适应高密度、多威胁目标的信号环境；能够准确获取雷达的多种参数，具有掌握各种雷达"指纹"的能力；综合使用多种对抗技术，对付多部雷达的能力；具有多种技术设备，对雷达技术发展具有快速反应的能力。

未来战争中，雷达对抗与反对抗斗争将更加激烈，雷达对抗可在空间、地面、海上和水下进行，促使了"空中电子战"的迅速发展。

（3）光电对抗

光电对抗包括光电侦察与反侦察、光电干扰与反干扰、光电制导与反制导、光电隐身与反隐身、光电摧毁与反摧毁等。

为避免雷达对抗的影响，第二次世界大战后主要军事大国都继续研究红外线在军事上的应用。1950年，美国研制成功第一个无源红外线制导系统，首先在AIM-9"响尾蛇"导弹上应用，使之具有了较高的跟踪精度。随着该导弹的装备，红外对抗从此应运而生。美国海军作战飞机在配备红外制导导弹的同时，还在飞机上配置了红外探测瞄准设备，此后其他作战飞机也陆续配置了与雷达报警设备功能相似的红外告警设备及红外对抗手段，以破坏红外制导导弹的跟踪效果。

在越南战场，20枚激光制导炸弹摧毁了17座桥梁。马岛战争中英军用ALM-9L攻击阿根廷的幻影飞机，发射了27枚导弹，击落了阿根廷24架飞机。海湾战争中，许多重要军事目标是由光电制导武器毁伤的。目前世界上光电制导的武器已有100多种，美国在研的红外制导导弹有30多种，红外成像制导导弹和激光制导武器各20多种。

光电对抗频段包括激光、红外与可见光频段。光电制导包括红外点源制导、红外成像制导、红外—雷达复合制导、红外—紫外双色制导、激光制导及电视制导等十几种，其产品有数十个型号。光电威胁频谱宽：紫外波段0.2～0.4毫米；可见光波段、激光波长分别为0.53～0.904毫米、1.06～10.6毫米；红外波段1～3毫米、3～5毫米、8～14毫米。光电威胁是全方位、全天候的威胁。光电电子对抗的样式与雷达电子对抗类同，包括攻防两个方面，但其频段高（波长短），技术难度大，已构成独立的光电对抗领域。

光电对抗的主要设备有激光测距机、激光雷达、红外侦察、电视跟踪等十几个类型、数百个型号。光电对抗侦察主要是指截获对方的光电辐射信号、测量技术参数，分析、识别辐射源类型，判断截获性质，获取战术情报等。

4.电子对抗的产生和发展

1906年，德国的富勒斯特研制成功了世界上第一只可以对无线电信号起放大作用的真空三极管。这是电子技术发展史上的一次重大突破，它既促进了军用无线电报、电话和广播事业的迅速发展，也为电子对抗准备了条件。

第一次世界大战中，电子对抗作为一种作战手段引起了军事家的兴趣。第二次世界大战前夕，各军事强国都努力发展自己的军用电子技术，旨在争夺电磁优势。1937年2月，英国政府决定在英国东部和南部沿海地区设置雷达网，该项工程于1939年夏季全面完成。第二次世界大战期间，英国东部沿海的雷达网在保卫英国三岛的战争中，发挥了重要作用。

第二次世界大战后，电子对抗进入了一个缓慢发展时期。直至1947年末，美国贝尔电话实验室的三名物理学家肖客莱、巴丁和布拉坦研制成功第一只点接触型晶体三极管，为电子对抗设备向着功耗低、体积小、重量轻的方向发展提供了有利条件。电子技术有了新的突破性进展。朝鲜战争中，面对中、朝军队的反攻，美军将第二次世界大战中使用过的老式干扰机安装在B-29飞机上实施无线电干扰。战争结束后，美国官方出版的《美国空军在朝鲜》一书中指出，如果当时没有电子对抗的支援，B-29飞机的损失可能是原来的3倍。

20世纪50年代后期，人们对电子对抗又有了新的认识。先是在携带核武器的战略轰炸机上安装了多种类型的电子对抗设备，以干扰敌方的地面预警雷达、引导雷达和导弹制导雷达，对抗敌人歼击机的无线电指挥通信系统和截击雷达系统。飞机上还装有消极干扰弹，投放锡箔条引诱敌人的红外寻的导弹上当。20世纪60年代初出现了一种专用的电子武器对抗系统，美国空军研制了形似飞机，头部装有一个雷达反射体——代号为"鹌鹑"的灵巧装置，上面装有一部和B-52重型轰炸机上使用的无线频率完全相同的干扰发射机，可用同样频率施放无线电干扰。在越南战场及其以后的多次局部战争中，电子对抗成为一种不可缺少的作战方式。争夺战场的电磁优势，已成为争夺战争整体优势的一个重要组成部分。

电子对抗经历了由通信对抗到雷达对抗，再到电子武器系统全面对抗几个发展阶段。在各个发展阶段中，发展陆、海、空军电子对抗装备和提高电子对抗能力，始终是各国争夺电磁优势的重点。近20年来，由于大规模集成电路和微电子技术及微型电子计算机的迅速发展，军用电子设备正向小型化、性能好、价格低廉的方向发展，为大量使用电子对抗装备提供了广阔前景。现代战争中，几乎每一个作战单元都配有电子设备和电子对抗装备，如警戒雷达、红外夜视仪、激光测距机等。电子通信装备和通信干扰机、自动化指挥控制系统及其他电子对抗装备已在战争中得到普遍使用。为争取未来战争中的电子对抗主动权，许多国家专门建立了电子战部队。

（二）电子对抗的主要作用

1.获取重要军事情报

未来战争是信息时代的战争。利用电子对抗的装备和手段，查明敌方电子设备的工作性能、技术参数、类别、数量和配置位置等，判断其兵力部署和行动企图，是赢得战争胜利的关键。1943年4月，日本海军大臣山本五十六到前线（中所罗门岛）视察，日本第8舰队司令给另一个指挥所发出了有关视察路线和时间的电文。由于电文被美军截获并破译，所以当山本五十六出发后，美军便出动18架战斗机将山本座机击落。

第一次海湾战争中，多国部队为了对伊拉克实施空袭，获取伊军雷达及防空系统情报，美国在投入的53颗各类卫星中，至少有12种共18颗侦察卫星，300余架预警侦察飞机及许多地面电子情报站对伊军实施侦察，伊军大多数军事行动难逃多国部队的"电子耳目"监视。海湾战争爆发前，沙特在美国授意下数次派战斗机闯入伊领空，以激起伊军的雷达反应，从而测定其雷达位置，分析其性能，美军空袭时顺利实施了电子干扰和压制。美国三方技术安全局为美军提供了伊拉克核、生、化、导弹研制和常规武器生产实施的情况及位置，为轰炸提供了目标信息。美国国防测绘局提供了1.16亿张地图拷贝和上万张照相地图，为"战斧"巡航导弹袭击陆上目标提供了有价值的情报。

2.破坏敌方作战指挥

破坏敌方作战指挥，使敌军瘫痪陷入被动挨打境地，是电子对抗的重要任务。1944年，苏军在加里宁格勒附近包围了德军一个重兵集团，德军试图用无线电与大本营联系，求得增援和突围。苏军派出无线电干扰分队压制了德军的无线电通信，使德军250次联络未能成功，终至全军覆没。德国集团军司令被俘后供述，投降的主要原因之一是无法与大本营取得通信联络。

3.掩护突防和攻击

雷达作为预警和兵器制导装备，已成为防御体系的"哨兵"和"千里眼"。它们能对空、对海实施警戒，及早发现来袭敌机、导弹、舰艇，可对火器实施射击控制和导弹的制导。进攻时对敌方雷达系统实施干扰欺骗或摧毁，使其失去战斗能力。在海湾战争中，多国部队空袭编队得到了各种电子战飞机4 000多架次的电子支援，掌握了制电磁权，致使伊军作战飞机和防空导弹部队未能做出有效反应。

4.保卫重要军事目标

在重要城镇、桥梁、机场、工厂和军事要地等目标附近，设置有力的雷达干扰设备或采用欺骗手段，能有效干扰敌方轰炸机瞄准雷达和导弹的制导系统，使飞机投弹不准，导弹失控，减少被击中的概率，达到保卫重要目标的目的。如海湾战争中，伊"飞毛腿"导弹发射系统对多国部队构成了一定的威胁，成为多国部队重点轰炸目标。伊军为了欺骗多国部队，用铝板和塑料制成许多假导弹发射架。这些假导弹发射架在雷达荧光屏上显示的雷达回波与真发射架极为相似，引诱多国部队无效轰炸，有效地保存了实力。

5.夺取战场主动权

未来高技术战争中，电子对抗将发挥重大作用。没有制电磁权，就很难有制天权、制空权、制海权、制陆权，就很难掌握战场主动权。国外有人把电子对抗比作高技术武器的

保护神和效能倍增器，视之为与精确制导武器、C³I系统并列的高技术战争三大支柱之一。

（三）电子对抗手段

电子对抗宏观上包括电子对抗与电子反对抗两个方面。电子对抗手段不断创新，派生有电子隐身与电子反隐身、电子制导与反制导等，归结起来主要包括电子侦察与反侦察、电子干扰与反干扰、摧毁与反摧毁。

1.电子侦察与反侦察

（1）电子侦察

电子侦察是一种搜索、截获敌方电子设备的电磁辐射信号，从中获取其战术、技术特征参数及位置数据等情报的活动。它是电子对抗的组成部分，目的是为了组织实施电子干扰和电子防御，为部队作战行动提供准确的情报。

电子侦察是通过截获、探测、分析、识别威胁辐射源信号特征及有关参数，输出各类辐射源的特征报告，然后对多类报告的信息进行跟踪—滤波、融合—归并、识别—更新、态势评价和威胁估计等数据处理，获得准确可靠和完整的电子情报，为电子对抗及作战提供情报。

电子侦察按对象可分为：雷达侦察、通信侦察和光电侦察。雷达侦察是指侦测、记录敌方雷达及雷达干扰设备的信号特征参数，并对其定位、识别。通信侦察是指对敌方无线电通信电台和通信干扰设备，进行侦察测向、定位，并根据通信电台的技术性能、通信诸元、通联规律，判别通信网的组织、级别和属性。光电侦察是指截获和识别敌方激光雷达、激光制导武器的激光辐射信号和飞机、坦克、导弹等本身的红外辐射信号。

电子侦察是夺取电磁优势的前提条件，没有时空限制，每时每刻都要进行，是和平时期电子对抗的主要形式。现代高技术战争需要电子侦察技术提高侦察效能，研制智能化接收系统，扩大侦察频段，提高信号截获概率和测量精度，以及提高分析处理能力等。

（2）电子反侦察

电子反侦察是为了防止敌方截获、利用己方电子设备发射的电磁信号而采取的措施。目的是使敌方难以截获己方的电磁信号，或无法从截获的信号中获得有关情报。

电子反侦察的主要措施有：电子设备设置隐蔽频率和战时保留方式，平时采用常用频率工作；减少发射次数，缩短发射时间，尽可能采用有线通信、可视信号通信等通信手段；使用定向天线，充分利用地形的屏蔽作用，减少朝敌人方向的电磁辐射强度；将发射功率降低至完成任务的最低限度；转移发射阵地不使敌人掌握发射规律；减少发射活动，实施沉默。其具体做法还有：设置简易辐射源，实施辐射欺骗或无线电佯动；采取信号保密措施，使用不易被敌截获、识别的跳频电台等新型电子设备。

电子侦察无论平时、战时都在不间断地进行着，电子反侦察已成为经常性的电子防御措施。电子反侦察涉及所有作战部队，必须严密组织、统一实施，并与其他反侦察手段结合使用。

2.电子干扰与反干扰

电子干扰与反干扰，是现代战争中夺取战场电磁优势极为重要的作战手段，应灵活掌握，正确决策，实施计划管理。

（1）电子干扰

电子干扰是采取专用的发射信号干扰、破坏敌方电子系统正常工作的专用技术。其目的是削弱或破坏敌方电子系统遂行战场侦察、作战指挥、通信联络和兵器控制的能力；为隐蔽己方企图，达成战役、战斗的突然性和提高己方飞机、舰艇、装甲车辆等武器装备的生存能力创造有利条件。

电子干扰从宏观上可分为有源干扰、无源干扰两大类。按干扰专业、干扰专用平台、干扰技术、干扰方式和干扰机的组成类型有多种分类法。专业领域不同，干扰技术特点不同，电子设备的类型不同，信号波形不同，干扰波形设计也不同，如预警、探测、目标监视雷达与跟踪、制导雷达、火控雷达的干扰技术不同；干扰平台不同，作战环境不同，干扰机的设计原则也不同，干扰方案、战术、战法都不同；此外，自卫干扰、随队干扰、远距离支援干扰的设计重点也不同，从而构成陆、海、空军的电子干扰装备系统。对指挥员而言，重要的不是深研设计技术，而是要了解电子技术干扰概貌，决策干扰手段，选用干扰装备，组织电子战。

（2）电子反干扰

电子反干扰是识别、阻止敌方干扰以保护己方电子系统处于正常状态的技术。其目的是削弱或消除敌方电子干扰对己方电子设备使用效能的影响。

电子反干扰随着电子系统的不同而异，天线、发射、接收、显示、波形设计均可采用反干扰技术，而且从电子系统体制、组网运行上进行反干扰效果较佳。电子反干扰按电子设备种类可分为：雷达反干扰、通信反干扰、引信反干扰、导航设备反干扰和光电设备反干扰等。按作战使用可分为：技术反干扰和战术反干扰两大类。技术反干扰主要是提高电子设备本身在干扰条件下的工作能力，在电子设备的发射机、天线、接收机、信号处理系统中采取反干扰措施。技术反干扰针对性强，通常一种反干扰措施只能有效对抗一种干扰。战术反干扰的主要作用是：调整电子设备的配置、组网工作和综合运用等，将不同技术体制、各种频段的雷达配置组网，发挥整体抗干扰能力；综合运用多种探测和通信手段，有源、无源探测相结合；红外寻的、激光制导和雷达制导相结合；有线通信、运动通信和无线电通信相结合；设置隐蔽台、站（网），适时启用；利用干扰信号对干扰源进行跟踪寻的、定位，必要和可能时实施火力摧毁。

3.摧毁与反摧毁

专用电子对抗设备和作战手段在战场上的广泛应用，不仅使雷达、通信和光电设备难以发挥效能，而且对作战飞机、舰船、装甲车辆和精确制导武器等构成了严重威胁。电子对抗手段不断升级，已由消极防御发展到"软"杀伤，进而发展到"软""硬"杀伤结合，对敌方电子设备直接摧毁。

（1）摧毁

摧毁是指在查明敌方电子对抗装备及其工作情况的基础上，用直接毁伤的方法使其瘫痪并在短期内难以恢复正常工作的一种电子对抗手段，主要有火力摧毁、派遣人员摧毁和反辐射摧毁等。

电子摧毁是对敌方的电子设备实体摧毁。反辐射导弹、反辐射无人机等就是这种"硬摧毁"的反辐射武器系统。反辐射导弹对辐射源实施摧毁性攻击有两种方式：一种是接收到目标信号后发射。由于导弹具有"记忆"（锁定）装置，发射后，即使被攻击的雷达关机，它仍可"记住"其位置，不偏离航线而击中目标。另一种是"先升空后锁定"方式，先盲目发射，让其无定向在空中飞行、盘旋，一旦接收到目标信号，即咬紧目标，将目标摧毁。反辐射导弹的自导引系统是采用无源被动的跟踪方式，本身不辐射电磁信号，具有稳定性好、不易受干扰和突防能力强等特点，导引头工作频带很宽（"哈姆"反辐射导弹带宽达0.8～20吉赫），具有较高的制导精度，是当今战场上威慑力较高的一种有效电子战武器。

（2）反摧毁

反摧毁是利用战术或技术保护己方雷达及友邻雷达免遭反辐射导弹攻击的技术。目前常用的反摧毁技术有以下几种：采用诱饵引偏技术，部署假雷达阵地；采用雷达发射控制、关机、间歇交替工作；采用反辐射导弹告警系统；采用新型雷达，如低截获概率雷达、双—多基地雷达、高频雷达、毫米波雷达等；雷达与无源传感器联合组网实施综合对抗技术。

（四）电子对抗发展趋势

现代电子战装备发展的技术基础是超高速集成电路、微波集成电路、人工智能、人工神经网络、并行处理技术、光纤数据总线、高级程序语言和隐身技术等高科技成果。电子对抗将面临宽频带、高精度、低截获概率、多模式复合、多信号格式、多技术体制的电子威胁，并要面对全高度、全纵深、全方位的作战空域，必须具有快速应变的作战能力。其发展趋势主要表现在以下几个方面。

1.利用电磁频谱从射频段向全频段发展

雷达侦察技术向扩展频段、提高测向—测频精度、增强信号处理能力方面发展。根据国外现役及在研的电子侦察设备来看，21世纪，电磁频谱将从射频段向全频段发展。

2.对抗手段从单一向综合一体化发展

高技术综合战场是以高技术电子兵器的综合应用为特征的，它将导致未来的军事对抗和电子对抗的内容、模式和概念发生深刻变化。未来的电子对抗中，空地、空海一体和陆、海、空、天、电磁一体的多维立体战要求有多功能的电子战系统。美军未来电子战装备发展趋势为：单平台电子战手段——侦察—干扰—摧毁一体化；单平台上的电子战装备与雷达、导航、通信等电子战设备和系统的综合一体化；多平台电子战设备的综合。法国汤姆逊-CSF公司研制了EWC$^3$I雷达对抗与通信对抗的综合电子战系统。英国马可尼公司研制了多平台由软件驱动的EWCS综合电子战系统，电子战指挥控制系统在战场上与C$^3$I的C$^2$发生交联，并由单平台的综合管理向多平台综合管理发展。

3.C$^3$I对抗是电子对抗发展的重点

电子对抗的对象是较广泛的，其中主要目标是指挥、控制和通信系统，防空（指挥）雷达系统，武器制导（指挥）系统等。这些系统中最重要的是指挥、控制、通信和情报系统，即C$^3$I系统。

C$^3$I系统是国家和军队威慑力量的重要组成部分，是现代化军队的神经中枢。C$^3$I系统一旦遭到破坏，后果不堪设想。俄军认为："只要能使敌军C$^3$I系统瘫痪，我们便能取得决定性胜利。"

## 五、大闹天宫的军事航天技术

把航天技术应用于军事领域，为军事目的进入太空和开发、利用太空的综合性工程技术，称为军事航天技术。它主要是研制、使用各种军用航天系统以完成特定的军事航天任务的。军事航天技术已使战争空间由陆地、海洋、大气层扩展到了外层空间。"天战"这一崭新的作战样式已登上了人类战争史的舞台。虽然"天战"还处于发展过程中的初级阶段，但已对现代战争产生了广泛而深刻的影响。这表明，外层空间已开始成为继陆地、海洋和空中之后的第四战场，军事航天技术将开创一个新的战争模式。

（一）航天技术的定义和组成

航天技术是探索、开发和利用太空以及地球以外天体的综合性工程技术，亦称空间技术。通常可将航天技术划分为航天运载器技术、航天器技术和航天测控技术三大组成部分。

1.航天运载器技术

航天运载器技术是航天技术的基础。要想把各种航天器送到外层空间去，必须利用运载器的能量，克服地球引力和空气阻力。常用的运载器是运载火箭，一般为多级火箭。

运载火箭主要由动力系统、控制系统、箭体结构和无线电测量系统组成。

（1）动力系统

动力系统由火箭发动机和推进剂组成，如果是液体火箭发动机，还应有液体推进剂和输送系统。动力系统有火箭的"心脏"之称，它是使火箭实现飞行运动的原动力。

（2）控制系统

控制系统由制导、自控以及程控等分系统组成。它是火箭飞行中的指挥系统，被称为火箭的"大脑"。其任务是保证火箭的稳定飞行，并确保火箭精确地进入预定轨道。

（3）箭体结构

箭体结构包括整流罩、仪器舱段、贮箱、尾部舱段、中间舱段和各舱段的连接、分离等机构。各舱段用来安装宇宙飞行器、制导系统、无线电测量系统、核动力系统。箭体结构设计要使火箭具有良好的气动力外形，保护火箭内部的各种仪器设备在良好的环境下工作。同时火箭在运输起吊和飞行的过程中，箭体结构还用来承受各种载荷。

（4）无线电测量系统

在运载火箭上，通常都装有一些小型的遥控、遥感收发仪器，这是为了了解火箭的飞行情况而附加在火箭上的测量和跟踪系统。它为设计者和使用者提供火箭飞行的实况资料，供其进行性能分析及必要时进行故障原因分析。

2.航天器技术

航天器是在太空沿一定轨道运行并执行探索、开发和利用太空等任务的飞行器，亦称空间飞行器。航天器分无人航天器和载人航天器两大类。

无人航天器按是否绕地球运行又分为人造地球卫星和空间探测器等。其中人造地球卫星按用途可分为：①科学卫星，用于探测和研究；②应用卫星，直接为国民经济和军事服务；③技术试验卫星，用于技术试验和应用卫星试验。空间探测器按探测目标分为月球探测器、行星（金星、火星、水星、土星等）探测器和星际探测器等。

载人航天器按飞行和工作方式分为载人飞船、空间站和航天飞机等。其中载人飞船又可分为卫星式载人飞船、登月式载人飞船和行星际载人飞船等；空间站又可分为单一式空间站和组合式空间站。

### 3.航天测控技术

航天测控技术是对飞行中的运载火箭及航天器进行跟踪测量、监视和控制的技术。为了保证火箭正常飞行和航天器在轨道上正常工作，除了火箭的航天器上载有测控设备外，还必须在地面建立测控系统。地面测控系统由分布全球的测控台、站及测量船组成。航天测控系统主要包括：光学跟踪测量系统、无线电跟踪测量系统、遥控系统、实时数据处理系统、遥测系统、通信系统等。

### （二）航天技术在军事上的应用

现在，航天器应用的一个重要方面就是军事应用。据不完全统计，迄今各国发射的航天器，70%以上是军用或军民两用的。目前已有的和在研的军事航天系统大致可分为四类：军事航天运输系统、军事卫星系统、军用载人航天系统和空间武器系统。

### 1.军事航天运输系统

军事航天运输系统是能把航天器、宇航员或物资等有效载荷从地面运送到太空预定轨道，或能将有效载荷带回地面的运输系统。目前可利用的军事航天运输系统主要是一次性运载火箭，还有可重复使用的航天飞机。

### 2.军事卫星系统

军事卫星是专门用于各种军事目的的人造地球卫星的统称。其按用途可分为侦察卫星、海洋监视卫星、通信卫星、导航卫星、测地卫星、气象卫星等。

（1）侦察卫星

为了摧毁敌方的各种战略目标——导弹武器基地、海空军基地、弹药库以及指挥中心等，首先就要知道这些目标的情况，此时利用侦察卫星就是最有效的方法。与地（海）面和空中侦察相比，卫星侦察的主要特点是：①轨道高，发现目标快，侦察范围广；②可长期、反复监视全球，也可定期监视某一地区；③可在短时间内或实时地提供侦察情报；④不受国界和地理条件的限制。

（2）通信卫星

通信卫星就是天基微波中继站，一般部署在地球同步轨道上，也有少数部署在大椭圆轨道和其他轨道上，它接收到地面发出的无线电波以后将之进行放大，然后再转发到地面。军事通信卫星用来担负保密的、大容量的、高速度的战略和战术通信勤务。卫星通信具有覆盖范围大、通信距离远、通信容量大、传输质量高、机动性和生存能力强等优点，因而在军事通信中具有举足轻重的作用。

（3）导航卫星

导航卫星是从太空发射无线电导航信号，能为地面、海洋、空中和太空用户导航定位的人造地球卫星。卫星导航或定位是由多颗导航卫星组成的卫星网来实现的，具有高精度、全天候能覆盖全球和用户设备等优点。

（4）测地卫星

测地卫星是用来测定地球大小和形状，测定地区重力场的分布，测定地面的城市、村庄和军事目标地理位置的卫星。此外，测地卫星还可以配备其他专用设备（如多光谱观测相机）进行地球资源的勘察，成为地球资源卫星，用于了解和掌握各国战略资源的储备情况等。

（5）气象卫星

气象卫星是用来从空间获取军事气象情况的卫星，对全球天气监视和天气预报业务均有十分重要的作用。气象卫星主要有两种类型：极地轨道上的极地气象卫星和同步轨道上的静止气象卫星。两者都是军民两用型卫星，但也有专门的军用气象卫星。

3.军用载人航天系统

军用载人航天器就是载人航天器的军事应用。载人航天器包括载人飞船、空间站、航天飞机和正在研制中的单级火箭式空天飞机，它们都可执行军事任务。

（1）载人飞船

载人飞船是能保障宇航员在太空执行航天任务和在空间轨道上生活并返回地面的航天器。典型的载人飞船由轨道舱、仪器设备舱、返回舱、对接装置和太阳能帆板等组成。它的运行时间有限，仅能一次性使用，可独立进行航天活动，也可往返于地面和空间站之间，还可与空间站和其他航天器在轨道上对接后进行联合飞行。它可能担负的军事使命有：作为地面与空间站的军事运输工具，向空间站运送军事补给物资和接送人员；进行空间救护；试验新的军用航天设备；特定目标的侦察等。

（2）空间站

空间站亦称航天站、太空站或轨道站，是在太空具备一定工作条件，可供多名宇航员工作和生活的长期运行的航天器。它是大型的能绕地球轨道做较长时间航行的载人航天器，是多用途的空间基地。与载人飞船相比，空间站具有容积大、载人多、寿命长和可综合利用的优点。由于空间站可承载许多复杂的仪器设备，可由人直接操作，因而可以完成复杂的、非重复性的工作任务。从理论上分析，空间站具有广阔的军事应用前景。例如：军用航天飞机或空天飞机以空间站为基地可对付任何卫星式作战平台，并随时对全球任何地方构成威胁；空间站可以部署、组装、维修和回收各种军用航天器；可试验、部署和使用空间武器等。由此可见，建立空间站对未来高技术战争具有重要的战略意义。

（3）航天飞机

航天飞机亦称轨道器，是带有机翼，靠运载火箭发射进入太空轨道，返回地面时能在机场跑道水平着陆，并可重复使用，兼有载人、运货功能的航天器。航天飞机比火箭、卫星和飞船具有更多的优点和用途，在军事上也具有巨大的潜力。这主要表现在：航天飞机可用于部署、维修、回收各种卫星；可方便地实施空间机动，执行反卫星作战任务，拦截、摧毁或俘获对方卫星；可执行空间侦察，对地面目标进行监视跟踪，还可对敌方弹道导弹发射和飞机入侵进行预警；可作为从地面到空间站的军事交通工具，为军事目的向空间站运送人员和物资，为建立永久性空间军事基地和军事工厂服务。

4.空间武器系统

正在研发中，暂无详细资料。

### （三）未来航天武器装备展望

21世纪，人类在空间中将展开一场前所未有的、以开发利用空间丰富的资源和争夺制天权为主要内容的大竞争，航天武器装备将会在这场竞争中得到更加迅速的发展。

1.战略弹道导弹的生存能力、突防能力和命中精度将进一步提高

未来战略弹道导弹将向着更好地保护自己和更有效地消灭敌人两个方面发展。采取的主要措施有：改进、完善制导技术，开发研制更先进的制导装置，使之不仅能对弹道的主动段进行制导，而且还能对弹道的中段或末段也进行制导，进一步提高战略导弹的命中精度；发展一种采用多种发射方式并载有多种弹头的导弹，对导弹和导弹发射井进行抗核加固，进一步提高战略导弹的突防能力和生存能力；完善大型战略弹道导弹，并发展小型的、机动的、携带单弹头的战略弹道导弹，研制隐身效果更好、飞行速度更快的战略巡航导弹，发展防御定向能武器和动能武器的新技术，提高战略导弹的突防能力；简化导弹发射装置和设备，研制性能好的标准化零部件，进一步提高战略导弹及其设备的可靠性和维修性；逐步实现导弹固体化、小型化和自动化，进一步提高战略导弹的机动作战能力和快速反应能力；随着战略弹道导弹防御系统的发展，全弹道突防技术，如速燃助推、低弹道、抗激光加固、机动弹头、组合诱饵、隐身、干扰、光电对抗、弹体处理等技术将迅速得到应用。21世纪，伴随着美、俄第二阶段削减战略武器条约的实施，美国将进一步削减导弹核武器的数量，但也将努力提高导弹核武器的命中精度、毁伤能力和快速反应能力，力图建立一支规模较小、生存能力强、攻防兼备、具有足够威慑力量的战略核力量。英、法将继续奉行有限核威慑战略，把核威慑战略看成是国家安全的战略基础，潜基核力量依然是英、法核威慑战略的支柱。

2.发展新的军用卫星系统，提高单星作战性能和生存能力

目前，美国正在加速实施"天基红外系统""全球广播服务系统""监视、瞄准与侦察卫星"等计划，法、德两国将联合研制"太阳神2号"侦察卫星，法、英、德三国将联合研制下一代军用卫星通信系统。未来将会有越来越多的国家拥有军用卫星系统，军用卫星的数量也将成倍增加。21世纪还将出现或部署新的军用卫星，如"杀手卫星""攻击卫星"和"卫士卫星"等。

在发展新的军用卫星系统的同时，未来军用卫星的作战性能和生存能力也将进一步提高。在作战性能方面，将发展新的遥感技术，提高侦察卫星的分辨率，提高对目标的定位精度和探测能力，提高数据处理和实时传输能力；研制大型卫星，增大通信容量；适应运动通信的要求，建立天地一体的战术移动通信系统。在生存能力方面，将采用电磁、轨道、形状等隐蔽措施，使轨道上的卫星不容易被敌方探测到。

3.发展微小型卫星，采用多星座工作方式，提高其综合作战能力

现代微小型卫星具有研制周期短，成本低，系统投资少，可快速、机动、搭载发射，抗毁能力强，星上一体设备更新更快等特点，已成为航天技术发展的热点。美国空军提出

了实现微小型卫星计划的六项关键技术，即轻型太阳能电池阵列、预想性集成供电和信号系统、多功能结构、超高密度电路、微机电系统和轻型光学系统。日本制定了小型卫星发展战略，发展50千克以下的超小型卫星。英国军方也在加紧研制小型卫星。而俄罗斯的军用小型卫星在苏联时期就一直占领先地位。

利用微小型卫星构成星座进行工作，也是未来军用卫星发展的方向。由具有不同功能的小型卫星构成的星座，不仅可以提高对地表的覆盖能力，而且可以相互弥补彼此的不足，充分发挥各自的优势。同时，不同种类、不同数目的小卫星互相联合，协同作战，不仅能大大提高其作战效能，而且也有利于提高系统的生存能力。

4.发展新型军用载人航天器，使之具有机动、灵活、多样的作战效能

未来军用载人航天器将向灵活机动性能更高、技术装备更先进的航天、空天飞机方向发展。航天、空天飞机不仅能充当地面与外层空间的联系纽带，而且能在未来战争中直接参与作战。美国正在实施"冒险星"空天飞机计划和小型军用航天飞机计划，俄罗斯也在实施一项名为"鹰"的研究计划，进行关键技术的演示验证，进而研制空天飞机。

空间站作为未来天基武器系统平台将朝着大型化、永久化的方向发展。未来军用空间站不仅装有各种侦察、通信、指挥、控制等系统，而且还将提供航天飞机、宇宙飞船等停靠的码头，以及作为作战武器系统的平台，将成为作战、指挥、保障、支援四位一体的军事基地。军事专家预测，21世纪将在空间站的基础上发展大型载人航天母舰。

未来的宇宙飞船体积大，载重量大，返回落点精度高，装备有激光武器，且能重复使用，一旦遭到敌人袭击，能进行自卫还击，并能主动攻击对方。

5.空间武器将陆续投入部署和使用

未来空间武器的发展重点将转向研制反卫星和反洲际弹道导弹等非核能空间武器。21世纪，将探索、研制中的电磁轨道炮、"智能卵石"拦截弹等动能武器，以及高能激光束、粒子束、高功率微波等定向能武器，将逐渐步入实用和部署阶段；高性能、高精度的反弹道导弹，也将随着遥控、遥测、预警等高新技术的发展而不断发展；一些新型空间武器也将步入探索、论证、试验性研究阶段。美国计划在2025年前后部署和使用包括反卫星武器在内的各种空间武器，以确保美国及其盟国在空间的军事和商业利益，破坏、摧毁敌方的航天装备和空间资源，甚至从空间使用武力，攻击敌方重要的陆、海、空目标，从而控制空间，并以此达到控制地球的目的。俄罗斯等其他国家（地区）届时也可能部署有限的反卫星武器，以此遏制美国控制空间的图谋。随着各种空间武器的部署和使用，空间攻防对抗将不可避免，空间将成为21世纪战争的又一个重要战场。

（四）叱咤风云的第四军——天军

随着航天兵器的广泛运用，外层空间成为21世纪夺取战争胜利必须控制的军事竞技场，控制太空乃是赢得战争胜利的先决条件。属于第四作战空间（离地球100千米以上）的航天部队，则势必成为继海、陆、空三军种之后的第四军种——天军。谁不拥有天军，谁就没有资格打未来的高技术战争。毋庸置疑，天军将成为21世纪高技术战场上的新型军种。

1.天军的主要组成部分

天军，是一支凭借航天技术和一些尖端武器装备来执行军事任务的高技术队伍。从航天系统及其在战斗中的运用来看，未来的天军将由四大部分组成。

（1）航天发射部队

航天发射部队由完成运载工具和航天器发射任务的检查、测试、总装、对接、推进剂加注、瞄准和发射等人员组成。世界上九大航天发射场，即美国的肯尼迪航天中心、圣马科海上发射场、西部航天和导弹试验中心，苏联的拜克努尔发射场、普列谢茨克基地，中国的酒泉卫星发射中心、西昌卫星发射中心，日本的种子岛航天中心，法国的库鲁发射场。这些地方的军职人员，就是天军的航天发射部队。由于各国的情况不一样，每个发射场的人数将由几百到几千名不等。

（2）航天跟踪测量管理部队

航天跟踪测量管理部队由完成航天器轨道测量和控制及航天器内工作参数的测量和航天器工作控制等任务的军职或文职人员组成。这些部队，除了测控中心外，一般比较分散。如美国现在的航天测控台（站）就分布在美国乃至世界各地。

（3）防天监视作战部队

防天监视作战部队由监视敌方的航天器和洲际导弹的发射人员，以及截击敌方导弹或军事航天器的作战部队组成。监视人员时刻监视来自空中、水下和地面发射的洲际导弹，跟踪外层空间的飞行器，发现敌情，及时预警，由航天司令部命令反卫星卫星、反卫星导弹、束能和动能武器等作战部队实施拦截作战。美国和加拿大两国组建的北美航空航天防务司令部及其所属部队和苏联国土防空军空间防御力量就属于这类性质的部队。

（4）军事航天员部队

军事航天员部队是在航天飞机或航天站上执行军事任务的航天员，他们在整个天军里所占比重很小，一个国家也不过几百人。从美国和俄罗斯载人航天飞行看，军事航天员主要是从事观测、观察和识别，以及从事天战的运输、加注燃料、维修和建造军用航天器等方面的任务。军事航天员在改进战役管理、监视、提供战场情景、获取军事战略情报等方面发挥着无可替代的作用。

目前天军组织比较成型的是美国。1985年9月美国成立了由空军航天司令部、海军航天司令部、陆军弹道导弹防御司令部和海军陆战队航天组织共同组成的联合军事航天司令部，统一管理国防部的航天计划，负责管理和使用军用航天系统，战时即为天战的指挥中心，集中执行太空作战任务。它辖有2个航天部队、4个基地和综合航天中心与防天活动中心，拥有宇航员等军职人员数以万计。

2.天军的作战任务

天军和陆、海、空军军种一样，作为专用的、独立的作战力量。天军的作战任务主要包括两个方面：天空保障和参与天战。

（1）天空保障

天空保障即为本国各类部队作战行动提供天空保障。天军所执行的天空保障任务，主要是通过地面预警雷达系统和卫星预警系统，跟踪监视敌方军用航天器行踪和探测敌方弹道导弹的发射，为其他兵种提供侦察、预警、通信、导航、气象等作战保障的支援性行动，属于"软性"作战形态范畴。天空保障是天军和平时期的经常性任务与战争时期的主要任务。

（2）参与天战

参与天战即天军的攻击性作战行动。天战是以宇宙空间为主要战场，以天军为主要作战力量，以武器战为主要作战样式的外层空间军事对抗。它包括从太空为陆战、海战、空战提供军事支援，或从陆地、海面（水下）、空中对敌方航空器进行攻击。天军参与天战，是以独立作战力量或以主要作战力量的身份参战的。天军在天战中所执行的任务包括：发射航天器，指令、控制航天器去攻击外层空间目标和地面目标，使用天基和地基天战武器截击敌方导弹和航天器，属于"硬性"作战形态范畴。

3.天军的武器系统

天军的武器系统包括：军用卫星及其子系统，军用飞船，航天飞机及其子系统，反卫星和反导弹武器及天基作战平台，为进行天战必需布置在地面和空间的天战 $C^3I$ 系统。

（1）卫星系统

军用卫星是天军的"常规武器"。它使军事侦察、通信、测绘、导航、定位、预警、监测和气象预报的能力和水平空前提高，被军事家誉为作战效能的"倍增器"。在近40年中，全世界已发射了3 400多颗卫星，其中纯民用的仅占10%。

预警侦察卫星，这是天军的"千里眼"。其主要作战任务是：对战争的全纵深实行全天时侦察与全天候预警。一颗在赤道轨道运行的卫星，可以同时侦察地球表面1.63亿平方千米的面积，相当于高空侦察机侦察面积的5 600倍；定位精度可控制在10米范围内，可发现7厘米大小的物体，分辨出单兵携带的武器，还具有识破伪装和隐蔽于地下、水下目标的能力。其在近轨道上每秒可以飞行7～8千米，1.5小时左右就可以绕地球一圈，能快速取得各方面情报。当今世界主要国家70%以上的战略情报都是依靠侦察卫星获取的。

通信卫星，这是天军的"顺风耳"。其主要作战任务是：保障野战条件下 $C^3I$ 系统的支柱。如美国对其全球驻军的实时指挥控制和管理的远距离军事通信和数据传递任务，基本上由其所建成的由16颗通信卫星组成的卫星通信系统予以保障实施。

导航卫星，这是天军的"指南针"。其作战任务主要是：实时准确定位，保障超远程精确打击的实施。导航卫星能为舰艇、飞机和航天器等精确导航，为战略导弹制导，为单兵确定站点等。如俄罗斯的由24颗卫星组成的"全球导航卫星系统"，能自动跟踪己方部队的500多个单位，能为单机、单船、单车和单兵提供全天候、连续、实时、高精度的三维位置、速度和精确时间。其定位精度可达15米、测速精度可达0.1米、测时精度可达100纳秒。用户在任何地方只需几秒钟即可获知自己的精确位置——三维坐标和时间信息；指挥员只需几十秒钟就可以在图上了解其所属部队的位置。

气象卫星，这是天军的"气象台"。其主要用于为空军、海军和地面部队提供远、中、近三期气象预报。气象卫星保障的特点是：适时、预测性强，可保障选择有利气象条件作战和战时武器的配备选择。在当今的太空中有160多颗气象卫星。

反卫星卫星，这是天军的"杀手锏"。其主要用于对敌方卫星进行拦截、摧毁或使其

失去效能。它与空间观察网、地面观察网、地面发射—监控系统共同组成反卫星武器系统。需要时，通过地面控制进行变轨机动，经自动寻的系统接近目标卫星，并将其摧毁。

（2）天军的作战平台

天军的作战平台，即载人航天器，它包括航天飞机、载人飞船和空间站、"航天母舰"三种类型。

航天飞机。它是往返于地球表面与近地轨道之间运送有效载荷的新型宇宙飞行器。它可以像火箭一样垂直起飞，像卫星一样在轨道中运行，像飞机一样滑翔和降落，是天地之间运送人员和物资的最主要交通工具。其军事任务是：用于部署、维修、回收天空实验室、天文观察站和各种卫星；作为天战的武器试验台，对高能激光、离子束等武器进行太空实验，载人操纵各种侦察设备进行军事侦察；可作为航天战斗机和航天机动舰队，利用各种航天兵器进行太空战和攻击空中、地面、海上目标等。航天飞机最大的特点是能反复使用，不像火箭那样只能使用一次。

载人飞船和空间站。它是供天军，即宇航员生活和工作的航天器。载人飞船是一种能使航天员座舱沿弹道式或升力弹式路径返回地面垂直着陆的航天器，是载人航天器中最小的一种。空间站，又称太空站、航天站或轨道站，是一个可供航天员生活和工作的长期运行的航天器，平时是科学实验室，战时可作为天基作战指挥部和武器发射平台。空间站分为单一式和组合式两种。单一式空间站由运载工具一次运送入轨；组合式空间站则由多次运送入轨的空间站单元或组合件组装而成。空间站将成为载人空间基地、空间工厂、空间试验中心和空间作战指挥中心。

"航天母舰"。它是太空飞机起降和运载的平台，是停靠宇宙飞船、航天飞机的空间基地和天基后勤支援保障系统，是未来空间作战的重要基础力量。据外刊报道，正在研制的"航天母舰"有宇宙飞船型航天母舰、飞艇型航天母舰、飞翼型航天母舰和地球航天母舰等四种类型。

这些天军的作战平台，只要配以火箭、导弹、激光炮、电磁炮等武器，就可以对地面、海上、空中和空间目标进行攻击。

（3）天军的太空武器

所谓太空武器，就是指攻击太空目标的武器系统。太空武器攻击的主要目标是军用卫星和飞行中的导弹。太空武器系统目前有四种类型。

定向能武器系统，如激光、射频与微波、带电粒子束武器等。"以能毁星""以能毁弹"比"以星毁星"的作战效能更高，且能攻击反卫星卫星不能攻击的2 000千米以上的，特别是对部署在3.58万千米的同步轨道卫星。定向能武器接近光速，是飞行最快的导弹速度的3万倍，其能量超过核爆炸的100万倍，并可将能量在亿分之一秒钟内发出去，可产生几百万度的高温、几百万个大气压强和几千万伏的强电场，使目标瞬间化为青烟。它是打击远距离（几千千米）来袭导弹的理想武器。

动能武器系统。动能反导弹、反卫星武器是依靠小质量弹丸同攻击目标高速碰撞为杀伤机理的武器系统。动能武器因获得动能的来源不同而有多种武器种类，主要有动能拦截弹、电磁炮和群射火箭等。例如，由几十个火箭发射装置集合发射的群射火箭，能在凌空弹道上形成一个多层密集的火箭阵雨，与来袭弹头相撞而将其击毁。

天雷系统。天雷，亦称"太空雷"，实际上是一种装有相当大威力的战斗装药的反卫星卫星。其主要功能是：攻击绕地球运行的卫星和部署在太空中的各种战略防卫系统。它不仅有雷壳、引信和装药，而且还有识别、跟踪目标的探测引导装置和向目标靠近的机动能力。"天雷"由航天工具发射到绕地球运行的轨道上，通过地面指令，靠近并攻击绕地球运行的活动目标。多个"天雷"及其控制系统即可组成网状"天雷阵"。航天飞机在运行轨道上一次可撒布几千枚天雷。

载人太空攻击系统。在载人太空站上安装反卫星、反导弹武器系统，由人来操纵并摧毁太空目标。

在太空运行的航天武器有许多地面、海上、空中等领域的军事活动所无法比拟的优点：居高临下，视野开阔，活动不受限制，无侵犯领空之争议，有超越国境之自由，按天体力学规律运行，便于定时定期观察，连续监视；具有全天候、全天时、全方位的作战能力。目前世界各国已发射了4 300多个航天器，共形成空间目标25万多个，目前仍在运行的有7 000多个，包括载人飞船100余艘，先后有200余名各国航天员进入太空。

4.天军的作战特点

天军的主战场是从地面到800千米高、纵横几十万千米的浩瀚无垠的太空，那儿无遮无挡、无风无浪、一望无际，不受地形、气候限制。与陆、海、空军相比，天军作战有许多非传统的新特点。

（1）战场位移速度快

时间因素乃是众多制约作战因素之首。天军运用的作战武器和打击目标双方都是秒速达几千米到几百千米，交战场所在分秒之内可能从一个国家转到另一个国家。作战时间的计算单位将是用小时，乃至分钟，而不是用年、月。

（2）作战见物不见人

天军作战是不与敌人"打照面"的。一则天军参战人员极少，二则天军没有打人的武器装备。因为天军打击的目标绝大多数是无人操纵的高技术兵器和作战平台。

（3）天军作战过程无声无痕

天军作战时，所有的监视、侦察、预警、通信、导航等防天作战，都是远战，既无法直接看到敌方兵器被击毁的情况，也听不到交战的搏杀声。天军主要使用无形的"软"性杀伤，让对方的航天器或战略导弹中的电子元器件失效而丧失作战能力，而用不着把敌方目标打击得"粉身碎骨"。可以说，天军作战是静悄悄的。

## 六、外科手术式的激光技术

激光技术是研究激光的产生、传输及其应用的技术，是20世纪60年代出现的重大科学技术成就之一。它的出现，强化了人们对光的认识，扩展了光为人类服务的新天地。激光的产生标志着人类对光的认识和利用进入了一个新的阶段。激光技术已成为现代科学技术的重要组成部分。激光技术的应用已经深入到社会的方方面面，在工业、农业、医疗、科研和军事等领域都有着广泛的用途。尤其是它在军事方面的应用，更是科技发达国家激烈争夺的一个重要制高点。军事激光技术几十年来发展迅速，目前已在制导、探测、通信和致盲等方面应用，高能的激光武器也在研制之中。从发展趋势看，军事激光技术必将给现代战争带来重大影响。

（一）激光概述

1.激光

激光是一种以量子系统（原子、分子、离子和电子束）受激辐射原理而获得的红外、可见光、紫外乃至软X射线波段的相干电磁辐射。因此，激光也是一种光，只不过是一种由特殊光源——激光器——产生的光。激光与普通的自然光在本质上是一致的，但仍有其自身的特点。

2.激光器

激光器是利用物质受激辐射放大电磁波的原理产生激光的装置。早在1916年，爱因斯坦就提出了物质受激辐射的原理，直到1954年才由 C. H. 汤斯等制成氨分子受激辐射微波振荡器。1960年，美国人 T. H. 梅曼研制成功世界上第一台红宝石激光器。最初人们称它为"光的受激辐射器"，中文译名为"莱塞"，1964年以后才统称为"激光器"。

激光器主要由三部分组成：工作物质、谐振腔（或称共振腔）和激励源。

工作物质，它是激光器的核心。只有实现能级跃迁的物质才能作为激光器的工作物质。目前，激光工作物质已有数千种，激光波长也扩展到软X光，乃至远红外光。

谐振腔，它是激光器的重要部件。其作用：一是使工作物质受激辐射连续进行；二是不断地给光子加速；三是控制激光输出的方向。

激励源，又称光泵，它的作用是给工作物质以能量，就是将原子由低能级激发到高能级的外界能量。它可以是光能源、电能源、化学能源和热能源等等。

激光器主要是按照下述三种类型来划分的：

按工作物质划分：有固体、气体（原子、离子、分子）、半导体、化学、染料、自由电子激光器、玻璃激光器、氦氖激光器等。

按谐振腔划分：有非稳腔激光器、共焦腔激光器、平面腔激光器、调频激光器和锁模激光器等。

按激发方式划分：有电激发激光器、热激发激光器、光泵激光器和化学激光器等。

激光器是激光技术的重要载体，它一面世，便被广泛应用于军事领域。世界各国都十分重视激光器的研制和发展。激光器的研制水平标志着一个国家激光技术的发展水平。

3.激光的特点

（1）定向发光

普通光源是向四面八方发光的。要让发射的光朝一个方向传播，需要给光源装上一定的聚光装置，如汽车的车前灯和探照灯都安装有聚光作用的反光镜，从而才能使辐射光汇集起来向一个方向射出。激光器发射的激光，自身就是朝一个方向射出的，光束的发散度极小，大约只有0.001弧度，接近平行。1962年，人类第一次使用激光照射月球，地球离月球的距离约为38万千米，但激光在月球表面的光斑接近2千米。若聚光效果很好，看似平行的探照灯光柱射向月球，其光斑将覆盖整个月球。

（2）亮度极高

在激光发明前，人工光源中高压脉冲氙灯的亮度最高，与太阳的亮度不相上下，而红宝石激光器发射的激光亮度，是氙灯的几百亿倍。因为激光的亮度极高，所以能够照亮远距离的物体。红宝石激光器发射的光束在月球上产生的照度约为0.02勒克斯（光照度的单位），颜色鲜红，激光光斑明显可见。若用功率最强的探照灯照射月球，产生的照度大约只有一万亿分之一勒克斯，人眼根本无法察觉。激光的亮度之所以极高，主要是因为它定向发光，大量光子集中在一个极小的空间范围内射出，能量密度自然极高。

（3）颜色极纯

光的颜色由光的波长（或频率）决定，一定的波长对应一定的颜色。太阳光的波长分布范围在0.76～0.4微米之间，对应的颜色从红色到紫色共7种颜色，所以太阳光不是单色光。发射单种颜色光的光源称为单色光源，它发射的光波波长单一。比如氪灯、氦灯、氖灯、氢灯等都是单色光源，只发射某一种颜色的光。单色光源的光波波长虽然单一，但仍有一定的分布范围。如氪灯只发射红光，单色性很好，被誉为单色性之冠，波长分布的范围仍有0.000 01纳米。因此氪灯发出的红光，若仔细辨认仍包含有几十种红色。由此可见，光辐射的波长分布区间越窄，单色性越好。

激光器输出的光，波长分布范围非常窄，因此颜色极纯。以输出红光的氦氖激光器为例，其光的波长分布范围可以窄到$2\times10^{-9}$纳米，是氪灯发射的红光波长分布范围的万分之二。由此可见，激光器的单色性远远超过任何一种单色光源。

此外，激光还有其他特点：①相干性好。激光的频率、振动方向、相位高度一致，使激光光波在空间重叠时，重叠区的光强分布会出现稳定的强弱相间现象。这种现象叫做光的干涉，所以激光是相干光。而普通光源发出的光，其频率、振动方向、相位不一致，称为非相干光。②闪光时间可以极短。由于技术上的原因，普通光源的闪光时间不可能很短。照相用的闪光灯，闪光时间是千分之一秒左右。脉冲激光的闪光时间很短，可达到6飞秒（1飞秒=$10^{-15}$秒）。闪光时间极短的光源在生产、科研和军事方面都有着重要的用途。

（二）激光技术在军事上的应用

激光技术在军事上的应用，主要表现在对武器装备产生影响并相应引起作战方式的变化。

1.改进和完善现有武器装备，使其成为高技术武器装备

从现代战争的作战武器运用看，激光技术几乎可以融合到所有现代武器当中，配合现有武器装备使用，在军事行动的目标测定、己方定位、射击精度、远程攻击和毁伤威力等方面，发挥了很大的作用，提高了武器装备的作战能力，并在实战中取得积极效果。

（1）激光测距机和激光雷达

激光测距机。它是用激光器作为光源测量目标距离的装备，是激光应用于军事最早的装备。1961年，即世界上第一台激光器出现的第二年，就制成了第一台激光测距机样机。1964年第一批激光测距机交付试用，1968年大批投产。目前，美、俄、英、日、挪威、瑞典、荷兰等技术先进的国家已普遍装备部队，其类型不下60种。

激光测距机具有作用距离远、测量精度高、体积小、重量轻以及抗干扰性能好等优

点。激光测距机在军事上使用的范围几乎渗透到各军兵种，成了一种极为普遍的军事装备。如炮测距机、坦克测距机、机载测距仪和机载测高机、舰炮测距机，航天技术中的卫星跟踪测距机、超远程的地—月激光测距机，以及遥感技术中用于军事侦察的测距机等等。

测距机的发展趋势是把测距—观察（瞄准）—跟踪综合为一体，使激光测距机成为一种多功能、高度自动化的军事装备。

激光雷达。其原理和微波雷达原理相似，主要用于确定目标的距离、速度、加速度和角坐标（即确定坐标的位置）。

激光雷达的优点是：测距精度达几厘米（微波雷达为几米）；测角精度高达0.1毫弧度；抗干扰性能好，可弥补微波雷达的盲区；设备体积小，重量轻。

激光雷达的主要类型有：导弹发射初始段的跟踪测量雷达，低飞行目标跟踪测量雷达，目标飞行姿态的测量雷达，反导和再入大气层测量目标识别雷达，宇宙导航雷达等。上述除宇宙导航雷达外，其他雷达都已正式列入靶场的测试设备。

（2）激光制导

激光制导就是利用激光技术进行导引和控制。它可以导引和控制飞机、军舰和导弹等武器。对一枚导弹来说，激光制导的功能是测量、计算导弹实际飞行的路线和理论飞行路线的差别，形成制导指令，调整导弹发动机的推动方向，控制导弹的飞行路线，以允许的误差命中目标。

用于武器系统的激光制导方式有两种，即半自动式回波制导和半自动式波束制导。半自动式回波制导是弹头本身不装激光发射器，只装激光接收器和导引头。发射源可以安装在地面（水面），也可以安装在飞机上。弹头发射后，激光接收器自动接收来自目标反射或散射的激光能量，并将弹头导向目标。半自动式波束制导，也是在弹头上装有激光接收器导引头，但弹头必须始终沿着地面、水面或空中发射的激光波束飞行并攻击目标。

激光制导炸弹。它是由飞机或其他航空器投掷的无航空动力，但装有激光导引头的爆炸性弹药。最早研制并使用激光制导炸弹的国家是美国。美国1964年制成试验样弹，1968年在侵略越南的战场上进行作战试验和鉴定。激光制导炸弹命中率比手控投放无制导的普通航空炸弹提高200倍，比计算机投放无制导炸弹命中率提高50倍，把航空炸弹的命中率从原来的圆概率误差90～100米一下子提高到3～4米。因而，它又被称为"灵巧炸弹"。

激光制导导弹。它是利用激光制导装置将导弹引向目标的武器系统。继"灵巧炸弹"出现以后，美国于20世纪70年代初又研制成功激光制导导弹，于1976年交付试验。目前正在向着标准化的方向发展，现已有12个型号的激光制导导弹。激光制导导弹主要用于反坦克，也可作为空对空、空对舰、舰对舰和地对地导弹等战术武器。

激光制导炮弹。它是由火炮发射依靠自身的激光制导装置（导引头），将弹丸导向目标的弹药。

激光制导武器的抗干扰能力较强。对武器制导系统的干扰概括起来主要有三个方面：一是人工干扰，如战场上电磁干扰；二是自然背景干扰；三是多弹同时攻击形成的自身干扰等。由于激光自身的特殊性，如方向性强、单色性好、能量集中等特点，使其表现出较强的抗干扰性，电磁干扰、红外干扰、背景干扰等对其奈何不得，而目前对激光的其他人工干扰技术又不成熟，因而激光制导武器是目前战场上受限制较少、最具进攻性的武器之一。

（3）激光通信

激光通信和电子通信一样，分为有线通信和无线通信两种方法。有线激光通信称为光纤通信，或称为光缆通信。无线激光通信分为大气激光通信和空间激光通信，两者的区别在于：大气激光通信是利用大气作为传输媒介，空间激光通信是以空间物质作为传输媒介。

激光通信的优点是信息容量大，通信距离远，保密性能好，设备体积小、重量轻。信息容量是衡量通信设备优劣的最重要的指标。信息容量与信息频带宽度成正比，频带越宽，信息容量就越大。微波通信由于受通信频道的限制，故基准频带不可能很宽。而激光是用光频作为信道频率，激光的频率高达 1 011～1 015 赫兹。因此，激光通信的基频比微波通信基频高 107 倍。从理论上讲，激光通信可以同时传输 1 000 万套电视节目或 1 亿个电话。保密性强是说激光波束窄，信息在空间的散布很小，因此，它不易被察觉或截获。另外，激光通信还有良好的抗电磁干扰和抗辐射的能力。激光通信的弱点是：在大气激光通信中，由于光是直线传播的，所以天气、地形、地物对大气激光通信的影响很大，难以在全天候使用，易受起伏地形和高大地物的阻隔；激光束很窄，因此通信瞄准比较困难，天线必须有精确的方向性。

2.形成和发展新概念的武器装备

新概念武器是科学技术尤其是高科技发展的结果。目前所说的新概念武器主要有：粒子束武器、动能武器、激光武器、人工智能武器等。激光武器仅仅是新概念武器中的一种。激光武器完全是激光技术在军事领域直接应用的结果。作为武器，要杀伤或破坏目标都必须有一定的能量，但不同的武器，其能量向外传输的方式是不一样的。传统概念的武器，如炮弹、炸弹，甚至包括威力巨大的原子弹、氢弹等武器，爆炸之后，能量是以炸点为中心向四面八方传播的，这些武器根据自身能量的不同，在一定的范围内造成人员或目标的杀伤或破坏。激光武器则不同，它打破了人们对传统武器的认识，以一种全新概念和作用机理，区别于以往的武器。

（1）激光武器是一种新概念武器

激光武器是以激光能量直接杀伤和破坏目标的一种定向能武器，它利用高速、高能激光束直接杀伤或击毁目标，使其丧失作战效能。这种新式武器的能量是沿一定方向传播的，在传播方向的一定距离内，它有杀伤和破坏作用；而在其他方向的任何距离内，它均无杀伤、破坏作用。它主要由激光器、瞄准跟踪系统和光束控制与发射系统组成。

（2）激光武器的特点

与常规武器相比，激光武器具有以下特点：一是速度快；二是精度高；三是机动灵活；四是不受电磁干扰；五是效费比高。正是由于上述特点，激光武器在作战中表现得非同凡响。

　　打击目标迅速、准确、灵活。常规武器射击运动目标必须考虑提前量，激光武器是以光速传播的高能激光束，因此在射击时不需要计算提前量，一旦发现目标，就能迅速做出反应，以极高的命中精度攻击目标。如果对距离10千米，以400米/秒运动速度飞行的飞机射击，在从发射到击中目标所用的时间内，飞机仅移动1毫米。

　　激光武器发射的几乎没有质量的高能激光束，是无惯性武器，因而可以灵活、迅速地变换射击方向，扩大射击范围，加上射击精度高，可以连续射击，每秒可发射几百个脉冲串而不影响精度和效果，这样就可以在较短的时间内攻击较多的目标。如可以拦截多枚精确制导炸弹、炮弹和导弹，对付大批量的飞机等。

　　功率大、输出能量高、杀伤力强。激光武器的核心是激光器，它输出的激光功率大小、光束质量的好坏、热效率高低等情况对其杀伤能力均有较大影响。计算表明，使导弹丧失作战能力的战略激光武器的能量是108瓦，使飞机等铝制作战武器丧失作战能力的战术激光武器的能量则是105瓦左右。1977年，美国首用化学激光器对一枚正在飞行的奈克导弹拦击，实验表明，$2 \times 10^7$瓦左右的输出能量，7秒钟左右可使400千米以外的导弹助推器着火、爆炸。

　　目前用于高空机载的气动激光器，用于陆地车载的放电激光器和用于海上的化学激光器的研究，都有重大突破。

　　据报道，美国空军用安装在改进的波音飞机上的发射能量为400千瓦的二氧化碳激光炮，击毁了5枚从"海盗式"战斗机上发射的"响尾蛇"导弹。俄罗斯已经建造了作用距离达10千米的防空激光武器系统，试验中击毁过模拟美国的无人驾驶亚音速飞机。德国也研制成功了自己的激光防空武器系统，准备安装在"豹-2"坦克上，可破坏10千米内来袭的飞机、战术导弹等目标，并可破坏20千米远或更远的光电系统。

　　（3）激光武器被誉为"超级武器"

　　激光武器是一种非常厉害的、攻防兼备型的武器。按其用途通常可分为战术激光武器和战略激光武器两大类。

　　战术激光武器主要包括激光致盲武器和用于防空、反坦克、反战术导弹的近程激光武器。

　　激光致盲武器就是所谓的"激光枪"，也称"激光视觉干扰系统"。其原理主要是：利用人眼对0.4~1.0微米之间的可见光与部分红外波段的光敏感、聚焦作用强的特点，将激光的波段设在这一范围内，以实现对人眼的严重损伤，这种损伤属永久性损伤。1995年10月，联合国将激光致盲武器列入具有过分致伤或滥杀滥伤作用的非人道武器，在全球范围内加以禁止研制和发展。

　　近程激光武器，主要是指机载、舰载和坦克、装甲车等携带非高能的激光武器，其用途主要是对付敌人成群来袭的飞机、地面大规模进攻的坦克、空中的战术导弹，尤其是子母弹等战场目标。专家认为，近程激光武器因其本身的特点，用于防空和对付敌方大规模的目标有相当的发展潜力。

　　战略激光武器就是高能、远距离作战的激光武器。这种武器为实施太空战尤其是太空中的反卫星和反导弹作战提供了重要的物质手段。

反卫星作战。它是指利用各种军用卫星从侦察、监视、预警、导航、通信和气象保障等方面支援陆地、海上和空中作战。

第四次中东战争，埃及和叙利亚曾借助苏联的侦察卫星提供的军事情报，在战争初期掌握了战争主动权；而以色列又是利用美国的侦察卫星提供的情报，在埃及防御的薄弱地带突入其防线，使战局发生扭转。英阿马岛战争，美国有24颗卫星侦察、监视战场，向英军提供情报，使其控制战场局势；苏联也有37颗卫星监视战场，向阿军提供情报，使其击沉装备精良的"谢菲尔德号"导弹驱逐舰。

海湾战争，美国动用了70多颗卫星，监控整个战场，为多国部队提供了全面有效的信息保障，在支援、指挥、控制战争直到赢得战争胜利起到了重要作用。

上述战例表明，部署在太空战场中的各种军用卫星已参加到战争中来了，并成为战争体系中的重要组成部分。由于战争中卫星的作用，所以反卫星作战变得日益重要起来。

激光反卫星作战是指用激光武器摧毁、破坏和干扰敌方各种侦察卫星、预警卫星的脆弱部位——光电系统，使其失效或丧失能力。

从现在研究的情况看，反卫星作战比反战略导弹作战容易得多，因为卫星运动轨道相对稳定，相对地面运动的速度有限，且光电系统较易受攻击，因而对瞄准跟踪系统和激光能量的要求不是很苛刻。据说1975年苏联曾用陆基激光武器摧毁两颗飞临其上空的美国侦察卫星，使其成为瞎子。最近几年，美国与俄罗斯多次进行反卫星试验，成功多于失败。

反战略导弹作战。激光武器反战略导弹，主要是用激光武器全程拦截敌方进攻的战略导弹，拦截的最好时机是处于助推阶段飞行的战略导弹。所谓助推阶段，是指战略导弹从起飞到最末一级发动机关机的飞行阶段。这一飞行阶段的战略导弹：一是很容易被发现、被跟踪；二是导弹的弹头和弹体尚未完全分离，弹体庞大，拦截跟踪方便，易被攻击；三是导弹的分导式多弹头和诱饵等突防装置尚未展开，需要拦截和摧毁的数目小，拦截效果更佳。

20世纪80年代，美国政府曾针对苏联导弹的威胁，开始了以激光武器为主要拦截手段的战略防御系统的研究。其设想是以陆基部署为主，通过加大太空战斗反射镜来完成反导弹作战使命，其明显的优势是以光速将能量投射到目标上，并能多次重复发射，大大增加了反导弹防御系统的灵活性和有效性。

激光武器反战略导弹的主要作战方式有两种：一是陆基加太空战斗反射镜；二是陆基加中转反射镜加战斗反射镜，即地面激光武器发射的光束，首先射向位于3 600千米的地球同步中转镜上，再由中转镜反射到位于较低轨道的战斗镜上，最后由战斗镜将激光束照射到目标上。据美国人估计，以1台激光武器在1秒钟内摧毁5枚导弹计算，导弹起飞的最初5分钟内，就可摧毁1 500枚导弹。如果部署7台激光器，就可以将来袭的导弹摧毁概率控制在99.7%。目前，反战略导弹的激光武器尚处于研究实验阶段。其主要类型有：以陆基为主的反战略导弹激光武器，舰载高能激光武器，区域防御激光综合反导弹系统，战区防御机载激光反导弹武器和天基化学激光武器等。

根据激光武器日趋成熟的事实，许多军事家对未来的战场做了全新的描述。在陆上，以激光弹为主要作战武器的各型战车驰骋在战场的各个角落；在海上，五花八门的舰载激光武器灵活快捷地击毁各种飞机和海上飞行的导弹；在天上，激光发射平台神出鬼没地围歼"猎物"，激光武器将战争带入一个崭新阶段。

### （三）激光技术应用上的局限性

激光技术作为一门技术，已经应用到军事领域的很多方面，并被世界各国关注，从而被积极地研制、装备和使用。但在实际运用过程中，仍有许多难点还没有得到很好的解决，不同程度地限制了激光技术在军事上的发展，特别是限制了其作为一种新概念武器的使用。这就是激光技术应用上的局限性。概括起来说，主要有两个方面：一是技术方面；二是应用方面。

#### 1.技术方面

（1）破坏机理问题

激光怎样破坏、毁伤目标，是一个非常复杂的问题，也是一个科学界直到今天也悬而未解的问题。经过各国科学家40多年的不懈努力，公认激光的主要破坏方式是烧蚀效应、冲击效应和辐射效应。但是究竟在什么情况下，哪一种破坏方式占主导地位，却并没有准确答案，因而限制了有针对性地研制激光武器的破坏方式的发展。

（2）能量需求问题

激光武器的能量需求主要是针对高能激光武器而言。例如，激光武器要用于反导弹作战，其瞬间（亿分之一秒）能量必须达到108焦耳以上，才能摧毁高速飞行中的导弹。这种能量要求相当高，相应的技术也复杂，这也是技术上的难点。

（3）定点跟踪问题

激光束始终对准目标的某一部位才容易摧毁目标。激光束很细，使极细的激光束始终"盯住"目标的某一部位是一个难题。但目标本身又不是静止的，目标往往在高速飞行的同时，自身又发生旋转，在这种条件下要求激光束始终对准目标的某一部位更是难上加难。

#### 2.应用方面

（1）大气传输问题

激光在大气中的传输受气候、地形、地物和粉尘等因素的影响较大，并随距离的增加而显著减弱。也就是说，激光通过大气传输将会严重衰减，并可能使光束扩散。原因是激光在大气中传输易产生大气吸收、散射、热晕和激励等现象，造成激光束能量被散射、扰动、漂移和畸变，以致衰减90%以上，直至完全被吸收。较长时间以来，激光束不能作为地面战场武器广泛使用的重要障碍之一是大气传输时能量损耗严重。从目前的研究成果来看，激光虽然能够克服大气中的传输问题，但仍需以消耗相当大的能量为代价。

（2）对抗措施问题

目前有效对抗激光技术的方法措施并不多，这是激光对抗、干扰作战方面的局限性。现在采用的对抗方式主要是：以多种手段积极破坏敌方的激光装置，使其不能发挥作用；在被击目标如飞机、导弹、卫星上采取相应的加厚涂料等防激光措施；利用不良气象、烟雾等，使其能量衰减。发展有效对抗、干扰、防护激光的措施一直是科研的前沿问题。

（3）条件限制问题

条件限制也是激光武器应用上的重要局限。激光技术领域是一个有待进一步研究、开发的领域。一些技术虽然完善了，如激光枪，并能够装备到部队，但联合国有关限制激光枪使用的条约限制其广泛传播和应用。

（四）激光致盲武器的简介及防护

1.简介

科学技术的飞速发展及其在军事领域的广泛应用，使传统战争模式发生了根本变化。自从1960年7月美国人研制出世界上第一台激光器以来，以激光技术为基础的激光武器在世界各国受到了广泛重视。激光技术还在战场上大量应用，如激光测距、激光通信、激光制导以及激光干扰与致盲等。其中激光致盲武器是现代战争中一种有效的光电对抗武器，其作用是使人眼和光电敏感器件致盲而丧失作战能力。

（1）激光致盲武器的工作原理

激光具有以下特点：一是方向性好，直线传播；二是亮度高；三是单色性好，因为它是由工作物质中众多原子或分子等所发频率基本相同的光集合而成，波长范围窄（因光的颜色是由光的波长决定的）；四是相干性好。

人眼是一个光学系统，对激光有聚焦作用。如果拿激光直接照射人眼，将会破坏人眼的视网膜（激光损伤）而使人致盲。

（2）激光致盲武器的研究与发展现状

激光致盲武器已在美国、英国、俄罗斯以及西欧国家中得到发展，其中美国的激光致盲武器的研制与发展已相当成熟，种类多，功能全，最早曾在海湾战争中用于战场；英国皇家海军装备的激光致眩器在1982年的英阿马岛战争中使用，使阿根廷飞行员莫名其妙因惊慌失措和致盲而坠毁或偏离航向；俄罗斯的激光致盲武器已有样机装置，并在飞机、舰船和坦克等装甲车辆上开始了验证，美国飞行员曾多次受到俄罗斯的激光照射；瑞典的战斗机驾驶员和加拿大的直升机驾驶员也曾受到俄罗斯的激光照射而暂时致盲。

激光致盲武器除了对人眼造成伤害外，还会使光电敏感器件，如望远镜、潜望镜、瞄准镜、夜视仪、传感器和光学引信等致盲。

（3）激光致盲武器的防护

随着激光致盲武器的发展和不断完善及其在战场上的应用，未来的战场将是充满光电对抗的战场，各国军队都十分重视激光致盲武器的防护。

要实施有效的激光防护，可以有三种设计思路：一是在激光到达预定目标之前挡住它；二是利用战术手段和对抗措施；三是改变士兵和战斗部队的光学特征。

①挡住激光

能够实现挡住激光的方法有三种：吸收滤光片、干涉滤光片和能量限制器。

光密度是描述滤光镜对某一激光波长所能达到的保护程度，它是衡量某一厚度传输介质对光衰减或衰减程度的一种量度。其表达式为：OD=$\log(I_0/I)$（OD：光密度；$I_0$：入射光能量；$I$：透射光能量）。

激光滤光镜要求光密度在4～18之间，激光从滤光镜的出射光强是入射光强的$10^{-4}$～

$10^{-18}$。当然为使作战人员获得重要的视觉信息又不会使眼睛过度疲劳，可见光的总透过率应不低于80%。

吸收滤光片。迄今为止，应用于军事目的的大多数滤光片是吸收滤光片。吸收滤光片又有两种形式：一种是通过有色玻璃滤光；另一种是利用光学材料内的染料将光吸收。

有色玻璃只能防护可见光部分的激光（波长范围为400～760毫米）；有色玻璃能够抗机械磨损、热冲击及抵御强光源的破坏，但有色玻璃在制造过程中难以控制光密度（主要取决于其厚度）。

染料掺杂型聚合物材料制成的塑料吸收型滤光片主要是在聚碳酸酯中浸渍有机染料，这种着色聚碳酸酯滤光片只能对付可见光和近红外光谱中极小的一部分。其优点是聚合物材料具有优良的抗冲击能力，可以减少眼睛受碎片伤害的概率。它通过改变有机染料的浓度从而使光密度发生变化。同有色玻璃相比，长时间的日晒使它的滤光性能降低，而且表面易受化学溶剂的侵蚀，也易划上刻痕。

干涉滤光片。它是利用光学涂层（由几十甚至上百层不同的电介质材料交替沉淀而成）来衰减激光，可以有选择地反射某一波长激光，而让在可见光区内的其他邻近波长大部分通过，因而干涉滤光镜的最大特点是将光反射掉而不是吸收；缺点是被反射的光的颜色随视角的变化而变化，如果激光打到滤光片表面的角度偏离垂直方向时，滤光片能够反射的激光波长也将发生变化。

能量限制器。能够作为能量限制器的材料主要是非线性光学材料，这是激光防护未来发展的方向。这种非线性光学材料可以是光变色型聚合物材料，或者是液晶型，或其他共轭型聚合物材料。

②战术手段和对抗措施

战术手段和对抗措施包括：用烟幕吸收和散射激光；利用黑色眼罩挡住激光；利用反激光导弹上装有的寻的头来探测、跟踪激光致盲武器激光源并予以摧毁；利用反激光后向反射镜把敌方激光束按原方向反射回去，以此来摧毁敌方激光装置；利用反激光武器来摧毁敌方激光源；利用激光探测器和告警器可以采取有源对抗措施，规避机动或直接攻击；对光电器件的光学系统实施抗激光加固措施也可以减少激光的伤害，如在光学窗口上涂敷一层光致变色材料，可以阻止强激光的进入。

③改变士兵的光学特征

采用间接观察的方式可以改变士兵的光学特征，即采用间接观察装置——电视系统、热成像仪或光电倍增管来观察，人眼不直接观察，伤害的只是光电装置中对光敏感的部件，这是保护高价值目标（飞机、坦克）中的人员的眼睛的一个主要方法。

2.防护展望

目前战场上不同兵种对激光防护采用不同的手段。对坦克和装甲车上的驾驶员或其他战斗人员来说，他们通过在光学通道上加装滤光镜、折光板，或在瞄准具上镀反射膜等手段，来保护光学仪器和人员。飞机驾驶员通常佩戴激光护目镜来防护激光。步兵使用的激光护目镜是一种充满染料的聚碳酸酯塑料护目镜。上述激光防护手段已在美军得到装备。但由于受材料和制造手段的限制，上述激光防护手段只能对某个波长的激光起防护作用，对变波长的低能激光武器还不能进行有效的防护。

随着激光在战场上的广泛应用，各国对激光的防护也更加重视，纷纷试图研制出对抗激光武器的新方法、新材料。在众多的激光防护手段中，非线性光学材料受到人们的青睐。因为未来的激光致盲武器将向着"波长灵活可调"的方向发展，而目前的大部分防护材料只能对某一波长的激光进行防护。非线性光学材料具有对激光快速的光开关特性，当激光照射时，材料分子的极性迅速发生变化而变得对光不透明；当激光脉冲消失时，材料又恢复到透明状态。

基于战场激光的威胁已经存在并将日益严重，激光致盲武器的变波长发展方向和目前的激光防护水平，开展非线性光学材料的激光防护效应的预先研究，对提高我军的激光防护水平，打赢高技术条件下的局部战争，都具有重要意义。

## 七、暗黑明眸的夜视技术

（一）基本概念

夜视，即夜间观察。人类最早使用而现在依然大量使用的夜间观察手段是借助可见光照明。在军事领域，第一次世界大战期间，在黑暗的条件下，采用人工光源（如探照灯、照明弹等）应用于夜战。但是由于可见光照明很容易暴露自己，所以促使人们积极探索新型隐蔽观察手段，因而导致了夜视装置的问世。

夜视技术是应用光电探测和成像器材，将肉眼不可视目标转换（或增强）成可视影像的信息采集、处理和显示技术。

狭义而言，夜视技术装备是人眼夜间观察的助视器。广义而言，夜视技术装备是指能将不可视目标转化为可被人或技术装备感知的信息的传感装置。它能扩展人眼在低能见度环境中的视觉能力，能使武器系统或指挥、控制系统在低照度条件下更有效地发挥瞄准、火控、制导或监视功能。常用的夜视技术装备主要有：红外夜视仪、微光夜视仪、微光电视、热成像仪、激光成像雷达和微波成像雷达。目前，夜视装备已成为军队夜间侦察、瞄准、车辆驾驶、飞机和舰艇导航等不可缺少的装备。它是部队夜间作战的"眼睛"。

（二）夜视器材的分类

在军事领域中应用的夜视器材种类繁多，其主要分类有以下两种。

1.按工作方式分类

按工作方式分类可分为主动式夜视器材和被动式夜视器材两类。

（1）主动式夜视器材

工作时需要使用人工红外线光源（如红外探照灯）照射目标，夜视器材接收由目标反射回来的红外线图像。采用主动工作方式的夜视器材，其观察距离和效果主要取决于人工红外照射条件，受外界自然条件影响很小，故称主动式。

（2）被动式夜视器材

工作时不需要外加红外光源，直接利用目标自身辐射的红外线或反射的微光进行工作。采用被动工作方式的夜视器材，观察距离和效果主要取决于目标辐射的红外线或反射的微光强弱，受外界自然条件影响较大，故称被动式。

2.按工作波段分类

按工作波段分类可分为微光夜视器材和红外夜视器材两类。

（1）微光夜视器材

工作时利用可见光波段，主要包括微光夜视仪、微光电视等。

（2）红外夜视器材

工作时利用红外波段，主要包括主动式红外夜视器材、热成像器材等。热成像器材又有红外热像仪（如光机扫描仪、焦平面列阵仪）、红外电视。

（三）夜视器材在战场上的应用

1.星载与机载侦察、预警技术

在星载与机载侦察方面，光学遥感、成像技术是现阶段空间分辨率最高、测量结果最直观（从而信息量丰富）的信息采集技术。在海湾战争前夕和战争进程中，美国先后发射了3颗改进型KH-11照相侦察卫星，使美军指挥官能利用最新的侦察监视等技术获取战场情报。

在预警技术方面，当今有雷达预警和红外预警两种主要战略预警手段，两者相辅相成。在某些方面，红外预警具有独特的优点，利用包括红外技术在内的多种传感与侦测手段，能识别大面积、大纵深范围内混杂在假目标中的真导弹和飞机，能探测火箭助推段轨迹及掠地或掠海飞行的导弹和飞机。目前美国用位于地球同步轨道上的预警卫星构成了全球监视网，监视战略导弹的发射。

2.机载导航、瞄准技术

在机载导航、瞄准技术方面，按照功用分类，目前机载红外、夜视技术装备主要有导航吊舱、瞄准吊舱和光电吊舱三类。导航吊舱一般配备前视红外摄像机，有的加装地形跟踪雷达，主要为飞机昼夜飞行提供导航；瞄准吊舱主要装有前视红外摄像机、激光测距目标指示器等光电设备，用于目标搜索和捕捉，为制导武器及非制导武器提供精确制导和瞄准。光电吊舱的主要特点是采取被动工作方式，因此可对敌方进行出其不意的突然袭击，不易受到电子干扰和反辐射导弹的威胁。

3.舰载观察、火控与告警技术

在舰载观察、火控与告警技术方面，由于舰船目标大，天空背景空旷，夜视器材能在较远的距离发现海上目标。夜视器材分辨率高，独具探测掠海飞行目标的技术优势。

1982年，在马岛战争中，阿根廷发射飞鱼导弹击沉英舰；1987年，在波斯湾，伊拉克用飞鱼导弹击中美舰。这两个典型战例证明，在现代海战中，低空、超低空掠海导弹是舰艇的主要威胁。

4.陆上侦测、瞄准、驾驶技术

在陆上侦测、瞄准、驾驶技术方面，夜视器材是一种优良的夜间观察、侦察和监视装备。根据实际需要，将其分别配置在阵地前沿、观察哨所、指挥所或配给侦察、观测分队，用以观察敌方地形、工事构筑情况，侦察敌方兵力部署、火力配备和行动企图；也可以配置在边防、海防线上或重要的军事目标、通信枢纽、指挥中心等部位进行监视，防止敌方的偷袭和空袭。

根据各种常规武器的性能装配不同的夜视瞄准仪，不仅可以达到夜间观察目标的目的，而且可以进行精确射击瞄准，提高了夜间射击的命中精度。

不同类型的夜间驾驶仪是各种坦克、车辆等夜间行驶的良好观察装置，不仅实现了夜间隐蔽行进，而且还可以提高车辆夜间行驶速度，大大提高了摩托化部队、装甲部队、炮兵部队的机动能力和快速反应能力。

（四）与夜视器材对抗的方法

1.巧妙伪装

夜间的伪装不仅要使目标伪装的颜色与背景相似，同时要使目标的反射或辐射条件与背景相似，以缩小目标与地形、地物背景的光、热对比度，尽量降低夜视器材的观察效果。如迷彩伪装、各种制式的伪装网等。

2.利用地形、地物

利用地形、地物要注意选择敌方夜视器材不易直接观察的死角和不易观察的遮蔽物下，如树林、土丘及各种建筑物等。

3.利用不良天气

利用不良天气，如风沙、雨雪、烟雾等对夜视器材的观察有一定的影响，有利于隐蔽行动。因此要尽量利用不良天气，以达到战斗的突然性。

4.强光干扰，烟幕迷盲

微光夜视仪对白光特别敏感，受到一定白光照射，就无法观察甚至损坏仪器。主动式红外夜视仪遇到灯光直射，也会降低效能。因此，只要条件允许，就可以采取强光干扰措施。烟幕对光有很好的散射和吸收作用，施放烟幕也可以迷盲夜视器材的观察。

5.采用正确的战术动作

实践证明，在夜视器材的视距内易发现运动和高大的目标，难发现静止和矮小的目标；易发现横向运动的目标，难发现纵向运动的目标。因此，正确的战术动作和队形也是对抗夜视器材的方法。

6.欺骗、迷惑

夜视器材辨别真假目标的能力较差，因此，可以有计划地在战场上设置假目标、假阵地，达到欺骗、迷惑敌方的目的。

7.减少目标与背景的温差

热像仪是利用目标和背景的温差发现目标的。因此，消除或缩小目标与背景的温差就可以使目标图像"淹没"在背景之中，难以甄别。

8.加强观察和侦察

及时发现敌方夜视器材是与其夜视器材斗争的前提，可利用己方装备的各种夜视器材实施反侦察。

9.火力摧毁

火力摧毁夜视器材是与敌方夜视器材做斗争最积极、最有效的手段。在作战前和战斗过程中查明敌方夜视器材的配置地域、数量，利用各种兵器将其摧毁。

（五）国外几种夜视器材

1.美国 AN／PVS5 夜视器材

该装备由美国夜视器材生产厂家 ITT 夜视公司和利顿电光系统公司联合研制生产。2000年，第四代产品已通过了美国陆军合格检验试验，并将其用于美国特种作战部队使用的 M4A1 卡宾枪的新型夜瞄具，还将向陆军航空兵提供新型夜视眼镜。

2.美国 F4956 式步枪夜视瞄准具

F4956 式步枪夜视瞄准具是美国国际电话电报防御公司光电产品部生产的一种小质量、高性能被动式夜视瞄准具，它既可用于步兵新型单人武器，也可用于中距离监视和警戒。该瞄准具装有一个三代微光系统，适合加装在许多步兵武器上。

3.以色列 HRS100 式全息反射式瞄准具

HRS100 式全息反射式瞄准具是以色列奥尔泰克公司生产的一种轻型光学瞄准具，适合轻武器使用。该瞄准具的光透射高于普通光学瞄准具，图像呈自然色彩，从而提高了夜间条件下的图像质量，提高了武器的命中概率，便于射手迅速、准确地射击目标。

（六）夜视技术对战争的影响

1.确立了夜战的军事地位

西方发达国家随着三军大量装备夜视装备，已将主宰夜晚作战作为制胜策略。

2.赢得有效夜战时间

夜间和不良天气占全年时间的比例相当大，夜视装备使夜间变得透明，大大延长了有效作战时间。红外夜视器材分辨率高，具有探测掠海飞行目标的优势。舰载跟踪红外热像仪既可用于为发射导弹提供目标数据，又可用于探测敌方掠海飞行导弹。配备热成像设备在内的光电火控系统，便于识别目标并缩短武器系统的反应时间。

3.倍增武器效能

夜视技术与武器装备相结合将大大提高武器装备在夜间和不良天气条件下获取信息、实施打击、指挥部队、机动兵力和协同作战的效能。

4.减少飞行事故

通过在飞机上使用配备前视红外摄像机的导航吊仓和让飞行员佩戴装有夜视镜的护目镜，可大大减少夜间航空事故。

## 八、中枢神经般的军队指挥自动化系统

随着现代科学技术的迅猛发展及在军事领域的广泛应用，现代战争的形态和军事斗争方式发生了重大变化，进而对军队指挥提出了更高的要求。在这种形势下，研究军队指挥自动化理论，加强军队指挥自动化系统建设，是提高军队整体作战效能、掌握现代战争的指挥规律和方法、打赢高技术战争的重要因素

（一）军队指挥自动化概述

指挥自动化及指挥自动化系统是军队指挥自动化理论最基本的概念。

1.军队指挥自动化和军队指挥自动化系统的定义

从20世纪60年代开始，随着美国等西方国家军队 $C^3I$ 系统和苏联指挥自动化系统的起

步与发展，并在作战、训练中逐步发挥了重要作用，军队建设发生了较大变化。我军在积极吸收外军做法的基础上正式提出了"指挥自动化"的概念，并将"军队自动化指挥系统"的内涵与西方的"C³I"系统相等同。多年来，全军围绕"指挥自动化"的概念进行了许多有益的探讨，从其本质、目的、要素、手段、功能、实践需求、建设途径、运行机制等不同的角度和层面做出了多种定义和解释，不断丰富和发展了原有概念的内涵和外延。

我军《指挥自动化条例》中指出：军队指挥自动化是指在军队指挥体系中建立和运用指挥自动化系统，辅助指挥员和指挥机关实现科学、高效的指挥控制与管理的活动。其目的是提高军队的组织指挥和管理效能，最大限度地发挥军队的整体作战能力。这一定义是我军对指挥自动化的最新定义，是进入2000年后，随着指挥自动化建设的飞速发展，我军对指挥自动化认识的进一步加深，对它的内涵和本质有了更新的认识。

军队指挥自动化系统是指在军队指挥系统中，综合运用以信息技术为核心的现代军事技术和军事理论，实现军事信息收集、传递、处理自动化，以实现高效能的指挥、领导与管理，保障军队发挥最大效能的"人—机"系统。军队指挥自动化系统是国防基础设施的重要组成部分，是军队现代化的重要标志，是实现高技术条件下联合作战的物质基础和根本保证。

2.军队指挥自动化系统的特性

（1）内涵的延伸与扩展

军队指挥自动化系统的内容不是一成不变的，它是随着军事技术的不断发展而不断丰富、不断延伸的。美国前总统里根的C³I顾问约翰·库什曼1986年6月11日来我国国防大学讲学时，在讲到指挥自动化系统定义时，列出这样一个等式：$C^2=C^3=C^3I=C^4I$，从中可以看出C³I系统的内容是不断发展变化的，同时它的内容还在不断延伸。例如，美军指挥自动化系统就出现了C²（Command and Control，指挥与控制）、C²I（Command，Control and Intelligence，指挥、控制与情报）、C³I（C²I+Communication，指挥、控制、通信与情报）、C⁴I（C³I+ Computer，指挥、控制、通信、计算机与情报）、C⁴ISR（C⁴I+Surveillance+Reconnaissance，指挥、控制、通信、计算机与情报以及监视和侦察）等术语。1995年美国国防部报告中提出了C⁴I系统的概念，1997年美国国防部又提出了C⁴ISR的概念。这充分反映出指挥自动化系统构成要素的不断扩展与延伸，说明指挥自动化的功能在不断扩充和完善，人们对它的认识也在不断加深和进一步发展。虽然外军指挥自动化系统的概念在不断扩展与延伸，但是目前在世界上许多国家仍沿用美国1979年国防报告中使用的C³I系统的称谓。

我军使用的指挥自动化系统这一概念虽然没有改变，但是其内涵也在不断地发展变化，与外军发展相对应而不断扩展与延伸。

（2）概念的综合性

军队指挥自动化系统是一个综合性的概念。指挥自动化系统的基本特性的外在表现是系统呈现出功能的综合性、结构的综合性、业务的综合性、组织使用的综合性、使用人员的综合性等特点。即系统以计算机技术为核心，是各种高新技术、理论的集中运用；系统集成了多种学科、多个领域、多种层次，功能多样，结构庞大；各分系统从属于综合系统，小系统从属于大系统，单一业务从属于综合业务，具体功能从属于整体功能；把多种分散的系统综合集成为一个统一的大系统，形成一个能够整体运作的军事信息系统；每一个分系统在功能上具有一定的相对独立性，系统结构、操作人员、技术规范等不尽相同，可形成一定的独立功能；各分系统需要按照一定的军事和技术要求分布配置，结构上是多层次、多链条、多网络；各有关系统间、软硬件设备间、功能间相互连接、相互渗透，你中有我，我中有你；系统体系结构复杂、功能种类繁多、具体要求不一，具有明显的多样性；要求整体上必须能互通、互联、互操作、互代替，实现一体化。指挥自动化整体要素的不断扩充，反映了各作战要素整体动作需求不断增加。

例如，在业务上，指挥自动化系统是把作战指挥、通信、情报、电子对抗等多种军事业务部门紧密地联系在一起的综合业务统一体；在功能上，是依照指挥的主要职能和业务关系，按系统工程原理，把指挥控制、情报侦察、通信、电子对抗等多信息系统功能综合集成，形成一个技术先进、结构合理、运转灵便的有机整体；在技术上，它是将现代计算机技术、情报侦察技术、通信技术、航空航天技术、电子对抗技术、密码技术等综合集成，形成一个高技术的综合体。

（二）军队指挥自动化系统的组成

军队指挥自动化系统，一般由指挥控制分系统、情报分系统、通信分系统、电子对抗分系统和综合保障分系统等五大功能部分组成（见图4-1）。

**图4-1　军队指挥自动化系统图**

1.指挥控制分系统

指挥控制分系统是军队指挥自动化系统的核心，有时也称为指挥控制中心或指挥所。它直接影响着指挥自动化系统的整体性能指标的高低和效能的发挥。指挥控制系统主要由各级各类指挥中心（所）和执行分系统构成。它是指挥自动化系统的"心脏"和"大脑"，其核心是计算机和有关辅助设备，主要将输入的各种情报和信息快速地进行综合处理，为指挥人员进行决策判断提供可靠的信息；同时辅助指挥人员拟定作战方案并通过模拟推演、分析判断，得出结果数据，为指挥人员下定决心、下达命令提供准确依据；根据作战命令提供各种兵力、兵器的指挥控制和引导数据，通过通信分系统传递给执行分系统（有关部队和武器系统），实施指挥和控制。指挥自动化系统的总体结构设计，在某种意义上来说，主要是围绕着指挥控制分系统来进行的。

（1）指挥控制分系统的组成要素

指挥控制分系统从作战使用上可分为作战指挥要素和技术保障要素两部分。作战指挥要素包括指挥员和战勤、参谋人员实施作战指挥和组织勤务保障，他们通过设置的指挥控制台、大屏幕显示设备、各种终端设备和指挥通信设备完成指挥活动。

①作战指挥要素

作战指挥要素的设置原则主要是指挥机关的编成和它所担负的作战指挥任务。各级指挥控制中心因其任务不同，作战指挥要素也有所不同。通常包括指挥要素、作战保障要素、后勤与装备保障要素、辅助指挥要素。

②技术保障要素

技术保障由四种要素组成，即信息处理要素、内部通信要素、信息显示要素、辅助设备要素。

（2）指挥控制分系统硬件与软件的组成

依据上述指挥控制分系统组成要素和系统战术功能，指挥控制分系统是由硬件平台和完成系统战术功能的信息处理软件等构成的。

系统的硬件平台通常由信息处理设备（计算机系统）、信息显示设备（各种显示控制台、工作站、终端、大屏幕显示设备、闭路电视和投影设备等）、内部通信设备（程控交换机、对讲机、通信终端设备等）、系统监控设备（监控台和其他环境监控设备）和局域网等组成。

完成系统战术功能的信息处理软件，除必需的系统软件、应用开发工具软件外，主要有情报处理、文电处理、辅助决策、武器控制、数据库、资料检索、图形处理、战勤保障等信息处理软件。

现代战争将是体系与体系的对抗。为了指挥诸军种和控制各种高技术武器协同作战，发挥整体威力，要求指挥控制分系统的各级各类指挥中心，包括空间、空中、海上、水下、地上、地下的广阔领域，在电磁干扰环境与快速运动中形成立体配置，并做到互连、互通、互操作的一体化高抗毁性的网络结构。例如，在海湾战争中，美军中央总部在海湾前线建立了前线指挥部，并组建了陆军、海军、空军、海军陆战队等司令部各级指挥中心，调用了39架预警机作为空中指挥与控制中心，对参战美军实施指挥与控制，为制定战略决策、拟定作战计划、选定攻击目标等提供了重要依据，有效地提高了快速反应能力，保证了部队间密切协同和多国部队的联合行动，大大增强了总体作战能力。

2.情报分系统

情报分系统主要由情报侦察、预警探测系统和情报处理中心组成。主要负责搜集敌我双方的各种情报信息，供指挥人员及时了解军情和战场态势。现代化的情报系统是陆基、天基并举，光、电、磁、声多种探测手段并用，构成空、地、海、天一体化的情报侦察网，对整个军事动态和战场态势实施全方位、立体化、全天候的监视与侦察。

一个 $C^3I$ 系统需要配置多种侦察监视设备，最有效地获取战场情报信息，为作战指挥服务。现代情报侦察监视系统，从防空角度讲，通常由地面雷达警戒网、空中预警网和无线电技术侦察网等组成；从防天角度讲，通常由侦察卫星预警网和地面雷达预警网组成。

（1）防空情报侦察监视子系统

防空情报侦察监视子系统的主要任务是对来袭的轰炸机、巡航导弹等空中目标尽早提供预警、搜索、监视，识别空中目标，并连续测报目标的位置和飞行参数。由于现代战争

中空袭兵器及其突防手段多种多样，所以必须综合使用多种侦察监视设备和手段。

①地面雷达警戒网

地面雷达警戒网是将各种程式的警戒雷达按其性能统一布局、合理配置的预警侦察网。预警线主要由远程警戒雷达站组成，并适当配置一定数量的低空目标探测雷达站，使其对高、中、低空目标都具有探测预警能力。根据需要和可能，可设置多道预警线。例如，美国目前的战略预警系统设置了两道预警线，在北美西起阿拉斯加东至格陵兰一线设置了一道远程预警线，对时速960千米的飞机可提供3小时的预警时间；在美国和加拿大边境的加方境内设置了一道近程预警线，能在敌机进入美国本土前20分钟发出警报。对空侦察雷达网主要由中、近程雷达站组成，各个雷达的探测范围互相衔接、重叠，形成全方位、大纵深、覆盖空袭兵器全部飞行高度的探测空域，为作战指挥中心和各防空部队提供空中目标的情报信息。

②空中预警网

空中预警网是由空中预警机组成。其主要优点是机动性强、情报传递快、侦察范围大，尤其可贵的是对低空、超低空目标的探测性能好。例如，美国为防止敌机从海上入侵，沿其东西海岸各设置了一道空中预警线，由美E-3A空中预警机担负空中巡逻警戒任务。它在9 000米以上的高空对高度18 000米以下的空中目标，发现和跟踪距离为460千米，并能发现高度100米以下超低空来袭目标。

③无线电技术侦察网

无线电技术侦察网是由装备有专门无线电技术设备的侦听站组成。其任务是通过侦听、侦收、测向等方法，截获、破译敌人指挥通信信息并进行测位，以获得敌人空袭活动的预先征兆和实时情报。

此外，对空观察仍不失为一种有效的侦察手段，它作为雷达警戒网的辅助网在一些国家仍在使用。它是由众多的地面观察监视哨（站）组成，用目力或听力借助光学、电子观察设备或音响设备，监视（听）空情并传递情报。它能弥补其他侦察的不足，是获取低空、超低空目标情报的有效手段。

（2）防天情报侦察预警子系统

防天情报侦察预警子系统的主要任务是对来袭的战略弹道导弹和其他航天兵器提供预警，测定其轨道参数，识别真伪弹头和国籍，并进行分类编目，必要时拟定拦截所需要的目标指示数据。

①侦察卫星预警网

侦察卫星预警网是由部署在地球静止高轨道或周期12小时的大椭圆轨道上的预警卫星组成的。预警卫星是一种装有红外探测器、X射线探测器和电视摄像机等侦察设备，用于探测弹道导弹发射和飞行方向的先进预警设备。预警卫星数量按其侦察性能、运行轨道高度和侦察范围而定。例如，美国预警卫星网由部署在印度洋、太平洋和大西洋上空地球静止轨道上的5颗卫星组成，其中3颗工作，2颗备用。该预警网可提供10～20分钟的预警时间。

②地面雷达预警网

地面雷达预警网是由部署在国境线附近的超视距雷达和大型相控阵警戒雷达组成。这些雷达能发现在轨道上飞行的地对地导弹、潜射导弹，并测定其目标位置和轨道参数，为防御导弹袭击提供预警和拦截所需的目标弹道数据。超视距雷达探测距离可达5 000千米。如美国设在北美阿拉斯加、格陵兰和英国西部的3个超视距雷达站，形成了对北美三个主要方向实施侦察的预警网，预警距离为5 000千米。设在美国东西海岸的3个雷达站，组成了对潜射导弹的预警网，预警距离为1 000～1 500千米。

此外，美国、俄罗斯在弹道导弹轨道上空装有诸如新型微波雷达、毫米波雷达、激光雷达和米波、红外探测器等各种探测设备的天基探测预警网。这一预警网不仅能提供天基预警，而且能监视弹道导弹及其弹头全程的飞行情况，为天基防天反导武器提供截击数据。

3.通信分系统

通信分系统的任务是信息的传输和交换。从战争发展情况看，武器装备越先进，战争就越现代化，对通信的依赖也就越大，要求也就越高。随着现代战争的突发性、快速性的不断增强，军队指挥机关需要掌握和运用大量的各式各样的信息，要求通信传输必须迅速、准确、保密和不间断。因此，在指挥自动化系统中，良好的通信保障是实施指挥自动化的基础和军队作战的生命线。

通信传输的种类很多。按传输的信号形式，通信可分为模拟通信（普通电话、传真）和数字通信（电报、数据通信）两大类。随着电子计算机在通信领域中的广泛应用，数字通信将在指挥自动化系统中得到广泛的应用。按传输的介质，通信可分为有线通信和无线通信。按传输的内容，通信可分为指挥控制信息（指挥命令、兵力调配、组织指挥和武器控制）和情报信息（图形、图像、文字、数据）。按作战用途，通信传输则有战略、战役和战术之分。

通信是指挥自动化的基础，没有发达的通信网，就不可能实施指挥自动化。为了适应指挥自动化系统的需要，现代化的通信网应该向数字化、自动化发展，并具有多手段、大容量、高保密性、高可靠性和高抗毁性等特性。我国的国防通信网目前虽初具规模，但不能满足指挥自动化的要求，必须采取一定的措施逐步向综合业务数字网过渡。

4.电子对抗分系统

电子对抗分系统是军队指挥自动化系统的重要组成部分。电子对抗分系统一般由侦察传感设备、显示操作设备、干扰执行设备、通信设备以及数据处理中心等组成。其根本任务是：干扰和破坏敌方指挥自动化系统，使之完全瘫痪或执行错误命令；有效地保护己方指挥自动化系统不受敌方干扰、破坏和打击，并处于良好的工作状态。电子对抗是电子信息技术与军事斗争日益结合的产物，是在信息空间展开的斗争。为了取得作战胜利，最初是直接杀伤敌方战斗人员和摧毁敌方工事，后来演变为首先摧毁敌方武器系统，进而发展为首先攻击作战用的信息系统。攻击信息系统除了采取传统的硬杀伤式摧毁外，还可利用电磁信号辐射和交换的特点在信息空间进行干扰，这种软杀伤是电子对抗区别于其他攻击手段的显著特点之一，外军称之为在地面（含海上）、空中、空间三维战场之外的第四维战场——信息战场。在未来战争中,信息战场的争夺将会越来越激烈。

5.综合保障分系统

综合保障主要指气象保障、测绘保障和后勤、装备保障。

气象保障子系统,其主要任务是收集、整理、编辑、传输气象情报资料,及时与地方各级气象部门交换气象资料;及时准确地向各级指挥中心提供有关地区的气象实况、天气预报和气候资料,并对可能危及军事行动的灾害性天气及时发出警报;通过气象资料数据库,为各级指挥机构提供有关数据。

测绘保障子系统,其主要任务是通过军事地理信息数据库,及时为各级指挥中心提供各种数据地图和军事地理数据;通过电子地图库,可为陆、海、空军提供导航定位保障,为火箭军和有关部队提供精确制导所需的各种数据;通过地理和地形分析专家系统,可以就地理因素对作战的影响提供决策建议和参考数据。

后勤、装备保障子系统,具有文电、图形和自动化处理功能,辅助决策功能以及情报资料自动查询和数据共享功能。能够实时收集和管理各类后勤、装备业务数据,为拟定和优选后勤、装备保障计划和后方保卫作战计划提供决策支持;为实行联勤联供、装备和技术保障,做好物资、油料、卫生、医疗、运输、技术等保障工作和后方支援计划的有效实施提供高速有效的手段。

（三）实现军队指挥自动化的作用与意义

1.实现军队指挥自动化的作用

由于现代科学技术广泛应用于军事领域,使战争的各个方面、各个层次都发生了深刻的变化,从而也给军队指挥带来许多新的问题。实现军队指挥自动化,其作用主要表现在以下几个方面。

（1）科学分析处理情报

现代战争情报数量激增,情报来源广、数量大、变化快、临界性强。因此,必须对大量的情报进行科学的分析处理,紧紧把握与决策相关的重要情报,作为作战指挥的依据。很显然以往传统的手工处理战场信息的方式已不能适应高技术条件下作战指挥的需要。

（2）提高应变效率

现代作战时间的价值空前增大。时间对作战双方都充满了危机,争夺时间的斗争更加激烈。由于各种高技术武器能在极短时间内给对方造成重大损伤,军队的快速机动能迅速改变战场态势和兵力对比,军队指挥自动化能极大地提高指挥效率,从而使作战节奏加快、指挥周期缩短。因此,要适应现代战场情况的急速变化并做出快速反应,必须实现军队指挥自动化。

（3）有利于作战的定量分析

现代作战定量分析要求高。近期几场局部战争的实践表明,作战指挥已广泛应用数学方法进行大量复杂的战役战术计算。诸如,对大量情报的分析处理、双方兵力兵器的对比、各种武器的作战效能、部队的机动能力和作战能力及分配使用、制定作战方案和协同作战计划以及后勤保障等,都要求运用现代数学方法和计算机进行定量分析。

（4）有利于指挥协同作战

现代军队指挥任务繁重，趋向复杂化、多样化。指挥人员既要指挥诸军兵种在主战场的协同作战，又要指挥地方部队、民兵游击队配合主力作战；既要组织指挥以一种作战形式为主、多种作战样式相结合的作战，又要采取多种战法战胜敌人；还要组织好各种作战保障和后勤保障，合理地运用各种作战力量，发挥整体合力，综合打击敌人。为此，要想在有限的时间内完成极为繁重的指挥任务，也必须实现军队指挥自动化。

2.实现军队指挥自动化的意义

（1）充分发挥指挥人员的创造性

实现军队指挥自动化，可以把指挥人员从繁忙的手工作业中解放出来，以便集中精力从事创造性劳动。在实现军队指挥自动化之前，指挥人员一直为手工劳动所困扰，尽管他们处在支配一切的位置，但所从事的工作并非全是支配性的，自然而然也就影响了指挥人员支配作用的发挥。实现军队指挥自动化以后，他们可把主要精力投入到创造性劳动中去，更好地发挥其作战指挥的作用。

（2）全面提高军队指挥的时效性

实现军队指挥自动化，可以大大缩短作战准备的时间，加速决策过程，提高军队指挥的时效性，以利于做出快速反应，缩短指挥周期。以情报的处理与利用为例，在实现军队指挥自动化之前，参谋人员要用大部分工作时间将获取的必要情报标在首长工作图上，而在自动化系统中，指挥员和指挥机关有关人员可从自动化情报源获取全部重要的情报。由于情报及时、准确，因此为指挥员迅速下定决心、做出处置创造了条件。

（3）实施战场优化控制

实现军队指挥自动化后，指挥人员可借助于"机器"，分析研究部队作战行动的代价、风险与效益，及时做出科学的决策。同时，还可利用监控反馈系统，监督、了解参战部队对上级命令、指示、计划的执行情况，以便修改、调整作战计划，使各部队的作战行动能始终按照最优化的目标运行。

（四）军队指挥自动化系统的发展趋势

1.现有指挥自动化系统存在的缺陷

$C^4ISR$ 系统的出现使得军队战斗力水平产生了质的飞跃，因此该系统已成为世界各军事强国竞相发展的军事系统。但经过几次实战的检验，美军发现现有的 $C^4ISR$ 系统存在着严重的缺陷。

（1）$C^4ISR$ 系统没有实现全球联网

美军出于全球战略的需要，于1992年提出"武士 $C^4I$ 计划"，并经过多年努力，建起美军自己的军事信息网络体系，但由于保密性、机动性和野战化带来的特殊要求，该系统无法在全球范围向军民共用、整体互联的方向发展，无法达到与国际互联网比肩的普及程度。

（2）$C^4ISR$ 系统缺少对信息的有效加工

实战证明，官兵在战时获得的信息并不是越多越好，而是需要进行甄别、筛选、处理，把最有用的信息传递给最需要的人，这样才能真正消除"战场迷雾"，而现在的 $C^4ISR$

系统却做不到这一点。

（3）C⁴ISR系统无法实现多种设备兼容

目前，各国的军用C⁴ISR系统大多是各军事部门或诸军兵种独自开发的"烟囱式结构"，技术体制不统一，互联互通能力差；特别是只能链接和处理通过计算机通信联网的信息，而对战场前端的传感器、作战平台、射击系统等仍不具备兼容共享的能力。

2.发展趋势

进入21世纪以来，世界各国作战指挥自动化系统的发展呈现出了以下趋势。

（1）在功能上向综合化、智能化方向发展

军队指挥自动化系统在技术上要向综合化、智能化方向发展。综合化是指挥自动化为适应体系对体系、系统对系统的作战需要，根据整体出威力、系统出效能的原理构造未来的指挥自动化系统的思想。

多年以来，包括美国在内的世界多数国家的军队C³I系统，受发展规划、技术和条件等因素的限制，走的都是"烟囱式"发展道路，致使建成的系统功能独立，互连、互通、互操作能力差，难以适应未来高技术条件下联合作战的需要。为克服上述缺陷，各国对其指挥自动化系统的研制建设都强化了综合集成。美军则开始采用开放式系统工程的方法，从分立的"烟囱式"系统向综合系统转变，首先提出建立更广泛的C³I系统的新概念，它把C³I的范围扩展到反情报、联合信息管理和信息战领域。这种体制不仅可以指挥控制己方的作战部队，而且还可提供敌方如何指挥、控制其部队的有关信息，实现了多层次、大范围的链接和信息共享，增强了信息作战能力。美军1997年将监视和侦察与C³I系统集成为C⁴ISR，它是综合集成的指挥、控制、通信、计算机、情报、监视和侦察系统，其中蕴涵着通信对抗、反侦察等功能，基本涵盖了指挥自动化系统的全部内容。美军的C⁴ISR系统将要向综合化方向发展，即向着应用范围更广、层次更高、系统更大、内容更新的阶段发展。

大力提高指挥自动化系统的智能化水平也是其未来发展的方向之一。提高智能化的核心是开发各类智能化软件系统。随着思维科学、决策科学、认知科学、机器自学功能的提高，以及神经网络新一代计算机的产生，指挥自动化系统的智能化水平将进入更高的发展阶段。

（2）在规划上，强调系统的一体化，更重视信息安全

实现系统的一体化，是指挥自动化发展的又一趋势。我军根据多年的指挥自动化建设的经验，提出了努力实现指挥控制、情报侦察、探测预警、通信、电子对抗等功能的一体化；努力实现战略、战役、战术指挥自动化系统一体化；努力实现诸军兵种指挥自动化系统一体化；努力实现指挥自动化系统与主战武器系统一体化等。美军则提出了实现国防部C³I系统与三军C³I系统以及三军C³I系统之间一体化的要求。据不完全统计，美国国防部和陆、海、空三军的各级C³I系统就有140多个。在一体化过程中，美国国防部首先带头将国防部所属的14个系统集成为一个大系统。美国陆、海、空军也分别将本军种所属的若干系统向着一体化的方向集成，最终集成为本军种的一个大系统。与此同时，各军种的系统和国防部的系统还要进一步综合集成为一个一体化的更大系统，以实现互联、互通、

互操作。为促进一体化的实现，美国制定了国防信息系统网（DISN）综合化计划和全球指挥、控制、通信系统（GCCS）计划。其国防信息系统网已于1993年10月实现了9个独立网的综合，1996年已将170多个独立网合进了该网，这对一体化产生了巨大的作用。GCCS全部实现后，陆军指挥官可用海军的平台指挥陆上作战；同样，海军指挥官也可以用陆军指挥平台指挥海上作战，实现了指挥平台的一体化。

随着信息技术的发展和信息战的到来，信息安全受到了严重威胁。各国把安全看作信息的生命，因此对加强信息和信息系统的安全特别重视。美军对信息安全提出了如下的要求：第一，信息系统必须有能力在任何复杂环境中安全地处理各种信息；第二，必须充分保护国防部的信息系统，以便有能力与有关网络上的多个主机间进行分布式信息处理和分布式信息管理；第三，信息系统必须有能力支持具有不同安全要求的用户，利用不同的安全保密级别的资源进行信息处理。

（3）在使用上，提高系统的多种能力，向深海和外层空间发展

根据近年来的一些局部战争的实战经验，人们普遍认识到必须进一步提高指挥自动化系统的各种作战性能和适应能力，以满足未来高技术战争的需求。

①提高快速反应能力

实战表明，指挥自动化系统的各个环节都要注重提高对付突发事件的反应能力。这就要求必须建立多层次、多手段预警和侦察系统，提供准确情报，保证对作战命令和情报信息的迅速传送，以保障各种战勤指挥通畅、供应及时。要利用计算机模拟各种复杂情况，迅速做出决策，提高机动和适应能力。指挥自动化系统必须有较强的机动能力，适应恶劣的自然环境和残酷的战争环境的能力。无论是车载、舰载还是机载，都必须能够确保各级指挥自动化系统的开设和重新组合，确保作战全过程实施不间断的指挥。

②提高抗毁伤和生存能力

随着指挥自动化系统技术水平的提高，其脆弱环节也会越来越多，抗毁伤和生存能力问题将更加突出，必须采取机动隐蔽、防护加固、容错系统、抗干扰抗病毒等多种手段，从多种途径提高抗毁伤和生存能力。专家预测，在21世纪，发达国家的 $C^4I$ 系统中的核心部分将在核战争中生存，而容错计算机、自适应结构的通信网络、多级保密系统等将大大提高 $C^4I$ 系统的可靠性。

③向深海和外层空间发展

目前的 $C^4I$ 系统都是沿地球表面配置的，随着航天技术的不断发展，$C^4I$ 系统平面配置的格局将被打破，取而代之的是一种从外层空间到海洋深处的立体配置，永久性的载人空间站、轨道站的建成都可成为 $C^4I$ 中心和武器平台。在不久的未来，空间平台将能监视整个陆地、30米深的海水以及直到数万千米高的空间。美军在研究从潜艇发射通信卫星的同时准备建立海底指挥中心。可以预见，未来 $C^4I$ 系统将从外层空间一直延伸到海洋深处，形成立体配置、全球连通的网络。

# 第三节　新概念武器介绍

## 一、定向能武器

定向能武器是用定向传输能量来打击目标的武器。它发出的能束，可对目标的结构或材料以及电子设备进行硬杀伤，也可以通过调节功率的大小，对目标进行软杀伤。目前，定向能武器主要包括激光武器、高功率微波武器和粒子束武器等。

### （一）激光武器

激光武器又称为辐射武器或死光武器，是直接利用激光的巨大能量，在瞬间危害和摧毁目标的一种武器。

激光武器分为三类：一是致盲型。利用低能激光束干扰和破坏人眼和武器中的光电传感器。二是近距离战术型，可用来击落导弹和飞机。1978年美国进行的用激光打"陶"式反坦克导弹的试验，就是用的这类武器。三是远距离战略型。这类武器的研制困难最大，一旦成功，作用也最大，它可以反卫星、反洲际弹道导弹，成为最先进的防御武器。

激光作为武器，有很多独特的优点。首先，它可以用光速飞行，每秒30万千米，任何武器都没有这样高的速度。它一旦瞄准，就立刻击中目标，用不着考虑提前量。其次，它可以在极小的面积上、在极短的时间里集中超过核武器100万倍的能量，还能很灵活地改变方向，没有任何发射性污染。

鉴于激光武器的重要作用和地位，美、俄、以色列和其他一些发达国家都投入了巨额资金，制定了宏伟计划，组织了庞大的科技队伍，开发激光武器。20世纪90年代初，仅美国政府对激光武器的研究投资就达90亿美元。20世纪80年代中后期，苏联和英国的军舰或陆军已有实验性战术激光武器装备，美、法、德等国也做了大量试验。战略激光武器研究费用高，技术难度大，其前景还有待观察。

激光武器的效费比是比较高的。在防空武器方面，当前主体是导弹，激光武器与之相比，消耗费用要便宜得多。例如，一枚"爱国者"导弹要60万～70万美元，一枚短程"毒刺"式导弹要2万美元，而激光发射一次仅需数千美元。今后随着技术的发展，发射一次激光的费用可降至数百美元。

### （二）高功率微波武器

高功率微波武器即利用高功率微波摧毁敌方电子装备或使其暂时失效的武器，同时也可以杀伤人员。它通常由初级能源、能量转换装置、脉冲调制装置、高功率微波源和发射天线等部分组成，主要分为单脉冲式微波弹和多脉冲重复发射装置两种类型。这种武器的辐射频率一般在1～30吉赫，功率在1吉赫以上，通过毁坏敌方的电子元件、干扰敌方的电子设备来瓦解敌方武器的作战能力，破坏敌方的通信、指挥与控制系统，并造成人员的伤亡。

目前，美国发展高功率微波武器的主要目的是用于飞机自卫、反舰导弹防御、反弹药、压制敌方防空武器以及指挥控制战和信息战。在微波源器件方面，已研制出了频率1.17吉赫、功率7.5吉瓦的虚阴极振荡器和40吉赫、功率超过1吉瓦、效率为30%的自由电子激光器等。1994年美国陆军还进行了高功率微波反弹药关键技术试验。高功率微波反传感器武器目前已进入实用开发阶段。

（三）粒子束武器

所谓粒子束武器，是将电子、质子或离子等粒子，利用粒子加速器加速到光速的60%～70%，然后发射出去。当粒子在前进方向上遇到障碍物时，粒子所带有的巨大的动能就传输到障碍物上，使其毁坏。它能够穿过云雾，又不怕反射，比激光武器还略胜一筹。人们估计，用它对付带有核弹的洲际导弹，是很有效的。

粒子束武器的原理并不复杂，但要进入实战难度非常大。首先是能源问题。粒子束武器必须要有强大的脉冲电源。要在导弹壳体上烧个小孔，粒子束到达目标的脉冲功率须达到1 013瓦，能量为107焦耳。假设粒子加速器的效率为30%，即使不考虑粒子束在传输中的能量损失，加速器脉冲电源功率也至少要达到3×1 013瓦，而目前正在研发的最先进的脉冲电源的功率只有107瓦。

正因为存在上述一系列技术难题，尽管俄、美都在积极研究粒子束武器，但地基和天基粒子束武器目前尚处于实验室的可行性验证阶段，估计2020年以后有可能进入实战部署。美国已做的基础工作包括：进行粒子束产生、控制、定向和传播技术理论验证，以及实验室的试验，用加速试验台进行试验，验证中性粒子束方案的可行性，同时探讨带电粒子束方案。

## 二、动能武器

动能武器，又称为超高速射弹武器，或超高速动能导弹，指的是以每秒数千米以上高速运动的弹头的动能直接摧毁目标的武器。所谓超高速，通常指5倍音速以上的速度。动能武器可用于战略反导、反卫星和反航天器，也可用于战术防空、反坦克和战术反导作战。动能武器代表了反战术弹道导弹的一个重要发展方向，并将很快成为弹道导弹、卫星、飞机等高速飞行目标的有力杀手。

动能武器主要是由超高速发射装置、探测系统、制导系统和射弹等几个部分组成。超高速发射装置提供射弹达到高速所需的动力，它可以是火炮、火箭、电场或磁场加速装置；探测系统用于探测、识别和跟踪目标，是动能武器的"眼睛"；传感器是探测系统的灵魂；制导系统是动能武器的"大脑"。根据推进系统的推进原理不同，动能武器可以分为火箭型、电磁型和电热型三类。

目前，火箭型超高速动能弹已率先达到了工程实用阶段。而电磁型动能武器，尤其是电磁炮的产生，将给常规火炮带来一场革命。它既可以用作反装甲武器、舰艇防空和反导武器、机载武器等战术武器，也可用作发射航天飞行器等战略方面。21世纪，战术电磁炮（如坦克电磁炮、装甲车辆电磁炮，防空、反导、舰载电磁炮等）将会率先出现。电热型动能武器，又称为电热化学炮，性能也十分卓越，目前正在紧锣密鼓研究中。

动能武器因获得动能来源的不同而形成多种类型，以下几种就是典型代表。

（一）动能拦截弹

动能拦截弹分为反卫星和反导弹两种。前者指的是用于击毁敌方卫星的机载空对天导弹，后者指的是用于摧毁敌方来袭导弹的反弹道导弹。动能拦截弹很大部分是利用现有的导弹技术。美国1983年开始试验反导弹动能拦截弹，1984年4月在160千米的高空曾成功地拦截一枚洲际弹道导弹。试验的动能拦截弹也分三级，前两级是火箭，第三级是战斗部。战斗部的杀伤机构由36根轻合金杆作为伞状结构，直径4.5米，以扩大碰撞面，提高碰撞概率。

（二）电磁炮

它是利用电磁力加速弹丸的电磁发射系统。电磁炮按其结构的不同，分为线圈炮、轨道炮和重接炮3种。电磁炮作为发展中的高技术兵器，其军事用途十分广泛。一是用于反卫星和反导弹。采用电磁炮把10~1 000克的弹丸加速到3~20千米/秒，可用于摧毁空间的卫星和导弹，还可以拦截由舰船和装甲车发射的导弹。二是用于防空，用电磁炮替代高射武器和防空导弹执行防空任务有许多无可比拟的优点。美国和英国正在研制用于装甲车的防空电磁炮。三是用于反装甲车。美军的打靶试验证明，电磁炮是对付坦克、装甲车的有效手段。发射50克、速度为3千米/秒的炮弹，可穿透25.4毫米厚的装甲车。

（三）群射火箭

它是一种子弹式旋转稳定的无控火箭。普通钢质壳体，迫击炮弹，用高氯酸铵作推进剂，飞行速度可达1.5千米/秒，在1.2千米的射程内足以穿透和摧毁敌方处于再入段飞行的洲际弹道导弹弹头。其拦截过程大致为：向来袭导弹再入大气层后的临空弹道上齐射很多这种火箭，形成一个多层次密集的火箭阵雨，与来袭弹头相撞将其摧毁，或利用火箭爆炸后形成的碎片云阻击来袭导弹。这种火箭体积小、质量小、成本低，便于大规模生产、使用和操作，也易于实现全自动化控制。因此，它曾是美国原SDI计划中构成最后一道反导屏障的主要武器系统。

动能武器根据作战范围的不同，可以分为战略、战区和战术应用几类。而根据攻击对象的不同，又可以分为反装甲车动能武器、反飞机动能武器、反导弹动能武器、反卫星动能武器等。根据武器平台的不同，还可分为天基、空基（机载）、地基（固定或移动）和舰载动能武器几类。

目前，世界上正在进行研制或已在部署的战区动能武器，主要为火箭型。按反导防御的区域分为短程、末段大气层内低空防御的点防御，远程、中段高空拦截的面防御和助推段拦截等几种。在美国，动能武器发射技术初始时考虑的主要是战术应用研究，1983年才根据"星球大战"计划的需要，转向了战略应用的研究。目前，美国军方适应国家战略的调整，已将战术应用研究作为重点。

### 三、声波武器

根据共振原理，人类正在开发与试验声波武器。这种武器不是虚拟的神经性武器，而是作用于人体的武器。目前，声波武器主要有以下几种。

（一）次声波武器

频率范围在20～20 000赫兹的声波，人的耳朵可以听见；频率低于20赫兹的声波，人的耳朵就听不见，称为次声波。次声波武器就是一种能发射频率低于20赫兹的次声波，使其与人体发生共振，致使共振的器官或部位发生位移、变形甚至破裂，从而造成损伤以至死亡的高技术武器。

次声波武器可分为两类：一类是神经型次声波武器，其振荡频率同人类大脑的节律极为近似，产生共振会强烈刺激人的大脑，使人神经错乱、癫狂不止。另一类是内脏器官型次声波武器，其振荡频率与人体内脏器官的固有振荡频率相近，当产生共振时，会使人的五脏六腑剧痛无比，甚至导致人体异常，直至死亡。

次声波武器具有下列一些特点：

1.作用距离远，因为对声波而言，其频率越高，空气、水等介质对它的吸收就越大，能量衰减就越快，传输的距离就越近；反之，则吸收小，衰减慢，传输距离远。如炮弹爆炸时，频率较高的可听声波，最大传输距离只有几千米，但它产生的次声波，却可传到80多千米。而氢弹爆炸产生的次声波，甚至可以绕地球好几圈，行程达到十几万千米。

2.由于次声波频率低，介质对它的吸收小，所以它有很强的穿透能力。一般的可听声波，由于频率较高，一堵墙就可能把它挡住；频率更高的声波，甚至一张厚纸就可能堵住它的去路。面对次声波，即使人员乘坐在坦克、装甲车内，躲藏在钢筋混凝土的隐蔽场所里，甚至在深海的潜艇中，也难逃它的攻击，而且次声波还可穿过设施的孔洞或缝隙，杀伤内部人员。

3.次声波武器的作用方式突然、隐蔽。因为次声波看不见，也听不到，所以很容易采取突然袭击行动。

（二）强声波武器

它能发出足以威慑来犯者或使来犯者失去行动能力的强声波，而不会对人体造成长期的危害。它主要用于保护军事基地等重要设施。当有人靠近时，这种声波武器首先发出声音警告来人。如果来人继续靠近，声音就会变得令人胆战心惊。假如来人置之不理还继续逼近，这种声波武器就会使他们丧失行动能力。

（三）超声波武器

它能利用高能超声波发生器产生高频声波，造成强大的空气压力，使人产生视觉模糊、恶心等生理反应，从而使人员战斗力减弱或完全丧失作战能力。这种武器甚至能使门窗玻璃破碎。

（四）噪声波武器

它分为两种：一种是专门用来对准敌方指挥部的定向噪声波武器，它利用小型爆炸产生的噪声波来麻痹敌方指挥人员的听觉和中枢神经，必要时可使人员在两分钟内昏迷；另一种是噪声波炸弹，它同样可以麻痹人的听觉和中枢神经，使人昏迷，主要用于对付劫机等恐怖分子活动。

## 四、气象武器

所谓气象武器，就是人工影响天气在军事上的应用。具体地说，就是运用现代科学技术，人工控制风云、雨雪、寒暑等天气变化，人为地制造地震、海啸、暴雨、山洪、雪崩、热高温、气雾等自然灾害，用以改变战争环境，使其利于己而不利于敌，或摧毁敌人的抵抗能力，以实现军事目的的一系列武器的总称。鉴于气象可由人工来影响的认识，美国和苏联都进行秘密研究。美军在越南战争期间就曾利用东南亚地区西南季风盛行季节多雨的有利条件，秘密在老挝、越南和柬埔寨的毗邻地区进行人工降雨，出动大批飞机投掷催化弹47 400多枚，造成局部地区洪水泛滥，桥断坝毁，道路泥泞难行，使得"胡志明"小道每周的车辆通行量锐减90%，破坏了越军的运输生命线。苏联专家对地震研究声称取得重大成果，可以利用太平洋底的地震带，诱发美国西部大地震。当今，世界各军事强国不遗余力地加大人工影响天气技术在军事应用上的研究与发展力度，并争先恐后使之推向战场应用。

随着科学和气象科学的飞速发展，利用人造自然灾害的"地球物理环境"武器技术已经得到很大提高，必将在未来战争中发挥巨大的作用。下面介绍几种气象武器。

（一）温压炸弹

温压炸弹是美国国防部国防威胁降低局在2002年10月组织海军、空军、能源部和工业界专家，利用两个月时间突击研制的，并成功应用于阿富汗战场。温压炸弹爆炸时能产生持续的高温、高压，并大量消耗目标周围空气中的氧，打击洞穴和坑道目标效果显著。除去用温压炸弹打击洞穴、坑道和掩体等狭窄空间目标外，美国海军陆战队还计划利用便携式温压炸弹打击城市设施，包括建筑物和沟道等。

（二）人工消云、消雾

人工消云、消雾是指采用加热和播撒催化剂等方法，消除作战空域中的浓雾，以提高和改善空气中的能见度，保证己方目视观察，飞机起飞、着陆和舰艇航行等作战行动安全。在第二次世界大战中，英军曾使用一种名为"斐多"的加热消雾装置，成功地保降了2 500架次飞机在大雾中安全着陆。1968年，美军为保障空军飞机安全着陆，曾使用过人工消雾武器。

（三）化学雨

化学雨是从早先的气象武器演变过来的一种新型武器，在海战中的作战效能尤为明显。它主要由碘化银、干冰、食盐等使云层形成水滴，造成连续降雨的化学物质和能够造成人员伤亡或使武器装备加速老化的化学物质组成。该武器分为两大类：一类是永久性的；一类是暂时性的。永久性的化学雨武器主要用隐形飞机或其他无人飞行器运载，偷偷飞临敌国上空撒布，使敌军武器加速腐蚀，进而丧失作战能力；而暂时性的化学雨武器主要是使敌方部队瞬间丧失抗击能力，它由高腐蚀性、高毒性、高酸性等物质组成。

（四）人工控制雷电

人工控制雷电，是指通过人工引雷、消雷的方法，使云中电荷中和、转移或提前释放，控制雷电的产生，以确保空中和地面军事行动的安全。人工控制雷电的方法有：利用对带电云团播撒冻结核，改变云体的动力学和微物理学过程，以影响雷电放电；采用播撒金属箔以增加云中电导率，使云中电场维持在雷电所需临界强度以下抑制雷电；人为触发雷电放电，使云体的一小部分区域在限定的时间内放电。

## 五、基因武器

基因武器是一种新型的生物武器，也叫做遗传工程武器、DNA武器，就是通过基因（脱氧核糖核酸，即DNA）重组，完成同种甚至异种微生物或生物之间的基因转移，而制造出来的新型的生物武器。它的特点是成本低，杀伤力大，持续时间长。

根据原理、作用的不同，基因武器可分为以下三类。

### （一）致病或抗药的微生物

这类基因武器是指通过基因重组，在一些非致病的微生物体内"插入"致病基因，或者在一些致病的细菌或病毒中接入能对抗普通疫苗或药物的基因，从而培育出新的致病微生物或新的抗药性很强的病菌。

### （二）攻击人类的动物兵

据称，只要研究和破译出一种攻击人类的物种基因，便可以将这种基因转接到同类的其他物种上，其繁育的后代也将具有攻击性而成为动物兵。据外刊报道，如将南美杀人蜂、食人蚁的基因进行破译，然后把它们的残忍基因转接到普通的蜜蜂和蚂蚁身上，再不断把这些带有新基因的蜜蜂、蚂蚁进行克隆。这些克隆后的蜜蜂、蚂蚁，便可以成为大批量的动物兵。据称，某国科学家已经培育出了一种老鼠，这些经基因改造的老鼠具备了很强的进攻性。

### （三）种族基因武器

众所周知，基因决定了人类及民族的特征，如肤色、头发、眼睛、身高等。国外专家认为，随着人类基因组图谱完成测序，人类将掌握不同种族、不同人群的特异性基因，这就有可能被用来研制攻击特定基因组成的种族或人群的基因武器。如诱发艾滋病的HIN，不同人种的易感性就有很大区别，而理论上基因武器的特异识别能力要比HIV还高。

## 六、计算机病毒武器

计算机病毒实际上是一种人为编制的、特殊的计算机程序。这种"病毒"能够修改计算机程序并把自身包括进去，使受侵害的计算机系统染上"疾病"，并使与之相联系的其他计算机系统也受到感染。它的习性同生物病毒在生物体里的习性十分相似。20世纪90年代，美国已推出一些用于实战的计算机病毒武器，并和一些软件供应商合作在软件中预留战争设置病毒，一旦与所购国家发生战争就激活病毒，使该国计算机指挥系统瘫痪。

计算机病毒武器借助通信线路扩散计算机病毒，也可预先把病毒植入相应智能机构，按给定信号或预定时间使其发作，破坏计算机资源，使计算机网络系统出现故障。计算机病毒是一颗长在计算机网络上的毒瘤，它能够自我繁殖，具有很强的传染性和破坏力。

计算机一旦染上病毒，轻则工作效率降低，重则整个系统瘫痪。如何将病毒投放到电子计算机及其网络中，是世界各军事强国致力研究的热门课题。

计算机病毒武器主要有以下一些攻击方式：

第一种是将病毒预先植入计算机芯片，潜伏在电子设备中，一旦需要，通过无线遥控方式激活，使其发作。据说，这种方法美军在海湾战争中曾经试过并尝到了甜头。海湾战争开战前，美国特工人员探知伊拉克将从法国进口一批电脑打印机，通过"偷梁换柱"的方法将有毒芯片悄悄装入，为了掩人耳目，电脑打印机途经约旦安曼运往伊拉克。战略空袭发起前，美军利用无线遥控方式激活病毒，致使伊军的预警系统、火控系统、通信和雷达系统瘫痪，战事未起，伊军就挨了一记闷棍。战后，美军宣称："用计算机病毒进行战争，比用核武器进行战争更为有效，也更为现实，且不承担世界政治舆论的风险。"美军如果使用核武器，众目睽睽，众人讨伐，用计算机病毒进行战争，无声无息，可掩人耳目。

第二种是利用无线电波从空间注入。例如，人们使用的手机是利用无线电波在空间传播达成通信的，而且机内安装有计算机芯片。手机中"毒"后通常会出现以下三种症状：手机持续发出刺耳的尖叫声；无法操作手机上的键盘；篡改、清洗掉机内数据，使手机成为"高级废铁"。已经有的案例是：铃声响，手机显示屏上出现"Unavailable"（不能使用），用户若不知情接了电话，机内所有数据将被清洗，电话卡烧坏，手机无法再使用。手机功能越强，档次越高，染毒的可能性就越大。这种病毒最早在越南被发现，被称作"越南病毒"。有的手机上出现的"乱码电话"，就是这种病毒的变种。

第三种是将病毒制成弹头（子弹、炮弹、炸弹等），利用发射工具投掷到敌方电子计算机系统中。美军扬言用病毒手枪袭击俄米格战机，只需10秒钟，就可使它变成空中的废铜烂铁。

第四种是通过有线信道"送毒上门"，打电话就将病毒打进来，倘若电话机与计算机联网，计算机就会染毒。

第五种是从网络中的计算机接口输入，而殃及全网。1988年11月2日，美国24岁博士生罗伯特·莫斯编制一种称为"蠕虫"的病毒程序，偷偷输入美国国防部、军事基地、大学、私人公司，一夜间从美国东海岸传到西海岸，美国国防部8 500台计算机中有6 000台染上了病毒，不得不关机。

## 七、人工智能武器

人工智能武器是指利用人工智能技术研制的具有某种智能特征的武器系统。主要有智能弹药和智能机器人两大类。

（一）智能弹药

智能弹药与普通弹药的根本区别在于它增加智能计算机和图像处理设备，这样就具备了一定的智能功能。智能弹药已经投入使用或正在研制并接近实战的有："黄蜂"反坦克导弹，"萨达"和"斯基特"反坦克子母弹，"海尔法"反坦克导弹。这几种弹药均具有"发射后不用管"、自主捕捉和识别目标以及准确命中目标的能力。

（二）智能机器人

机器人是一种具有某种仿人功能的自动机器。当前，机器人在军事上最多的应用领域有：一是直接遂行战斗任务，以减少人员的伤亡和流血。正在研制中的有固定防御机器人、步兵先锋机器人、榴炮机器人、无人飞机。二是侦察和观察，目前正在研制的有战术侦察机器人、"三防"侦察机器人等。三是工程保障，从事艰巨的修路、架桥、排雷和布雷等工作，如多用途机械、排雷机器人，布雷机器人等，还有智能坦克等。

### 八、量子武器

未来战争所具有的信息化、网络化、智能化和群组化等特征不是凭空出现的。当这些特性一项项出现在我们面前时，它的背后是科技发展中无数坚实的脚步，而量子技术在其中扮演着重要的角色。

量子技术通过改变传统信息技术，直接引发和推动着新军事革命，全面改变着军队的作战理论、武器装备和体制编制。战争形态向前演进时，都浮现着量子科技的身影。

近年来，中国在量子科技上取得实实在在的进步：2016年8月16日，中国成功发射了首颗量子科学实验卫星"墨子"号。2017年5月3日，中国科学院量子信息和量子科技创新研究院宣布，我国科学家在基于光和超导体系的量子计算机研究方面取得重大突破：在光量子计算机研究中，建造了世界上第一台超越早期经典计算机的光量子计算机原型机；在超导量子计算机研究中，实现了世界上纠缠数目最多的超导量子比特处理器，打破了操纵量子比特数量的世界纪录。

量子信息领域，量子计算和量子通信就像一对"矛"和"盾"。一个运用着强大的计算能力，横扫一切我们当前使用的密码系统；另一个运用自身的物理特性，打造在理论上完全没有破绽的保密通讯体系。

更值得关注的是，推进新一轮军事变革所需的科技基础与这些研究直接相关：无论是复杂环境下的战争决策，还是通信过程中的安全保障；无论是隐身与反隐身之间的较量，还是新型装备的研制与生产，无不渗透着"量子"的身影。我们正在走入一场名副其实的"量子战争"。

量子战争是什么样的？距离我们还有多远？目前，量子武器还局限于雷达、计算机、通信系统等辅助装备，还没有进入一线作战。但仅是如此，量子武器对作战形式的影响还是很大。在未来，随着量子武器的开发，战争在战略战术上都会有超乎想象的巨大改变。

## 第四节　军事高技术对现代战争
## 的影响及引发的思考

### 一、高技术武器装备对现代战争的影响

（一）对现代战场与作战的影响

1.信息能力成为现代战争的核心

信息的获取与利用是古今中外作战的精髓。在现代作战中，信息的地位和作用发生了巨大变化。信息能力成为一种新的、更重要的作战能力，已经被列在传统的"火力、机动

性、防护力"战争三要素之上。包括探测技术、通信技术、智能技术和控制技术在内的信息技术广泛渗透到战场的各个领域，对作战的胜负有着举足轻重的作用。

特别是信息技术装备构建的 C⁴ISR 系统成为现代战争的神经中枢，它创造了软杀伤与硬杀伤结合的电子战手段。这已成为现代高技术战争的重要特征。

在人类战争史上，信息化战争已成为继徒手战争、冷兵器战争、热兵器战争、机械化战争之后的新一代战争形态。其基本特征是：信息技术大量使用，信息武器装备成为主导武器，构成信息化网络战场，争夺全时域控制信息权。

2.空域向远距离、大纵深和立体化方向发展

战场地域范围大大扩展，兵力兵器远距离作战能力空前提高。大纵深攻击与反攻击，成为现代作战双方斗争的一大焦点。

武器装备的分布高度增大，从高达3.6万千米的太空，到低于500米的水下，高低结合的立体化作战，成为现代作战的基本样式。

远距离、大纵深和立体化作战，使传统战场的前方与后方的区别明显缩小，甚至趋于消失。

3.作战行动向高速度、全天候、全时域发展

自动化作战指挥系统反应灵敏，明显增强了部队的快速反应能力。新型陆、海、空运载装备机动运输能力强，能及时快速地部署兵力兵器。高技术兵器机动性能提高，作战反应时间空前缩短，能快速实施作战。先进光学电子装备具有全天候性能，提高了不良气象条件下的作战能力。各类夜视器材突破夜障，能昼夜远距离观瞄，大大提高了夜间战场透明度。

4.战略空袭与反空袭已成为独立的战争阶段

空袭兵器性能发生了质的飞跃，表现为空中突防能力有了长足进步，远程奔袭能力极大提高，命中精度大大提高，载弹量大，弹药威力大幅度提高。

战略空袭已可摧毁敌方军事实力和战争潜力，表现在空袭的突然性空前增大，空袭的手段多、范围广，空袭的时间长、强度高，空袭的效果十分突出。

5.陆、海、空、天、电磁等"多维一体"协同作战

高技术的应用，大大扩展了协同作战的范围，形成多军兵种、多种武器装备的多元一体化协同作战战场：大纵深、高立体的陆战场；多维一体的海战场；多机配合的空战场；攻防兼备的天战场；密布陆、海、空、天的电磁战场。

（二）对作战方式的影响

1.原有的作战方法发生变革

高技术兵器大量运用使远战多于近战，夜战多于昼战，立体战多于平面战，速决战多于持久战，多军兵种协同作战多于单一军兵种作战。

2.新的作战方法或作战样式

高技术兵器大量运用使导弹战、电子战贯穿于战争全过程，天战（反卫星战）将会出现，如"外科手术式"打击等。

军事高技术引起作战方式的变革，在具体的战法、战争形态、作战样式上出现了一些

新的特征，如全纵深作战、非线性作战、陆海空天一体战等。

现代高技术战争的主要作战样式有以下几种。

（1）空袭与反空袭作战

空袭与反空袭作战主要是指使用航空兵器，从空中对地面、水面目标进行的袭击。其目的是摧毁、破坏对方的重要目标，削弱其战争力量。海湾战争一共进行了42天，其中地面作战只有4天，其余均为空袭。战争中，多国部队飞机的日平均出动量达2 500架次左右，持续轰炸强度之高，实为世界战争史所少有。

（2）精确打击的导弹战

导弹是计算机、侦察、遥感、通信、控制等一系列技术的综合体，具有命中精度高、射程远、威力大、突防能力强，受地形和气候等自然条件的影响小等特点，是高技术局部战争中的主战兵器之一。拥有导弹优势的一方，对掌握战场主动权，达成作战目的具有重要作用。在英阿马岛战争中，作战双方使用了大量的空舰导弹，其中阿根廷空军使用"飞鱼"式空舰导弹击沉英军"谢菲尔德"号导弹驱逐舰，是历史上击毁舰只最大的空舰导弹战。

（3）快速反应的机动战

机动战是指军队在战场上借助现代快速运载工具，灵活地变换作战地点、攻击方向和战法的作战样式。机动战讲究动中寻机作战，强调进攻性、主动性、连续性和兵力兵器的流动性；在战法上，作战目的坚决，速战速决，快打快撤。高技术局部战争中，由于战场上的侦察、打击和机动能力大大增强，作战双方只有通过实施广泛的机动，才能创造和捕捉战机，或避免被动挨打。

（4）贯穿全局的信息战

所谓信息战实质上就是以争夺、使用和控制信息为主要内容，以信息化装备和系统为主要武器所进行的一种新型独特的高技术战争。一般包括计算机病毒信息战、生物技术信息战、硬杀伤性武器信息战、防御型信息战等。

信息战将成为未来战争的焦点，信息战是信息化战争的核心。信息战攻防兼备，即运用信息技术影响敌方信息和信息系统，保护己方信息和信息系统，其核心是夺取信息权。

（5）战威并举的心理战

心理战，简而言之，就是采用一切办法瓦解敌方的军心，并保持己方军心的稳定。战争不仅是敌对双方的武力抗争，也是人的心理搏斗。在战场上，如果军人的心理受到打击而出现异常反应，就会严重影响武器效能的发挥，指挥决策和作战行动也会出现失误，甚至影响战争的成败。因此，心理战历来是战争活动的重要组成部分，受到交战双方的重视，是摧毁敌人战斗力的重要方式。如伊拉克战争，美国就充分运用了心理战的优势，使伊军成建制地投降。为此，有的国家还成立了专门的心理战研究机构，并组建心理战部队。

（三）对军队指挥的影响

1.必须注重充分发挥高技术武器装备的综合效能

在以军事高技术为主的战争中，军队指挥体制将向"扁平网络化"发展。其主要特征是：外形扁平，横向联通，纵横一体，以减少纵向层次，优化信息流程。其主要优点是：

信息传输速度快，保密性好，失真率低，抗干扰能力强，生存率高。总之，使指挥更加灵便、高效。

2.必须掌握并有效地利用新的指挥技术器材

以 C⁴KISR 指挥控制系统为例，将人—机结合，利用其对各种武器装备进行"黏合"，对战争各层次、各阶段、各领域进行"链接"，对军队各种行动进行"协调"，成为现代战争指挥控制的"神经中枢"，现代战争综合作战能力的"倍增器"。

3.对指挥员的素质提出了更高的要求

我国古代兵书《孙子兵法》就对战争中将帅的素养提出了很高的要求。随着社会的进步，战争形态的变革，现代高技术战争对指挥员的基本要求更上一个层次。指挥员要既懂战术，又懂技术，军队指挥关注的焦点是掌握信息支配权，军队指挥使用的手段是 C⁴KISR 系统，军队指挥面临的关键问题是生存与稳定。

## 二、军事高技术引发军事谋略的嬗变

人类战争史证明，凡是有军事对抗活动的场合，就有军事谋略的运用。

### （一）高技术使谋略运用发生嬗变

1.谋略内容不断翻新

由于高技术广泛运用于军事领域，军事对抗活动的手段、方法、环境等变化，一些古老的军事谋略需要赋予新的内容。比如"集中兵力"是历代军事家所公认的一条用兵方略，但在高技术条件下作战，已不再强调兵力的集中配置，而主要是强调火力的集中使用，发达国家的军队则强调的是集中战斗能力。又如传统的"瞒天过海"，以往常常是通过频繁的调动部队来实施，现在这一谋略主要是在电子战领域实施，"瞒"的是敌人的各种电子眼睛。于是，这一计谋有了新的形式和内容。

2.谋略方法综合化

众所周知，古代乃至近代战争中，一般地说，军事家使用一两条妙计就可以达到作战目的。比如孙膑仅使用"减灶法"，便把庞涓引诱到预歼地区。现代战争中，战场透明度高了，需要谋略的综合运用。外军曾作过统计：使用一种欺骗方法时，成功率不足50%；使用两种欺骗方法时，成功率不足80%；而综合使用三种以上的欺骗方法时，成功率才能接近100%。马岛战争中，英军顺利在圣卡洛斯港登陆，就是综合使用了"以假乱真""声东击西""调虎离山"等多种谋略方法。

3.谋略空域多维化

从总体上说，高技术战争是陆、海、空、天、电磁"多维一体"的作战。战场的扩展，极易造成作战判断上的失误和难以弥补的困境，对谋略在多维空间的运用提出了新的更高的要求。20世纪末期，兴起一种新的作战样式——非接触作战，进一步增大了战场的不确定性，要求指挥员必须善于多维谋划。

### （二）谋略手段的高科技含量突出

纵观近些年高技术局部战争，"谋略差"在很大程度上体现在科技含量上。如果说传统意义上的谋略是靠"人脑而谋"，当今的谋略则是靠人脑和电脑合谋，出现了以计算机为辅助的快速决策。在战争中，无论是战略上的运筹帷幄，还是战役战斗中的谋划良策，可以说都离不开电子计算机的参与。据有关资料介绍，美军为拿出一个合理的海湾战争轰炸计划，空军先在战区攻击模型上进行计算仿真，五角大楼利用各种决策支持系统进行演习。输入信息后，计算机一般15分钟就能给出1～3个经过可行性论证，以及经过功效、得失权衡比较的模拟作战方案。21世纪以来，"人—机"结合的决策过程更加快捷。谋略的运行过程，实际是获取信息、分析信息、储存信息、传递信息和使用信息的过程。这需要借助现代高科技手段来完成。在战争中，夺取信息空间和控制信息资源，已成为关乎战争全局的环节。因此，最大限度地获取信息，是高技术局部战争中发挥军事谋略作用最重要的先决条件；尽可能地控制信息，不使敌方得到充足和真实的信息，就会限制敌方谋略作用的发挥；正确地使用信息、巧妙地实施谋略，就会实现作战企图的最佳效益。

（三）让谋略插上高科技的翅膀

适应高技术条件下局部战争新的情况、新的挑战，让谋略插上高科技翅膀势在必行。更新谋略观念，强化谋略同科技"并轨"，注重用先进的科学技术发展军事谋略的方法和手段，不断拓展谋略的使用范围，努力提高谋略的使用价值。注重提高谋略的思维水平，让形象思维与逻辑思维相结合，定性分析与定量分析相结合，研究历史与研究未来相结合，善于多角度进行辩证思考。特别是要注重研究谋略与科技相互融合的有效途径。注重强化谋略训练与演练，更新知识结构，进一步加大高科技知识学习的力度，尤其是加强以计算机为主的信息化知识的学习。实践证明，提高指挥员高技术条件下的谋略素质和指挥水平，需大力抓好"人—机"结合的谋略训练。

探索高技术条件下战争谋略的发展方向，基础是学习高技术。只有学习研究高技术，熟悉高技术，懂得高技术，才能对付敌人的高技术武器装备；才能集中优势，打敌重心，高技术与中低技术装备相结合，现代新打法与传统打法相结合，军、警、民相结合，军事手段与非军事手段相结合，形成综合力量、整体威力，从而在未来战争中更加有效地打击敌人。因此，学习军事高技术，对于我们夺取未来反恐战争、反侵略战争的胜利和实现祖国统一有着非常重要的现实意义。

综上所述，高技术是一把双刃剑，它的发展既能造福于人类，也能毁灭人类自身；既能给世界和平增加新的安全系数，又能造成新的不稳定和不确定因素；既能抑制世界大战的爆发，又能引起更广泛意义上的各类局部冲突；既可以控制战争的进程和规模，又有无法把握和难以驾驭的一面；既能使战争变得异常残酷剧烈，生灵涂炭，又可使战争成为"无硝烟、看不见、不流血"和没有时间限制的无休止的"和平"争斗；既可以将战争限制在军人之间展开，又可以把战争立刻转向社会、平民，变成一场新形式的"人民战争"；既可使战场成为高科技杀伤性武器较量的试验场，又可使战场变成争夺制信息权的电子对抗基地。

目前，高技术发展出现一些新趋势，如民用产品超过军用产品，军民两用技术的投资大于纯军事技术的投资等等，这说明人类发展高技术的和平愿望比以往任何时候都更为强烈。但不管怎样，对这个问题的分析判断不能也不应该仅仅局限于科技本身，时代背景以及国际社会的运行机制对科技的属性和发展方向具有重要的制约作用。比如，国际军控和裁军领域取得的实质性进展，多极格局加速形成，大国关系的深刻调整、合作、对话、不以武力解决分歧的共识达成等，既是科技进步推动的结果，又反过来影响和制约着高技术的性质和方向。从这个意义上说，高技术发展的和平性的一面更加突出了，21世纪人类的安全应该得到更多的保障。

### 三、军事高技术的发展趋势

随着科学的发展，高技术不仅渗透到战场各个领域、各个环节、各个角落，而且使战场更加广大，使战场形态在时间、空间、杀伤破坏力、作战方式、指挥控制、物资耗费等方面出现了许多新特点。

（一）由武器平台的高技术化向传感器等信息技术的各个领域发展

军事高技术的发展首先导致了新一代武器平台的诞生。具有高机动性和隐身性的武器平台，从海湾战争起就已成为美军空中、海上和陆上的主战武器装备。从今后的趋势看，虽然发达国家武器平台的高技术化仍将继续，但进一步发展的余地已经不大。迄今为止，飞机、坦克、军舰等作战平台本身性能的提高已几乎接近极限，而武器平台上所载电子信息装备和精确制导武器的发展却方兴未艾。大量新型电子信息装备和精确制导武器的发展和投入使用，正在不断赋予现有平台新的活力，实现作战能力的更新。20世纪90年代以来，世界军事强国的武器中传感器更新换代的速度与平台相比已明显加快，一代平台、多代负载的武器发展思路日益受到重视。在近年来有关军事革命和信息战问题的讨论中，美国已经明确提出"要更加重视传感器"，认为当前军事领域的变革是一场革命，是由于各种传感器、通信以及精确制导武器等技术已经最终达到了那种"特别重要的"程度，主张改变以往那种认为军事力量主要是军舰、坦克和飞机的观点，而把注意力放在思考信息和电子技术所能提供的军事力量上来。在美国国家安全委员会提出的国家安全战略规划以及美国国防部的科技规划中，信息技术始终占据主导地位并是重点投资领域。充分利用信息技术发展的成果，努力提高争夺和利用战场信息技术的能力，从而进一步发挥现有平台的潜力甚至使现有平台的作战能力"倍增"，仍将是今后一个时期军事高技术化的一个重要趋势。

（二）由单一武器或系统的高技术化向"系统集成"发展

在高技术特别是信息技术发展的推动下，现代军队正在成为由众多武器系统构成的复杂而又庞大的系统。要想驾驭这样一个系统，使之最有效地运转，从而正确、充分地发挥各系统的威力和潜力，就必须实现各种武器系统的一体化。"系统集成"指的就是这种一体化的大系统及各系统的相互作用。因此，由单一武器或系统的高技术化向"系统集成"发展，是高技术对整个军事系统进行改造的必然途径。与以往那种利用军事技术发展提供的条件从纵向上研制一代比一代先进的单一武器或系统的思路不同的是，"系统集成"强调推行"横向技术一体化"，即充分利用高技术各领域的最新发展，用共同的软件、标准和规程，从横向上对现有的武器系统进行全面改造或改进，使其具备通用性、"联动性"、组合性，进一步提高所有武器装备和作战系统的整体效能。

（三）由追求单一的进攻或防御能力向建立攻防兼备的能力发展

近年来，高技术化领先的国家越来越重视将航天、火箭、微电子、信息网络等技术成果用于发展攻防兼备的高技术作战能力，并且不断取得新的进展。其重点主要表现在两个领域：①导弹的攻防兼备能力。一方面通过发展精确制导技术，大力提高巡航导弹等各类中远程导弹的进攻能力；另一方面通过发展导弹防御技术，企图获得对导弹的防御能力。②信息的攻防兼备能力。海湾战争之后，信息战作为21世纪信息化战争的重要作战样式，已引起世界各国的高度重视。例如，美国依仗其信息技术领先的优势，多年来已发展了大量可用于实战的电子干扰、电子摧毁、计算机网络攻击等信息进攻手段，近年来又在大力发展信息防御技术。1998年底，美国国防部正式批准成立了计算机网络防御联合特种部队，用于保护美军的计算机网络和系统不受入侵者的攻击。不久前美国国防部又组建了一个新的电脑网络战中心，该中心的职责就是使美国"不受黑客的袭击，并且构想袭击敌人计算机网络的办法"。

（四）由技术领域向军事的各个领域发展

发达国家在军事发展高技术化的过程中，不仅重视技术本身的进步，而且重视与技术进步相适应的军事理论和军队编制体制的发展。利用信息等高技术方面的优势，加速向能更有效地利用高技术的兵力规模、结构和作战理论转变，使高技术化的发展进入到军事的各个领域，建设技术更先进、结构更合理、作战能力更强的新型军事力量。

（五）军事高技术化将会由少数发达国家向更多国家发展

少数发达国家军事高技术化的成果及其在实战中显示出来的巨大威力，已在并将继续促使更多的国家加入到高技术化的行列。海湾战争以来，世界许多国家都结合本国实际制定了高技术发展规划，并大幅度增加发展高技术武器装备的投入，这势必造成军事高技术由少数发达国家向更多国家发展的趋势。

## 四、现代高技术战争背景下中国的战略思考

（一）充分认识军事安全的重要性

充分认识军事安全的重要性，切实做好与强敌直接进行高技术军事对抗的准备。忘战必危，任何一个国家不论平时战时，在有战争威胁的环境中，都要解决战备的着眼点问题。国防实力越强大，国家的安全和完成统一大业就越有保证。在21世纪，实现伟大的中国梦，必须首先要依托实现强军梦保驾护航。虽然中国军事实力已经取得巨大成就，已经成为维护世界和平的重要力量，但中国不搞霸权主义。中国的国际政策和军事战略始终是积极防御，中国军事力量的发展也不会超出防御和自卫的需要，反映了在和平与发展的时代主题下，中国的理性战略思维和新的国家安全观念。

当前，我国周边仍然面临复杂的国际环境，维护国家主权和领土的完整，保护国家和公民的合法利益丝毫不能懈怠。因此，我国新时期高技术战争准备的着眼点是在新时期军队建设指导思想下，要充分利用可能的和平环境，在服从国家经济建设大局的前提下，有计划、有步骤地加强军队现代化建设，增强我军在现代高技术战争条件下的自卫能力和决胜能力。

冷战以后，国家安全的观念发生了较大变化。以美国为首的一些发达国家以其军事力量作后盾，极力推行新炮舰政策，强权霸权主义还是其核心。自1990年至今，美国先后对外进行军事干涉已达几十次。科索沃战争、利比亚战争是西方国家以"维护人权"和防止"人道主义灾难"为借口发动的高技术战争。事实说明，以美国为代表的强权势力越来越迷信武力，越来越把军事力量作为其推行其意志与价值观的手段。这给了世界一个非常危险的信号，也让我们警醒西方军事大国可能会打着"人权高于主权"的旗号，干涉我国的祖国统一、领土完整、海洋权益和民族问题。因此，我们必须对高技术武装干涉的现实可能性和问题严重性要有充分估计，并在此基础上，认真研究敌人可能采取的干涉模式以及我军的相应对策，以确保我军在军事斗争中赢得战略主动。

（二）提升我军空中作战能力，加强我国防空建设势在必行

空袭作战在现代高技术局部战争中的地位进一步上升，必须切实加强我国的防空建设。20世纪90年代以来，美国所采取的历次重大军事行动，包括1991年海湾战争、1995年打击波黑塞族的"精选力量"行动、1998年底的"沙漠之狐"行动、1999年的科索沃战争，以及2011年的利比亚战争和2011年持续至今的叙利亚战争，主要都是进行空中打击。今后，军事强国对外进行军事干涉时，仍将主要使用空袭这种作战形式。因此，我们必须充分认识防空作战的重要性。如何对付这些高技术兵器，已经成为现代防空体系面临的突出问题。

我们应该很好地借鉴科索沃战争的经验，认真研究我国防空体系建设问题，把国家防空建设作为我国国防建设重大的、战略性的问题来考虑。另外还要看到，目前世界上已有30多个国家拥有了常规地地弹道导弹，一旦敌方使用导弹对我国进行攻击，我国国土防空将面临严峻挑战。因此，我们在加强国家防空建设时，要充分考虑反导问题，要使我国的防空体系从单一防空型，逐步向防空反导一体化的方向发展。

我们还要看到，随着第四代、第五代，甚至第六代作战飞机、超声速隐形巡航导弹以及其他高新技术的出现和使用，21世纪的高技术空袭、信息战特点更加明显，空天一体的作战模式将更加成熟，届时，高技术空袭将更难对付。因此，我们在国家防空，特别是重要城市防空建设上一定要有紧迫感，并且要采取实实在在的措施。

（三）明确我国应对高技术局部战争的战略指导原则

1.强调战略指导的自主地位，始终掌握战略行动与战略指导的主动权，决不能被敌人牵着鼻子跑。

2.充分发挥现代条件下人民战争的整体威力。在高技术条件下，人民战争伟力将更多地表现为战争力量积聚和战争基础的培植，更多地表现为政治组织力、经济科技力、舆论文化力和必要的人力物力参战支前等战争力量的综合释放。

3.确定有限目的，不打则已，打则必胜。

4.以积极的战略外线反击作战达成战略防御目的。在坚持战略的防御性质的前提下，力求最大限度地发挥防御战略的积极性。

5.集中精兵利器，在关键时间和地点形成相对优势。

6.击节破网，连续作战，坚持将敌人削弱以后再进行积极的歼灭性打击。

7.力争速决，准备持久。在战略上一般应力求速战速决，但在涉及国家根本利益的战略决战中，当客观力量对比难以速决取胜时，则必须以与敌人血战到底的气概与敌人长期较量，不获全胜，决不收兵。

8.处理好慎战、备战和应战的关系，积极造势，创造有利的战略态势。

9.根据不同的情况，适时组织实施预防性作战、控制性作战和决定性作战。

10.打好军事政治仗、政治军事仗。军事服从政治，军事斗争与政治、经济等非军事领域的斗争密切结合，这是达成战争全胜目的的客观要求，也是实行全面的人民战争的应有之义。

（四）敢于承担维护和平使命，加快军队现代化建设

1.重视和加强新时期高技术战争理论的研究

理论是行动的先导，必须认真研究高技术条件下局部战争的规律和战略指导对策，制定出着眼于未来战场的作战理论。要研究高技术条件对新时期军事斗争环境的影响。我国作为一个发展中国家，经济、科技发展水平与世界先进水平相比还有较大的差距，这在军事战略上是一个重要的制约因素。但是，也要看到我们面前也有机遇，如高技术的发展，对我国在发展经济的基础上增强国防实力，提供了重要条件。我国正在抓紧时机加快现代化建设步伐，大力发展科学技术，把军事力量建设的重点放在质量建设上，这对于增强军事战略的物质技术基础具有根本的意义。

2.全面认识高技术武器装备的作用，加快我军武器装备现代化的进程

科索沃战争中以美国为首的北约由于拥有高技术武器的优势，他们在这场战争中占据了更大的主动权。南联盟尽管进行了顽强的抵抗，也取得了一定战果，但总体上是处于被动挨打的局面。南联盟之所以最后被迫接受俄罗斯、欧盟、美国三方提出的"和平计划"，在很大程度上是已经不能再承受美国的高技术武器的打击。F-117轰炸机的被击落说明了技术再高的武器也有弱点，但我们决不能因此而忽视高技术武器的作用。实际上，劣势装备能够打掉几架高性能作战飞机，能拦截一些巡航导弹，但并不能从根本上扭转被动挨打的局面。海湾战争中，伊拉克共击落了以美国为首的多国部队的35架飞机；但最终还是不得不接受被打败的事实。南联盟方面也痛切地感到，他们之所以没有进行更有力的反击，就是因为没有更先进的飞机和导弹，武器装备与北约相比太落后。因此，我们必须坚定不移地走科技强军之路，加快我军武器装备现代化的进程，大力发展有自身特点的高技术武器系统，这是我们在未来战争中争取主动的根本。

近年来，我军武器装备从"庞大"跨到"强大"，一批高新武器装备到部队。我军强调科技含量投入，使部队作战从过去的比体能发展到今后的比武器，看谁的技术尖端；军队更加注重科技练兵，推动部队由数量规模型向质量效能型、由人力密集型向科技密集型转变。为了适应打赢未来高技术战争，中国军队装备和通信走向现代化、数字化，计算机技术在作战指挥中将发挥重要作用，从而在现代战争中继续保持优势。

3.深化军队建制和兵种改革，不断增强军队现代化作战能力

随着以信息技术为核心的高新技术在军事领域广泛运用，世界军事变革迅猛发展，我们要积极推进跨越式发展，推动军队现代化水平的提高。20世纪80年代以来，我国几次

大规模裁军，提高了军队的合成程度，使部队朝着"精兵、合成、高效"的方向不断前进，提升了部队的现代化程度，兵种结构正在发生质的飞跃。

随着中国经济跃居世界第二的巨大发展，继续适当不断提高我国军费支出占GDP的比值，尤其是东海、南海等制空权、制海权领域军事国防建设应大大加强。我们要继续强化"政治建军、改革强军、科技兴军、依法治军"的战略，重视技术部队建设，重点建设导弹部队，加强快速反应能力，提高核反击的能力和灵活、机动性。同时，加快发展陆军航空兵、海军舰载机部队和电子对抗部队等，使诸军兵种协同作战和整体作战能力不断增强。

近年来，解放军更加重视联合演习，组成战区的"联合指挥部"，而且这种演练的次数增多，规模扩大。不少战区部队正在形成强大的联合作战机制，使大规模的协同作战能力大大增强，以保证空中、海上和地面联得上、打得赢。

**思考题**

1.什么是军事高技术？军事高技术主要有哪些实际应用？

2.什么叫精确制导武器技术？精确制导的方法有哪几种？

3.什么是军队指挥自动化？指挥自动化由哪些系统组成？其主要功能是什么？

4.高技术战争背景下，中国需要有什么样的战略思考？

# 第五章　信息化战争

## 第一节　信息化战争概述

人类社会已进入信息时代，进行战争的方式和样式及战争理论将发生重大变化。信息化战争作为一种全新的战争形态，已经开始登上了现代战争的舞台。全新的战争已经展现在世界人民的面前，并将给整个世界政治、经济、文化及社会生活等带来巨大的影响和变革。

### 一、信息化战争的基本概念

信息化战争是在信息技术高度发展并广泛应用于军事斗争之后而诞生的一种新型的、充分利用信息资源并依赖于信息的战争形态。其内涵包括：第一，信息化战争是信息时代的产物，是信息时代经济、科技、生产力水平和生产方式在战争领域的客观反映。第二，战争工具决定战争形态，有什么样的战争工具，就有什么样的战争形态。信息时代战争工具的信息化、智能化和综合化，信息武器装备体系的形成，必然导致信息化战争的出现。第三，信息化战争首选的、直接打击的目标是信息获取、信息控制和信息使用的系统及其基础，剥夺敌方信息控制权、使用权和对己方信息系统的威胁，建立己方的信息优势，进而实现己方的意志。制信息权是综合的，它与战争的主动权、自由权、胜利权连在一起，不能单纯从信息技术方面理解它。第四，信息战争将主要在三条战线进行，即军事战线、政治战线和经济战线上，以有形（暴力）和无形（非暴力）两种方式进行。第五，信息化战争的核心是信息和知识以及在信息控制下的物质和能量的综合对抗。

基于以上认识，关于信息化战争的概念就可以明确为：信息化战争是信息化社会的主要战争形态。它是依托网络信息系统，使用信息化武器装备及相应作战方式，在陆、海、空、天、网络、电磁等空间及认知领域进行的以体系对抗为主要形式的战争。

### 二、信息化战争的产生与形成

20世纪70年代以来发生的局部战争，大量高技术武器装备广泛使用，战争规模突破了传统的有限战场的时空概念，作战行动在一体化的陆、海、空、天、电磁等多维空间同时展开。以电子战为基本表现形式的信息领域对抗贯穿于战争始终，并对战争进程产生着巨大影响。20世纪90年代初的海湾战争及其之后的科索沃战争，使我们看到了信息化战争的雏形。这两次战争，是第二次世界大战以来，投入新式武器种类最多、技术水平最高、战争规模最大、指挥控制能力最强的战争。在战争中，由于武器装备的信息化和智能化程度大大提高，使战争面貌焕然一新。一是以电子战为表现形式的战场信息领域对抗，成为战争中与物质摧毁和反摧毁同等重要的内容，直接关系到战争的胜负。海湾战争中，为确保夺取战场主动权，多国部队在"沙漠风暴"行动前5个小时，动用了EF-111A、EC-130、TR-A、F-4G、EH-60等各型电子战飞机及其他电子对抗设备，在电磁空间开始了代号为"白雪"行动的战场信息领域对抗，大面积、长时间地干扰伊方的电子通信系统和军队指挥控制系统，致使伊方的指挥控制系统完全瘫痪，通信系统失灵，雷达屏幕一片雪花，广播电视也一度完全失常。当多国部队空袭行动开始时，伊军甚至不知道空袭来自何方，飞机无法升空迎战，导弹、高炮找不到打击的目标。在空袭过程中，多国部队使用AGM-88A反雷达导弹准确地摧毁了伊方防空火力，只要伊方的雷达一开机，数秒钟之内，反雷达导弹就可以准确地加以摧毁。以电子战为主要形式的战场信息对抗，使多国部队始终保持着战场上的主动权，其信息对抗的激烈程度及其在战争中的地位与作用，是以往战争所不曾有过的。二是具有战场信息处理功能的精确制导武器，成为战场火力摧毁的主要手段。战争中的物质实体摧毁主要靠火力打击。在海湾战争中，多国部队大量地使用了带有战场信息处理功能的精确制导弹药，极大地提高了火力摧毁效果。因此，从一个侧面改变了传统的作战模式。"战斧"巡航导弹、"飞毛腿"地对地导弹、"哈姆"空对地导弹、"海尔法"空对地反坦克导弹、"响尾蛇"空对空导弹、"霍克"地对空导弹等，将海湾战场变成了导弹格斗场。其中最精彩的当数"爱国者"导弹大战"飞毛腿"导弹，显示了精确制导武器的威力。三是具有很强数据处理功能的军队$C^3I$系统，有效地将陆、海、空、天、电磁等多维战场空间的作战行动凝聚为一体，开创了多维空间力量进行一体化联合作战的成功先例。海湾战争中，多国部队方面参战国之多、力量构成之复杂、使用的武器种类之繁多，都是二战以来少有的，然而，其各种行动的指挥协调程度却大大提高。在空袭阶段，多国部队平均每天出动飞机2 000多架次，这些飞机从不同的基地起飞，沿不同的方向袭击不同的目标，但无一因协调控制不同而造成事故发生，这不能不归功于战场上强有力的自动化指挥控制系统。1992年，美国的坎彭基于对海湾战争的认识编著了《第一次信息战争》一书，将海湾战争称为是世界战争史上的第一次"信息战争"。

信息化战争产生与形成的主要标志：一是数字化军队的出现。数字化军队，是指装备了数字化武器装备的武装力量。它主要是以计算机为支撑，以数字化信息网络为沟通信道，武器、装备通用化，指挥、控制、通信一体化，各个作战单位高度协调，从而最大限度地提高了战斗力，发挥出最佳的作战效能。数字化军队无论从单兵，还是到装甲战斗车、主战坦克、自行火炮、战斗指挥车、攻击直升机、侦察直升机和战术航空兵的近距离作战飞机以及战斗勤务支援车辆等，都采用了数字化的信息获取、传递及处理系统，它将战场上各种情报信息的音频、电磁波、频谱和视频信号采用数字编码的方式进行传递和交换，并通过一种叫做"数据兼容调制解调器"的装置，实现各军兵种和武器系统之间的信息互通，使战场信息的传递和处理达到一种近似实时的程度，进而提高对战场情况的反应速度，大大加快了部队的整体作战行动。二是天军的出现。天军即航天部队，是运用航天兵器和航天技术在外层空间实施作战行动，或从外层空间向地面或中低空目标实施攻击的作战部队。随着航天技术的飞速发展，人类在外层空间停泊的时间越来越长，在外层空间滞留的人类飞行器也越来越多，这就为在外层空间部署部队和武器装备提供了条件，再加上外层空间本身所具有的位置优势，以及在外层空间行动的自由性，使得外层空间成为战场或对地面实施各种支援的基地，这就出现了包括航天器发射部队、航天器管理部队、航天器防护部队、航天器情报部队、航天机动攻击部队等兵种的天军。天军的主要任务通常是实施情报保障，保护己方航天器的安全，对敌方航天器或地面及中低空目标实施攻击等。三是信息化战场的出现。20世纪60年代以来，一大批新技术群迅速形成，如信息技术、生物技术、新材料技术、新能源技术、空间技术、海洋开发技术等。这些新技术群应用于军事领域，最终导致了七大军事高科技的出现，即远程突击技术、监视和指挥技术、人工智能和精确制导技术、电子战技术、空间战技术、核战技术和训练模拟技术。这些高技术渗透到武器装备中去，就使战场范围由陆地、海洋、空中扩展到外层空间及电磁空间，形成了高技术战场。四是新的作战理论的出现。在信息化战争中，联合作战的理论不断推陈出新，并走向深入。联合作战的兵种模式更多、更复杂，联合作战中的各个单位的积极性、主动性将得到充分的发挥等。在信息化战争中，非线式作战理论将得到广泛应用，战场范围大大拓宽，部队的机动范围也越来越大，甚至在战争中始终保持机动，在机动中对敌实施攻击，在机动中实施防御，作战双方的战线变得复杂多变，甚至没有明显战线，形成双方部队犬牙交错的局面。在信息化战争中，传统的作战原则、歼敌原则将会发生改变，超视距打击将成为主要的打击方式。五是智能兵器的出现。在信息化战争中，武器装备与信息的结合程度得到进一步提高，最后出现能够直接对信息进行处理的武器装备，即智能武器，它主要有：能自动识别目标并实施攻击的智能导弹；能自动按照道路或航线行驶或飞行的智能车辆或智能飞行器；能对信息进行分析的智能传感器；能预先埋设并能自动识别目标的智能地雷等。最高级的智能武器当属能体现人的作战能力的智能机器人。人在作战中的主要任务是进行谋略和指挥上的思考，其他工作都可以由智能机器人来完成。

### 三、信息化战争的构成要素

　　未来战争将紧紧围绕争夺控制信息权展开，信息进攻与信息防御的攻防对抗将成为敌我双方较量的焦点。信息化武装力量、信息化武器装备和信息化指挥系统成为信息化战争力量构成的基本要素。

　　（一）信息化武装力量

　　信息化武装力量由信息化现役部队、信息化预备役部队、信息化武装警察部队与信息化民兵等力量组成。

　　1.信息化现役部队

　　信息化现役部队是信息化战争武装力量的主体和骨干。第一，信息化现役部队是以计算机技术为支撑，通过数字通信技术联网，使部队从单兵到各级指挥员，能够实时获取、传输和处理各种战场信息，保证作战行动协调有序、精确高效地进行。信息化现役部队装备有数字通信系统、计算机系统，具有信息传输和处理速度快、准确率高、抗干扰能力强等特点，上下级之间、友邻部队之间、单兵与作战平台之间、武器系统之间的信息获取、传输和处理实现一体化，能够做到实时发现目标、实时决策、实时指挥、实时机动、实时攻击。第二，信息化现役部队广泛采用传感技术、定位和识别技术，具有先进的信息探测与获取能力，将侦察情报系统与数字通信系统、指挥控制系统相结合，各级指挥员能够清楚地掌握交战双方作战部署和作战意图，使战场呈现高度透明，可为集中优势力量打击敌方要害及薄弱部位提供条件。第三，信息化现役部队采用以先进的软件系统为核心的指挥控制系统和完善的数字通信系统，能够建立起可靠的战场指挥信息网络，从而把战斗、战斗支援和战斗保障力量联合成一体。第四，信息化现役部队的数字通信网络可实时传递"声、像、图、文"的协调动作，以最快的速度形成战斗力。因各种战斗车辆和战斗人员都配有导航定位系统，能够清楚自己在战场上的准确位置，更加容易在各种复杂的战场环境下组织有效协调，使部队战斗力快速凝聚并精确"释放"，迅速达成作战目的。第五，信息化现役部队利用数字通信系统和后勤装备指挥控制系统，可以提高后勤装备保障的时效性和灵活性，使繁重、复杂的作战保障变得简单、便捷。作战中，信息化部队的后勤装备部门不仅可以通过信息系统掌握战斗部队作战物资的消耗情况、人员车辆的损伤情况，并根据需要迅速组织救护和保障，而且保障机构还能够准确掌握战损车辆和人员的具体位置，及时赶到救护与补给地点，使各项保障工作有效开展。

2.信息化预备役部队

信息化预备役部队是信息化现役部队的后备力量，用于补充、加强信息化现役部队或接替信息化现役部队实施作战任务。一般情况下，信息化预备役部队拥有一定数量的信息化士兵、信息化武器装备和C⁴ISR系统。但是，信息化预备役部队并不一定保持完整的编制，而是以少量的信息化现役部队为骨干，以预备役信息化士兵为基础，临时动员、编组起来的后备信息化武装力量。一旦遇有战事，经过快速、精确动员，信息化预备役部队可迅速转服现役，执行作战任务。

3.信息化武装警察部队

信息化武装警察部队是维持国内社会稳定和国家安全的一支不可缺少的力量。信息化武装警察部队由信息化武装警察部队、国家信息安全部队、信息化警备部队、信息化治安部队等构成。信息化战争不仅仅是国家间武装力量的暴力对抗，而且是国家间综合国力的较量。一个国家的社会稳定程度对于其能否赢得信息化战争具有极大的影响作用。在一般情况下，信息化现役部队和信息化预备役部队的主要任务是抵御侵略，捍卫国家主权和领土完整，而大量经常性的维持国内稳定的任务，需要由信息化武装警察部队来担负。通过发挥信息化武装警察部队的有效作用，可以为打赢信息化战争、保证国家信息安全发挥重要作用。

4.信息化民兵

在信息化条件下，战争将逐步趋向于全民化，民众不上战场却可以直接参与战争。信息化民兵是开展信息化条件下人民战争的重要力量。信息化民兵具有一定的直接参加信息化战争的能力，其主要任务是对信息化现役部队的行动进行支援和保障。比如，为信息化现役部队直接提供兵源，担负各种信息化武器装备、战争物资的保障任务，为信息化现役部队提供其他物质和精神上的支持。更为重要的是，随着武器装备技术含量的增加，信息化民兵的主要任务将集中于为信息化现役部队提供技术保障，以确保信息化武器装备能够发挥出最佳作战效能。由于信息化战争具有无疆无界、全民皆兵的特点，信息化民兵可以通过网络袭击、特种作战等行动给敌人以沉重打击，有力地配合部队作战。

（二）信息化武器装备

信息化武器装备主要由信息化弹药、信息化作战平台、军用智能机器人、单兵数字化装备等组成。

1.信息化弹药

信息化弹药，即精确制导弹药，主要包括制导炸弹、制导炮弹、制导子母弹、制导地雷、巡航导弹、末制导导弹、反辐射导弹、钻地炸弹和激光制导导弹等精确制导武器装备。这类武器装备主要是对目标实施物理毁坏的高技术武器装备。实际上，它们都是一种能够获取和利用目标所提供的位置信息，修正自己的弹道，以准确命中目标的弹药。目前，战役战术制导弹药的命中精度，近程已达0.1～1米，中程小于10米，远程为10～50米。例如，"铜斑蛇"近程制导炮弹，命中精度为0.3～1米，只要发射1～2枚就能击毁一辆坦克。在伊拉克战争中，F-117战斗轰炸机使用激光制导炸弹，攻击伊拉克空军总部和电报大楼，达到了"直接点命中的最佳效果"。美军新研制的末制导子母弹，可装6个子弹头用于反炮兵和反坦克作战；英国的"阿拉姆"第三代反辐射导弹，采用新式微型电路和微处理机以及软件控制技术等，自主能力强，具有"发射后不管"等能力，一旦发现目标，导弹就自动攻击，如未发现目标，导弹会爬升到1.2万米高空，继续搜寻辐射源。伊拉克战争中，美英联军发射了大量的精确制导武器，有效地攻击和摧毁了伊拉克的防空系统、指挥中心、战略资源等目标。如"战斧"巡航导弹的命中精度可达10米；美军的GBU-28激光制导钻地炸弹可穿透30米深的泥土和6米厚的混凝土建筑；"联合直接攻击弹药"采用GPS复合制导和末制导后，攻击精度大大提高。精确制导弹药技术的发展已经历了三代，目前正在向灵巧性和智能性方向发展。

2.信息化作战平台

作战平台主要包括坦克与装甲车、火炮与导弹发射装置、作战飞机与直升机、作战舰艇等武器载体。信息化作战平台装有大量的电子信息设备，与 $C^4ISR$ 系统联网，是该系统的节点。它们不仅装有多种信息传感设备，以便探测敌方目标，为实施精确打击提供信息，而且有足够的计算机系统及联网能力，为各种作战行动及时有效地提供辅助信息。信息化作战平台除了能充分利用己方和敌方信息外，还有拒敌利用己方信息的能力和侦察、干扰、欺骗功能。目前，发达国家的军队已装备了多种信息化作战平台，如智能坦克、RAH-66"科曼奇"武装直升机、"百人队长"攻击型核潜艇和新型战斗机等。

3.军用智能机器人

军用智能机器人是指能代替士兵执行各种军事任务的机械装置。军用机器人的战场用途十分广泛，既可驾驶坦克，操作火炮，直接执行战斗任务，也可进行侦察、观测和监视；既可携带地雷、炸药攻击重要军事目标，也可运送弹药和物资，保障部队作战；既可完成排雷、布雷等危险任务，也可清除障碍，维修装备，护理伤员。军用智能机器人按用途主要有战场突击机器人、战场侦察机器人、战场三防机器人、扫雷机器人等。如美军正在开发的"罗伯特"机器人，它可以随装甲部队一起行动，当接近敌方雷场时便发射火箭，将直接装药射向敌人的布雷区，引爆附近的地雷，每引爆一次可清理约长90米、宽8米的一条通路。

4.单兵数字化装备

单兵数字化装备是从头到脚，从攻击、防护到观察、通信、定位，能实时地侦察和传递信息，具有人—机一体化等多功能特点的21世纪士兵在数字化战场上使用的个人设备。近年来，西方发达国家十分重视研制单兵数字化装备。例如，美国制定了"21世纪地面勇士"规划，英国推出了"未来野战军人系统"计划，法国已着手开发"未来士兵系统"，俄罗斯正在实施"巴尔米察实验设计工程"，澳大利亚则已开始执行"温杜拉工程"计划。这些国家研制的单兵数字化装备主要由一体化头盔分系统、单兵计算机和无线电分系统、武器接口分系统、防护服分系统和微气候冷却分系统等五个分系统组成。一体化头盔分系统能为士兵提供所有的视听信息。它的关键部件包括：高分辨率平板显示器，一体化夜视系统，完全一体化的微电子系统，以及多功能头盔。单兵计算机和无线电分系统是"士兵系统的大脑"。这个分系统包括：计算机硬件单元，计算机软件单元（用于绘图和指令控制），一个与单信道地面和机载无线电台兼容的部件，一个用于班内通信的士兵无线电部件，话音识别部件，视频画面捕获部件，以及许多其他接口部件，如个人状态监控器、战斗识别分系统、化学检测分系统、地雷探测分系统等。武器接口分系统能与一些武器瞄准系统连用，其中包括AN/PAS-13热成像瞄准仪，以及陆军下一代单兵武器。它们均装有红外探测器和高效瞄准具，集观察、瞄准、射击于一体，能完成昼夜监视、跟踪、精确射击等任务。防护服分系统包括护身甲、肩负装备和制式服装，可以使士兵防化学和生物武器，防轻武器与弹片，可减少被敌人发现的红外特征。微气候冷却分系统是一种重约10磅，能在4小时内连续产生300瓦代谢冷气的制冷机。这种制冷机能使士兵在高温条件下穿着核、生、化防护服执行作战任务，保持身体凉爽。

（三）信息化指挥系统

以计算机技术为基础建立起来的战场指挥控制系统，将使数字化部队更迅速、更精确地处理各种信息，简化指挥程序，提高指挥效率，灵活、及时、准确地实施作战指挥控制。

C⁴ISR系统是指挥、控制、通信、计算机、情报、侦察、监视系统的简称。C⁴ISR系统是军队的"神经和大脑"，它能把军事力量中的各个要素、战场上的各个作战单元充分地黏合在一起，使其动作协调，发挥出最佳的整体效能。C⁴ISR系统由传感系统（情报系统）、导航系统（控制系统）、指挥中心和通信系统四大部分组成。传感系统的主要任务是监视敌方行动，如部队调动、导弹发射、飞机起飞和舰艇出航等，主要依靠探测卫星、预警卫星、雷达、无线电监听、高空侦察机等获取相关情报。导航系统通过导航卫星与导航雷达向地面部队、海上舰艇和空中飞机通报它们与目标的准确位置。指挥中心是C⁴ISR系统的中枢神经，其核心设备是大型电子计算机。它将收集到的各种情报信息自动进行综合分析，并将敌我双方的态势显示在屏幕上。通信系统用来完成情报和命令的传输，主要由传递信息的各种信道、交换设备和通信终端设备组成。英军正在研制平台综合指挥控制系统、联合战术信息分发系统、作战数据自动化指挥系统等。俄罗斯、日本、印度等国也投入大量资金开发各种C⁴ISR系统，以适应信息化战争的需要。

### 四、信息化战争的基本作战样式

不同的战争形态，有不同的作战样式。信息化战争也不例外，也有其特定的作战样式，主要有精确战、网络战、电子战、情报战和心理战等。

（一）精确战

信息化战争的目标毁伤机制可归纳为两大类型：一是有形的物理毁伤或硬杀伤；二是无形的非物理毁伤或软杀伤。精确战则是以有形的物理毁伤或硬杀伤手段实施的作战样式。精确战是在信息的支持下，运用精确制导武器对敌人实施精确打击的一种作战方法。

精确侦察、实时传递、精确定位、精确控制、精确打击、精确评估是精确战的基本条件。精确制导武器作为精确战的主要打击兵器，已成为衡量一支军队信息化建设水平的重要标志。精确制导武器已经出现在火力打击武器的各个方面，目前主要有高精度导弹（巡航导弹、空地导弹、防空导弹、空空导弹、反坦克导弹、反舰导弹、地地弹道导弹、反辐射导弹、反潜导弹等）、制导炮弹、航空制导炸弹、制导鱼雷、制导地雷、制导水雷等。不难看出，全部硬杀伤型武器系统都在逐步实现精确化、信息化和智能化。

精确战作为信息化战争的基本作战样式，将与其他作战样式一起，在高度集中统一的指挥控制下，实现作战目的。主要是削弱敌方战争潜力，即利用空基、海基、陆基硬杀伤型武器，打击敌方重要的政治、军事、科技、基础设施等目标，破坏敌人战争潜力；利用空基、海基、陆基和天基硬杀伤型信息武器，攻击敌人的卫星系统、防空预警系统，摧毁敌人的指挥控制系统；通过火力突击，摧毁敌人战场作战指挥控制系统，歼灭敌人有生力量，使敌人各种支援保障瘫痪，牢牢把握战争的主动权。

（二）网络战

网络战的出现是信息化战争的一个根本性标志，在信息化战争中处于特殊的地位，发挥着特殊的作用。网络战是以计算机和计算机网络为主要目标，以先进信息技术为基本手段，在整个计算机网络空间上各类信息攻防作战的总称。成功地实施网络战，可以使军队的作战能力倍增。同时，网络战还是国家与社会集团间信息冲突的主要内容，涉及政治、经济、文化、外交等领域。它是一种和信息系统紧密关联的斗争，包括保持己方信息系统安全的对策，并寻求否定对方信息、瓦解、破坏、欺骗对方信息系统安全的对策，涉及舆论、宣传、文化颠覆，涉及经济制裁、外交斗争等多种行动。

1. 网络战的基本特征

以计算机网络空间为战场，以计算机为主要武器，以知识化的程序代码为弹药，以具有计算机攻防能力的人才组成作战部（分）队，以夺取和保持网络信息优势，进而夺取和保持网络制信息权，为政治、经济、军事、外交等战略、战役、战术行动服务。网络战与其他作战样式相比，具有作战力量的多样性、作战手段的知识性、作战空间的广阔性、作战时间的连续性、作战过程的突变性等明显特征。

2. 网络攻击

网络攻击是指为破坏和阻止敌方有效使用计算机网络而采取的信息作战行动。网络攻击的范围不仅是军队的网络系统，还包括国家的网络系统，同时还可利用国际互联网实施网络攻击。其具体目标是网络中的数据库、网站、节点、信道以及用户计算机等。它是以破坏敌方网络中的工作秩序、瘫痪节点、删改数据、阻止传输等来影响其军事行动的。

（1）网络袭扰。网络袭扰是指为配合其他军事行动，以扰乱敌方作战行动、网络秩序、军心士气为目的而进行的网络欺骗、网络宣传等网络作战行动。网络欺骗是指利用计算机网络对敌方实施欺骗的网络攻击行动。网络欺骗根据性质的不同分为进攻性欺骗、防御性欺骗。进攻性欺骗是指在敌方信息网络内实施的欺骗。主要方法是：冒充或控制敌方上级或下级特定台站向其下级发出假命令、指示或向上级提供假报告；进入敌方共享情报网的服务器，改写、删除其真实数据或提供假数据，使其共享的情报信息出现错误。防御性欺骗是指在我方的军事网络内实施的欺骗。其主要方法是：在我方军事指挥网络内，设置一些假服务器、假路由器、假网站，专门提供一些虚假的军事信息；在网络通信中实施信息佯动，适时、适当地增大某个方向的信息流量，使敌方误以为我方将在该方向采取某种行动。网络宣传是指在敌方计算机网络或公共数据网内，散布有关战争行动、战况的消息，或虚拟战场环境甚至战争结果，造成敌方军民的心理混乱、恐慌。其主要方法是：修改敌方主要网站网页；利用公共网络上的电子邮件散发宣传品；在网上"聊天室"等公共交谈场所贴相关内容的"帖子"；设置相关主页和数据库，引诱其观看等。

（2）病毒攻击。病毒攻击是指利用计算机病毒，对敌方计算机网络系统实施破坏的网络攻击行动。计算机病毒是指能够修改和破坏正常运行的计算机程序的一种特殊软件程序，具有潜伏性、传染性、破坏性、繁衍性、针对性、隐蔽性、可控性等特点。按其破坏功能和程度可分为爆炸型、暗杀型、隔离型、过载型、间谍型、矫令型等。病毒攻击的手段或传播途径主要有软盘拷贝、利用互联网上的文件传输、在硬件设备中固化病毒、在软件操作系统中隐藏病毒、通过传输信道注入病毒等。

（3）数据轰炸。数据轰炸是指从多个方向同时对敌方某一网络实施集中的大量的数据释放，造成其网络路由器的堵塞而导致网站瘫痪。路由器是连接网络的桥梁，是网络的核心设备，是网络数据转发和信息资源进出的枢纽，其处理信号的能力是有限的。当某一时刻大量的超过其容量的数据涌入并反复冲击时，极易造成数据通道的堵塞。科索沃战争中，南联盟的"网络战士"召集了大批志愿者，每天向北约的网站发送上万个电子邮件，并把一些逻辑炸弹放于北约的服务器中，严重干扰了北约网络的正常工作。2000年2月，"雅虎""电子港湾""亚马逊""微软"等几家世界级大型因特网站，接连遭到袭击并瘫痪达数小时，"黑客"们采取的就是这种数据轰炸的方式。

（4）预置陷阱。预置陷阱是指预先在计算机硬件、软件及外部设备中植入病毒、安放逻辑炸弹、留下"后门"，并通过商业或其他渠道将其渗透到潜在敌方的网络系统中，一旦战争需要或进入其网络系统窃取情报，或激活病毒、引爆"炸弹"达到破坏其网络的作战目的。海湾战争中，美国中央情报局获悉，伊拉克从法国采购了防空系统使用的新型打印机，准备通过约旦首都安曼偷运到巴格达，随即派特工在安曼机场偷偷用一台固化病毒芯片与打印机中的同类芯片作了调包。美军在战略空袭发起前，以遥控手段激活病毒，使其从打印机窜入主机，造成伊拉克防空指挥中心主计算机系统程序发生错乱，工作失灵，致使整个防空体系中的预警和C³I系统瘫痪，为美军顺利实施空袭创造了有利条件。

（5）信道干扰。信道干扰是指对网络的通信线路实施电子干扰，扰乱其正常运行，降低敌方网络的使用效能。计算机网络是用通信线路通过数据传送和数据交换网把广泛分布在不同地点的多台电子计算机、大容量存储器、数据库、各种输入输出装置等互相连接而成的系统。建设计算机网络的目的是为了传递数据、收集传递信息和互相共享计算机资源。可以看出，不论是计算机网络的物理结构，还是计算机网络的建设目的，都离不开通信。对计算机网络的通信信道进行干扰可有效降低甚至彻底消除网络的使用效能。多数计算机网络都是"寄生"在通信网上的，其信道构成主要是有线电线路、光缆线路和无线电线路。在其信道上施加干扰信号即可降低数据传输的质量，进而达到扰乱网络正常运行、降低甚至消除其对网络的有效使用。

（6）节点破坏。节点是指信息网络系统的控制单元及信息交换中心。任何信息网络都有许多节点。对信息网络重要节点的破坏可影响整个网络信息传输的效果。如野战地域通信系统为满足一定的地域覆盖，设有多个地域节点。雷达网部署时，自然地形成了网络管理和信息收集中心。电子武器系统与导弹武器系统结合时，武器控制中心就是关键节点。对信息网络系统的关键节点实施电子干扰，可使全网信息传输受到影响；对信息网络系统的关键节点实施火力摧毁，可使信息网络的整体基础受到破坏。

3.网络防御

网络防御是指为防止敌方对我方计算机网络进行破坏而采取的网络作战行动。随着计算机技术和网络技术的发展及在社会各领域的广泛运用，网络已成为信息时代国家及社会赖以生存和正常运转的基本条件，离开网络，社会生活、生产活动将受到极大影响。正因为如此，网络已成为现代作战的重要目标，网络防御已成为信息防御的重要内容。

（1）防网络渗透。防网络渗透是指防止敌方及社会上的网络黑客侵入我方计算机网络。防网络渗透是网络防御的前提，敌人的网络攻击行动大都要进入我方计算机网络内才能得以实施，只有将其拒之"门外"，才能有效地实施网络防御。防网络渗透的主要方法：一是提供访问鉴别卡。访问鉴别卡是用于控制访问对象的信息安全机制，主要解决用户鉴别、访问控制问题。采用鉴别和访问控制技术，可有效地防止攻击者对信息系统信息的攻击，使我方合法人员安全地使用信息。二是建立网络防火墙。防火墙技术是针对网络不安全因素所采取的一种保护性措施。利用防火墙技术，可阻挡外部不安全因素影响内部网络，防止外部用户非法访问或入侵造成的对内部网络的破坏。

（2）防病毒攻击。防计算机病毒攻击是指对计算机病毒的侵入所采取的综合措施。计算机病毒作为一种信息化武器，对信息的安全已构成了严重的威胁。如果没有有效地防范和治理措施，计算机病毒造成的危害和损失是难以估量的。防病毒攻击的主要方法：一是及时识别计算机病毒。信息系统及时识别计算机病毒是防治计算机病毒的前提条件。识别计算机病毒主要采取自动检测和人工检测两种方法。自动检测是由查病毒软件自动工作，无须人工干预。人工检测分为直接观察法、检测计算机内存法、检测硬盘主引导区法、检测中断向量法、检测磁盘坏簇法、检测文件型病毒法、查找法等。二是有效清除计算机病毒。清除计算机病毒是防治计算机病毒的关键环节。只有将计算机病毒清除，才能保证计算机系统的安全运行。三是预防计算机病毒感染。对待计算机病毒，也像对待生物病毒一样，要以预防为主，防患于未然。

（3）防电磁泄漏。信息系统设备在工作时，信息能经地线、电源线、信号线等，以电磁波的形式辐射出去，使电磁波信息被敌方接收并重现出来，因此造成泄密。采取防电磁泄漏技术，可以形成防电磁泄漏的保护层。防电磁泄漏的主要方法：一是抑制和屏蔽电磁辐射。对电子设备加金属屏蔽，改善电路布局，搞好电源线路滤波、信号线路滤波，设备有效接地，减少传输阻抗，使用绝缘接插件，使用不产生电磁辐射和抗干扰的电缆，采用密封性能好的插头、插座等。二是采用干扰性的防护措施。在系统工作的同时施放电磁干扰，用以掩盖系统的工作频率和信息特征，使敌人无法探测到信息的真实内容，从而达到保密的目的。目前，在防电磁泄漏方面，主要采用降低辐射的措施来研制产品，使用金属机箱、屏蔽层、滤波器、密封垫圈、密封条等，以减少辐射。三是区域防护。根据电磁辐射随着距离的增加而减弱的原理，可在作战指挥控制中心、电子设备周围划定警戒区，防止非法窃听者在近距离窃密。一般的电子设备辐射的电磁波信号，在1 000米以外难以接收到。

（4）防数据失窃。防数据失窃是指防止敌方窃取己方信息系统数据而采取的措施。防数据失窃的基本方法是对网络信息进行加密。信息的加密，是信息安全保密最重要的内容，也是技术上较复杂的环节。采取加密技术，旨在确保信息链的安全。信息加密方法主要包括：一是文件加密。文件加密主要是防止敌人窃取以文件形式存储在信息系统中的信息，截获、伪造以文件形式通过信息系统传输的信息。文件加密主要对文件内容本身进行加密和对文件名称进行加密。二是数据库加密。在信息系统中，数据库是数据最密集的地方，也是敌方攻击的重点。因此，必须对各类数据尤其是对秘密级以上的重要数据，采取严格的数据加密措施。根据数据库对数据的管理方式以及数据存放的形式，对数据库加密的方式可分库外加密和库内加密。三是存储介质加密。大量的信息是存储在存储介质上的，存储介质的加密分为软件加密和硬件加密。四是传输数据加密。要防止攻击者通过网络对信息安全造成的危害，必须对通过网络传输的数据进行加密。在信息网络中采用的加密方式有链路加密、端到端加密和传输层加密。

（三）电子战

电子战是指利用电磁能和定向能以控制电磁频谱，为削弱和破坏敌方电子设备的使用效能，同时保护己方电子设备正常发挥效能而采取的措施和行动。电子战主要包括电子侦察、电子进攻和电子防御三个部分。电子战不仅是信息化战争的一种基本作战样式，而且在信息化战争中具有特别突出的作用，是实现信息化战争战略目标最有力的保证之一。

1.电子侦察

电子侦察分为电子情报侦察和电子支援侦察两种。其中，电子情报侦察是通过有长远目的的预先侦察，截获对方电磁辐射信号，测定技术参数，全面汇集和记录数据，进行认真分析核对，查明对方电磁辐射的技术特点、地理位置、用途、能力、威胁程度、薄弱环节及其所保障或控制的武器系统的部署变动情况和战略技术意图等，为战时实施电子支援侦察提供信息，为有针对性地发展和使用电子作战装备，确定作战方针提供依据。电子支援侦察是根据电子情报侦察提供的情报在战时进行的实时侦察，以迅速查明敌方辐射源的类型、工作状态、所在位置、威胁等级和使用情况，为及时实施告警、规避、电子干扰、反干扰、引导摧毁武器等提供信息，支援作战行动。

实施电子侦察，要依靠电子侦察装备来实现。电子侦察装备按侦察对象和功能不同，可分为通信侦察装备、雷达侦察装备、无线电测向装备、光电侦察装备和电子侦察平台。

（1）通信侦察装备，专门侦察敌方无线电通信。它与一般的无线电通信接收机相似，但信号分析装置和控制装置具有更强的功能，能够在各个频带上搜索和跟踪不明身份的无线电通信信号辐射源，并对其进行识别。有些还具有对地方无线电台进行测向定位和根据已破译的密码窃取通信内容的功能。

（2）雷达侦察装备，分为雷达侦察接收机和雷达告警机两种。雷达侦察接收机是专门用来对敌方预警雷达、防空雷达、战场侦察雷达、导弹制导雷达、炮瞄雷达、机载雷达和舰载雷达等雷达进行电子侦察的设备。雷达告警机是设置在飞机和舰艇上，能够探测敌方具有威胁性信号的电子侦察装置。

（3）无线电测向装备，是通过指向性很强的天线接收电磁辐射源所发射的信号，以确定辐射源方向的仪器。用两台无线电测向仪或一台移动无线电测向仪在不同地点对某一辐射源进行交叉测量，就可确定该辐射源所在位置。无线电测向装备可用来探测和确定敌方无线电通信设备、雷达、无线电导航台、无线电武器制导设备的位置，了解敌方部队、指挥机构和具有电磁辐射特性的电子信息武器的部署情况，为己方制定作战计划和实施攻击提供依据。

（4）光电侦察装备，是专门用来对敌方光电传感、通信、武器控制和制导系统进行侦察的设备，分为光电侦察接收机和光电告警机两种。光电侦察接收机用于侦测、识别和标定敌方各类主动式红外遥感设备发出的红外辐射，或敌方的激光雷达和激光测距仪发出的激光束，以获得敌方辐射源的位置、性能、技术参数、使用等情报。光电告警机则装在坦克、飞机、舰艇上，探测和识别敌方具有威胁的光电信号，适时向受到威胁的己方目标告警。

（5）电子侦察平台，主要是指电子侦察卫星、电子侦察飞机和电子侦察船等大型综合性侦察装备。它集通信侦察、雷达侦察、无线电测向和光电侦察之大成，具有强大的电子侦察功能。

2.电子进攻

电子进攻实质为破坏敌方有效使用电子设备或系统而采取的信息作战行动。电子攻击的目的是使敌方得不到信息，或只能得到少量不完整的信息，或制造假象使敌方决策失误而采取错误的行动。电子进攻针对的是敌方的一切军用电子设备或军事信息系统的信息接收设备或传感器，使其在信息化战争中不能正常发挥信息获取、信息传输、信息显示和信息处理等功能，丧失制电磁权，从而导致失去信息优势。定向能武器的出现使电子攻击从软杀伤走向软、硬双重杀伤功能。

（1）电子干扰。电子干扰是指对敌方电子设备或系统采取电波扰乱措施，目的是使敌方电子设备或系统的使用效能降低甚至失效。按干扰的性质分为压制性电子干扰和欺骗性电子干扰。压制性电子干扰是使敌方电子设备接收到的有用信号模糊不清或完全被掩盖的电子干扰。欺骗性电子干扰是使敌方电子设备接收虚假信息，以产生错误判断和错误行动的电子干扰。按干扰产生的方法分为有源干扰和无源干扰。有源干扰，亦称积极干扰，是通过发射或转发电磁信号对敌方电子设备进行压制或欺骗的电子干扰，可广泛用于对雷达、无线电通信、制导、导航、光电子等电子设备的干扰。无源干扰，亦称消极干扰，是利用本身不发射电磁波的器材反射或吸收敌方电子设备发射的电磁波而形成的电子干扰，主要用于雷达和制导干扰。

（2）电子佯动。电子佯动是指利用电子设备和器材模拟己方部队行动的电磁辐射特征，以欺骗敌方的电子战行动。目的是隐藏己方作战企图，使敌方产生错误判断。

（3）反辐射摧毁。反辐射摧毁是指利用敌方的电磁信号导引反辐射武器摧毁敌方电磁辐射源的行动。主要摧毁目标是敌方雷达、无线电制导设备、干扰台，以及其他无线电发射设备。主要装备是反辐射导弹和反辐射无人机。

3. 电子防御

电子防御是指为保护己方电子设备及其系统正常发挥效能而采取的措施与行动的统称，是针对敌方的电子侦察、电子进攻而采取的防御性行动。现代化条件下作战，军队信息系统主要是由大量的先进的电子设备组成。电子防御是关系作战指挥和武器控制系统能否正常发挥效能的关键，因此电子防御是信息防御的主要内容。

（1）反电子侦察。反电子侦察实质为防止敌方截获并利用己方电子设备发射的电磁信号而采取的措施，目的是使敌方难以获取有价值的情报，不易实施有效的干扰和摧毁。反电子侦察的主要措施是：贯彻少设严管的方针，在满足作战指挥的前提下，尽量减少开机数量；隐蔽指挥中心和发射台位置，控制工作时间和频率使用。无线电台通信采用通播、单方发信、碎发等工作方式和组织实施遥控和转信；结合部队的隐蔽和佯动计划组织实施无线电静默和佯动。

（2）反电子干扰。反电子干扰是指为降低或消除敌方电子干扰对己方电子设备（系统）使用效能的影响而采取的措施。通常体现在电子设备的发射机、天线、接收机和信号处理系统中，包括防止接收机过载，提高信号强度和抑制干扰等技术。反电子干扰的主要措施是：了解并研究敌方无线电干扰设备的战术技术性能、组织实施干扰的原则和方法，有针对性地采取抗干扰训练；查明干扰源并摧毁；无线电通信可采用跳频等具有抗干扰能力的无线电通信设备，使用方向性强的天线；组织隐蔽指挥网和复式网，组织无线电转信。

（3）防反辐射摧毁。防反辐射摧毁是指为削弱或破坏敌方反辐射武器的攻击效能，保护己方电子设备安全而采取的战术技术措施。防反辐射摧毁的措施是：疏散隐蔽配置，适时规避，间歇关机，构筑防护工事；无线电通信可采取遥控、设置备份天线、天线与机器分开设置等方法。

（4）防电磁脉冲破坏。防电磁脉冲破坏是指为使电子设备及其系统免受或减轻核爆炸产生的高能电脉冲的破坏而采取的保护措施。防电磁脉冲的主要措施有：采取完善的电磁屏蔽；安装防电磁脉冲保护装置；选用抗电磁脉冲能力强的电子元器件等。

战例1：第二次世界大战后期，美英联军为在欧洲开辟第二战场，准备在法国诺曼底登陆。盟军通过电子侦察，出动2 000多架次飞机，对德军有关地区的雷达站、干扰站、通信站进行了毁灭性的轰炸，使其在很大程度上成为瞎子、聋子和哑巴。盟军运用电子战设备制造了一系列假象：设置假司令部，建立假无线电通信网，进行假通信联络，特别是用飞机在空中投下数百吨干扰箔条收到奇效，在德军的雷达荧光屏上竟形成了假舰队、假空降。多种电子干扰和电子欺骗手段，搞得德军晕头转向，达到了困扰敌人、调虎离山的目的，保证了诺曼底登陆一举成功。英国首相丘吉尔在谈到电子战时，十分感慨地说："没有这种战场魔法，我们就会失败，失败，直至灭亡。"

战例2：第3次中东战争，埃及导弹快艇在地中海向以色列"艾拉特"号驱逐舰发射了4枚"冥河"式反舰导弹，一举击沉"艾拉特"号，令西方军事家们大惊失色。此后，以色列总结经验教训，研制了对付反舰导弹的电子对抗装备，制定了一系列电子对抗措施。第4次中东战争，埃及和叙利亚导弹快艇向以色列军舰发射了67枚"实河"式反舰导弹，竟无一枚命中目标。由此可以看出，有没有先进的电子对抗装备和手段，战场效果是多么不同！

战例3：1982年6月以色列与叙利亚进行的贝卡谷地空战更显示出电子战在战争中的关键作用。战争一开始，以军就猛烈攻击叙方指挥通信系统，在无人驾驶飞机上加装雷达增效反射装置，引诱叙军部署在贝卡谷地的雷达开机、导弹攻击，从而全面掌握了叙军警戒雷达和防空导弹系统的位置和性能等情况。随后，以军用反雷达火箭将这些目标逐一摧毁。紧接着，以军电子战飞机向叙军雷达和通信系统进行干扰，为作战飞机提供电子掩护。以军战斗机群发射"百舌鸟"反辐射导弹，摧毁叙军指挥中心。以军战斗机还使用自身机载干扰设备施放干扰电磁波，抛撒干扰箔条，发射红外干扰闪光弹。这一系列措施果然奏效。叙军飞机一进入黎巴嫩境内，就与地面指挥中心失去联系，被以军用欺骗性信号引导到以军飞机布下的口袋阵中，先后有80多架飞机被击落。叙军部署在贝卡谷地的19个萨姆-6防空导弹基地全部被摧毁，而以军只损失了一架战机。

电子战如此辉煌的战绩引起各国军事家的高度评价。美军《作战纲要》指出：电子战是部队战斗力的倍增器，是合成军队有效的作战手段，是空地一体战的基本组成部分。前美军参谋长联席会议主席穆勒海军上将预言，如果发生第三次世界大战，获胜者必将是最善于控制和运用电磁频谱的一方。还有的军事家说：现在"夺取电子优势比第二次世界大战中夺取制空权还要重要"。

（四）情报战

情报战是指一个国家或集团为满足战争需要，采取各种手段，有意识、有目的、有组织地搜集和窃取敌人情报，为其制定战争政策、方略、计划和行动方案提供依据而展开的活动。情报战之所以能飞速发展，成为信息化战争中一种独立作战样式，关键就在于现代

科学技术特别是信息技术的飞速发展和广泛应用，为情报战创造了条件，提供了手段，如雷达、光学探测装置（可见光遥感装置、红外遥感装置、多光谱遥感装置、微光夜视器材、激光探测装置）、电子侦察设备、声波探测设备、地面传感器等。与传统的情报战相比，信息化战争中情报战的对抗更加激烈，形式更加多样。其主要方式有以下几种。

1. 间谍战

信息化战争中，历史上最古老的情报战形式——间谍战，依靠日益先进的技术手段，依然保持着巨大的活力，仍是情报战的重要手段之一。间谍活动中，金钱交易、色情间谍、窃听、偷窃、制造假情报等传统手段得到进一步应用。然而各种高科技器材和手段的广泛应用，使间谍战"如虎添翼"，从暗杀使用的无声手枪、化学毒剂，到用于窃听、拍照的各种精密仪器设备，无不反映着现代科技的新成果。此外，在情报对抗和情报处理上，也大量使用了各种先进的高科技手段和装备。这些新的间谍战手段和方法的使用，极大地扩展了间谍战的范围，提高了情报收集的效率，加剧了间谍战的激烈程度。

2. 诡秘窃听

情报战中，窃听与反窃听的对抗不仅变得更加激烈和广泛，而且更加诡秘和有效。电子信息技术的迅速发展极大地促进了电子窃听的发展。利用微型化的电子元件，窃听器做得越来越小，伪装的方法也越来越巧妙。它既可以装在墙壁、电话、电灯、打火机、沙发、椅子里面，也可以藏在书本、提包、首饰、钢笔、领带、纽扣之中；既可以镶入各种礼品之中，也可以藏进鞋跟、假牙里。随着微电子技术的进一步发展，类似于"苍蝇间谍"那种可以自主飞行的窃听机器人也将大量产生，它可由无线电遥控，对一定范围内的所有目标实施有效的窃听。而在窃听技术迅速发展的同时，相应的反窃听技术也有了长足的发展，各种有效的反窃听手段和工具也相继出现和使用。

3. 地面侦听

地面侦听主要是通过截收和破译对方的无线电信号而获取情报。它主要靠无线电侦察接收机，就像收音机收听电台广播节目一样，只不过其灵敏度比收音机要高得多。地面侦听不仅监视目标距离远，覆盖范围广，而且接收电子信号的灵敏度高，全天候能力强。为了有效地侦听无线电信号，世界许多国家都建立了规模庞大的电子侦听系统，地面侦听站星罗棋布。一些国家的驻外机构甚至也在地面侦听活动中扮演着十分重要的角色，它们其实就是直接建立在别国领土腹地的大型"秘密"侦听站。

4. 海中"猎手"

海洋是军事争夺的重要领域，也是情报战的重要场所。目前，海上猎取情报主要有三种方式：派遣情报船、使用间谍潜艇、海底侦听。其中海底侦听要简便得多，只需在海底布设一套侦听装置即可，应用十分广泛。这种侦听装置可以测到各种舰船的发动机和螺旋桨的声音并送到地面站。如美国就建有庞大的水下侦听系统，其中部署在太平洋的侦听系统，从阿拉斯加顶端沿美国西海岸2 080千米处向南一直延伸到加利福尼亚半岛，对几十万平方千米范围内一切舰船的类型、吨位、航向和速度都能准确查清。

5. 空中侦察

航空技术的发展不仅为空军和空战的出现奠定了技术基础，也为情报战向空中扩展准备了物质条件。飞机这种新型装备在战争中的首次使用就是执行战场侦察任务。在现代战争中，战术情报的90%都来自空中侦察。有人驾驶侦察机一直是空中侦察的主要工具，并始终是世界各国发展的重点。各式各样的无人侦察机也纷纷投入情报战场。它们可装备电视摄像机和照相机，可携带激光指示器和红外热成像设备，可在高空长时间飞行，可随时召回，可在敏感地区停留，可穿行于大街小巷。近年来，各国都在想方设法改进和采用新的技术手段，提高空中侦察能力，越来越多的新型"空中间谍"将在未来情报战场上一显身手。

6. 侦察卫星

从1957年10月，苏联把第一颗人造卫星送入太空至今，世界各国发射的卫星已有数千颗，仅美国和苏联两国就发射了3 000颗左右，其中70%是直接或间接从事情报活动的侦察监视卫星。卫星已成为收集战略情报的主要手段。

（1）照相侦察卫星，装有多种遥感仪器，能在150～700千米的高度，把数万平方千米的地球表面情况拍在一张照片上。仪器分辨率越高，目标就越清楚。当分辨率为0.3米时，足以分清地面的飞机、舰艇、坦克、大炮和车辆。利用红外传感器合成孔径微波成像雷达，则能透过云层、冰雪、森林等自然障碍物，发现隐蔽的军事目标。

（2）电子侦察卫星，专门侦察并记录无线电通信和雷达信号，窃听敌方军事部门和政府机构的信号情报，运行轨道高度一般为300～1 000千米。为连续监视某个地区或连续窃听通信内容，可以在同一轨道上发射几颗卫星组网，接力式地连续工作。

（3）预警监视卫星，可以监视水面舰船和潜艇的行动，跟踪或截获舰艇的通信和雷达信号，确定舰队的位置、规模和动向，探测核爆炸，发现导弹发射等信息。

7. 网络"间谍"

作为信息处理的主要工具，计算机系统存储着大量系统而完整的情报信息，因此，它理所当然地成为情报战的主要目标。而计算机系统自身安全的脆弱性，有时针对计算机的情报战行动很容易得逞。于是在计算机系统特别是计算机网络中，一种全新的情报战就激烈地展开了。

各国情报机关针对计算机系统和网络的情报战手段多种多样，主要包括：一是利用相对应的设备进入敌方计算机系统，偷窃秘密情报。如苏联情报机关曾打入维也纳国际应用系统分析研究所，利用该所与美国及西欧国家计算机系统的接口设施，成功地窃取了西方国家的大量秘密。二是利用日益扩展的计算机网络，通过非法入侵进行情报活动。三是收买敌方计算机工作人员。这样既可窃取大量的秘密情报，又可以通过在计算机中输入虚假信息，以及在软件中安装只有在特殊情况下才发生作用的秘密指令等手段，进行情报欺骗，其危害不容轻视。

（五）心理战

心理战是研究如何利用个人的心理规律，按照己方的目的，通过有效的信息去影响和改变敌方心理的行动。心理战不仅包括对敌人实施心理打击，动摇和瓦解敌方的民心士气，还包括巩固己方的心理防线，激励本国军民的士气，使本国军民始终保持旺盛的斗志和敢打必胜的信心。心理战最基本的手段主要有心理宣传、心理欺诈和心理威慑。

1. 心理宣传

心理宣传是心理战中最基本最重要也是最直接的手段，其基本目的是要在控制舆论的基础上扩大宣传、瓦解敌人、鼓舞士气。随着信息技术的迅猛发展，心理宣传出现了一些新的特点：第一，传统心理宣传方法不断翻新。传统的宣传方式主要是传单、喊话、广播和电台。在信息时代的心理战中，这些传统的宣传方法将被赋予新的内容，焕发新的活力，传统的心理宣传手段将会更快更新。其中，更快是指宣传信息的收集、处理、编排直至最后完成，整个过程都将完全出于自动化与智能化状态。更新是指信息的载体将打破传统上的单一局面而出现多媒体信息技术产品。总之，更快和更新完全是信息时代技术特征的直接反映。第二，电视宣传已成为心理宣传的最佳途径。电视是图像传播媒体的主要代表，电视宣传在现代战争中起到了重要作用。现代电视技术特别是卫星电视广播技术的发展为心理宣传提供了强大的技术支持。在宣传内容制作技术上将更多地采用虚拟现实技术。心理宣传得以利用计算机及相关软件、数字摄影和编辑技术等手段，营造与真实环境相一致的多媒体氛围，通过对敌方国家首脑或决策人物的言行和指挥决策内容的逼真模拟，达到心理宣传的目的。第三，计算机网络空间已成为心理宣传的新领域。由于利用计算机网络进行心理宣传具有灵活多样的交互方式、不受时间空间限制而且形式生动直观活泼的优点，世界上各种宣传机构纷纷地利用计算机网络进行宣传。在宣传手法上，计算机网络技术具有传统宣传技术所没有的优点。利用网络系统，可以窃取对方宣传机密，改变或破坏对方有关宣传的信息和数据库；可以利用网络技术和虚拟现实技术进行心理宣传，也可进行"信息绑架"和"信息讹诈"等。

2. 心理欺诈

心理欺诈最核心的是"诡道"，是用诈，因而是谋斗智，也是心理战最常用的手段。历史上的心理战在这方面有许多极为生动的战例。在第二次世界大战后期，英美盟军在诺曼底登陆作战中实施的心理战，十分具有代表性。另外，在二战期间，希特勒就成功运用心理欺骗手段除掉了苏联红军的杰出统帅图哈切夫斯基。图哈切夫斯基曾任红军总参谋长，著名的"大纵深作战理论"就是由他提出来的。他是希特勒实现侵略苏联的极大障碍。希特勒为了除掉图哈切夫斯基采用了心理欺骗的手段。首先，纳粹情报头子在《新德意志报》上发表文章《一颗上升的新星》，大力吹捧赞美图哈切夫斯基，含而不露地预言，他将取代斯大林。这些语言使骄横的斯大林难以容忍，极为恼怒。不久，纳粹特务让伪造笔迹的专家，伪造了图哈切夫斯基的笔迹，炮制了证明图哈切夫斯基与德国将军之间有密谋叛乱意图的信件，并且故意泄露给苏联大使馆官员。斯大林得知后，以重金买下了这些"罪证"，结果这位战功赫赫的元帅和另外6名将领被斯大林不加审讯就以叛国罪枪毙了，除掉了希特勒侵略苏联的重要障碍。

3. 心理威慑

在军事领域，威慑从来是心理战的重要方法。威慑就作用而言，是信息慑服而不是武力毁灭，是从心理上战胜敌人而不是从物质上消灭敌人。然而，威慑的信息是由国家实力提供的。雄厚的综合国力、强大的军事压力、有利的战略态势、优势的武器装备以及坚定的战斗意志等，是构成威慑和遏制敌人行动的基石，也是心理战产生效应的重要基础。中外历史上采用心理威慑和恐吓进行攻击而取得胜利的战例不胜枚举。

战例1：1940年4月德国人入侵挪威前夕，驻挪威首都奥斯陆的德国大使馆举行了一次盛大的电影招待会，来宾大多是挪威的军政领袖和工商界巨头。这部名为《火的洗礼》的影片炫耀了德军如何以闪电般的速度击败波兰200万大军，特别是飞机的大规模轰炸，在数小时之内把名城华沙变成一片废墟。银幕上的每一个镜头都威胁着每一位观众，令他们深刻体会到了战争的恐惧。电影放映完毕，德国大使一再提醒：是要战争，还是要和平！第二天清晨，1 500名德国陆战队员在奥斯陆突然登陆。他们踏着整齐的步伐，高奏胜利进行曲，不费一枪一弹地占领了一个国家。显然，希特勒的威慑和恐怖战术迫使挪威人放弃了抵抗。

战例2：欲擒故纵，1945年2月19日，美国海军陆战第5师在太平洋硫磺岛登陆，该师所属第28团向硫磺岛南端的折钵山发起进攻。折钵山是硫磺岛的制高点，山上天然岩石比比皆是。虽遭美军轰炸机投下的成千吨炸弹和近万发炮弹的轰炸，但躲在坑道和岩洞中的日军仍安然无恙。美军在3天战斗中付出了惨重的代价，并用坦克封锁了坑道口和洞口，但坑道中的日军仍负隅顽抗，不愿投降。美军第5师师长和第28团团长面对深钻洞的300多名日军伤透了脑筋。

23日下午，第28团团长召集参谋人员会议，研究攻克坑、洞的万全之策。开始参谋人员提出的方案和设想都没有超出死拼硬打的框架，如果付诸实施，即使付出巨大代价也不一定见效。有一名参谋指出："坑、洞中被困日军孤立无援，深知每时每刻都有被歼灭的危险，孤立感和求生的欲望，必然驱使他们突围，设法走出坑道与茑村方向的主力部队会合。因此，不要把洞口封得太死，使他们看不到求生的机会；而应故意放松封锁，使他们感到有机可乘，他们就会被引诱出来。如果事先在他们去与主力部队会合的必经之路设下埋伏，在他们经过时发起突然袭击，那么，不必付出多大代价，就可全歼被围之敌。"这一方案令人耳目一新，人们都觉得切实可行，很快就通过和批准实施了。

当天夜晚，美军放松了对坑、洞口的封锁，同时在折钵山至茑村的路上设下埋伏。夜幕笼罩大地的时候，坑、洞中的日军蠢蠢欲动。他们先从坑、洞口扔出罐头盒和炮弹壳，弄出一些响声，看美军有什么反应。当美军没有做出任何反应时，日军认为机不可失，立即决定，除留下35人坚守坑道、继续迷惑美军外，其余的人立即转移。300余人接二连三、悄无声息地钻出坑道。在坑道口没遭到射击，他们都松了一口气，不要命地奋力向茑村方向逃窜。日军跑到一个小山坡时，死神早在那里等待着他们。美军密集的火力，把他们像野兔一样打翻在地。300余人仅有25人突出重围，其余全部被歼。

# 第二节　信息化战争的基本特点

随着信息时代的到来和信息技术在军事上的广泛应用，以信息为基础的信息化战争，作为一种新的战争形态正在逐步取代机械化战争。信息化战争是信息起主导作用的战争，是使用信息、信息化武器装备进行的战争，它具有与以往任何战争形态不同的显著特点。

## 一、战场空间呈现多维化

伴随着战争形态的不断发展，战场空间维数也在不断增加。冷兵器时代的战争中，战争手段较为简陋，作战方式简单，作战双方采取密集方阵形式进行"点对点"的对冲。这时的战争在空间上表现为一维性。热兵器时代的战争中，交战双方在交战的正面和较大的纵深进行作战，战争在多方向进行，战场呈平面二维性。机械化战争中，随着坦克、飞机、军舰的出现，军队的成分发生了变化，除陆军、海军外，空军应运而生，将战场空间由平面二维扩展为空间立体三维。而信息化战争中，作战行动不但充斥于正常的三维物理空间，而且信息领域的对抗也将异常激烈，空中的较量还将拓展到太空领域。于是，人们利用物理空间中"维"的概念，将信息化战争称为空间多维性战争。

（一）陆地、海洋、空中仍将是信息化战争的主战场

陆地是人类战争有史以来的主战场。随着技术的进步，人类逾越空间的手段增多、能力增强，地面战场的地位与作用有所下降。但是，这并不意味着陆地战场在信息化战争中就无足轻重。因为人们不可能从根本上否定自己长期赖以生存的场所，战争不可能只停留于空中、海上或者是太空，信息化战争的最后角逐仍将在地面进行。另外，随着时代的发展，越来越多的国家开始意识到海洋的重要经济价值，海洋的权益观不断增强，再加上技术的发展为各国加强海上力量建设奠定了物质基础。可以预见，在未来信息化战争中，海洋战场的地位与作用还将上升，成为主战场之一。今天，现代信息技术不断物化于空中力量中，改变了传统的空战方式，让人们最先感受到了信息化战争形态的到来。在未来信息化战争中，空中战场将与陆地战场、海洋战场一样，也是敌对双方激烈较量的"舞台"。

（二）太空战场将成为信息化战争中的第四维有形战场

随着航天技术的发展及其在军事领域的广泛应用，太空战场日益成为继陆、海、空战场之后的第四维有形空间。近年来，世界主要军事强国已越来越重视太空武器在战争中的运用。可以想见，太空必将成为未来信息化战争的又一个制高点。

（三）无形的电子信息对抗充斥于有形战场空间

军事领域的信息对抗自古以来就有。然而，电子信息领域的激烈对抗却是信息化战争所特有的，是大量武器装备信息化的必然结果。电子信息领域是信息化战争的重要组成部分。电子信息领域的较量最早出现在20世纪80年代的一些战争中，最初表现为电磁频谱范围内的较量。随着数字技术的发展，战场图像、声音等原先的模拟信息也逐步实现数字化、手段的网络化。因此，计算机领域的对抗已成为目前信息化战争中电子信息战场的重要组成部分。

## 二、作战力量形成一体化

武器系统的信息化和智能化，带来了作战力量的一体化。这也是信息化战争区别于机械化战争的重要标志。作战力量一体化就是指分布在信息化战场所有空间相互独立的作战单元，通过数字化通信网络联结为一体，形成具有新的或更高层次的整体性质或状态的作

战系统。这种新的作战系统能围绕一个统一的意图，自觉地协调行动，形成整体合力。

（一）信息化战争是一体化联合作战

信息化战争是多种战争力量在多维战场空间的一体化联合行动，其参战力量的一体化与机械化战争中的各军兵种力量合成化有着根本性的区别。机械化战争中的各军兵种力量合成化强调的是具体兵种兵器的搭配与组合，是一种外在的、形式上的"无机合成"。而信息化战争的作战力量一体化则通过各力量成分、作战单元的有机组合，将各自的作战效能凝合为一个整体，是一种内在的"有机整合"，而绝不是各种力量成分、各组成部分的简单相加和松散组合。如果用现在较为流行的"鸡蛋理论"来打比方，我们可以将信息化战争各参战力量视为若干个鸡蛋，当这些鸡蛋放在一个篮子里时，他们只是相互间的简单叠加，系统功能未发生质变；当将这些鸡蛋打破放在同一个碗里时，它们则是貌合神离的"无机合成"，系统功能仍未发生质变；当将碗里的蛋清和蛋黄充分搅拌后，他们已经是相互融合的"有机整合"，系统功能就发生了质的飞跃。同样的道理，信息化战争的作战力量就如同将各个力量充分"搅拌"，使其相互交融，形成真正的有机整体。

（二）作战力量一体化依赖横向一体化技术

过去武器装备的发展主要是走纵向一体化道路，是武器系统呈现单项家族化、系列化、专业化和功能化。这种发展模式主要局限在单项武器系统的发展上，武器系统之间的关系并没有实质性的改变，最多只能引起战场局部范围或作战行动的某个环节的战斗力提升，很难使整体战斗力发生质的跃升。现在，随着以数字融合技术为核心的横向一体化技术在军事领域的广泛应用，作战力量的性质与过去相比发生了巨大的变化。横向一体化技术着眼于战场上各种武器装备系统间的融合和协调，通过引入数字信息系统和网络技术，使用统一技术标准和规定，从而打破了各军兵种之间严格的任务界限，将广大战场空间内不同作战地域紧密地联结在一起，最终实现作战力量的一体化。

（三）作战力量由"以平台为中心"向"以网络为中心"转变

实现作战力量由"以平台为中心"向"以网络为中心"转变是实现作战力量一体化的标志。横向一体化技术只是为信息化作战力量一体化创造了基础性条件。要真正实现作战力量一体化，还需对力量的结构和行动方式进行彻底的变革。1997年4月，美军提出的"网络中心战"概念就是对信息化作战力量一体化进行的有益探索。美军认为，机械化战争的作战力量构成及其行动方式都是以作战平台为中心的，作战平台主要依靠自身的传感器和武器形成战斗力，平台所装载的传感器的种类和探测能力决定和限制了平台的作用，平台之间只能通过有限的几种方法共享信息。而未来信息化战争中，所有的通信系统、传感器和武器系统将组成以计算机为核心的网络。这一网络可以实现真正意义上的信息一体化，各级指挥员可以利用网络交换、共享大量的图文信息。一方面上级指挥员可以指挥控制各作战力量围绕总的意图统一行动，统一调配战场资源；另一方面各作战力量通过网络及时感知整个战场基本态势，自觉执行作战命令，使各作战力量实现"自主协同"。

### 三、战争过程趋于短暂化

以往战争有一个共同特点，即规模较大，持续时间较长。然而，随着信息技术的发展，信息传输与处理的时间极大地缩短了，作战行动节奏大为加快，战争持续的时间呈短暂化趋势。

### （一）战争目的有限

战争目的的有限性是战争持续时间短暂化的主要原因。战争的军事目的必须服务于政治目的。信息化战争中，指挥员不再谋求攻城略地式的军事征服，而是打击、削弱和瘫痪对手，动摇其政治、经济基础。信息化战争有限的战争目的，决定了它的持续时间不可能太长。为了有效地控制战争的规模，达到有限的战争目的，尽量不使战争升级，拥有信息化武器的国家往往在战略上力求速战速决。

### （二）战争消耗巨大

战争的高消耗是战争持续时间短暂化的重要客观原因。信息化战争是经济高消耗的战争。这是因为信息化战争中使用的各类武器装备，不仅杀伤破坏力大，而且打击精度、战场摧毁力相当高，这无疑会使交战双方的战场物资消耗与武器装备的损耗大幅增加。同时，技术含量极高的信息化武器装备，其研制、开发过程复杂，难度大,造价与平时的维护费用高。信息化战争在经济上的高消耗客观上限制了战争的持续时间。

### （三）战争时间短暂

战争的高效率是战争持续时间短暂化的又一重要原因。信息化武器装备在构成上由于增加了战场信息处理技术，其战场目标发现效率高，力量投送速度快，指挥决策近实时，因而带来了信息化战争的高效率。战争无须经过较长时间的作战行动和战争力量对比转化，就可以迅速达成战争目的。

## 四、作战行动体现实时化

作战行动实时化是指部队在战场上反应敏捷、行动迅速，实时地根据战场态势的最新变化，在极短时间内做出决策，制定计划，以最快的速度将战斗效果直接投放到新出现的战场态势上，迅速达到行动目的。而不是像以往战争那样，实施一次战役或战斗，往往需要提前几天至少需要提前数小时，进行多方筹划，然后才按部就班地采取行动。

### （一）战场信息获取实时化

战场信息获取能力的增强奠定了作战行动实时化的基础。目标发现效率的高低直接影响着战斗行动效率的发挥。高度信息化的侦察设备大大扩展了战场信息获取的范围，缩短了对目标的侦察反应时间。这种高精度、大范围、近实时的战场信息获取能力，使得拥有信息化武器的一方，能及早获取信息，迅速做出决策，近实时地采取行动。

### （二）战场感知实时化

战场信息网络化提供了作战行动实时化的重要保证。过去，侦察到的战场态势、目标信息要经过由下至上的逐级传递，才能到达指挥控制中心。而指挥员在参谋人员的辅助下对情报信息处理分析后下定的决心，在转化为作战命令、作战计划后又要由上至下的逐级传达到最底层的战斗人员。在这种纵向式、多层次、接力式信息传递过程中，每一个环节都会花费一定时间，容易贻误战机。而在信息化战争中，战场信息传递、处理实现了网络化。互联网络不仅保证了同一距离上信息传递速度大为提高，而且实现了各网络用户的战场信息共享。战场目标信息一旦获取，指挥中心、有关部（分）队、战斗单元都可以同时共享，而作战命令和作战计划的相关内容则可以通过网络同时传达给各下级单位甚至战斗员。这样，从获取信息到采取行动的时间大为缩短了，由过去的几天、几小时缩短到几分、几秒，基本做到了实时化。

（三）指挥控制实时化

指挥手段自动化是实现作战行动实时化的关键。指挥手段自动化是信息技术进步带给军事领域的又一重大变化。指挥手段的自动化集中体现在战场信息处理的计算机上，即由计算机数据自动处理代替繁琐的手工作业方式，从而大大加快了战场信息的处理速度。据有关资料显示，在以往的战争中，运用手工作业方式，指挥员要把85%的时间用于大量的信息处理和复杂的信息数据计算上，而真正考虑战役战术问题的时间只有15%。而信息处理实现自动化后，指挥人员至少可用85%的时间去进行创造性的决策活动。当战场信息传递到指挥中心后，计算机就自动地对各种信息数据进行综合、分类、存储、更新和计算，协助参谋人员制定作战预案，并可快速地运用有关数学方法对各种方案进行运筹分析、评估选优，选出最佳方案，供指挥员决策参考。一旦下定决心，计算机就可迅速地以文字、表格、图形、图像等形式制定出作战计划，从而省去了大量的时间，使下定作战决心与作战进程几乎同步进行。

## 五、作战样式趋向多样化

作战样式是战争形态的具体表现，有什么样的战争形态就必然会出现什么样的战争样式。信息化战争除拥有机械化战争原有的一些作战样式外，还增添了新的作战样式，使其作战样式呈现多样化。

（一）网电一体战将成为未来信息化战争的作战样式

网电一体战将成为未来信息化战争新的作战样式。微电子技术、计算机技术和通信技术的飞速发展及在军事领域的广泛应用，使得战争形态正由物质和能量主导型变成信息主导型，围绕制信息权而进行的作战活动在军事领域全面展开。电子信号和网络媒介是目前信息传输的主要载体，要取得制信息权，最有效的办法莫过于在控制和破坏敌方的电子设备和网络的同时，保护己方电子设备和网络免遭敌方破坏。因此，围绕电子设备和网络的控制与反控制、破坏与反破坏的电子战与网络战将成为未来信息化战争的"主旋律"。随着信息依赖的载体正由分离式电子设备向网络化电子设备发展，这对某一个电子设备实施干扰压制，取得的效果将极其有限。必须借助网络战手段，才能对网络化电子系统实施整体上的攻击，取得整体效果。同时，由于敌方网络难以物理接触，网络战手段必须借助电子战手段，才能以无限的方式达成网络攻击效果。这样网络战和电子战逐渐向一体化发展。"网电一体战"这一信息化战争中才有的作战样式的简单组合，它要求在信息化战场上，将网络战和电子战有计划地有机融合，以破坏敌方战场网络化信息系统及其运行，并保护己方战场网络化信息系统及其运行。我军在未来作战力量建设、武器装备发展以及人才的培养上都要适应这一作战样式的要求。

（二）情报战、心理战和实体精确摧毁等是信息化战争的重要作战样式

围绕信息的获取权、控制权和使用权的争夺而开展的信息对抗将贯穿信息化战争的始终。其中，以信息获取权利为目的的情报战既是信息化战争不可缺少的组成部分，又是展开其他信息对抗与争夺的基础。也就是说，情报战是信息化战争中实施其他作战样式的前提条件，没有情报战，就不可能有效地实施心理战、网电一体化战和实体精确摧毁等其他作战样式。心理战是运用心理学的原理，通过宣传和其他活动，从精神上瓦解敌方的一种作战样式。心理战是一种特殊的作战样式，其特殊之处就在于它具有与时代发展密切相关的特殊作战理论和作战手段。心理战的理论基础是心理科学。在信息技术高速发展的今天，心理学与哲学、社会学、自然科学等其他科学相互渗透、相互交融，为心理战理论的发展注入了新的生机和活力。同时，心理战的作战手段发展异常迅速，特别是电视、微信、微博、QQ等多媒体宣传以及互联网在军事上的广泛应用，使得高科技手段越来越多地融合到心理战之中。实体精确摧毁，是信息化战争一方借助智能化武器弹药，对敌方的指挥控制系统和战场有生力量进行毁灭性的打击。它作为信息化战争的基本作战样式之一，改变了以往"粗放型"的火力打击模式，而将打击点聚焦于敌方的重心，比如 $C^4ISR$ 系统等，用较小的代价即可达成最佳作战效果。

## 六、作战效果实现精确化

作战是交战双方通过多种渠道、以各种形式凝聚能量，并以一定方式在战场上释放能量的竞赛。信息化战争中，信息技术不断融合到武器系统之中，战争能量将是机械动能、热能、信息能三者之和，各种能量将是在信息控制下的有限精确释放。这就带来了信息化战争的效果精确化的特征。

（一）目标选择的精确性

要想作战效果精确化，首先打击目标的选择要精确。拥有信息化武器装备优势的军队，为了更有效地利用战争手段，不使战争无限升级、规模扩大，必然要在战前精心测定并科学选择攻击目标，以便实施精确打击。而大量先进的电子侦察设备、传感系统的使用，为打击目标的侦察、探测与高精度定位奠定了基础。

（二）作战力量使用的精确性

在以往的战争中，为了确保实现战争目的，往往强调最大限度地动员、调集战争力量；在具体的作战中，为了确保对重要目标的摧毁，也要最大限度地集中兵力实施打击，而无须考虑是否有兵力的浪费。在信息化战争中，这种以量取胜的用兵观将被精确用兵观所取代。依据这一原则，美军提出了"力量投送""兵力投送"概念，即在战场上，根据作战任务种类与大小，充分估计到可能的伤亡，精心选用与组合作战部队。能用一个连解决问题的不用两个连，能用一架飞机解决问题的不用两架飞机。

（三）对目标打击的精确性

可从两个方面理解，一方面火力打击的位置要精确。自从火药用于战争之后，火力摧毁一直是战争双方进行物质摧毁的主要手段。但过去用于火力摧毁的弹药没有信息处理功能，火力摧毁的效率不高。比如，在越南战争中，美军为炸毁一座桥梁，要出动600余架

次的飞机，投掷上千枚炸弹。而在信息化战争中，各种具有信息处理功能的弹药制导技术的应用极大地提高了火力打击的精度，基本上实现了点对点的打击。另一方面火力打击的力度要精确。打击行动由自动化指挥控制系统严格控制。没有附带损伤的远程精确打击，将成为信息化战争中基本火力突击的样式，而地毯式轰炸、大面积射击将退出历史舞台。未来作战就像用伽马刀切除脑瘤一样，准确、干净、利落，这主要是因为未来战争中将大量使用智能武器所致，它们的传感器能够捕捉到声波、电波、可见光、红外线等一切可利用的直接或间接目标信息，计算机则对这些信息进行鉴别分析，从而自主地识别、攻击目标。这些智能弹药不仅能百发百中地攻击目标，而且还能根据需要打击到一定程度，不盲目扩大毁伤效果。

# 第三节　信息化战争的发展趋势

传统的战争理论认为："战争是流血的政治。"随着现代信息技术和新军事革命的蓬勃发展，战争形态正处于从机械化战争向信息化战争过渡的转型期。据未来科学家和军事专家预测，全面的信息化战争大约在21世纪中叶才能到来。从近几十年来信息战争发展的轨迹，我们可以大致对信息化战争的发展趋势作一些预测。

## 一、战争内涵将不断拓展

（一）战争主体更加多元化

随着科学技术的广泛应用，信息网络的发展联通了全球，尖端武器（包括生化、核武器）的制造等技术被越来越多的人和社会群体掌握。基于这种情况，发动和参与战争的主体将呈现多元化的特征。比如，战争的主体还可能包括贩毒集团、恐怖组织、宗教团体、种族主义和犯罪团伙等。

（二）战争层次趋于模糊

传统的地面交战中，由于兵力的有限及指挥通信手段的落后，作战不可能在战场的全部地域同时开始，而只能从"一点"的战斗开始。由"一点"战斗的胜利发展为"一线"战役的胜利，再由"一线"战役的胜利发展为"一面"若干次战役的胜利，最后发展为整个战争的胜利。战斗、战役、战争具有显著的递进性。因此，一般来讲，一场战争由若干次战役组成，一次战役由一系列互相关联的战斗组成。按照这个逻辑，战争的外延最大，战役居中，战斗最小，三者之间是包含与被包含的关系。在这里"积小胜为大胜"是克敌制胜的重要手段和途径。作战也明显地区分为战斗、战役和战争。

高技术战争登上历史舞台，信息化战争初露端倪，新的战争形态使传统战争的性质和面貌发生了翻天覆地的变化，产生了一系列新的作战样式和作战方法。人们在仔细考察新近发生的几场高技术局部战争时，发现有的作战行动既不能简单地划入战斗，也不能简单地归入战役；有的作战行动投入的作战力量是战术级，而完成了以往需要投入战役战略力量才能达成的战果；有的作战行动持续的是一次战斗的时间，但却达成了战役甚至战争的目的；而更为普遍的是，大多数的作战行动都具有相同的行动链，即战略筹划—战役指挥—战术行动。战略级的目的，通过战役级的指挥、以战术级的行动来实现，已是一种普遍现象。以往属于战略、战役级的武器装备直接用于战术级的作战行动。战争、战役、战斗的界限越来越模糊。

（三）战争的暴力性弱化

虽然信息化战争并没有改变战争的暴力本质，战争仍然是一种"流血的冲突"和"流血的政治"。但是随着社会的发展，科技的进步和世界新军事革命浪潮的高涨，利用网络攻击、黑客入侵、新闻媒介等手段引发了战争领域的一系列新的变化。另外，由于精确制导武器的使用，无辜滥杀现象也大量减少。同时政治对战争的控制和制约作用越来越大，进攻一方更加注重影响对方的意志，通过非暴力的"软"打击行动来减少伤亡，换取胜利。就一场战争而言，其时间、范围、规模和破坏程度与过去相比，特别是与全国性战争相比，常常会有所降低。

（四）战争的目的发生转移

信息化战争所追求的目的，更加靠近国家战略要求，强调意志征服，除了表现政治固有的"权力"特征之外，还表现出政治深层的经济属性。工业时代，战争通常以敌人是否被消灭和占领多少土地为胜负价值标准，消灭的敌人越多，取得胜利就越大；占领敌国的领土越多，取得的胜利就越彻底。在这种胜利观的支配下，战争不是空间越打越大，就是时间久拖不决。而在信息时代，战争发动者为减少人员伤亡，追求的目标与以前有了很大不同，不再追求完全消灭对方的有生力量，剥夺敌国的生存权利或完全占领对方国土，使其成为自己的殖民地，迫使敌方彻底投降等"终极目标"，而是有限度地做出让步，开出让对方可以接受的条件，追求最小的"代价利益化"，即自己付出的代价与所取得的利益之比最小。

## 二、战争手段信息化

在工业时代，进行战争的手段主要是飞机、舰艇、坦克、火炮、导弹等硬杀伤武器装备，虽然它们也含有电子信息技术的成分，但其含量并不高。而信息时代的战争手段，在此基础上发生了质的飞跃。战争手段不再仅仅是钢铁庞然大物，而是精巧的智能化武器和设备。工业时代所进行的机械化战争，强调的是火力的运用，需要的是钢铁。信息时代进行的战争，则十分注重打击对方的信息设施，强调的是信息控制，需要的是硅片。

（一）作战平台的信息化程度大大提高

未来战争将是一场信息的较量，要求武器平台的信息化程度大大增强，以适应战争的需要。信息化作战平台不仅装备有多种信息传感设备，以便探测敌方目标，为实施精确的火力打击提供目标信息，而且还有足够的计算机系统及联网能力，能为各种作战行动及时而有效地提供辅助信息。信息化作战平台除了能充分地利用己方和敌方的信息外，还有侦察、干扰、欺骗的功能，有不使敌方利用己方信息的能力。

（二）智能型精确制导弹药将普遍应用

目前，国外大量装备的精确制导弹药大都属于第三代，存在着一定的缺陷。比如反坦克导弹需要人员在近距离内操纵才能命中目标；空空导弹采用的是半自动雷达制导，需要机载雷达连续跟踪照射。而未来的精确制导弹药将实现智能化，即武器系统具有自主能力，能自动完成对目标的探测、分析、攻击和评估；完成自主识别和遂行多目标攻击任务的能力。

（三）电子计算机成为重要的软杀伤武器

电子计算机具有特殊的作用和机理，它是在计算机网络上进行战争、争夺制信息权的主要工具。在未来的信息化战争中，只需敲击计算机键盘就可能达到攻击对方军事枢纽、破坏经济命脉等多种目的。虚拟现实技术的发展，使计算机这种战争工具更具威力。利用计算机生成图像技术将真人图像进行剪接，可以很容易地实施欺骗。比如：制造一场"真实"的新闻发布会、首脑会议，甚至一次实际上根本不存在的决定性作战，以产生任何所需要的效果，使敌方在视听方面产生错觉，其结果会"超过1 000辆坦克的威力"。因此，电子计算机是未来战争中最重要的软杀伤武器。

## 三、战争空间扩大化

科学技术的发展，极大地扩展了兵力、兵器作战的空间性能，大大提高了对敌人的持续打击能力，快速的信息处理与分发能力，使战场空间形态发生巨大变化。在信息化战争中，战场空间形态进一步发展，交战的纵深更大、领域更多、立体性更强，交战将在全方位进行，没有明确的战线。

（一）远战能力提高，战场呈现大纵深信息化

在未来的战争中，由于兵力、兵器远距离作战能力空前提高，使战场平面范围扩大，作战向远近交叉的大纵深发展。一是作战侦察距离增大。可以在全球范围内实施全纵深全面积的侦察与监视；二是武器装备的射程和航程增大。洲际导弹的射程可以打到世界上任何一个地方，战略轰炸机经过空中加油后可以实现环球飞行；三是兵力机动能力提高，能够实现"全球到达"。因此，各国军队将广泛采用大纵深、远距离作战，战场的纵深将会进一步扩大，使前方与后方的界限进一步模糊。

（二）兵力部署广泛，战场呈现高立体

工业时代的战争主要在地面、海面、水中和十几公里以下的空中进行，上百公里以外的空间作战只起支援和辅助作用。而在未来的战争中，作战武器装备分布高度拉大，向高度更高、深度更深这两个极端方向发展。航天技术领先的军事大国，很有可能在太空建立理想的空间兵站和天基作战平台；海洋工程技术和新材料技术的发展，使增大下潜深度有着广泛的天地，将把深海战场立体空间向下延伸到一个新深度。

（三）电磁斗争激烈，战场呈现全方位

高技术兵器大量充斥战场，导致在时域和空域中又叠加了一个频域，即电磁战场。未来的信息化战争中，电磁空间的利用更加充分和复杂，将充满激烈的电子侦察与反侦察、电子干扰与反干扰、电子制导与反制导、电子摧毁与反摧毁的斗争。电子技术装备所利用

的电磁频谱将覆盖从极低频、短波、微波、毫米波、亚毫米波、红外到可见光等全部频谱。电磁空间将全方位地向其他所有空间扩展，并相互渗透，充斥其间。

## 四、战争实施精确化

由于科学技术的制约，工业时代的战争具有许多不确定性：敌方的情况不能完全地掌握，敌方的目标不能准确摧毁。而在未来的信息化战争中，将能实时地掌握双方的动态，准确指挥己方的部队，精确地打击敌方的目标。

（一）精确探测，全面、准确地掌握情报

科学技术的发展，使大量先进的侦察、监视、预警、探测装备部署在各个战场空间，其探测方式多、精度高，可以从各自不同的范围和角度对探测目标实施昼夜监视。夜暗等不良气候不再是障碍，"深挖洞"也不再是有效办法。精确的探测器材可以从不同侧面反映目标的特征，将获取的信息相互印证和补充，从而得到全面、准确的情报。在未来信息化战争中，任何目标都有可能被发现。

（二）精确定位，使战争更精确地进行

高技术传感器、高分辨率照相、动态探测仪、热与红外探测仪、夜视等技术，以及用于争夺信息优势斗争的电子对抗技术，为目标的精确定位奠定了坚实的基础。未来的信息化战争中，导航定位和通信卫星将大量使用，飞机、舰船、车辆直至单兵都将装备GPS接收机，能够得到精确的导航与定位信息及可靠的通信联络，了解各自在战场上的确切位置，精度可达1米甚至更高，从而使战争更加精确地进行。

（三）精确指挥，实施精确化的管理与监督

未来战争中，部队将实现数字化、信息化，各级自动化指挥系统形成网络，既能独立使用，又能彼此联结、上下沟通，指挥官既能对各种信息进行处理、分析、判断，又能准确、可靠地下达命令，可以不经过任何多余环节对部队进行精确化的指挥，对战场实施精确化的管理与监督。

（四）精确打击，减少不必要的附带损伤

各种精确制导技术的发展，将使各种硬杀伤武器的精度大大提高，表现出难以置信的威力。工业时代，为打击一个关键的目标，必须依靠消耗大量的资源，倾泻成吨的钢铁、实施地毯式轰炸才能达到。而在未来的信息化战争中，由于大量使用精确制导武器，实施精确化的打击，从而将附带损伤减至最小。从几千公里以外发射的导弹能从前一枚导弹打通的墙洞中穿过，"斯拉姆"巡航导弹在海湾战争中奇迹般的表现不再是偶然。发现即意味着命中，而命中即意味着摧毁。

## 五、战争力量一体化

未来战争是一体化的战争，交战空间充斥陆、海、空、天、电磁各个领域，不分白天与黑夜，不分前方与后方。交战双方将调集精兵强将，使用尖端武器，迅速转入战争状态。此时，将出现军队一体化、军民一体化的局面。

（一）打破各军兵种之间的界限

信息化战争中，由于信息技术在战场上广泛应用，使军队具备崭新的指挥、控制、通信和情报能力，将使传统的陆、海、空战场连成一个陆、海、空军都可以驰骋的统一作战空间，保障所有参战部队和参战人员能够在统一的作战意图下实施多军种联合作战，从而极大地促进了军队的纵向和横向联系。这种趋势无疑将对传统的各军兵种结构造成根本性的冲击，将促使各军兵种合成的迅速发展和范围扩大，打破系统与系统间的界限，形成一个协调一致的整体，最终导致真正的陆、海、空一体化部队的形成。

（二）密切军用与民用技术设备之间的联系

从装备方面看，在工业时代，坦克、飞机、军舰、火炮是完全独立于民用产品之外的纯战争工具；而在信息时代，虽然这些钢铁庞然大物依然存在，但更多、更重要的武器装备却是精巧化、智能化的电子信息设备。而这些军事设备大都与民用产品具有部分或全部的兼容性，所以，许多民用产品都可以作为军事装备为军事服务。从技术方面看，未来战争的科技含量将继续增加。由于科学技术的军民通用性增强，所以，许多军事技术都能找到相通的民用技术。随着军队对信息系统依赖的加深，民用信息通信系统在信息化战争设施中的比重将不断增大，民用信息技术将越来越体现出军用性。

（三）缩小军人与平民之间的差别

工业时代的战争，军人在前方，平民在后方；军人拿枪打仗，平民做工支援，两者界限分明。而在未来的信息化战争中，战场不分前后方，打仗不分是否拿枪。科学家和工程师不仅可以为军队的信息系统提供维护与防护支持，特别是在计算机病毒防治与对抗、与网络"黑客"的斗争中充分发挥优势，而且可以直接利用军用或民用的通信网络、计算机网络和电视网络，以及各种能产生电磁频谱的器材，施放电磁脉冲、注入计算机病毒、编造各种假图像和假信息，干扰、破坏敌人的电磁频谱输入、输出系统，单独或综合地、直接或间接地实施信息战。

# 第四节　新军事变革

战争作为一种社会实践活动，是人类社会发展到一定阶段的产物，并随着物质技术的进步由低级向高级不断发展。人类社会经历了冷兵器战争、火器战争、机械化战争几种战争形态，目前正向信息化战争演变。所谓军事变革，就是一种军事形态向另一种军事形态转变的过程。新军事变革，是指把工业时代的机械化军事形态改造成信息时代的信息化军事形态的过程，也称为信息化军事变革。

## 一、新军事变革的产生与发展

（一）新军事变革的产生

军事变革的产生不是偶然的，它是多种因素共同作用的结果。其中，最根本的因素是科学技术发展及由此引发的武器装备整体飞跃。

### 1.技术发展的强劲推动

20世纪后半叶，人类社会掀起了一场波澜壮阔的高新技术革命浪潮，以微电子技术、电子计算机技术、人工智能技术、通信技术为基础的信息技术，以遗传工程为代表的生物技术，以复合材料、耐高温材料为代表的新材料技术，以及新能源技术和空间技术等高新技术蓬勃发展。在短短20多年间，微电子技术就经过了大规模、超大规模、特大规模集成的阶段。军事领域是吸纳和运用高新科技成果最快、最多的领域。高新技术的迅猛发展使得军队的指挥控制能力、远程攻击能力、快速机动能力、精确打击能力和超常毁伤能力得到空前提高，进而引发了这场新军事变革。

苏军总参谋长奥加尔科夫元帅敏锐地看到了军事领域悄然发生的新变化，于1979年提出了"新军事技术革命"的概念。他认为："新兴技术将使军事学说、作战概念、训练、兵力结构、国防工业和武器研制重点发生革命性变化。"20世纪80年代初，美国未来学家托夫勒发表了著名的《第三次浪潮》。他认为："世界上共有3次军事革命即由农业革命引发的第一次浪潮战争革命、由工业革命引发的第二次浪潮战争革命及当前正在进行的由信息革命引发的第三次浪潮战争革命。"

### 2.战略需求的内在驱动

20世纪90年代初，苏联解体，华约解散，冷战结束，世界战略格局和军事形势发生了深刻变化，世界范围的大规模战争基本失去了存在的土壤，而国际恐怖主义、非传统安全成为当今世界的重要威胁。这种新的安全需求使得军事斗争的形式和手段发生了根本变化，它使冷战时期那种建立在机械化战争基础上，准备打大规模战争甚至核战争的军事斗争方式和军队建设模式，难以适应新的安全威胁。为此，必须彻底改变传统军队模式，建立反应更加灵敏、能应对多种安全威胁的新型军队。

### 3.战争实践的探索示范

20世纪70年代以来，世界共发生了几百场局部战争和武装冲突。这些战争实践既有成功的经验，也有失败的教训。人们从实战的经验教训中更加清楚地认识到新军事变革的必然性，进一步增强了推进新军事变革的主动性。以美国为例，20世纪70年代越战的失败，使美军的声誉降到了最低点，也使美国军方领导人深刻地意识到必须进行新的军事变革。其后，他们在作战思想、武器装备、军事训练和作战编成等方面进行了一系列改革和创新，使军队的作战能力得到了恢复和提高。从20世纪80年代初入侵格林纳达、1986年空袭利比亚、1989年出兵巴拿马，到1991年的海湾战争、1999年科索沃战争、2001年的阿富汗战争、2003年的伊拉克战争和2011年的利比亚战争，美军的军事行动频频得手，因而更加积极自觉地推动军事变革。

通过这些局部战争，世界其他国家军队认识到军事变革给当代世界军事带来的巨大冲击，同时，也看到了军事变革所塑造出的信息化军队的作战威力，因而增强了紧迫感和危机感。世界各国军队围绕如何缩小与美军的"时代差"和"技术差"纷纷制定措施，竞相加快了军事变革的步伐。

（二）新军事变革的发展

军事变革是一个逐步发展的过程。这次世界新军事变革大体上经历了孕育产生、全面展开、加速发展三个阶段。从20世纪50—60年代信息技术取得突破性发展以来，新军事变革已经开始孕育。以海湾战争为标志，新军事变革全面展开。进入21世纪后，尤其是伊拉克战争以来，新军事变革呈现加速发展的态势。

目前，世界新军事变革发展势头十分迅猛，但就世界各国军队信息化建设的进度而言，又是十分不平衡的。有些国家军队的信息化已经初具规模，而有些国家军队的信息化才刚刚起步。美国是启动新军事变革最早的国家，在军队信息化建设上投入最多，也是目前变革进展最快的国家。美军已初步建成了信息化武器装备体系，特别是在世界上率先建立了比较完备的全球性战略级、战役级和战术级军事信息系统。根据美军转型计划，2015年前实现各军种的数字化，2030年前在数字化的基础上实现全军信息化。英、法、德、日等国军队紧随其后，这些国家信息基础设施先进，社会信息化程度较高，信息产业发达，国民信息素养好，掌握较先进的核心技术，并在武器研发上可得到美国的扶持。目前，这些国家军队单件武器装备的信息化程度较高，具备一定的信息化作战能力。但是，这些国家军队尚未建成完备的各级军事信息系统，特别是战略级侦察预警系统还不完善，因而其武器装备还没有形成信息化作战体系。与西方国家军队相比，俄罗斯的军事变革具有自主性。俄罗斯军工体系完善，具有较强的独立研发能力，同时俄军重视军事理论创新。近年来俄军改革力度大、武器更新快，表现出较大的发展潜力。但是，由于种种原因，目前俄军总体信息化程度比美军还差一个档次。广大发展中国家军队在这次新军事变革中发展相对滞后，这些国家的信息基础设施落后、条件差，军队信息化建设起步晚、投入少，目前军队装备整体水平仍处于机械化、半机械化的状况。

## 二、新军事变革的基本内容及其实质

（一）新军事变革的基本内容

新军事变革作为军事领域的整体性、系统性变革，涉及军事和战争的方方面面，概括起来主要表现在四方面的根本变革。

### 1.武器装备的新飞跃

武器是进行战争的物质手段，也是衡量战争与军队发展水平的重要标志。新军事变革作为军事系统的整体性变革，首先表现为武器装备的信息化、智能化程度越来越高。信息化武器装备主要包括：信息化武器平台，如坦克、飞机、军舰等；信息化弹药，如各种精确制导弹药；单兵数字化装备；指挥信息系统，即 $C^4KISR$ 系统。

武器装备信息化程度的提高，极大地提高了作战效能。例如，精确制导武器比非精确制导武器的精度提高了10~100倍，作战效能提高了100~1 000倍，作战效费比提高了10~50倍。第二次世界大战时，摧毁一座普通桥梁要出动20~30架飞机轰炸，现在只要1架飞机投掷1~2枚精确制导炸弹即可奏效。第二次世界大战中摧毁敌方一个坦克师的60%的装备，需要出动5 500架次飞机，如今只需出动50~60架次，为第二次世界大战时的1%。

2.军事理论的新发展

军事理论包括战争理论、军队和国防建设理论，既是军事变革的一个组成部分，又对军事变革具有重要的指导作用，是军事变革的灵魂和核心。随着信息化武器装备的不断发展和广泛运用，传统的战争理论、作战原则，以及战略、战役、战术思想正在发生深刻变化，一些建立在新的物质基础之上的军事理论不断涌现，并在战争实践中逐步成熟，形成新的体系。例如，信息化战争理论、信息战理论、联合作战理论、精确作战理论、非对称作战理论、非接触作战理论、空间作战理论、网络中心战理论等。

值得注意的是，随着技术手段的发展，军事理论创新机制也发生了变化。以往战争中，军事理论一般都是在总结战争实践的基础上发展起来的。这次新军事变革中的军事理论发展则在一定程度上表现出了超前性。例如，美国军事理论界提出的理论创新"五步递进法"：第一步，提出概念；第二步，模拟论证（作战实验室）；第三步，训练试验（训练场）；第四步，实战检验；第五步，形成条令、条例。

3.编制体制的新变化

随着机械化军队向信息化军队的演进，世界各国特别是美国等西方国家军队的编制体制正在进行由工业时代向信息时代的跨时代变革。这种变革的本质是使信息这一要素在军队内部和战场上快速、顺畅、有序地流动，以适应打赢信息化战争的要求。在具体变革趋势上：一是领导指挥体制将由纵长形"树"状变为扁平形"网"状；二是部队编成逐步趋于小型化、轻型化、多能化、一体化；三是组建专门的信息战部（分）队；四是空间力量将成为武装力量的重要组成部分。

4.作战方式的根本改变

技术决定战术。武器装备的新飞跃必然促使作战方式的根本改变。信息时代的作战手段是以信息系统为纽带联成一体的武器体系，与此相对应的作战方式则是"网络中心战"。"网络中心战"作为一种作战理念是美军在20世纪末提出的。这种作战理念相对于工业时代的大规模毁伤性作战，突出特点表现在以下三方面：第一，集中兵力向分散配置转变。工业时代，作战之前首先要把作战力量和物资部署到位，向战区集中。现在，军队作战效能的发挥不再受地理位置的制约，分散部署在各地的精确制导武器可以对选定的目标实施集中打击。第二，基于摧毁作战向基于效果作战转变。工业时代，主要采取歼灭战和消耗战的方式来摧毁敌人的作战能力。信息时代，一切要从效果出发来确定手段和使用手段的方式，并不是去摧毁敌人的作战能力，而是使敌人对其作战能力失去控制，使其力量失去作用，这就叫做基于效果作战。第三，顺序作战向并行作战转变。传统作战是一种顺序作战，从前沿到纵深，逐次展开兵力、逐层作战。现在，武器技术的发展提供了"并行"作战的能力。这种"并行"体现在三方面：一是时间上的同时；二是空间上的同步；三是战争级上的同一。

（二）新军事变革的实质

新军事变革的实质用一句话来概括，就是军事系统的信息化变革。具体表现在以下四方面。

1.信息技术是变革的技术支柱。据统计，目前美国等西方国家武器装备的信息技术含量，军用飞机达到50%以上，战略轰炸机和隐形飞机超过60%，作战舰艇为25%～30%，火炮和主战坦克接近35%，空间武器达75%；指挥控制系统的信息技术比重则高达88%。

2.信息能力成为军事能力的核心。物质、能量和信息是构成军队作战能力的三大要素。工业时代的机械化战争中，物质和能量是构成作战力量的主导要素。在信息时代的信息化战争中，信息成为作战力量构成中的主导要素，失去"制信息权"的一方，由于信息流被切断，军队变成了"瞎子""聋子"和"瘫子"，兵力、兵器将无法转化为实际战斗力。

3.信息战将成为信息化战争的主要作战样式。近期几场局部战争表明，信息战在正式开战前就已打响，并贯穿战争全过程。信息战的成败关系到"制信息权"的得失，进而影响到战争的胜负。

4.信息化建设将是军队建设和军事斗争成败的关键。无论是打信息战，还是提高军队的信息能力，都依赖平时的信息化建设。只有搞好信息化建设才能有效提高信息能力，打赢信息化战争。

### 三、新军事变革对我国安全和国防建设的主要影响及应对思考

（一）新军事变革对我国安全和国防建设的主要影响

新军事变革就其深度和广度而言，超过了历史上任何一次军事变革，必将促进世界军事力量的大发展、大动荡和大调整，从而对我国安全和国防建设带来多方面的影响。

1.世界战略力量对比失衡，我国在国际舞台上面临的压力增大

冷战结束后，美国成为世界上唯一的超级大国，竭力打造在其主导下的世界新秩序。在这次新军事变革中，美国作为"领头羊"已处于全面领先地位。从历史上看，每一次重大军事变革，都会出现军事力量不平衡的局面，而伴随着军事力量不平衡而来的往往是新一轮的动荡式扩张。当年在火器取代冷兵器变革中掌握先机的英国，就曾凭借其强大的军事实力，建立起横跨全球的"日不落帝国"。近几年来，随着美国自身实力地位的急剧膨胀，美国国内建立所谓"美利坚帝国"的声浪此起彼伏。由于美国与其他国家在推进新军事变革方面的不平衡局面在短时间内难以从根本上改变，单边主义和强权政策将继续是美国对外战略中的主流倾向。美国主宰下的单极世界增大了世界的不稳定因素，也对我国安全环境产生了不利影响。

2.各国军备竞赛加剧，我国发展战略面临两难选择

美国在新军事变革中"一马当先"，引起世界各国"群起直追"，在世界范围内引起了新一轮的军备竞赛。这场军备竞赛主要涉及外太空、信息战、弹道导弹攻防、核武器等多个领域。例如，在核武器竞赛上，冷战时期先后发展起核力量的国家主要是美国、苏联、英国、法国和中国五个国家。近年来，先后又有印度、巴基斯坦、朝鲜等国家跨过"核门槛"。具备核能力或有意发展核武器的国家还有以色列、日本、伊朗、巴西、意大利、德国等。

军备竞赛是国家经济实力、科技水平等综合因素的竞争。在国家经济实力有限的情况

下，投入大量资金用于军备竞赛，必然影响经济建设，从长远来看也会影响国防建设的持续发展。冷战时期，苏联在国家经济实力有限的情况下，不惜一切与美国开展军备竞赛，最终导致经济严重衰退，国家解体。这是一个沉痛的教训。有鉴于此，我们必须以科学发展观为指导，科学统筹国家经济建设和国防建设，努力做到在国家经济发展的基础上增强国防实力，确保国防和军队建设的全面、协调和可持续发展。

3.周边国家通过军事变革实力有所增强，我国安全环境受到一定影响

近年来，我国周边各国不断增大军费投入，加快军事变革的步伐，军事实力强的变得更强，弱的也有增强的趋势。这种态势的发展，将使我国周边安全环境更趋复杂。日本正在积极推进军事变革，竭力扩张军力。日本的海上作战力量，已经远远超过了维护其所谓"1 000海里海上生命线"的能力。特别值得关注的是，日本推进军事变革的目的是，既要实现自卫队由机械化向信息化的转型，又要实现由"专守防卫"向"海外参与"的过渡。日本已经突破"宪法"第九条禁止向海外派兵的限制，在阿富汗和伊拉克战争中，出兵配合美国的军事行动；在钓鱼岛和东海划界问题上，屡屡向我国发难；在台湾问题上，始终心怀叵测，伺机而动。印度军力也在超常发展，在某些方面强化了对我国的优势。印度目前已建成"三位一体"的战略核力量：海军拥有3艘航空母舰，具备远洋作战能力，不仅能控制印度洋，而且能够越过马六甲海峡进入南海活动。南海周边各国军力也迅速增长。越南已经引进"苏-27"战斗机，海军陆战队已占其海军总员额的64%，夺控岛礁的能力明显增强；马来西亚投入85亿美元，购买先进战斗机和军舰；菲律宾拨款132亿美元，于2001年全面启动军队现代化计划。这些都对我国周边安全环境带来了不利影响。要有效维护国家统一，确保领土、主权和权益不受他人侵犯，我们必须加速中国特色的军事变革，提高我国的国防实力。

（二）应对新军事变革的对策思考

军事形态的跨时代变革，对于每个国家都是严峻的挑战，同时也带来了发展机遇。这是因为：第一，美国等发达国家推行新军事变革的经验教训可为我国军事变革提供借鉴，可以使我们少走弯路，找到一种投入较少、效益较高的军事发展模式。第二，信息技术有很强的扩散性，有利于我军武器装备发展的"跨时代跃升"。信息技术很多都是军民通用的，很难严格保密，有利于我们获取利用。第三，军事强国的信息基础结构和军事信息系统有脆弱性，可为我军发展"杀手锏"武器提供参照。

在冷兵器军事变革中，我们的先人抓住机遇，后来居上，尤其是汉、唐以来，我们把冷兵器的杀伤力与骑兵的机动性很好地结合起来，创造了骑兵快速突击战术，把冷兵器战争推向高潮，成为东方强国。但是，在火器和机械化军事变革中，古老的中国由于受到物质和精神领域的种种羁绊，错失了发展机遇，导致百年耻辱，落后挨打。面对新的挑战与机遇，我们作为中华民族的历史传承人，不能再次错失机遇，必须勇于接受挑战，积极推进中国特色的军事变革。

1.要有强烈的危机感、紧迫感

美国著名历史学家保罗·肯尼迪在考察工业时代的军事变革历史后得出结论：凡是不能适应19世纪中叶军事变革的国家都以失败告终。如果我们在此次新军事变革中，不能

抓住机遇，实现跨越式发展，军事力量与发达国家就会形成"时代差"。而这种"时代差"的结果是灾难性的。在近些年的几场局部战争中，科索沃战争，美军基本实现了零伤亡；阿富汗和伊拉克战争，美军都是以极小的人员伤亡代价取胜的。美军之所以能取得这样的战绩，根本原因就是与对手在武器装备上存在着"时代差"。如果我们不能紧紧跟上世界新军事变革的潮流，历史的悲剧就可能在我们这一代和下一代身上重演。

2. 要把推进新军事变革作为国家行为

军事变革涉及政治、经济、外交、教育等多个领域，不只是军队内部的事情。军队作为军事变革的主体，必须以超前的眼光和强烈的使命感，筹划好军队的建设和发展，国家相关部门也应积极配合，做好相关配套和保障工作。更重要的是，国家要把军事变革纳入长远发展战略之中，进行统筹规划、合理布局，协调好各种资源和力量，整体推进军事变革。

3. 要走中国特色的变革之路

美国等西方发达国家在新军事变革中已经走在前面，处于领先地位，如果我们只注重模仿，跟在别人后面亦步亦趋，就将永远落后。因此，我们在学习国外推进军事变革经验的同时，更重要的是要立足自身实际，在中国特色上下功夫。在发展模式上，坚决摒弃跟进式发展，采取"跨越"式发展，以机械化为基础，以信息化为主导，实现机械化和信息化"复合"发展；在发展重点上，采取"有所为、有所不为"的方法，集中有限的资源，集中力量发展"杀手锏"武器。

4. 人才培养是关键

当前，世界军事领域的竞争突出表现为高素质军事人才的竞争。美国军官100%是大学以上学历。其中，硕士、博士研究生达到38.4%；俄罗斯军官98%受过高等教育；日本和印度军官都具备大学文化程度。为进一步适应信息化战争的需要，美军《2020联合构想》对人才培养提出了更新、更高的要求。为此，我们应把高素质军事人才作为军事变革的关键环节，采取有效措施，提高我军官兵和国防人才的综合素质，以适应建设信息化军队、打赢信息化战争的需要。

# 第五节　信息化战争实例

## 一、科索沃战争

1999年3月24日爆发至6月10日结束的科索沃战争，历时78天。在这场战争中，以美国为首的北约，纠集19个国家组成联军，集结兵力8万余人，运用了近80颗卫星，动用各类飞机1 200余架，出动了33 200架次，投下各类炸弹23 000余枚，空袭了1 000多个目标。南联盟确立"依托本土，以地制空"等作战思想，采用多种手段实施反空袭，保存了90%以上的军力。这场战争是继海湾战争之后的又一场较大规模的高技术局部战争。它与海湾战争相比，不仅高技术又有新发展，而且具有转折意义，反映了现代军事斗争一些基本趋向和当今高技术局部战争的新特点。

1.战争呈"空中化"，空中斗争将具有决定全局的意义

20世纪90年代以来，高技术局部战争已越来越呈现出"空中化"趋势。空中斗争已发展成为空对空、空对地、地对地综合性的军事斗争形式，其范围已扩展到陆、海、空、天、电磁五维，战略作用空前提高。海湾战争中，盟国对伊拉克空袭38天，地面战仅4天，空中投弹量占总投弹量的75%，对伊军事力量杀伤占50%以上。与海湾战争相比，这次科索沃战争已完全空中化。在78天的战争中，以美国为首的北约对南联盟实施了78天连续不断的空袭，对南联盟境内所有主要的军事、经济目标进行了大规模的轰炸，给南联盟造成了2 000多亿马克的物质财产损失和数以千计的人员伤亡，使南联盟经济严重倒退，从而迫使南联盟不得不接受俄罗斯的调解，同北约达成妥协。这是战争史上第一次由空中斗争直接决定战争的胜负。

虽然不能由此断定今后的高技术局部战争完全空中化，但局部战争的这种"空中化"趋势却有现代军事发展的内在必然性。它是当代航空、航天、信息等装备与技术高度发展的结果，也顺应了高技术局部战争发展的需要。众所周知，现代高技术局部战争受多方面的因素制约，目的、范围、手段都需要有一定的限制。现代空中力量荟萃了军事高科技的最新成果，具有航空航天一体、远程奔袭、超视距打击、隐形突防、精确突击、速战速决、灵活控制等特点。其强大的攻击力、快速的机动性能够对敌方实施全纵深打击，使敌方难以组织全面有效的防御，易于迅速达成战争目的，且使战争更易控制，并大大减少己方人员的伤亡，这使得空中斗争比其他战争手段更适合高技术局部战争的需要，从而成为西方军事强国首选的战争手段。空中斗争在局部战争中的地位也就逐渐由"配角"演化为"主角"，有时甚至成为"独角"，其作用在某种意义已具有牵动战争全局的性质。空中斗争的结果直接关系到战争的胜负。

2.战争双方力量对比悬殊，是一场高技术战争与现代条件下人民战争之间的不对称较量

科索沃战争是一场力量对比悬殊的不对称战争。以美国为首的北约是由19个发达国家组成的世界上最强大的军事集团，它拥有17万亿美元国民生产总值，军事力量综合实力超过南联盟千倍。它动用了除核生化武器之外的一切高技术武器对南联盟实施持续不断的高强度远距离攻击。据统计，海湾战争中，盟国军队高技术武器所占比例只有10%，而这次却高达50%，包括B-2战略轰炸机、F-117隐形战斗轰炸机、最先进的巡航导弹等。北约打的完全是一场高技术条件下的局部战争。

相比之下，南联盟却是一个人口只有1 000万，军队不过10余万，国内生产总值仅有200亿马克的弱小国家。就是这样一种力量对比悬殊的情况下，南联盟上下同仇敌忾，顽强抵抗，致使北约进退两难，并以劣势装备取得了不俗的战果。为什么如此一个弱小的国家能抗击世界最强敌达2个多月而不坠其抵抗意志和决心？其主要原因是南联盟打的是现代条件下的人民战争。南联盟深知，要以力量对比如此悬殊的弱小军队维护国家主权、独立和尊严，它必须依靠全民族的力量，必须依靠其不屈不挠的民族精神。这是一场北约强大军队和南斯拉夫人民之间的战争。

3.宣传战成为战争的重要组成部分

美国吸取了越战中媒体反战的教训，非常重视舆论导向在战争中的作用。美国国防部自1985年组建新闻处后，就开始把媒体作为战争系统的一部分进行精心设计。这次科索沃战争美国撇开联合国，师出无名。为了给自己披上合理合法的外衣，美国对其媒体更是做了精心的设计。每天翻开美国几十家大报和上千种地方报纸，第一版肯定会刊登令人同情的科索沃难民的大幅照片，电视和收音机更是不知疲倦地用难民和人权的故事煽情。而对南斯拉夫数以千计的平民死亡或充耳不闻，或轻描淡写。美国媒体的这种妖魔化运作，不仅在其国内形成了一种"为了人权实施军事干预是正确的"积累效应，从而争取到越来越多国内民众对战争的支持，而且由于其文化的强势地位，在国际上也大大削弱了第三方介入和反应的政治和道义基础。更有甚者，为了让其他声音给其媒体让路，美国竟然不顾任何国际道义，对南联盟电视台进行猛烈轰炸。

南联盟以弱小力量、劣势装备抗击强敌，依靠的是人民战争。南政府特别重视宣传的作用，认为舆论力量对其争取全体国民的支持，对于坚定全体人民的抵抗决心和意志是至关重要的。南媒体的工作表明，它们起到了这种作用，这也是美国轰炸南联盟电视台的真正原因。

4.信息攻防战第一次登上战争舞台

在海湾战争以来的历次局部战争和武装冲突中，争夺制信息权的斗争一直都贯穿战争的始终。每次美国都能以绝对优势的力量使对手只有招架之功而无还手之力，从而牢牢掌握战争的制信息权。然而这次科索沃战争，南联盟虽然在硬打击手段方面处于绝对的劣势，无法攻击北约的信息系统，但利用软手段也给北约造成了不小的麻烦。3月31日，北约发言人谢伊称，自从北约开始对南联盟实施空袭以来，北约的信息系统便连续遭到南联盟等国电脑"黑客"的网上攻击，致使北约部分计算机系统的软、硬件遭到电脑"病毒"重创。更有消息说，由于受到"黑客"的攻击，美国白宫的网络服务器在3月29日全天无法工作。英国等欧洲国家一些有关网站多处遭到破坏，北约轰炸行动中最仰赖的英国气象局网站损失惨重。不仅如此，"黑客"还通过注入"梅莉莎""疯牛"等病毒造成了4月4日北约军队的少部分计算机信息通信瘫痪，美军在互联网上的一些电子信箱被阻塞等。这一切表明，信息攻防战已成为交战双方的另一个前线战场。

5.法律较量在战争中占据一定地位

由科索沃危机引发的这场战争，不仅是一场军事、政治、经济实力的对抗，也是交战双方利用国际法特别是战争法而进行的较量。

南联盟作为侵略战争的受害一方，战争一开始，就指责北约使用武力的非法性。4月25日，南联盟新闻部发表公告说，由于参加对南野蛮轰炸的北约成员国违反了禁止对主权国家诉诸武力，在战争中保护平民和民用设施以及保护基本人权和自由等国际法准则，南联盟政府决定向海牙国际法庭起诉上述国家。随后，南联盟正式对上述国家提出起诉。此外，针对大量民用设施被炸的事实，南联盟也开始提出战争索赔要求。

以美国为首的北约，未经联合国授权，便公然对一个主权国家进行军事打击，本来就已违背不得以武力干涉别国内政的国际关系基本准则；也违背了战争法中有关战争权的规定。但北约为了做到"师出有名"宣扬轰炸南联盟"与国际法有关"，它指控南联盟政府实行种族清洗，侵犯了科索沃阿族的人权，违反了国际人道主义原则，犯下了反人道罪。4月12日，北约外长会议发表声明称，"南联盟军队、警察和准军事部队对科索沃人的罪行违反了国际法"，企图以此为自己的侵略行径披上合理合法的外衣。

这一切都表明，虽然法律在强权面前其作用是有限的，但国际法特别是战争法作为一种实现战争意图的工具，作为揭露对方、捍卫自身的武器，仍然为战争双方所重视。

## 二、阿富汗战争

2001年10月7日，美军对阿富汗发动了代号为"持久自由"的军事打击行动。这次行动是21世纪第一场局部战争，是一场敌对双方力量对比极为悬殊的非对称战争，在某种意义上说，还是美军新军事革命成果的又一次实战试验。与20世纪90年代的几场高技术局部战争相比，美军武器装备在阿富汗战争中的运用，除了有一些共性（如以巡航导弹和飞机在夜间发起首攻，以空袭为主要作战样式等）外，也表现出一些值得关注的新的发展趋势。

1.集侦察、通信、打击于一体高度信息化的无人机首次亮相

在阿富汗战争中，美军"全球鹰""捕食者"等无人机出动频繁，完成了大量侦察监视任务，特别是"捕食者"还首次执行了对地打击任务，成为无人机发展史上的里程碑。有专家认为："无人机武器化的进程将因此而缩短3—5年。"无人机成为精确打击的新手段。一个值得注意的重要苗头是，无人机执行的任务已经从传统的侦察保障扩展到了侦察—打击一体化。"捕食者"无人机作为美军快速反应打击系统的关键组成部分，可在发现目标后5分钟内实施对地打击。截至2001年11月中旬，"捕食者"发射的"海尔法"导弹数量已经超过40枚。看来，侦察—打击一体化无人机可能成为未来实施中远程精确打击的一种价廉物美的手段，其杀伤能力和经济性都有可能超过巡航导弹，并具有巡航导弹所不具备的实时毁伤评估能力。

为了弥补卫星侦察的空隙以及"捕食者"视野的不足，美军还将处于测试阶段的4架"全球鹰"高空长航时无人机投入战场。"全球鹰"可对塔利班部队和"基地"组织的行动进行持续侦察，提供大范围的近实时、高分辨率信息。据报道，"全球鹰"无人机提供的战场图像比同时参加侦察的U-2侦察机的图像还要好。

美军还首次部署了微型无人机。坎大哈南部机场的海军陆战队装备了"微星"微型无人机，该机长度仅15厘米，重量200克左右，机上装有微型摄像机，能以大约50千米的时速在百米高的空中飞行，协助执行巷战等特殊任务

2.空间信息控制与对抗初露端倪

在阿富汗战争中，美军更加注意夺取和保持空间信息系统的优势，不仅调用了已有的大量天基资源，迅速发射了卫星，而且严密控制其他渠道的天基系统，以防被塔利班和"基地"组织利用迅速增强军用天基信息系统。美军不仅通过变轨技术，将多颗KHI-11、KH-12"锁眼"系列侦察卫星调集到中亚地区上空，动用了通信、气象及信号情报侦察等多种卫星提供信息服务，而且还在2001年10月5日发射了一颗编号为USA-116的KH11

侦察卫星；2001年10月10日发射了一颗通信中继卫星；2002年1月15日发射了第二颗"军事星Ⅱ"地球同步轨道军用通信卫星，进一步改善美军指挥官与舰船、潜艇、飞机及地面部队间的保密通信。

严密控制商业天基信息资源。美国国防部于2001年10月7日开始，独家买断了空间成像公司分辨率为1米的"伊科诺斯-2"卫星拍摄的阿富汗战区图片，以防泄露美军动向。同时，法国国防部也禁止斯波特图像公司自10月8日后出售分辨率近10米的卫星影像。此外，美国国防部国家图像测绘局还禁止国家航空航天局公开"航天飞机雷达地形测绘计划"（SRTM）所获取的地形数据，并表示即使以后公开，也要降低其垂直精度。这充分表明，控制商业卫星资源已成为美军战时必然采取的举措。

加强GPS干扰与反干扰研究。美军施里弗空军基地的发言人表示，美军已有选择性地干扰某些地区GPS卫星信号的能力，但不会影响到更为精确的军用信号的应用。为了抵抗敌方干扰机对GPS卫星的干扰，美国正在进行GPX伪卫星星座方案研究，利用装载在无人机或地上的"虚拟机"构成伪卫星星座，其转发的高功率加密GPS信号将能压制敌方的干扰机信号。

3.近实时精确打击能力提高

在阿富汗战争中，美军注意将信息优势转化成决策优势，促进指挥控制系统向扁平化发展，并初步尝试建立从探测装置到射手（Sensor to Shooter）的直接连接，进一步缩短战场信息系统收集、处理和分发信息的时间，大大提高美军的近实时精确打击能力。

全方位侦察使战场单向透明。美军在阿富汗战争中不仅使用了侦察卫星、无人机，还部署了U-2战略侦察机、EC-130、RC-135V/W电子侦察机、E-3预警机、E8联合监视和目标攻击雷达系统飞机以及地面特种作战部队，天基、空中、地面侦察装备与地面特工相结合，获取大量的目标信息，为美军控制作战节奏，赢得整个战场的主动权奠定了基础。特种部队还在主要的交通要道和秘密地点安装无人地面传感器，收集震动、声波和红外图像等信息，使美军及时掌握塔利班部队的调动情况。

美军还通过软、硬杀伤手段对塔利班本来已经很薄弱的雷达、指挥和通信设施进行打击，从而确保战场的单向透明。美军在前几轮空袭中就摧毁了塔利班的预警系统指控中心和通信站等重要目标，并利用EA-6B电子战飞机对预定区域进行强电磁干扰，使塔利班完全处于被动挨打的局面。

4.战场信息系统进一步扁平化

"时间和精确一样重要"，这是美军在阿富汗战争中反复强调的原则。在海湾战争中，从信息的收集到实施打击的整个过程需要3天，在科索沃战争需要近2小时；而在阿富汗战争中，美军已将这种反应时间缩短到19分钟以内，首次实现了对战场目标的近实时精确打击。

为了将信息优势迅速转换为战斗行动，美军加快建立从传感器到射手的直接连接，以缩短"发现、定位、瞄准、跟踪和打击"目标的整个过程。为此，美军采取了一系列措施，例如：将P-3等侦察监视飞机获得的实时动态图像直接传输到打击部队；将无人机获得的目标图像实时传递给AC-130攻击机与地面支援飞机；作战飞机在空中待命，随时接收地面特种部队的目标指示；使用侦察—打击型"捕食者"无人机等。

5.特种弹打击隐蔽加固目标

用精确制导钻地弹打击地下防护工程。美军主要使用了激光制导钻地弹GBU-28和GBU-37"GPS辅助弹药"，对塔利班的工事、洞穴进行了精确打击。GBU-28/B激光制导钻地弹重2 268千克，采用延时引信，在炸弹钻入地下后爆炸，弹头具备穿甲、高爆和粉碎3种功能，可穿透6米的钢筋水泥工事或30米的土地。美军战机在空袭的第三天就开始使用该弹，用于打击塔利班政权领导人的地下指挥和控制中心以及其他坚固的地下掩体。GBU-37"GPS辅助弹药"由B-2A隐身战略轰炸机携带，由于采用GPS/INS制导，克服了GBU-28激光制导钻地弹在气候不良时所受的限制，其圆概率误差为12～18米。

用燃料空气弹消灭隐蔽工事内人员。为了打击塔利班躲藏在工事和洞穴里的人员，美军还使用了非制导的BLU-82重型航空炸弹。BLU-82是一种燃料空气炸药武器，重达6 810千克，一般在离地面几米的高度时爆炸，爆炸后在爆心附近产生70千克/平方厘米的超压，能够将半径600米内的目标完全摧毁。该弹能在瞬间耗尽目标周围的氧气，导致潜伏在洞穴内的人员窒息死亡。为了既能打击洞穴内的人员，又不至于损坏洞穴结构，便于对轰炸中死亡人员的核查，美军还紧急研制了BLU-118/B温压弹，并向阿富汗战场运送了10枚。

### 三、伊拉克战争

2003年3月20日开始到5月1日布什总统宣布战争结束的伊拉克战争，是美军在相同的地点，与相同的对手，用基本相同的主战装备，却进行了一场信息化特征十分明显的非对称战争。它标志着一个新的战争时代——信息化战争时代的到来。

1.战场信息网络化

这次伊拉克战争，美英联军充分利用高技术信息手段，在伊拉克上空编织了一张"天网"，从而迅速达成了战役目的——构筑反辐射电子武器网。战前，美英联军充分利用外层空间、空中、海上和地面等多种侦察手段，对伊军的雷达和通信系统的电磁信号特征进行了全面的侦察和研究，详尽查明了包括萨达姆官邸、共和国卫队和重要军营等要地位置及有关技术参数情报。3月19日晚，美特种部队潜入巴格达和萨达姆的家乡提克里特，所做的第一件事情就是借助手提电脑入侵并关闭伊拉克的通信系统和电力设施，切断萨达姆与其他高级军官的联系。开战后，美军一方面施放宽带强功率压制式干扰和电磁炸弹，另一方面在卫星监视和预警机的指挥控制下，运用反辐射导弹、巡航导弹、激光制导炸弹、隐身飞机、联合攻击弹药对伊拉克的防空系统和指挥系统实施软、硬一体打击，在较短的时间内使伊拉克的雷达、通信、情报系统彻底失灵。

构筑多渠道信息发布网。本次战争中，美英联军除了用各种电子设备和武器向伊拉克发动军事攻势外，还利用各种信息渠道发布假信息实施战略欺骗，以瓦解伊军的士气，达成"不战而屈人之兵"的目的。可以说，现代信息作战的外延已经大大拓展。在战争发起前几周内，美国利用网络给伊军高级军事指挥官的私人信箱发电子邮件，给他们的私人手机打电话，敦促他们推翻萨达姆。战斗打响后，美军又播放了很多先头部队快速挺进、攻城略地的场面，并频频发布萨达姆可能在首轮轰炸中被炸死的报道。美国还利用飞机作为它的"幽灵"电台，发出强烈无线电波，干扰伊拉克国家广播电台，并占用该台频率，进行早已准备好的阿拉伯语广播。美英联军通过一系列特殊形式的信息攻势，达到了造"势"、造"假"、造"谣"和煽"情"的目的，淡化了战争带来的负面影响，鼓舞了己方士气，以确定和不确定的"新闻"施以强烈的刺激和影响，造成敌军心理哗变的态势，将战役的主动权牢牢掌握在己方手里，给伊军造成强烈的心理震慑。

2.信息主导下的新战术

全方位的信息主导。在战争中，美军注重发挥信息优势，形成了一个覆盖伊拉克的"信息罩"，运用对伊军的信息遮断战术和谋求自身对战场的单向透明战术，始终主导着战场上的信息，并有效地瘫痪了伊军的指挥控制体系。此外，美军所有带有传感器的装备都是连接在一起的，较好地实现了信息向作战能力的转化，提高了目标打击的灵活性和随机选择性。据称，参加空袭的美军飞机有2/3是在升空之后根据随机收到的目标指令去执行轰炸任务的。

高效能的精确打击。战争中，美英联军从情报侦察、目标定位、指挥控制到效果评估，实现了作战方式的精确化。从武器装备上，美英联军所使用的精确制导弹药高达80%以上。从兵力运用上，美军也基本实现了"精确用兵"，小编组特种部队的广泛使用、以适当规模的兵力直取巴格达以及袭取巴格达市内核心目标的兵力运用就是其体现。从战争整体上看，在本次战争中，美英联军用海湾战争中1/3的兵力规模，实现了海湾战争未达成的目标。在战术层次上，只要伊军形成固定的火力点或防守阵地，美军都能通过精确打击予以毁灭，迫使伊军不得不一直处于游动状态，导致其难以有效遏制美军的高速进攻。

高强度的核心攻击。美军的核心攻击表现在两个层面：一是作战体系的核心。主要是萨达姆及伊拉克其他高官和伊军的指挥控制系统；二是作战目标的核心。战役上是伊拉克首都巴格达市，战术上是巴格达市内伊政府标志性建筑等核心目标和油井、港口、水坝、机场等控制目标。美军第3机步师不顾后勤保障暴露之患，依靠空中火力优势直奔巴格达市，就是其核心攻击的体现。

灵活的空地一体攻击。依靠掌握的制空权、制海权、制信息权和地面部队的高机动性、远距离火力打击力，美军进行了空中打击与地面行动自主式协同的"空地一体战"。为有效打击隐藏在地堡和掩体中的伊军，美军还创造了陆空协同的"反向配合"战术；以地面部队和心理战部队发起小规模挑逗行动，以空中火力消灭伊军。实战表明，美军的空地一体攻击是其实施非对称作战、非线式作战的主要战法。

全过程的战略战术空袭。虽然在此次战争中美军比较早地开始了地面战，但战略战术空袭仍是其主要作战手段。在地面部队3月25日左右遭受挫折时，空袭成了美军控制战局的依托。从"斩首行动"及美军对共和国卫队的空袭看，美军空袭作战的目标选择、杀伤范围、空袭规模大小以及空袭时机、空袭方式的选择更加灵活和精确，空袭手段的可控性进一步增强。

3.信息能量施放的高效空袭

此次伊拉克战争，美军在空中火力的运用上，注重信息能力转化，使空袭效能明显提高。

着眼战争目的，慎重选择打击目标。根据这次战争的特定目的，美英联军对空中打击目标进行了选择，将伊拉克的核心首脑人物、伊军的指挥与控制系统、防空系统及共和国卫队的阵地列为首要打击目标。由于考虑到战后的重建，对伊拉克机场、桥梁、电力、重要工厂、重要交通线等，基本上都没有列入空中打击目标的范围，尤其是对基础性设施，美英联军不但不进行打击，而且还采取各种手段进行保护。

减少附带伤亡，广泛实施精确打击。美英联军在此次战争中投入了大量精确制导器，大大提高了空中打击的精度。其特点：一是数量多。据统计，伊拉克战争美军共发射导弹、投掷精确制导炸弹15 000多枚，其中巡航导弹800多枚，相当于海湾战争多国部队使用精确打击武器数量的10倍左右；二是打击精度高。据美军海军中将基廷称，此次战争所发射的750枚"战斧"式巡航导弹，没有击中目标的不到10枚，其打击精度明显高于海湾战争。

灵活使用空袭方式，提高空袭效果。一是对重要目标实施"斩首式"打击。美军先后于3月20日和4月7日对伊拉克高级领导层实施了"斩首行动"。二是对共和国卫队实施空中遮断。在第3机步师地面攻势一度受阻的情况下，美军加强了空中打击伊共和国卫队的力度，对伊军阵地进行了不间断的空中打击。三是空地一体作战。4月5日，美军动用了A-10、F-15、F-16、F-14、F/A-18等战斗机以及直升机和无人机，在巴格达上空展开了24小时不间断的"城市近距离空中支援行动"，实行空地一体作战，支援地面部队作战。

4.现代战争的信息"斩首"方式

2003年3月20日，美英联军在对伊拉克首轮空袭中向巴格达发射了45枚巡航导弹，同时F-117A隐形战斗机也向巴格达投掷了精确制导炸弹，重点攻击萨达姆及其军方高级指挥官可能隐藏的区域。此次空袭被美军称为"斩首行动"。

精确打击，火力"斩首"。精确制导武器命中精度高，能通过自带的导引和制导系统识别目标并命中目标的要害部位，总体作战效能高，备受美军青睐。在这次代号为"斩首行动"的首轮空袭中，美军大量使用精确制导武器，对伊军的作战指挥控制系统等要害目标实施了精确火力打击，使伊军只能各自为战，不能充分发挥整体作战能力。

电磁压制，电子"斩首"。电子战已成为现代战争中的一种重要作战样式。它主要通过电磁力量攻击敌方的信息系统，以降低其电子设备的效能，同时确保己方电子设备免受影响。在海湾战争中，美军通过持续和高强度的立体电子战，将对方大部分指挥、控制、通信和防空等电子信息系统置于瘫痪状态，使伊军难以发起有组织的反击，从而达到了"斩首"目的，为美军最终赢得战争的胜利创造了有利条件。

网络攻击，黑客"斩首"。信息化战场的一个重要标志是指挥控制网络的形成。目前，以计算机为核心的指挥控制网络已经成为现代军队的神经中枢。一旦指挥控制网络遭到攻击并被摧毁，整个军队的战斗力就会大幅度降低甚至完全丧失。因此，战场计算机网络系统必然成为未来作战的重点攻击对象。利用黑客对敌方指挥控制系统实施网络攻击是一种非常重要的"斩首"方式。很多国家和地区通过秘密招募黑客组建了网络攻击部队。如美军的信息战"红色小组"，其主要任务就是从事网络攻击和网络防护。英国、法国、俄罗斯、日本、以色列和印度等国也都在组建"黑客部队"。

　　敌后点穴，特袭"斩首"。组建精干合成的特种部队，通过空降、渗透等隐蔽方式深入敌后，对敌方作战指挥控制等要害部位实施突然攻击，往往能达到良好的"斩首"效果。1979年12月27日，苏军入侵阿富汗，首先以特种空降兵和"克格勃"特种分队，四面围攻阿富汗总统官邸和总统府，打死阿明及其家庭成员，并切断其与外界的联系，仅3个小时就完全控制了阿富汗首都喀布尔。有资料显示，在2003年的伊拉克战争中，美军特种部队一直在伊拉克境内活动，其主要任务就是伺机除掉萨达姆。

　　媒体宣传，心战"斩首"。通过各种宣传媒体实施心理战，瓦解敌方士气，削弱敌方战斗力，以"不战而屈人之兵"。1989年12月，美军曾通过一系列别出心裁的攻心战，迫使诺列加主动投降。伊拉克战争开始以来，美军特种部队通过大量抛撒传单、电台广播、电话劝降、发电子邮件、制造谣言等手段，对伊拉克政府要员和军民展开大规模的心理攻势。如美军不仅在伊拉克境内抛撒了400多万份传单，还在5个电台波段对伊军进行心理战广播，宣称"达姆已经被炸死""美英地面部队没有遭到抵抗"等，企图动摇伊军指挥官的抵抗意志，加速战争进程。

**思考题**

　　1. 信息化战争的基本内涵是什么？

　　2. 信息化战争作战力量一体化的实质是什么？

　　3. 信息化战争有哪些基本作战样式？如何进行网络防御？

　　4. 信息化战争的发展趋势有哪些？

　　5. 世界新军事变革的内容和实质是什么？

　　6. 世界新军事变革对我国安全和国防建设的影响是什么？

# 第六章　中国人民解放军共同条令与队列训练

条令是我国军事法规的重要组成部分，它体现了军队的性质和宗旨、国家的战略方针、军事思想以及建军和作战的原则。它吸取了军事活动的丰富经验和军事理论研究的最新成果，反映了军事活动的客观规律，具有鲜明的阶级性、严格的规范性、极大的权威性和普遍的约束力，是军队战斗、生活和每个军人都必须遵守的行为准则。我军制定了《中国人民解放军内务条令》《中国人民解放军纪律条令》和《中国人民解放军队列条令》（以下简称《内务条令》《纪律条令》和《队列条令》），它是全军三大共同条令，是军人必须遵守的法典，同时它也适用于参战、支前的预备役人员。

## 第一节　中国人民解放军共同条令概述

### 一、《内务条令》

（一）《内务条令》概述

内务，从一般词义来讲，泛指国内事务，或集体生活室内的日常事务。军队内务，是指军队内部日常生活的一切事务，包括军队内部的管理原则、军容风纪、军人职责、相互关系、日常管理制度和各项勤务等。

（二）《内务条令》的产生和发展

我军于1936年8月制定并发布了《中国工农红军暂行内务条例草案》。这是我军的第一部内务条令，它对值日勤务、风纪、卫兵、礼节、请假规则、着装注意事项、班长职责、驻军、出发前和行军中的注意事项等都做出了规定。在抗日战争十分艰苦的1942年，中共中央革命军事委员会对《中国工农红军暂行内务条例草案》重新修改后，发布了《内务条令》和《内务制度》并一直沿用至全国解放。中华人民共和国成立后，我军的建设进入了一个新的阶段，为了适应军队革命化、现代化、正规化建设的需要，中央人民政府人民革命军事委员会提出要"制定共同条令，统一全军的纪律和制度"。1950年我军再次修订了《内务条令》并于1951年初，与《纪律条令草案》和《队列条令草案》一并发布，在全军试行。经过两年的试行，根据我军实行新编制的情况又对其进行了重新修改，于1953年正式发布，在全军实施，此后又分别于1957年、1963年、1975年、1984年、1990年、1997年、2002年对《内务条令》进行了多次修订。2018年3月22日中央军委常务会议通过，中华人民共和国中央军事委员会命令军令〔2018〕58号，《中国人民解放军内务条令（试行）》自2018年5月1日起施行。2010年6月3日中央军事委员会发布的《中国人民解放军内务条令》同时废止。

（三）《内务条令》的主要内容

《内务条令》共分为15章325条，并有附录10项。

第一章　总则。本章是整个条令的纲，集中阐述了我军的性质和任务。

第二章　军人宣誓。誓词是："我是中国人民解放军军人。我宣誓：服从中国共产党的领导，全心全意为人民服务，服从命令，严守纪律，英勇战斗，不怕牺牲，忠于职守，努力工作，苦练杀敌本领，坚决完成任务，在任何情况下，决不背叛祖国，决不叛离军队。"

第三章　军人职责。中国人民解放军军人，是在中国人民解放军现役的中华人民共和国公民。抵抗侵略，保卫国家和人民的安全，是军人最基本的光荣使命。本章还规定了每个军人必须恪守的军官、士兵、主管人员的职责。

第四章　内部关系。本章规定了军人相互关系、官兵相互关系、机关相互关系、部队（分队）建制相互关系；强调了"中国人民解放军军人，不论职位高低，在政治上一律平等，相互间是同志关系。"但是部属、下级必须服从首长、上级。

第五章　礼节。本章主要规定了军队内部的礼节，军人和部（分）队对军外人员的礼节及其他时机和场合的礼节。

第六章　军人着装。本章规定了军人着装的基本要求。

第七章　军容风纪。本章详细规定了军人的仪容和举止、军容风纪检查的具体要求。

第八章　与军外人员的交往。本章主要规定了军人在对外交往中必须遵纪守法，坚决维护国家和军队的利益。

第九章　作息。本章主要规定了一日时间的分配以及连队和机关一日生活的具体项目、内容和要求。

第十章　日常制度。本章主要规定了行政会议制度、请示报告制度、请假销假制度、连队内务设置制度、登记统计制度，查铺查哨制度、军官留营住宿制度、点验制度、交接制度、接待制度、证件和印章制度、保密制度等制度。

第十一章　日常战备。本章规定了节日战备、日常战备的基本要求。

第十二章　军事训练和野营管理。

第十三章　日常管理。本章规定了营区、财务、互联网、车辆等的管理和制度。

第十四章　国旗、军旗、军徽的使用管理和国歌、军歌的奏唱。

第十五章　附则。

## 二、《纪律条令》

（一）《纪律条令》概述

纪律是各种组织要求其他成员共同遵守的行为规则，纪律是一定阶级意志的体现，是为一定阶级利益服务的。在社会主义制度下，纪律反映人民群众的共同意志，维护人民群众的共同利益，是执行党的路线、方针、政策，搞好社会主义建设的重要保证。

我军纪律，贯彻了从严治军的思想，反映了军队在新时期的特点和广大官兵的愿望和要求，是建立在政治自觉基础上的严格的纪律，是军队战斗力的重要内容，是坚持人民军队的性质、宗旨，是团结自己、战胜敌人和完成一切任务的保证，是军队的法规。它对培养军人高度的组织性、纪律性，养成执行命令、服从指挥、令行禁止、协调一致的习惯，保证军队的高度集中统一和军队革命化、现代化、正规化建设的顺利进行，巩固和提高部队的战斗力都具有重大的意义。军队的工作，无论是管兵、带兵，还是练兵、用兵，都离不开纪律，严明的纪律可以统一全军意志，规范全军行动。

（二）《纪律条令》的产生和发展

我军历来重视纪律条令的制定，建军伊始，毛泽东就亲自规定了《三大纪律，六项注意》，不久又补充了两项，改为《三大纪律，八项注意》。1929年12月，毛泽东在古田会议决议中提出了编制红军法规的任务，红军领导机关于1930年10月颁布了我军第一部纪律条令即《中国工农红军纪律条例草案》，从1930年起，我军在革命战争年代共颁发过六部纪律条令。这几部纪律条令的颁发和施行，对严明军纪，严明赏罚，保证作战任务的胜利完成，发挥了应有的作用。新中国成立以后，我军正规化建设提上了议事日程，为了适应新形势下的军队纪律建设和奖罚工作的需要，从1951年至今的60余年间，我军先后颁布了九部《纪律条令》。2018年3月22日中央军委常务会议通过，中华人民共和国中央军事委员会命令军令〔2018〕59号，《中国人民解放军纪律条令（试行）》自2018年5月1日起施行。2010年6月3日中央军事委员会发布的《中国人民解放军纪律条令》同时废止。

（三）《纪律条令》的主要内容

《纪律条令》共有10章262条，并有8个附录。

第一章 总则。本章着重阐述了我军纪律产生的基础、目的和基本内容，是条令基本精神和原则的高度概括，是条令的总纲，其内容具有很重的分量和深刻的含义。

第二章 纪律的主要内容。中国人民解放军纪律的基本内容如下：

1.遵守政治纪律，对党忠诚，立场坚定。坚定不移贯彻执行党的路线、方针和政策。坚持党对军队绝对领导的根本原则和制度，牢固树立政治意识、大局意识、核心意识、看齐意识，坚决维护权威、维护核心、维护和贯彻军委主席负责制，自觉在思想上政治上行动上同党中央、中央军委保持高度一致，在重大政治斗争中立场坚定，在重大原则问题上旗帜鲜明。

2.遵守组织纪律，民主集中，服从组织。坚决维护党委统一的集体领导下的首长分工负责制，坚持民主集中制的根本组织制度和领导制度，坚决服从组织。

3.遵守作战纪律，服从命令，听从指挥，英勇善战。有令必行，有禁必止，坚决执行命令，严格遵守战场纪律，勇敢顽强地完成各种作战任务。

4.遵守训练纪律，按纲施训，从难从严，严格军事训练人员、内容、时间、质量落实，端正训风演风考风，坚决完成军事训练任务，不断提高部队战斗力。

5.遵守工作纪律，爱岗敬业，忠于职守，严守岗位，尽职尽责。

6.遵守保密纪律，严守规定，保守秘密。严格遵守国家和军队的保密法规。

7.遵守廉洁纪律，干净做事，清白做人。筑牢拒腐防变的思想防线。带头践行当代革命军人的核心价值观，讲修养、讲道德、讲诚信、讲廉耻，带头执行廉洁自律准则，自觉同特权思想和特权现象做斗争。

8.遵守财经纪律，依法管财，科学理财，节俭用财。

9.遵守群众纪律，拥政爱民，军民一致。坚持全心全意为人民服务的宗旨，自觉维护人民群众利益，不与民争利，不侵占和损害人民群众的合法权益。

10.遵守生活纪律，志趣高尚，行为规范。培养良好生活习惯，情趣高雅，追求高尚，生活俭朴，遵守社会公德、家庭美德，遵守社会公序良俗，自觉维护公共场所秩序和良好社会风尚。

第三章　奖励。本章明确了奖励的目的和原则、奖励的项目、奖励的条件、奖励的权限和奖励的实施。

奖励的目的在于鼓励先进，维护纪律，调动官兵的积极性、创造性，发扬爱国主义、共产主义和革命英雄主义精神，保证作战、训练和其他各项任务的完成。

奖励应当坚持以下原则：

1.严格标准，按绩施奖。

2.发扬民主，贯彻群众路线。

3.精神奖励和物质奖励相结合，以精神奖励为主，注重发挥物质奖励的激励作用。

对个人的奖励项目从低到高的排列依次为：

1.嘉奖。

2.三等功。

3.二等功。

4.一等功。

5.荣誉称号。

6.八一勋章。

第四章　表彰。

第五章　纪念章。

第六章　处分。本章明确规定处分的目的和原则、处分的项目、处分的条件、处分的权限和处分的实施。

处分应当坚持下列原则：

1.依据事实，惩戒恰当。

2.惩前毖后，治病救人。

3.纪律面前人人平等。

对义务兵的处分项目从轻到重的排列依次为：

1.警告。

2.严重警告。

3.记过。

4.记大过。

5.降职或者撤职。

6.降衔。

7.除名。

8.开除军籍。

第七章　特殊措施。本章规定了在各种特殊情况下发生问题的处理原则和方法，以及所负的责任。

第八章　控告和申诉。本章明确了控告和申诉的目的。军人实施控告和申诉的条件、程序与形式，保证军人控告、申诉权利的要求和控告军外人员的注意事项。

第九章　首长责任和纪律监察。

第十章　附则。

## 三、《队列条令》

（一）《队列条令》概述

队列有广义和狭义之分，广义泛指成行列的队伍，狭义特指军队进行集体活动时按一定顺序列队的组织形式。《队列条令》是规范全军队列动作、队列队形、队列指挥的军事法规，是全军官兵必须共同遵循的行为规范。

（二）《队列条令》的产生和发展

《队列条令》随着军队武器装备和作战样式的发展变化，兵器的诞生和战术的发展，队列训练与战术训练的区别日益明显，操场上已经容纳不下整个战术训练的内容。

我军最早的《队列条令》是1951年在苏军《队列条令》的基础上，根据我军的实际需要，结合我军队列生活实际编写而成的。2018年3月22日中央军委常务会议通过，中华人民共和国中央军事委员会命令军令〔2018〕60号，《中国人民解放军队列条令（试行）》自2018年5月1日起施行。2010年6月3日中央军事委员会发布的《中国人民解放军队列条令》同时废止。

（三）《队列条令》的主要内容

《队列条令》主要规范了全体军人和部（分）队队列活动的有关内容，共有10章89条，并有4个附录。

第一章　总则。包括立法目的、适用范围、作用与意义、首长机关的责任、队列纪律。

第二章　队列指挥。包括队列指挥的位置、队列指挥的方法、队列指挥的要求。

第三章　队列队形。包括队列基本队形，队列的间距，旅的队形，其他分队、部队的队形。

第四章　单个军人的队列动作。

第五章　分队、部队的队列动作。包括集合、离散；整齐、报数；出列、入列；行进、停止以及队形、方向变化，其他分队、部队的队列动作。

第六章　分队乘坐交通工具。包括乘车的准备、乘车实施和车辆行进中的调整。

第七章　国旗的掌持、升降和军旗的掌持、授予与迎送。

第八章　阅兵。包括阅兵的权限、阅兵的形式、阅兵的程序、师以上部队阅兵以及各军兵种部队和院校阅兵。

第九章　仪式。包括仪式的基本规范、组织实施。

第十章　附则。

# 第二节　单个军人的队列动作训练

队列动作是指对单个军人和部队所规定的队列训练、队列生活和日常生活的制式动作，也是战斗动作的基础。

## 一、立正、跨立、稍息

（一）立正

立正是军人的基本姿势，是队列动作的基础。军人在宣誓、接受命令、进见首长和向首长报告、回答首长问话、升降国旗、迎送军旗、奏唱国歌和军歌等严肃庄重的时机和场合，均应当立正。

口令：立正。

要领：两脚跟靠拢并齐，两脚尖向外分开约60度；两腿挺直；小腹微收，自然挺胸；上体正直，微向前倾；两肩要平，稍向后张；两臂下垂自然伸直，手指并拢自然微曲，拇指尖贴于食指第二节，中指贴于裤缝；头要正，颈要直，口要闭，下颌微收，两眼向前平视；参加阅兵时，下颌上仰约15度。

（二）跨立

跨立即跨步站立，主要用于训练、执勤和舰艇上分区列队等场合，可以与立正互换。

口令：跨立。

要领：左脚向左跨出约一脚之长，两腿挺直，上体保持立正姿势，身体重心落于两脚之间；两手后背，左手握右手腕，拇指根部与外腰带下沿或者内腰带上沿同高；右手手指并拢自然弯曲，拇指贴于食指第二节，手心向后。携枪时不背手。

（三）稍息

口令：稍息。

要领：左脚顺脚尖方向伸出约全脚的2/3，两腿自然伸直，上体保持立正姿势，身体重心大部分落于右脚；携枪（筒）时，携带的方法不变，其余动作同徒手；稍息过久，可以自行换脚，动作应当迅速。

## 二、停止间转法

（一）向右（左）转

口令：向右（左）——转。

半面向右（左）——转。

　　要领：以右（左）脚跟为轴，右（左）脚跟和左（右）脚掌前部同时用力，使身体协调一致向右（左）转90度，身体重心落在右（左）脚，左（右）脚取捷径迅速靠拢右（左）脚，成立正姿势。转动和靠脚时，两腿挺直，上体保持立正姿势。

　　半面向左转，按照向右（左）转的要领转45度。

　　（二）向后转

　　口令：向后——转。

　　要领：按照向右转的要领向后转180度。

## 三、行进

　　行进的基本步法分为齐步、正步和跑步，辅助步法分为便步、踏步、移步和礼步。

　　（一）齐步

　　齐步是军人行进的常用步法。

　　口令：齐步——走。

　　要领：左脚向正前方迈出约75厘米，按照先脚跟后脚掌的顺序着地，同时身体重心前移，右脚照此法动作；上体正直，微向前倾；手指轻轻握拢，拇指贴于食指第二节；两臂前后自然摆动，向前摆臂时，肘部弯曲，小臂自然向里合，手心向内稍向下，拇指根部对正衣扣线（着海军藏青色春秋常服、冬常服时，拇指根部对正双排扣中间位置），并高于春秋常服或者冬常服最下方衣扣约5厘米（着夏常服、水兵服时，高于内腰带扣中央约5厘米；着作训服时，与外腰带扣中央同高），离身体约30厘米；向后摆臂时，手臂自然伸直，手腕前侧距裤缝线约30厘米。行进速度每分钟116～122步。

　　（二）正步

　　正步主要用于分列式和其他礼节性场合。

　　口令：正步——走。

　　要领：左脚向正前方踢出约75厘米，腿要绷直，脚尖下压，脚掌与地面平行，离地面约25厘米，适当用力使全脚掌着地，同时身体重心前移，右脚照此法动作；上体正直，微向前倾；手指轻轻握拢，拇指伸直贴于食指第二节；向前摆臂时，肘部弯曲，小臂略成水平，手心向内稍向下，手腕下沿摆到高于春秋常服或者冬常服最下方衣扣约15厘米处（着夏常服、水兵服时，高于内腰带扣中央约15厘米处；着作训服时，高于外腰带扣中央约10厘米处），离身体约10厘米；向后摆臂时左手心向右、右手心向左，手腕前侧距裤缝线约30厘米。行进速度每分钟110～116步。

　　（三）跑步

　　跑步主要用于快速行进。

　　口令：跑步——走。

　　要领：听到预令，两手迅速握拳（四指蜷握，拇指贴于食指第一关节和中指第二节），提到腰际，约与腰带同高，拳心向内，肘部稍向里合。听到动令，上体微向前倾，两腿微弯，同时左脚利用右脚掌的蹬力跃出约85厘米，前脚掌先着地，身体重心前移，右脚照此法动作；两臂前后自然摆动，向前摆臂时，大臂略垂直，肘部贴于腰际，小臂略平，稍向里合，两拳内侧各距衣扣线约5厘米（着海军藏青色春秋常服、冬常服时，两拳内侧各距双排扣中间位置约5厘米）；向后摆臂时，拳贴于腰际。行进速度每分钟170～180步。

（四）便步

便步用于行军、操练后恢复体力及其他场合。

口令：便步——走。

要领：用适当的步速、步幅行进，两臂自然摆动，上体保持良好姿态。

（五）踏步

踏步用于调整步伐和整齐。

停止间口令：踏步——走。

行进间口令：踏步。

要领：两脚在原地上下起落（抬起时，脚尖自然下垂，离地面约15厘米；落下时，前脚掌先着地），上体保持正直，两臂按照齐步或者跑步摆臂的要领摆动。

（六）移步（5步以内）

移步用于调整队列位置。

1.右（左）跨步

口令：右（左）跨×步——走。

要领：上体保持正直，每跨1步并脚1次，其步幅约与肩同宽，跨到指定步数停止。

2.向前或者后退

口令：向前×步——走。

后退×步——走。

要领：向前移步时，应当按照单数步要领进行（双数步变为单数步）。向前1步时，用正步，不摆臂；向前3步、5步时，按照齐步走的要领进行。向后退步时，从左脚开始，每退1步靠脚1次，不摆臂，退到指定步数停止。

（七）礼步

礼步主要用于纪念仪式中礼兵的行进。

口令：礼步——走。

要领：左脚向正前方缓慢抬起，腿要绷直，脚尖上翘，与腿约成90度，脚后跟离地面约30厘米，按照脚跟、脚掌顺序缓慢着地，步幅约55厘米，右脚照此法动作；上体正直，两臂下垂自然伸直、轻贴身体（抬祭奠物除外）；手指并拢自然微曲，拇指尖贴于食指第二节，中指贴于裤缝。行进速度每分钟24～30步。

（八）携便携式折叠写字椅行进

携折叠写字椅行进时，左手提握支脚上横杠中间部位，左臂下垂自然伸直，写字板面朝外。

## 四、立定

口令：立——定。

要领：齐步、正步和礼步时，听到口令，左脚再向前大半步着地，脚尖向外约30度，两腿挺直，右脚取捷径迅速靠拢左脚，成立正姿势。跑步时，听到口令，继续跑2步，然后左脚向前大半步（两拳收于腰际，停止摆动）着地，右脚取捷径靠拢左脚，同时将手放下，成立正姿势。踏步时，听到口令，左脚踏1步，右脚靠拢左脚，原地成立正姿势；跑步的踏步，听到口令，继续踏2步，再按照上述要领进行。

## 五、步法变换

步法变换，均从左脚开始。

齐步、正步互换，听到口令，右脚继续走1步，即换正步或者齐步行进。

齐步换跑步，听到预令，两手迅速握拳提到腰际，两臂前后自然摆动；听到动令，即换跑步行进。

齐步换踏步，听到口令，即换踏步。

跑步换齐步，听到口令，继续跑2步，然后换齐步行进。

跑步换踏步，听到口令，继续跑2步，然后换踏步。

踏步换齐步或者跑步，听到"前进"的口令，继续踏2步，再换齐步或者跑步行进。

## 六、行进间转法

（一）齐步、跑步向右（左）转

口令：向右（左）转——走。

要领：左（右）脚向前半步（跑步时，继续跑2步，再向前半步），脚尖向右（左）约45度，身体向右（左）转90度时，左（右）脚不转动，同时出右（左）脚按照原步法向新方向行进。

半面向右（左）转走，按照向右（左）转走的要领转45度。

（二）齐步、跑步向后转

口令：向后转——走。

要领：左脚向右脚前迈出约半步（跑步时，继续跑2步，再向前半步），脚尖向右约45度，以两脚的前脚掌为轴，向后转180度，出左脚按照原步法向新方向行进。

转动时，保持行进时的节奏，两臂自然摆动，不得外张；两腿自然挺直，上体保持正直。

## 七、敬礼、礼毕和单个军人敬礼

敬礼分为举手礼、注目礼和举枪礼。

（一）敬礼

1.举手礼

口令：敬礼。

要领：上体正直，右手取捷径迅速抬起，五指并拢自然伸直，中指微接帽檐右角前约2厘米处（戴卷檐帽、无檐帽或者不戴军帽时微接太阳穴，约与眉同高），手心向下，微向外张（约20度），手腕不得弯曲，右大臂略平，与两肩略成一线，同时注视受礼者。

2.注目礼

要领：面向受礼者成立正姿势，同时注视受礼者，并目迎目送，右、左转头角度不超过45度。

3.举枪礼

举枪礼用于阅兵式或者执行仪仗任务。

口令：向右看——敬礼。

要领：右手将枪提到胸前，枪身垂直并对正衣扣线，枪面向后，离身体约10厘米，枪口与眼同高，大臂轻贴右胁；同时左手接握表尺上方，小臂略平，大臂轻贴左胁；同时转头向右注视受礼者，并目迎目送，右、左转头角度不超过45度。

（二）礼毕

口令：礼毕。

要领：行举手礼者，将手放下；行注目礼者，将头转正；行举枪礼者，将头转正，右手将枪放下，使托前踵轻轻着地，同时左手放下，成持枪立正姿势。

（三）单个军人敬礼

要领：单个军人在距受礼者5～7步处，行举手礼或者注目礼。

徒手或者背枪时，停止间，应当面向受礼者立正，行举手礼，待受礼者还礼后礼毕；行进间（跑步时换齐步），转头向受礼者行举手礼，并继续行进，左臂仍自然摆动，待受礼者还礼后礼毕。

携带武器（除背枪）等不便行举手礼时，不论停止间或者行进间，均行注目礼，待受礼者还礼后礼毕。

## 八、坐下、蹲下、起立

（一）坐下

1.徒手坐下

口令：坐下。

要领：左小腿在右小腿后交叉，迅速坐下（坐凳子时，听到口令，左脚向左分开约一脚之长；女军人着裙服坐凳子时，两腿自然并拢），手指自然并拢放在两膝上，上体保持正直。

2.携便携式折叠写字椅坐下

要领：当听到"放凳子"的口令，左手将折叠写字椅提至身前交于右手，右手反握支脚上横杠，左手移握写字板和座板上沿，两手协力将支脚拉开；然后上体右转，两手将折叠写字椅轻轻置于脚后，写字板扣手朝前，恢复立正姿势；当听到"坐下"的口令，迅速坐在折叠写字椅上。

3.背背囊（背包）坐下

要领：听到"放背囊（背包）"的口令，两手协力解开上、下扣环，握背带；取下背囊（背包），上体右转，右手将背囊（背包）横放在脚后，背囊（背包）正面向下，背囊口向右（背包口向左）；按照口令坐在背囊（背包）上。携枪（筒）放背囊（背包）时，先置枪（架枪、筒），后放背囊（背包）。

（二）蹲下

口令：蹲下。

要领：右脚后退半步，前脚掌着地，臀部坐在右脚跟上（膝盖不着地），两腿分开约60度（女军人两腿自然并拢），手指自然并拢放在两膝上，上体保持正直。蹲下过久，可以自行换脚。

（三）起立

口令：起立。

要领：全身协力迅速起立，左脚取捷径靠拢右脚（蹲下时，右脚取捷径靠拢左脚），成立正姿势或者成持枪、肩枪（筒）立正姿势。携背囊（背包）起立时，当听到"取背囊（背包）——起立"的口令后，按照放背囊（背包）的相反顺序进行。

携便携式折叠写字椅起立时，当听到"取凳子——起立"的口令后，按照放折叠写字椅的相反顺序进行。

## 九、脱帽、戴帽

（一）脱帽

口令：脱帽。

要领：立姿脱帽时，双手捏帽檐或者帽前端两侧，将帽取下，取捷径置于左小臂，帽徽朝前，掌心向上，四指扶帽檐或者帽墙前端中央处，小臂略成水平，右手放下。

坐姿脱帽时，双手捏帽檐或者帽前端两侧，将帽取下，置于桌（台）面前沿左侧或者膝上，使帽顶向上、帽徽朝前，也可以置于桌斗内。

（二）戴帽

口令：戴帽。

要领：双手捏帽檐或者帽前端两侧，取捷径将帽迅速戴正。

（三）携枪（筒）时，用左手脱帽、戴帽

需夹帽时（作训帽除外），双手捏帽檐或者帽前端两侧，取捷径将帽取下，左手握帽墙（女军人戴卷檐帽时，将四指并拢，置于下方帽檐与帽墙之间），小臂夹帽自然伸直，帽顶向左，帽徽朝前。

## 十、整理着装

整理着装，通常在立正的基础上进行。

口令：整理着装。

要领：两手（持自动步枪时，将枪夹于两腿间）从帽子开始，自上而下，将着装整理好（必要时，也可以相互整理）；整理完毕，自行稍息；听到"停"的口令，恢复立正姿势。

## 十一、集合、离散

（一）集合

集合，是使单个军人、分队、部队按照规范队形聚集起来的一种队列动作。

集合时，指挥员应当先发出预告或者信号，如"全连注意"或者"×排注意"，然后，站在预定队形的中央前，面向预定队形成立正姿势，下达"成××队——集合"的口令。所属人员听到预告或者信号，原地面向指挥员成立正姿势；听到口令，跑步到指定位置面向指挥员集合（在指挥员后侧的人员，应当从指挥员右侧绕过），自行对正、看齐，成立正姿势。

（二）离散

离散，是使列队的单个军人、分队、部队各自离开原队列位置的一种队列动作。

1.离开

口令：各营（连、排、班）带开（带回）。

要领：队列中的各营（连、排、班）指挥员带领本队迅速离开原列队位置。

2.解散

口令：解散。

要领：队列人员迅速离开原列队位置。

## 十二、整齐、报数

（一）整齐

整齐，是使列队人员按照规定的间隔、距离，保持行、列平齐的一种队列动作。整齐分为向右（左）看齐和向中看齐。

口令：向右（左）看——齐。向前——看。

要领：基准兵不动，其他士兵向右（左）转头（持枪时，听到预令，迅速将枪稍提起，看齐后自行放下），眼睛看右（左）邻士兵腮部，前四名能通视基准兵，自第五名起，以能通视到本人以右（左）第三人为度；后列人员，先向前对正，后向右（左）看齐；听到"向前——看"的口令，迅速将头转正，恢复立正姿势。

口令：以×××为准，向中看——齐。向前——看。

要领：当指挥员指定"以×××为准（或者以第×名为准）"时，基准兵答"到"，同时左手握拳高举，大臂前伸与肩略平，小臂垂直举起，拳心向右，听到"向中看——齐"的口令后，其他士兵按照向左（右）看齐的要领实施；听到"向前——看"的口令后，基准兵迅速将手放下，其他士兵迅速将头转正，恢复立正姿势。

一路纵队看齐时，可以下达"向前——对正"的口令。

（二）报数

口令：报数。

要领：横队从右至左（纵队由前向后）依次以短促洪亮的声音转头（纵队向左转头）报数，最后一名不转头；数列横队时，后列最后一名报"满伍"或者"缺×名"；连集合时，由指挥员下达"各排报数"的口令，各排长在队列内向指挥员报告人数，如"第×排到齐"或者"第×排实到××名"。

## 十三、出列、入列

单个军人和分队出列、入列，通常用跑步，5步以内用齐步，1步用正步，或者按照指挥员指定的步法执行；然后，进到指挥员右前侧适当位置或者指定位置，面向指挥员成立正姿势。

（一）单个军人出列、入列

1.出列

口令：×××（或者第×名），出列。

要领：出列军人听到呼点自己姓名或者序号后应当答"到"，听到"出列"的口令后，应当答"是"。

（1）位于第一列（左路）的军人，按照本条上述规定，取捷径出列。

（2）位于中列（路）的军人，向后（左）转，待后列（左路）同序号的军人向右后退1步（左后退1步）让出缺口后，按照本条的上述规定从队尾（纵队时从左侧）出列；位于"缺口"位置的军人，待出列军人出列后，即复原位。

（3）位于最后一列（右路）的军人出列，先退1步（右跨1步），然后，按照本条有关规定从队尾出列。

2.入列

口令：入列。

要领：听到"入列"口令后，应当答"是"，然后，按照出列的相反程序入列。

（二）班（排）出列、入列

1.出列

口令：第×班（排），出列。

要领：听到"第×班（排）"的口令后，由出列班（排）的指挥员答"到"，听到"出列"的口令后，由出列班（排）的指挥员答"是"，并用口令指挥本班（排），按照本条的有关规定，以纵队形式从队尾（位于第一列的班取捷径）出列。

2.入列

口令：入列。

要领：听到"入列"的口令后，由入列班（排）指挥员答"是"，并用口令指挥本班（排），以纵队形式从队尾（位于第一列的班取捷径）入列。

## 十四、行进、停止

横队和并列纵队行进以右翼为基准,纵队行进以左翼为基准(一路纵队行进以先头为基准)。

（一）行进

指挥员应当下达"×步——走"的口令。听到口令,基准兵向正前方前进,其他士兵向基准翼标齐,保持规定的间隔、距离行进。纵队行进时,排、连通常成三路纵队,也可以成一、二路纵队。行进中,需要时,用"一二一"(调整步伐的口令)、"一二三四"(呼号)或者唱队列歌曲,以保持步伐的整齐和振奋士气。

（二）停止

指挥员应当下达"立——定"的口令。听到口令,按照立定的要领实施,分队的动作要整齐一致;停止后,听到"稍息"的口令,先自行对正、看齐,再稍息。

## 十五、分队、部队敬礼

（一）停止间敬礼

要领:当首长进到距本分队(部队)适当距离时,指挥员下达"立正"的口令,跑步到首长前5~7步处敬礼。待首长还礼后礼毕,再向首长报告。例如:"旅长同志,×营×连正在进行队列训练,应到××名,实到××名,请指示,连长×××。"报告完毕,待首长指示后,答"是",再敬礼。待首长还礼后礼毕,然后跑步回到原来位置,下达"稍息"口令或者继续进行操练。

（二）行进间敬礼

要领:由带队指挥员按照单个军人行进间敬礼的规定实施,队列人员按照原步法行进。

## 十六、军旗的掌持、授予与迎送

（一）军旗的掌持

军旗由部队首长指派一名掌旗员掌持,两名护旗兵护旗。护旗兵携自动步枪(冲锋枪)成挂枪姿势,位于掌旗员两侧。

掌旗员通常由连、排级军官或者士官充任,护旗兵由士兵充任。掌旗员和护旗兵应当具备良好的军事素质和魁梧匀称的体形。

（二）掌旗姿势

掌持军旗的姿势分为持旗、扛旗和端旗。

持旗要领:立正时,右臂自然下垂,右手持旗杆,使旗杆垂直立于右脚外侧;稍息时,持旗姿势不变。

扛旗要领:听到"齐步——走"的预令后,左手握旗杆套下方约10厘米处,两手协力将旗上提,扛于右肩,旗杆套稍高于肩,右臂伸直,右手掌心向下握旗杆,左手放下;听到动令,开始行进。

端旗要领：右手握旗杆套下约10厘米处，右臂向前伸直，右手约与肩同高，左手握旗杆下部，左小臂斜贴于腹部。

（三）军旗的授予

授予军旗时，由上级首长授旗。

要领：授旗前，应当将旗套在旗杆上，由一名掌旗员持旗，护旗兵位于掌旗员两侧，成横队立于授旗台左侧适当位置，面向部队。当听到主持人宣布"授旗"时，掌旗员、护旗兵右转弯面向授旗首长端旗正步向前，将旗交给授旗首长；然后掌旗员、护旗兵按照相反方向正步撤至预定位置。被授旗单位首长带领掌旗员、护旗兵正步走到授旗首长面前，此时，掌旗员位于被授旗单位首长后面，护旗兵在掌旗员两侧成横队，被授旗单位首长向授旗首长行举手礼。

当授旗首长将旗授予被授旗单位首长时(授旗首长左手握旗杆套下约10厘米处，右手握旗杆下部)，被授旗单位首长双手接旗(右手握旗杆套下约20厘米处，左手握旗杆下部)，然后面向部队，成端旗立正姿势；此时，主持人下达"向军旗敬礼"的口令，在场全体军人向军旗敬礼。当下达"礼毕"口令后，被授旗单位首长将军旗交给掌旗员；掌旗员端旗与护旗兵正步行至授旗台右侧适当位置，然后面向部队，成持旗立正姿势。

（四）迎军旗

将展开的军旗持入队列时，部队应当整队组织迎军旗。迎军旗时，通常成横队；特殊情况下，可以由机关和指定的分队参加，按照部队首长临时规定队形列队。

迎军旗时，主持迎军旗的指挥员下达"立正""迎军旗"的口令，听到口令后，掌旗员（扛旗）、护旗兵齐步行进，当由正前或者左前方向部队右翼进至距队列40～50步（或者队列正面中央适当位置）时，主持迎军旗的指挥员下达"向军旗——敬礼——"的口令，听到口令后，位于指挥位置和阅兵台（主席台）的军官行举手礼，其余人员行注目礼；掌旗员（由扛旗换端旗）、护旗兵换正步，取捷径向部队右翼排头行进，当超过机关队形时，主持迎军旗的指挥员下达"礼毕"口令，部队礼毕；掌旗员（由端旗换扛旗）、护旗兵换齐步。军旗进至部队指挥员右侧3步处时，左后转弯立定，成立正姿势。

（五）送军旗

将军旗持出队列时，部队应当整队组织送军旗。送军旗时，参加人员和队形与迎军旗同。

送军旗时，主持送军旗的指挥员下达"立正""送军旗"的口令；听到口令后，掌旗员（成扛旗姿势）、护旗兵按照迎军旗路线相反方向齐步行进；军旗出列后行至机关队形右侧前时，主持送军旗的指挥员下达"向军旗——敬礼——"的口令；听到口令后，掌旗员（由扛旗换端旗）、护旗兵换正步，部队按照迎军旗的规定敬礼；当军旗离开距队列正面40～50步（或者队列正面中央适当位置）时，主持送军旗的指挥员下达"礼毕"的口令，部队礼毕；掌旗员（由端旗换扛旗）、护旗兵换齐步，返回原出发位置。

# 第三节　阅　兵

## 一、阅兵时机和权限

在重大节日或者组织重要活动时，可以举行阅兵。

阅兵，由党和国家领导人，中央军委主席、副主席、委员及旅（团）级以上部队军政主官或者被上述人员授权的其他领导和首长实施。通常由1人检阅。

## 二、阅兵形式

阅兵，分为阅兵式和分列式；通常进行两项，根据需要，也可以只进行一项。

## 三、阅兵指挥

阅兵，分为上级首长检阅和本级首长检阅。当上级首长检阅时，由本级军事首长任阅兵指挥；当本级军政主要首长检阅时（由1人检阅，另1名位于阅兵台或者队列中央前方适当位置面向部队），由副部队长或者参谋长任阅兵指挥。

## 四、阅兵程序

（一）迎军旗

迎军旗，在阅兵式开始前进行，将展开的军旗持入队列时，部队应当整队组织迎军旗。迎军旗时，通常成横队；特殊情况下，可以由机关和指定的分队参加，按照部队首长临时规定队形列队。

迎军旗时，主持迎军旗的指挥员下达"立正""迎军旗"的口令，听到口令后，掌旗员（扛旗）、护旗兵齐步行进，当由正前或者左前方向部队右翼进至距队列40～50步（或者队列正面中央适当位置）时，主持迎军旗的指挥员下达"向军旗——敬礼——"的口令，听到口令后，位于指挥位置和阅兵台（主席台）的军官行举手礼，其余人员行注目礼；掌旗员（由扛旗换端旗）、护旗兵换正步，取捷径向部队右翼排头行进，当超过机关队形时，主持迎军旗的指挥员下达"礼毕"口令，部队礼毕；掌旗员（由端旗换扛旗）、护旗兵换齐步。军旗进至部队指挥员右侧3步处时，左后转弯立定，成立正姿势。

（二）阅兵式

阅兵式程序：

1.阅兵首长接受阅兵指挥报告

当阅兵首长行至本旅队列右翼适当距离时或者在阅兵台就位后（当上级首长检阅时，通常由旅政治委员陪同入场并陪阅），阅兵指挥在队列中央前下达"立正"的口令，随后跑到距阅兵首长5～7步处敬礼，待阅兵首长还礼后礼毕并报告。例如："司令员同志，××

第×旅列队完毕，请您检阅。"报告后，左跨1步，向右转，让首长先走，然后在其右后侧（当上级首长检阅时，旅政治委员在旅长右侧）跟随陪阅。

**2.阅兵首长向军旗敬礼**

阅兵首长行至距军旗适当位置时，应当立正向军旗行举手礼（陪阅人员面向军旗，行注目礼）。

**3.阅兵首长检阅部队**

当阅兵首长行至旅机关、各营部、各连及保障分队队列右前方时，旅机关由副旅长或者参谋长、各营部由营长、各连由连长、保障分队由旅指定的指挥员下达"敬礼"的口令；听到口令后，位于指挥位置的军官行举手礼，其余人员行注目礼，目迎目送首长（左、右转头不超过45度），阅兵首长应当还礼，陪阅人员行注目礼；当首长问候："同志们好！"或者"同志们辛苦了！"队列人员应当齐声洪亮地回答："首——长——好！"或者"为——人民——服务！"当首长通过后，指挥员下达"礼毕"的口令，队列人员礼毕。

**4.阅兵首长上阅兵台**

阅兵首长检阅完毕后上阅兵台，阅兵指挥跑步到队列中央前，下达"稍息"口令，队列人员稍息。当上级首长检阅时，旅政治委员陪同首长上阅兵台，然后跑步到自己的列队位置。

**（三）分列式**

分列式程序：

**1.标兵就位**

分列式开始前，阅兵指挥在队列中央前，下达"立正""标兵，就位"的口令；标兵听到口令后，成一路纵队持（托、挂）枪跑步到规定的位置，面向部队成立正姿势。

**2.调整部（分）队为分列式队形**

标兵就位后，阅兵指挥下达"分列式，开始"的口令，然后，跑步到自己的列队位置；听到口令后，各分队按照规定的方法携带武器（掌旗员扛旗），旅、营指挥员分别进到旅机关和营部的队列中央前，各分队指挥员进到本分队队列中央前，下达"右转弯，齐步——走"的口令，指挥分队变换成分列式队形。

**3.开始行进**

变换成规定的分列式队形后，旅机关由副旅长或者参谋长下达"齐步——走"的口令；听到口令后，旅指挥员、旅机关人员齐步前进，其余分队依次待前一分队离开约15米时，分别由营长、连长及保障分队指挥员下达"齐步——走"的口令，指挥本分队人员前进。

**4.接受首长检阅**

各分队行至第一标兵处，将队列调整好；进到第二标兵处，掌旗员下达"正步——走"的口令，并和护旗兵同时由齐步换正步，扛旗换端旗（掌旗员和护旗兵不转头），此时，阅兵首长和陪阅人员应当向军旗行举手礼；副旅长或者参谋长和各分队指挥员分别下达"向右——看"的口令，队列人员听到口令后，可以呼喊"一、二"，按照规定换正步（81式自动步枪手换端枪）行进，并在左脚着地的同时向右转头（位于指挥位置的军官行举手礼，并向右转头，各列右翼第一名不转头）不超过45度，注视阅兵首长，此时，阅兵台上的首长应当行举手礼。进到第三标兵处，掌旗员下达"齐步——走"的口令，并与护旗兵由正步换齐步，同时换扛旗；其他分队由上述指挥员分别下达"向前——看"的口令，队列人员听到口令后，在左脚着地时礼毕（将头转正），同时换齐步（81式自动步枪手换提枪）行进。

当上级首长检阅时，旅长和旅政治委员通过第三标兵后，到阅兵首长右侧陪阅；各分队通过第四标兵，换跑步到指定的位置。

5.标兵撤回

待最后一个分队通过第四标兵，到达指定位置后，阅兵指挥下达"标兵，撤回"的口令，标兵按照相反顺序跑步撤至预定位置。

（四）阅兵首长讲话

分列式结束后，阅兵指挥调整好队形，请阅兵首长讲话。讲话完毕，阅兵指挥下达"立正"口令，向阅兵首长报告阅兵结束。当上级首长检阅时，由旅政治委员陪同阅兵首长离场。

（五）送军旗

送军旗，在阅兵首长讲话后或者分列式结束后进行，将军旗持出队列时，部队应当整队组织送军旗。送军旗时，参加人员和队形与迎军旗同。

送军旗时，主持送军旗的指挥员下达"立正""送军旗"的口令；听到口令后，掌旗员（成扛旗姿势）、护旗兵按照迎军旗路线相反方向齐步行进；军旗出列后行至机关队形右侧前时，主持送军旗的指挥员下达"向军旗——敬礼——"的口令；听到口令后，掌旗员（由扛旗换端旗）、护旗兵换正步，部队按照迎军旗的规定敬礼；当军旗离开距队列正面40～50步（或者队列正面中央适当位置）时，主持送军旗的指挥员下达"礼毕"的口令，部队礼毕；掌旗员（由端旗换扛旗）、护旗兵换齐步，返回原出发位置。

# 第四节　军体拳

军体拳是由拳打、脚踢、摔打、夺刀、夺枪等格斗动作组合而成的一种拳术。

## 一、军体拳的套数

经总参军训部批准，1989年已经列入全军《体育训练教材》，在全军推广的军体拳共有三套。第一、二套各有十六个动作，第三套有三十二个动作。

（一）军体拳第一套

第一套军体拳的主要特点是由格斗的基本功和基本动作组成的套路练习，动作精炼、适用。

第一段：1.弓步冲拳；2.穿喉弹踢；3.马步横打；4.内拨下勾；5.交错侧踹；6.外格

横勾；7.反击勾踢；8.转身别臂。

第二段：9.虚步砍肋；10.弹裆顶肘；11.反弹侧击；12.弓步靠掌；13.上步砸肘；14.仆步撩裆；15.挡击绊腿；16.击腰锁喉。

（二）军体拳第二套

第二套军体拳主要是由摔打、夺刀、夺枪、袭击等格斗基本动作所组成的套路练习，动作精炼、适用。每个动作都是"一招制敌"，能保护自己，同时能锻炼身体，增强体质。

第一段：1.挡击冲拳；2.绊腿压肘；3.弓步击肘；4.砍肋下打；5.上步劈弹；6.双勾后击；7.防左勾踢；8.挟脖拧摔。

第二段：9.里格冲拳；10.防右别臂；11.挡击抱腿；12.踹腿锁喉；13.蹬腿横勾；14.上步捞腿；15.挑砸绊腿；16.弓步上打。

（三）军体拳第三套

第三套军体拳除了具有第一、第二套的特点外，还有长拳舒展大方、动作灵活迅速有力、节奏明显的特点，又有南拳步稳、势烈、动作刚劲有力的特点。动作数量等于第一、第二套总和，运动量较大，动作难度较复杂，有积极功能，它不但能锻炼身体，又是克敌制胜的有效手段。

第一段：1.踏步右冲拳；2.上步左冲拳；3.弹腿右冲拳；4.下击横勾拳；5.下压反弹拳；6.挑拨侧冲拳；7.歇步勾亮掌；8.虚步上冲拳。

第二段：9.掳冲侧冲拳；10.盖步右靠肘；11.蹬腿马步挂；12.挑臂右砸肘；13.鞭拳转身盖；14.右格左冲拳；15.左格右冲拳；16.侧踹双弹臂。

第三段：17.左右冲锋抛；18.盖拳退步勾；19.左弓双砍掌；20.右弓双砍掌；21.左弓勾挂拳；22.右弓勾挂拳；23.跃起跪步砸；24.马步横砍掌。

第四段：25.掳砍右穿掌；26.掳砍左穿掌；27.仆步勾挑裆；28.飞脚盖步冲；29.转身右砸肘；30.弓步右击肘；31.弓步双抱拳；32.侧蹬转身冲。

## 二、军体拳的手形

军体拳的手形主要有三种：拳，主要用于击打和砸；掌，主要用于推、砍、劈、抽和打等；勾手，主要是打和勾。

## 三、军体拳的相关问题

（一）运用口令指挥军体拳训练

1.把动作的名称当口令，当发出"预备"或"弓步冲拳"口令，大家做预备姿势或弓步冲拳，依次进行。

2.用番号代替口令，喊"一、二……"时，依次进行，口令要短促、洪亮有力。

3.提示性口令是在番号口令前加上动作名称。

（二）军体拳训练对场地和时间的要求

军体拳不需要任何器材，对场地的要求也不高，训练时只要场地平整，土地、草坪、水泥地、树荫下、走廊等都可以练习。军体拳动作要连贯，一气呵成。按照要求第一、第二套需要大约25分钟，第三套大约需要46分钟。

## 四、军体拳的特点与作用

（一）军体拳的特点

（1）套路长短适中，动作精炼，有积极含义；节奏分明，易学易懂；既能单人打，又能集体表演。

（2）不需要任何器材，对场地要求不高，一块平地即可。

（二）军体拳的作用

（1）打军体拳有一定活动量，对发展力量、耐力和速度都有积极的作用，同时可以增强体魄。

（2）军体拳有防身自卫、克敌制胜的作用，因为军体拳由踢、打、摔、拿、拧等格斗的基本要素组成。

## 五、军体拳的实施方法

军体拳实施需要制定训练计划，首先要了解学习对象的基础如何，如果有一定基础的，进度要适当快些，基础差的进度要慢些。一般先教基本功，再教基本动作。臂功、腿功搭配要适当。最好隔一天安排一次课程为宜，学习动作之前，要复习前一课的内容，使套路动作衔接自然连贯。最后安排一定时间进行复习和巩固，并且检查、考核评定成绩。

军体拳是由十几个或几十个单个动作按一定原则合理组成的套路练习，不但要一个动作一个动作学，还要完成整套的套路练习，通常的实施方法有以下几条。

（一）示范讲解

示范讲解时使练习者通过直观的认识，来获得正确规范的动作。练习者可以清楚观看示范动作。对示范讲解员的动作要求连贯并且有一些慢动作。连贯动作是为了让练习者了解动作的完整性，慢动作是为了让练习者看清动作的细节和方向。

示范讲解是练习者形成正确的动作概念的基本方法，讲解过程中语言要精练。讲解的内容有：动作的规格和标准；动作环节中，动作的攻防含义以及动作易犯错误和纠正方法。

（二）领做

领做是指教员带领练习者做相关动作，先带领练习者做慢动作，再带领练习者做连贯动作。

（三）完整和分解教学法

军体拳有简有繁，有难有易，简单动作要完整教，繁难动作要分解教。

**思考题**

1.什么是共同条令？军队颁布共同条令的意义是什么？

2.什么是《内务条令》《纪律条令》《队列条令》？它们的作用是什么？

3.贯彻执行共同条令应注意哪些问题？

# 第七章　轻武器射击

　　轻武器是指枪械及其他各种由单兵或班组携行战斗的武器，又称为"轻兵器"。主要装备对象是步兵，也广泛装备于其他军种和兵种。轻武器的主要作战用途是杀伤有生力量，毁伤轻型装甲车辆，破坏其他武器装备和军事设施。轻武器主要包括枪械和手榴弹、枪榴弹、榴弹发射器、火箭发射器和无坐力发射器，此外，还有轻型燃烧武器和单兵导弹等。轻武器的主体是枪械。轻武器重量轻、体积小、便于携带、使用方便，特别使用于近战，是军队中装备数量最多的武器。自动步枪、冲锋枪、班用机枪是步兵分队在近战中歼敌的主要武器；手枪是近距离歼敌的自卫武器。它们构成了轻武器的主要系列。

## 第一节　轻武器常识

### 一、战斗性能

　　半自动步枪和自动步枪均称自动步枪，其主要区别是前者射手每扣动一次扳机只能射出一发子弹，后者只要射手扣住扳机不放，就可以连续射击。现在部队装备的一般是81-1式自动步枪。81-1式自动步枪和81-1式班用轻机枪组成班用枪组。81-1式自动步枪是单兵使用的近距离杀伤有生目标的自动步枪。它用火力、刺刀和枪托杀伤敌人，并能发射枪榴弹，使射手具有点、面杀伤有生目标和反装甲车的能力。81-1式自动步枪对单个目标在400米内射击效果最好，集中火力可以射击500米内的敌人飞机、伞兵以及集团目标，弹头飞行到1 500米处仍有杀伤力。

　　射击方法：56式半自动步枪，只能实施单发射，战斗射速每分钟25～40发；81式自动步枪主要射击方法是短点射（2～5发），还可实施长点射（6～10发），必要时自动步枪和冲锋枪可实施单发射；班用机枪可实施连续发射。

　　战斗射速：战斗射速也称为射速，是在战斗中1分钟内发射的弹数。半自动步枪每分钟25～40发；自动步枪和冲锋枪点射每分钟90～110发。

　　81-1式自动步枪使用56式普通弹在100米距离上能射穿6毫米厚的钢板、15厘米厚的砖墙、30厘米厚的土层和40厘米厚的木板。

## 二、主要机件名称、用途及自动原理

### （一）56式半自动步枪

1.主要机件名称和用途

半自动步枪由枪刺（刺刀）、枪管、瞄准具、活塞及推杆、机匣、枪机、复进机、击发机、弹仓、木托十大部分组成（见图7-1），另有一套附品。

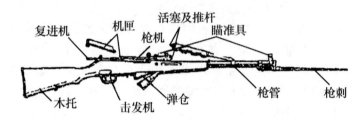

图7-1　半自动步枪十大部分机件

（1）枪刺（刺刀）：用以刺杀敌人。枪刺上有枪刺管、枪刺管簧和连接环。根据需要，枪刺可打开或折叠。

（2）枪管：用以赋予弹头的飞行方向。枪管内是枪膛，枪膛分为弹膛和线膛。弹膛用以容纳子弹，线膛能使弹头在前进时旋转运动，以保持飞行的稳定性。枪管外有导气箍，用以引导火药气体冲击活塞。枪管外还有枪刺座、通条头槽。

（3）瞄准具（见图7-2）：由表尺和准星组成，用以瞄准。

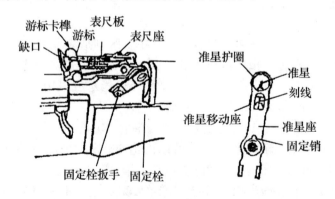

图7-2　瞄准具

表尺板上有缺口和游标，并刻有1～10的分划，每一分划对应100米；"Π""D"或"3"是常用表尺分划，与表尺3相同。缺口，用以通视准星向目标瞄准。游标，用以装定需要的表尺分划；游标卡榫，用以固定游标在所需位置上。表尺座上有固定栓和固定栓扳手，用以固定活塞筒和推杆。

准星可拧高、拧低，准星移动座可左右移动。准星移动座和准星座上各有一条刻线，用以检查准星位置是否正确，准星上还有准星护圈。

（4）活塞及推杆：活塞装在活塞筒内，用以传导火药气体压力，推压推杆向后。活塞筒上有上护木。推杆和推杆簧装在表尺座内，推杆能将活塞的推力传送到机栓上。推杆簧能使推杆和活塞回到前方位置。

（5）机匣：用以容纳枪机和复进机，固定击发机和弹仓。

机匣外有机匣盖，用以保护机匣内部免沾污垢，并将枪机和复进机控制在机匣内，连接销，能将机匣盖固定在机匣上。

机匣内有枪机阻铁，当弹仓内无子弹时，能使枪机停在后方位置。闭锁卡槽，能保证枪机闭锁枪膛。拔壳凸榫，用以拔出弹壳（子弹）。

（6）枪机：由机栓和机体组成。用以送弹、闭锁、击发和退壳，并能使击锤向后成待发状态。

机栓上有：挂钩，用以与机体挂钩相连接并带动机体运动；闭锁凸出部，能使机体后部进入闭锁卡槽。机栓上还有机柄、复进机巢和弹夹槽。

机体上有：击针，用以撞击子弹底火；抓弹钩，用以从膛内抓出弹壳（子弹）；挂钩，用以连接机栓。机体上还有弹底巢和闭锁斜面。

（7）复进机：由复进簧、导管、导杆和支撑环组成，用以使枪机回到前方位置。

（8）击发机：与枪机相互作用形成待发和击发。击发机上有：击发控制杆，能在枪机闭锁枪膛前，防止击锤松回（击发）；保险机，可限制扳机向后，保险机扳到前方为保险。击发机上还有击锤、击锤簧、击发阻铁、弹仓盖卡榫和扳机等。

（9）弹仓：用以容纳和托送子弹。弹仓由弹仓体、弹仓盖、托弹板和托弹杆等组成，可装10发子弹。

（10）木托：便于操作。木托上有下护木、枪颈、枪托、托底板和附品筒巢。铁枪托由架杆、肩托和枪托卡榫组成，可打开或折叠。

附品：用以分解结合、擦拭上油、携带和排除故障。附品包括擦拭杆、鬃刷、铳子、附品筒、通条、油壶、背带和子弹袋。

2.半自动原理

扣扳机后，击锤打击击针，撞击子弹底火，点燃发射药，产生火药气体，推送弹头沿膛线向前运动；弹头一经过导气孔，部分火药气体通过导气孔，涌入导气箍，冲击活塞，推动推杆，使枪机向后，压缩复进簧，完成开锁、抛壳，并使击锤成待发状态；枪机退到后方时，由于复进簧的伸张，使枪机向前运动，推送下一发子弹入膛，闭锁；此时，由于击锤已被击发阻铁卡住，不能向前打击击针，若再次发射，必须松开扳机，再扣扳机。

（二）81-1式自动步枪

1.主要机件名称和用途

81-1式自动步枪由刺刀（匕首）、枪管、瞄准具、活塞及调节塞、机匣、枪机、复进机、击发机、弹匣和枪托十大部分组成（见图7-3），另有一套附品。

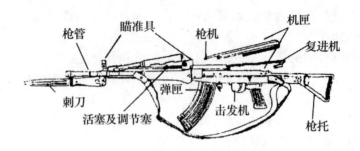

图7-3　自动步枪十大部分机件

（1）刺刀（匕首）（见图7-4）：用以刺杀敌人。刺刀上有刺刀柄、连接环（刀环）、限制凸榫（定位突起）及卡榫。平时用作匕首，并装入刀鞘挂在腰带上，战时结合在枪上。

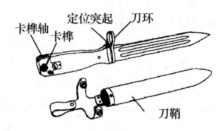

图7-4　刺刀

（2）枪管（见图7-5）：同半自动步枪，不同的是发射枪榴弹时还赋予枪榴弹的飞行方向。枪管前端有枪榴弹发射具。发射具前端下方有凹槽，用以控制刺刀的安装位置。枪管外还有导气箍，用以引导火药气体冲击活塞。导气箍上刻有"0""1""2"的数字，用以表示火药气体冲击活塞的大小。

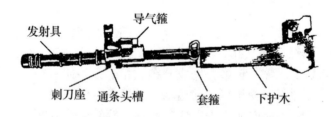

图7-5　枪管

（3）瞄准具（见图7-6）：由表尺和准星组成，用以瞄准。表尺由表尺座、表尺板、表尺转轮等组成。表尺板上有缺口和护铁。缺口用以通视准星向目标瞄准，护铁用以保护缺口。表尺转轮，用以装定所需的表尺分划和固定活塞护盖，转轮上刻有0～5的分划，"0"分划用以分解结合；"1～5"分划，每一分划对应100米。表尺座侧面圆点为表尺定位点，用以指示所装定的分划。准星结构同半自动步枪。

（4）活塞及调节塞（见图7-7）：用以承受火药气体的压力，推压枪机向后。活塞簧，使活塞回到前方位置，护盖上有护木和活塞定位凸榫。导气箍上的"1""2"分别表示调节塞上的小孔和大孔，通常装定在"1"上，当武器太脏来不及擦拭或在严寒的条件下射击时装定在"2"上。变换调节塞位置可用弹壳底部卡入弹底槽。当发射枪榴弹时，必须将调节塞转动到"0"的位置，以防损坏活动机件。

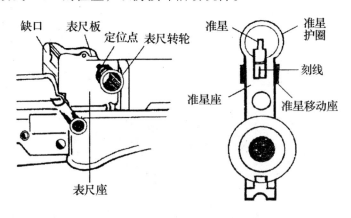

图7-6　瞄准具

图7-7　活塞及调节塞

（5）机匣（见图7-8）：用以容纳枪机、复进机、固定击发机和弹匣。机匣外有机匣盖，用以保护机匣内部免沾污垢。机匣还有握把、扳机护圈和弹匣卡榫。

机匣内有闭锁卡槽，能保证枪机闭锁枪膛。当弹匣内无子弹时，枪机阻铁能使枪机停在后方位置。凹槽用以容纳复进机导管座。拔壳凸榫用以拔出弹壳（子弹）。

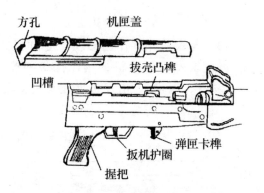

图7-8　机匣

（6）枪机（见图7-9）：由机栓和机体组成，用以送弹、闭锁、击发和退壳，能使击锤向后成待发状态。

机栓上有圆孔和导榫槽，用以容纳机体，并引导机体旋转形成闭锁和开锁。机栓上还有解脱凸榫、机柄和复进机巢。

机体上有：击针，用以撞击子弹底火；抓弹钩，用以从膛内抓出弹壳（子弹）。机体上还有导榫、送弹凸榫、闭锁凸榫和弹底巢。

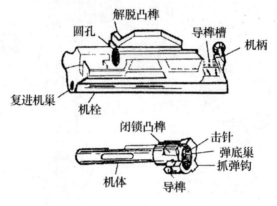

图7-9　枪机

（7）复进机（见图7-10）：由导管、导杆、导管座、复进簧和支撑环组成。复进机，使枪机回到前方位置。导管座上有机匣盖卡榫。

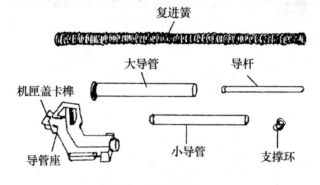

图7-10　复进机

（8）击发机（见图7-11）：与枪机相互作用形成待发和击发。击发机上有：击发控制机，能在枪机闭锁枪膛前防止击发；保险机，用以保险和控制单发射、连发射（"1""2""0"分别为单发射、连发射、保险）。击发机上还有击发阻铁、单发阻铁、击锤和扳机。

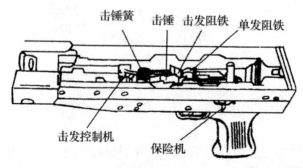

图7-11　击发机

（9）弹匣（见图7-12）：用以容纳和托送子弹。弹匣由弹匣体、托弹板、托弹板簧、固定板、弹匣盖组成。弹匣体上有：凹槽和挂耳，用以将弹匣固定在枪上；检查孔，当看到子弹时，则已装满子弹。

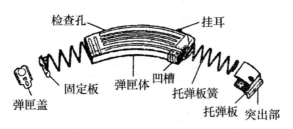

图7-12　弹匣

（10）枪托（见图7-13）：便于操作。枪托由枪颈、托底板、附品盒巢和枪托卡榫组成，平时成打开状态，必要时可折叠。

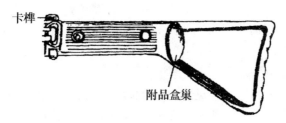

图7-13　枪托

附品：用以分解结合、擦拭上油、携带和排除故障。附品包括擦拭杆、鬃刷、铳子、附品盒、通条、油壶、背带和弹匣袋。

2.自动原理

扣扳机后，击锤打击击针，撞击子弹底火，点燃发射药，产生火药气体，推送弹头沿膛线向前运动；弹头一经过导气孔，部分火药气体通过导气孔，涌入导气箍，冲击活塞，推动推杆，使枪机向后，压缩复进簧，完成开锁、抛壳，并使击锤成待发状态；枪机退到后方时，由于复进簧的伸张，使枪机向前运动，推送下一发子弹入膛，闭锁。此时，如保险机定在连发位置，扳机未松开，击发阻铁不能卡住击锤，击锤再次打击击针，形成连发；如保险机定在单发位置，击锤被单发阻铁卡住，不能向前打击击针，若再次发射，必须松开扳机，再扣扳机。

### 三、分解结合

（一）分解结合的目的和要求

分解结合的目的是为了擦拭上油、检查和排除故障。其要求是：分解前必须验枪，保证安全无事故。分解结合应按顺序和要领进行，不要强敲硬卸。分解下来的机件应按次序放在干净的物体上（按照由右向左、下沿取齐，枪面向前放于机件前）。除所讲的分解内容外，未经许可不得分解其他机件。结合后，应拉枪机数次，检查机件结合是否正确。

（二）分解的动作要领

1.卸下弹匣。左手握护木，枪面向左，右手握弹匣，拇指按压弹匣卡榫（也可右手掌心向上握弹匣，以手掌肉厚部分推压弹匣卡榫），前推取下弹匣。

2.拔出通条和取出附品筒。左手握护木，右手向外向上拔出通条。然后用右手食指顶开附品筒巢盖，取出附品筒，并从附品筒内取出附品。

3.卸下机匣盖。左手握枪颈，并以拇指按压机匣盖卡榫，右手将机匣盖上提取下。

4.抽出复进机。左手握枪颈，右手向前推导管座，使其脱离凹槽，先后抽出复进机。

5.取出枪机。左手握枪颈，右手打开保险，拉枪机向后到定位，向上取出。左右转动机体，使导榫脱离榫槽，再向上取出机体。

6.卸下护盖。右手握上护木，左手转动表尺转轮定在"1"或"5"上，再向外拉，使限制轮脱离限制槽。然后向前（或向后）转动使表尺转轮上的"0"对正表尺座上的白点。左手握下护木，右手向上向后卸下护盖。

7.卸下调节塞和活塞。左手握下护木，右手将调节塞向右（左）转动到定位，向后拉调节塞，压缩活塞簧，使调节塞前端脱离导气箍，再向上前方卸下调节塞和活塞，并将调节塞、活塞及活塞簧分开。

（三）结合的动作要领

结合时应按分解时的相反顺序进行，共分七步。

1.装上活塞及调节塞。将活塞簧套在活塞杆后端，左手握下护木，右手将活塞杆插入表尺座的圆孔内，压缩活塞簧，使调节塞前端插入导气箍，并向左（右）转动调节塞，使解脱凸榫进入凹槽。

2.装上护盖。左手握下护木，右手将护木盖前端两侧卡在导气箍上，按压护盖后端向下到定位。左手转动表尺转轮，使分划"1"对正表尺座外侧的圆点。

3.装上枪机。右手握机栓，使导气槽向上；左手将枪机结合在枪栓上，使导榫进入导榫槽并向前转动到定位。左手握枪颈，右手将枪机从机匣后端装入机匣，前推到定位。

4.装上复进机。左手握枪颈，右手将复进机插入复进机巢内，向前推压，使导管座进入凹槽内。

5.装上机匣盖。左手握枪颈，右手将机匣盖前端对正半圆槽，使后部的方孔对正机匣盖卡榫，向前下方推压机匣盖，使卡榫完全进入方孔内。

6.装上附品筒和通条。将附品装入附品筒内，左手握护木，右手将附品筒盖朝外装入附品筒巢内。然后将通条插入通条孔内，并使通条头进入通条头槽。此时拉枪机数次，检查机件结合是否正确，扣扳机，关保险。

7.装上弹匣。左手握护木，枪面稍向左，右手握弹匣，将弹匣口前端插入结合口内，扳弹匣向后到定位。

## 四、爱护武器

轻武器是单兵的基本装备，是消灭敌人保存自己的重要物质基础，是国家的重要财产。为使其经常处于良好的战备状态，必须了解轻武器的保管、使用原则，学会一般故障的排除方法。

（一）爱护武器的要求

爱护武器是军人的重要职责，因此必须做到勤检查、勤擦拭、勤保养、不碰摔、不锈蚀、无损坏、会擦拭、会保管、会检查、会排除故障，使武器保持完好状态；枪支弹药要放在安全、干燥、通风的地方，确保随时执行战斗任务。

（二）擦拭上油

1.擦拭的时机和要求

实弹射击后，应用浸透油或碱水（肥皂水）的布，将武器上的烟渣、污垢擦拭干净，并用干布擦干后再上油，以后三四天应每天擦拭一次；训练、演习后应适时地用干布和油布擦拭；不经常使用时，每周至少擦拭一次；在严寒的室外将枪带到室内时等水珠出现后再擦拭上油，被海水浸过或遭毒剂和放射性物质沾染后，应先用淡水冲洗后再擦拭。擦拭上油后，应放在通风干燥处晾干，严禁火烤或暴晒。

2.擦拭上油的方法

擦拭前，应分解武器，准备好擦拭工具。使用通条时，将通条从附品筒的大圆孔穿过小圆孔，再将附品筒盖套在通条上作枪口罩，拧紧擦拭杆，然后用铳子穿过附品筒和通条头上的圆孔，固定住通条。

（1）擦拭枪膛时，把布条缠在擦拭杆活动部分，并插入枪膛，将附品筒盖套在枪口上，沿枪膛均匀地来回擦拭直到擦干净，弹膛应从后面擦拭，最后用布条或鬃刷涂油。

（2）擦拭导气箍、活塞筒时，用通条或竹（木）杆缠布擦拭，擦干净后涂油。

（3）擦拭其他机件时，应先擦净表面的烟渣、污垢，对孔、沟、槽等细小部位，可用竹（木）签缠布进行擦拭，然后薄薄地涂上一层油。

### 五、排除故障的方法

射击中如发现故障，通常拉枪机（套筒）向后，重新装弹继续射击。如仍有故障，应迅速查明原因予以排除。如排除不了，应迅速向指导员报告，以保证及时完成射击任务。

# 第二节　射击训练

## 一、瞄准训练

（一）检查瞄准的方法

1.个人检查

瞄准时头稍微左右移动，检查准星是否位于缺口中央；头稍微上下移动，检查准星尖是否与缺口上沿平齐；也可以用平正准星检查器遮挡的方法，检查准星缺口是否严正。

2.固定枪检查

将枪放在依托物上，瞄准后不动枪，互相检查瞄准的正确程度。

3.用检查镜检查

将检查镜固定在枪上，检查者位于射手左侧进行检查。

（二）瞄准误差对命中的影响

1.准星与缺口的关系不正确

瞄准时若准星与缺口内的偏差为1毫米，在100米远的距离上射弹差约为32厘米。距离增加几倍，偏差量就增加几倍。射弹偏差量的大小与射击距离和瞄准基线的长短有直接的关系。

2.瞄准线指向的偏差

瞄准时若准星与缺口的关系正确，而瞄准线指向产生偏差时，射弹也会产生偏差。射弹的偏差与瞄准线指向的偏差一致，如瞄准线指向偏左10厘米，射弹也会偏左10厘米。

3.枪面倾斜

枪面倾斜使枪身轴线的指向产生偏差，枪面偏左，射弹偏左下；枪面偏右，射弹偏右下。

## 二、验　枪

（一）验枪的目的与要求

1.验枪的目的。为了保证安全，使用武器前后以及必要时都需要验枪和验弹。

2.验枪的要求。认真检查弹膛、弹匣以及教练弹中有无实弹，验枪时严禁枪口对人。

（二）验枪的动作要领

口令："验枪"、"验枪完毕"

要领：听到"验枪"口令时，右手移握护木，背带从肩上脱下，使枪口向前，以右脚掌为轴，身体半面向右转，左脚掌顺势向前一步，这时两脚分开约与肩膀同宽。然后将枪向前送出，左手接握下护木，左大臂紧靠左肋，枪托贴于右胯，准星约与肩同高，右手掌心向下，虎口向前，拇指打开保险，卸下弹匣，使弹匣口向后，挂耳向下，交给左手握于护木右侧，移握机柄。

当指挥员检查时，拉枪机向后，验过后，自行送回枪机，装上弹匣，扣扳机，关保险，移握枪颈。

听到"验枪完毕"的口令后，左手反握护木，将枪倒置于胸前，背带环约与肩同高，右手拇指挑起背带，身体半面向左转，在右脚靠拢左脚的同时，两手协力将枪送上右肩，恢复肩枪姿势。

## 三、射　击

（一）向弹匣内装填子弹

口令："装填弹匣""起立"

要领：听到"装填弹匣"口令后，右手移握上护木，使枪口向前，背带从肩上脱下，同时左脚向前迈出一步，右膝跪下，臀部坐在右脚跟上，右手将枪置于左腿内侧，枪面向里位于左肩。右手从弹袋内取出空弹匣或从枪上卸下空弹匣，使弹匣口向下、挂耳向左前交给左手，右手将子弹放在弹匣口上，两手协力，将子弹压入弹匣内。装好后，弹匣口向下、挂耳向左装入弹袋内并扣好，左手位于左膝上，右手握上护木，目视前方。

听到口令"起立"后，迅速起立，左手反握护木，将枪倒置于胸前，右手拇指挑起背带。同时，身体半面向左转，在右脚靠拢左脚的同时，两手协力将枪送上右肩，恢复肩枪姿势。

（二）卧姿装退子弹及定复表尺

口令："卧姿——装子弹""退子弹——起立"

要领：听到"卧姿——装子弹"的口令后，右手移握上护木，使枪口向前，背带从肩上脱下，左脚向右脚尖前迈出一大步，也可右脚顺脚尖方向迈出一大步，左手在左（右）脚前撑地，顺势卧倒，以身体的左侧和左肘支持全身。右手将枪向目标方向送出，左手接握下护木，枪面稍向左，枪托着地，右手卸下空弹匣装入弹袋内并扣好，拇指打开保险，拉开枪机送子弹上膛，关上保险，右手拇指和食指转动表尺转轮，装定所需分划。然后右手移握握把，全身伏地，两脚分开约与肩同宽的距离，身体右侧与枪身略成一线，目视前方，准备射击。

听到"退子弹——起立"的口令后，稍向左侧身，右手卸下实弹匣交给左手，打开保险，拇指慢拉枪机向后，余指接住膛内退出的子弹，送回枪机，将子弹压入弹匣内，解开弹袋扣，换上空弹匣装入弹袋内并扣好，扣扳机，关保险，复回表尺，移握上护木，将枪收回，同时左小臂向里合，屈左腿于右腿下。左手和两脚撑起身体，右脚向前一大步，左脚再向前一步，左手反握住护木，将枪倒置于胸前，右手拇指挑起背带，在右脚靠拢左脚的同时，两手协力将枪送上右肩，恢复肩枪姿势。

（三）跪姿装退子弹及定复表尺

口令："跪姿——装子弹""退子弹——起立"

要领：听到"跪姿——装子弹"的口令后，右手移握上护木，使枪口向前（背带从肩上脱下），左脚向右脚前方迈出一步，右手将枪向目标方向送出。左手接握下护木，同时右膝向右跪下，臀部坐在右脚跟上，左小腿略垂直，两腿约成90度角，左小臂放在大腿上。枪面稍向上左，准星约与肩同高，然后按要领换上实弹匣，打开保险，送子弹上膛，关上保险，定表尺，右手移握握把，目视前方，准备射击。

听到"退子弹——起立"的口令后，按要领卸下实弹匣，打开保险，退出膛内子弹，换上空弹匣，扣扳机，关保险，复回表尺，移握上护木，左脚尖向外打开，同时起立，左手反握护木，将枪倒置于胸前，右手拇指挑起背带，在右脚靠拢左脚的同时，两手协力将枪送上右肩，恢复肩枪姿势。

（四）立姿装退子弹及定复表尺

口令："立姿——装子弹""退子弹"

要领：听到"立姿——装子弹"的口令后，右手移握上护木使枪口向前，背带从肩膀脱下，以右脚掌为轴，身体大半面向右转，左脚顺势向前迈出一步，两脚分开约与肩同宽，体重落在两脚上，右手将枪向目标方向送出。左手接握下护木，左大臂紧靠左肋，枪托贴于右胯，准星约与肩膀同高。然后按要领换上实弹匣，打开保险，送子弹上膛，关保险，定表尺，右手移握握把，目视前方，准备射击。

听到"退子弹"的口令后，按要领卸下实弹匣，打开保险，退出膛内子弹，换上空弹匣，扣扳机，关保险，复回表尺，右手移握上护木，身体大半面向左转，左手反握护木，将枪倒置于胸前，右手拇指挑起背带，在右脚靠拢左脚的同时，两手协力将枪送上右肩，恢复肩枪姿势。

# 第三节　实弹射击

## 一、组织实弹射击的原则

（一）指挥员在组织实弹射击时应遵循的原则

1.组织实弹射击必须在对射手进行武器常识、射击原理、射击动作和方法、观察和测定距离训练之后实施。

2.组织实弹射击，事先必须进行周密、细致的准备工作，制定具体、明确的安全措施，防止各种事故的发生。

3.严格按照组织程序办事，实弹射击前应向上级主管部门请示，射击完毕后报告，不得任意延长和更改实弹射击的日期和更换实弹射击的场地。

4.组织实弹射击时，必须从实战需要出发，从难从严要求部队，注意锻炼射手独立自主地完成射击任务的能力，不准降低标准，不得拼凑尖子，弄虚作假。

5.组织实弹射击，必须依照总参谋部颁发的最新的条令、教令以及《军事训练成绩评定标准》，严格按照规定的条件和标准具体组织实施。

（二）射击场的组织和安全规则

1.射击场的组织

（1）组织实弹射击的人员的编制

组织实弹射击应由射击场指挥员、警戒人员、信号（观察）员、地段指挥员、靶壕指挥员、示靶人员、发弹员、记录员、医务人员等组成。

（2）组织实弹射击人员的职责

①射击场指挥员，负责设备场地，派遣勤务，组织指挥射击，监督全体人员遵守射击场的各项规定和安全规则，处理有关的问题。

②警戒人员，负责全场的警戒，严禁任何人员和牲畜进入警区，发现险情应及时发出信号并向射击场指挥员报告。

③信号（观察）员，根据射击场指挥员的命令发出各种信号，负责警戒区内的观察，发现险情立即报告。

④地段指挥员，在射击场指挥员的领导下，负责组织本地段的射击指挥。

⑤靶壕指挥员，在射击场指挥员的领导下，负责组织设靶、示靶、报靶、补靶以及处理有关的问题。

⑥示靶人员，负责设靶、示靶和报靶等工作。

⑦发弹员，根据指挥员的命令，按照规定弹种、弹数发给射手子弹，收回剩余子弹，射击终止后，负责清查弹药和收交弹壳。

⑧记录员，负责记录射手的成绩和统计单位成绩。

2.射击场的安全规则

（1）对参加实弹射击的各类人员的要求

示靶人员听到或看到准备射击的信号后，应迅速隐蔽，未经射击场指挥员许可不得随便走出靶壕。若靶壕内发生特殊情况，需要立即停止射击时，应出示白旗或用其他规定的方法向指挥员报告。

实弹射击前，射击场指挥员必须向全体人员明确规定各种信号、记号以及与警戒、观察人员的联络方法，并要求全体人员严格执行信号规定。参加实弹射击的射手在使用武器前后必须验枪；无论枪内有无实弹，都不得将枪口对准人；严禁将装有实弹的武器随意放置或交给他人；没有指挥员的口令，射手射向不得超出安全射界。在射击过程中，射手若看到靶壕的白旗或者听到停止的口令时，应立即停止射击。

（2）射击场的确定以及使用的规定

确定实弹射击场时，必须要有可靠的靶挡，有确保安全的靶壕和掩蔽部，并应避开高压线。在使用时，事先必须仔细搜索靶场警戒区，派出警戒，设置警戒旗。必要时应预先将射击开始和结束的时间、危险区域及其射击场的有关信号通知当地有关单位和人员。

## 二、实施实弹射击的一般规定

实弹射击的一般规定是指实弹射击前，根据实弹射击的客观需要制定的各种行动标准和规则，主要有以下7个方面内容。

（1）组织基本射击时，射手进到出发地线后，指挥员令发弹员发给射手或者副射手子弹。以56式半自动步枪的练习实弹射击为例，下达口令："发弹员——发给每个射手5发弹"然后下达"装填弹匣"的口令，装填子弹时均采取跪姿，接着发出准备射击的信号，待靶壕树立红旗或用其他规定的方法发出可以射击的信号后，下达射击地线前进的口令。射手进入射击地线后，按指挥员口令做好射击准备，指挥员规定时间发出开始射击的口令或显示目标的信号，射手即行射击。

（2）各种武器实弹射击的第一次练习，可在良好的天气条件下实施，实弹射击的其他练习，可在各种天气、各种地形上结合本部队担负的作战任务实施，特别要探讨恶劣气候条件下的射击和射击指挥问题。

（3）实弹射击的时候，必须使用手中的武器，如果因为武器的机件损坏或射效不合格而无法矫正，射手不能使用武器必须经上级领导批准。

（4）射击中凡是有时间限制的练习，规定时间一到，指挥员应立即下达停止射击的口令，射手应立即停止射击，射手打错靶算是脱靶。打错者，如果当时能判明打错的弹着点，即扣除；如果当时不能判明打错的弹着，应扣除超过发射弹数的弹着；如系环靶，扣除环数最少的弹着。对环靶射击时，命中环线算内环，跳弹命中靶子不算成绩。

（5）射击中若发生故障，如属于射手操作原因，应自行排除后继续射击；如属于武器弹药或靶子等原因，扣除排除故障的时间，补发弹药后继续射击。如果条件许可，也可重新射击。

（6）射击完毕后退子弹起立，在原地验枪，验枪完毕后，发出报（检）靶信号，同时指挥射手向右翼排头靠拢，再由右翼排头下达口令带到指定位置坐好，也可以由指挥员下达口令，从射击地线带回。

（7）全场射击完毕，如果不及格者可依次补射，补射成绩算个人成绩，不算单位成绩。补射完毕后，发出射击完毕的信号，召回警戒，指挥员实施小结讲评，依据射击成绩评价训练效果。

## 三、勤务培训

主要是针对警戒人员、信号（观察）员，以及示靶人员的培训。

（1）培训警戒人员，要明确规定信号和任务，确定警戒重点，指定警戒人员的隐蔽位置，规定发现险情与指挥员联络报告的方法，必要时可在现场预演。

（2）培训信号（观察）员，讲清联络、指挥信号以及传递使用观察信号的方法；明确观察地形、方向以及重点方向和地形，规定联络报告方法。

（3）培训示靶（检靶）人员，首先要教育他们对工作认真负责，严格执行射击的各项规定，真正做到令行禁止，然后教会示靶人员的报靶方法。

## 四、成绩评定

实弹射击成绩评定分为四个等级：优秀、良好、及格和不及格。

（一）个人实弹射击的成绩评定标准

射击条件：卧姿，有依托，距离100米，胸环靶，弹数为5发，单发弹，射击时间为5分钟。

成绩评定标准：45环以上为优秀；35～39环为良好；34～30环为及格；30环以下为不及格。

（二）单位实弹射击成绩评定标准

优秀：90%以上的射手的成绩在及格以上，并有40%以上的射手的成绩为优秀。

良好：80%以上的射手的成绩在及格以上，并有40%以上的射手的成绩为优秀和良好。

及格：70%以上的射手的成绩在及格以上。

# 第四节　军训日常管理及考核

根据中国人民解放军共同条令要求，结合高等院校学生军事训练实际，可以按照如下要求，进行军训期间的日常管理以及考核。

## 一、日常生活制度

### （一）起床

听到起床号后，全体参训学生应立即起床，各级负责人员应检查督促，按规定着装，做好出操准备。

### （二）早操

早操，以连队或者排为单位进行组织，听到出操号令后，排长应迅速集合整队，清查人数，向连队值班员报告。由连队值班员或连、排长带队到指定场地出操。早操时间通常为30分钟，主要进行队列训练或体育锻炼。

### （三）洗漱和整理内务

早操后，进行洗漱和整理内务，时间不超过30分钟，班长要指导和协助整理好本班内务卫生。连队值班员要检查全连内务卫生情况，内务卫生要求保持清洁、整齐、统一。

### （四）开饭

按照规定时间开饭，开饭前应以连为单位整队带到食堂门口，解散后有秩序地进行购买饭菜，就餐时应保持肃静，文明就餐，用餐完毕后自行离开。

### （五）操课

操课前，应根据军训计划表做好准备，负责人应提前集合队伍，清点人数。检查着装（不准穿背心、短裤、拖鞋和高跟鞋），并做好点名记录。操课学生要严格遵守纪律和各项规章制度，认真听讲，精心操练，尊重解放军，尊重教师，服从管理。使用武器、器材时要严格遵守操作规程，注意安全，严防事故发生。操课结束，应检查训练器材，做好交还工作，连、排讲评后集体带回。往返途中要保持队列整齐，歌声嘹亮。

### （六）午休

按照规定时间午休，保持肃静，值班员要检查督促。午休结束后，按照规定整理好内务，做好操课准备。

### （七）文体活动

集中军训期间，各级统一组织的文体活动必须参加，并可适当安排课外活动时间给学生处理个人事情，但不得擅自外出或离开训练营区。

### （八）晚点名

晚点名，通常以连为单位就寝前在室外列队进行，时间不超过15分钟。其内容包括清点人数、工作生活讲评、传达上级指示、布置次日工作。

（九）就寝

全体人员听到就寝号后，应停止一切活动，立即熄灯就寝，保持肃静。

## 二、请假、销假制度

（1）请假要按级办理请假手续，假满后应按时销假。

（2）学生在操课时间内，非伤病员一律不准请假，特殊情况需经"辅导员、院系领导、教务处领导"签署意见并批准后方可请假，未办理请假手续和未经批准的，按旷课处理。

（3）因病需休息的须出示有效病例证明或校医务室病休证明，经院系领导和连长同意后，送教务处领导批准即可。

（4）凡请假超过军训时间的1/2，必须重新培训。

（5）凡因健康原因不能参加集中军训的学生，必须持有效医院证明，申请免修，经院系领导批准后报教务处备案。

## 三、内务卫生要求

（1）床铺、被褥折叠成统一形状（三角形或四方形），摆放在同一方向，枕头搁放在被子上，床上不堆放衣物、书本或其他杂物，保持床铺的整齐干净。蚊帐内不挂衣服或其他杂物。

（2）鞋类成排摆放，衣物悬挂统一，需晾晒的衣物均悬挂外面走廊。

（3）箱子、行李、脸盆、水桶、牙杯、牙刷、餐具、毛巾等生活用品成排摆放，保持整洁美观。

（4）门板、窗户、玻璃擦拭干净，窗台上不留杂物。

（5）保持地板干净卫生，天花板以及墙壁要定期清扫，不留蜘蛛网。

（6）走廊要求干净，不倒水和剩余饭菜，不往楼下泼水、扔纸屑等杂物，垃圾需打扫成堆放入卫生桶内。

## 四、军容风纪规定

（一）着装

1.士兵必须按照规定着军服，保持军容严整。

2.严格按照授予军衔的命令佩戴军衔标志和帽徽、肩章、领花等。

3.军服应当保持整洁，配套穿着，不宜混穿。军服内的各种内衣下摆不得外露，着长袖衬衣或者内衣时，下摆要扎于裤子内。着礼服、夏常服时，必须内着配发的衬衣，系配发的领带。

4.着军服时，应当佩戴军帽。戴大檐帽、军训帽时，男士兵帽前缘与眉同高；女士兵帽稍向后倾；戴贝雷帽时，帽顶稍向后倾；帽徽正对左眼上方，帽前下缘距两眉约两指；戴绒（皮）帽时，护脑下缘距眉一指（男士兵）、三指（女士兵）。

5.参加执勤、操课、检阅或者携带武器、战斗装具时，通常扎腰带，其他场合可不扎腰带。

6.在操课和集体活动时，通常着军服，着便鞋时只准穿黑、棕色鞋；洗漱时可以穿拖鞋。

7.作战、训练、施工、体力劳动时，通常着训练服，其他场合通常着常服。

（二）仪容

1.军人头发应当整洁，男士兵不准留大背头、大鬓角和胡须，蓄发不得超过1.5厘米；女士兵发辫不能过肩，不准烫发。

2.着军服时，不准戴耳环、项链、领饰、戒指等饰物，不得描眉、涂口红、擦胭脂、染指甲和文身。

3.除工作需要和眼疾外，不准戴有色眼镜。

4.只准佩戴国家和军队统一颁发的勋章、奖章、证章、纪念章和院校徽章，不准佩戴其他徽章。

（三）举止

士兵必须举止端正，精神振奋，姿态良好，外出时必须遵守公共秩序和交通规则，遵守社会公德，自觉维护军队的声誉。在乘坐火车、公共汽车时，要主动给上级和老幼病残人员让座，要敢于同坏人坏事做斗争。

士兵不准袖手、背手和将手插入衣袋，不准聚集街头、搭背挽臂或者嬉笑打闹；不准边走边吸烟、吃东西、扇扇子；不准擅自参加地方组织的舞会；不准参与各种迷信活动；不准酗酒、赌博和参加一些不文明的活动，不准到地方的酒吧、网吧、发廊、按摩室、桑拿浴室、歌舞厅和电子游艺厅等场所消费娱乐，严禁军人涉足不健康场所；不准着军服摆摊设点做买卖；不准以军人的名义、肖像做商业广告；不准携带违禁物品。

## 五、考核

（一）考核内容

军事理论、内务卫生、队列队形、军体拳、实弹射击、作风纪律、会操。

（二）成绩考核

学生军训成绩，根据学生军训过程中的内务卫生、队列队形、军体拳、实弹射击、会操、军事理论等的单项成绩的综合，分别以优、良、中、及格、不及格（重修）五个等级给予个人最终评定成绩，并载入学生档案。

所占百分比为内务卫生15%，队列队形25%，军体拳10%，实弹射击15%，会操10%，军事理论20%，作风纪律5%。

## 六、奖罚

（1）在军训中，对在军训中工作成绩突出的各类人员，包括教官、指导员和教师等，可由军训团研究报军训工作领导小组确定实施奖励。

（2）在军训中，学生集体或个人表现突出或成绩优秀的应该给予表彰，先进军训集体按参训班级的30%，先进军训个人按班级总人数的10%评出（四舍五入），荣获先进军训集体和先进军训个人者，由学校给予表彰奖励。

（3）对在军训工作中表现不好，严重违反规章制度的个人或集体，视情节轻重和影响大小，给予批评教育或纪律处分；对损坏、丢失训练器材的，应照价赔偿，并写出检查；对破坏武器、器材、私藏子弹造成严重后果的，要依法惩处。

## 七、军训安全工作规定

（一）要求

安全工作是学生集中军训期间的一项十分重要的工作，预防各种故事的发生，对完成军训任务，增强内外团结，具有重要意义。

1.认真学习有关安全规定，牢固树立安全观念。发生事故要及时报告，查明原因并正确处理。

2.遵守训练场合的各种规定，严格按照操作规程办事，不得在训练场戏耍打闹。

3.严禁私自下河游泳、捕鱼，防止溺亡事故。

4.遵守交通规则，严禁违章行车和非驾驶人员开车。乘车时不准打闹、开玩笑；严禁将头、手、脚伸出车外。

5.落实安全措施，严防火灾、触电、煤气中毒。

6.讲究卫生，注意饮食，防止生病和食物中毒。

7.严格贯彻执行"三大纪律、八项注意"。

（二）武器使用管理规定

1.禁止私人非法获取弹药和利用军训之机进行违法射击，枪支、弹药必须分开保管。

2.爱护武器，人人有责。武器管理员要做到勤检查，勤组织擦拭保养，操课后必须擦拭干净后送回武器库。

3.训练用枪按照规定时间向武器库领用和交回，各连队指定人员办理出入库手续，当场清点数量，分别签字。

4.使用武器必须严格按照操作规程，严禁玩弄枪支，不准枪口对人。在实弹、实爆训练时，要及时收缴剩余的弹药，严禁随意拆除或玩弄爆炸物。

（三）射击场规则

1.组织实弹射击时，应设射击场指挥员、地段指挥员、靶壕指挥员和警戒人员、信号（观察）员、示靶员、发弹员、记录员、医务人员等。

2.射击前后必须验枪，无论枪内有无子弹，严禁枪口对人；严禁将装有实弹的武器随意放置或交给他人，不准将实弹和教练弹混在一起；没有指挥员的命令，射手不准装子弹和射击；实弹射击时，射手不得越出安全射界。

3.发出准备射击信号后，示靶员应迅速隐蔽，竖立红色信号旗，未经射击场指挥员允许，不得跃出靶壕。指挥员未接到靶壕内发出的可以射击信号，不得下令射击。靶壕内如发生特殊情况需立即停止射击时，应出示白旗，或用其他规定的方法向指挥员报告。射手看到白旗或听到"停止射击"的口令时，应立即停止射击，关保险，并将枪支置地。

4.射手按编组指定靶位实施射击。

5.全体人员必须明确各种信号规定，如开始射击、停止射击、报靶和射击终止等信号。

**思考题**

1.自动步枪和半自动步枪的主要诸元和战斗性能是什么？

2.半自动步枪由哪几大部分组成？主要机件的名称和用途是什么？

3.验枪的目的及要求有哪些？

4.瞄准的动作要领是什么？

5.半自动步枪卧姿装退子弹动作各分几步完成？

# 第八章  军事地形学

军队的一切战斗行动，都是在一定的地形条件下进行的，都要受到地形条件的影响和制约。随着现代战争的突发性增大，战场范围扩大，参战军种、兵种的增多，部队机动能力的提高，研究、利用地形显得特别重要，加之军事测绘成果的不断丰富，军事地形学逐渐成为军事训练的一门重要科目。军事地形学是研究在军事上如何识别和利用地形的学科。

## 第一节  地形对军队作战行动的影响

不同的地形有着不同的特点，这些特点对军队的作战行动会有不同的影响。认识并分析这些地形对作战行动的制约方式和影响作用是军事上研究和利用地形的前提。

### 一、地形的分类和作用

（一）地形的分类

地形是地物和地貌的总称。地貌是指地面高低起伏的自然状态，如山地、丘陵、平原等。它也包括地表面的固定性物体：含自然形成和人工建造的，如居民地、江河、森林、道路等。依地貌的状态，可分为平原、丘陵地、山地和高原；依地物和土壤的性质，可分为居民地、沙漠与戈壁、草原、水网稻田地、黄土地、江河湖泊、山林地、石林地、沼泽地等；依对军队战斗行动的影响，又可分为开阔地、隐蔽地和断绝地等。不同地形有不同的特点，对军队战斗行动有不同影响。

（二）地形的作用

地形是军队行动的客观基础，是各级军事指挥员组织指挥作战的重要因素之一。分析判断地形对作战的影响是正确利用地形进行作战的基础。

未来的战争，是高技术战争。随着科学技术的发展，武器装备趋于电子化、智能化、隐形化，战争的突然性和破坏力增大，又使战场广阔，情况变幻莫测，部队机动性强。在以劣势装备对付敌人强势装备的情况下，更加需要充分利用地形以降低敌人装备的效能。

## 二、几种地形的特点及其对作战行动的影响

### （一）平原

1.平原的地形特点

一般海拔在200米以下，高差在50米以下的地区叫做平原。我国平原地区面积约占全国总面积的12%。平原地面平坦开阔，居民较多、人口稠密，交通发达、道路较宽，江河较少，大部分为大面积耕地，物产丰富。北方地区平原多为旱地，夏秋季展望不良，冬春季展望良好。华北地区有两大平原：华北平原和河套平原。华北平原位于河北省的东南部，地势较低，平均高度在30米以下；北起燕山山脉，西接太行山，东濒渤海湾，河流多由西向东流入渤海。河套平原位于内蒙古自治区的西南部，地势较高，黄河流经其中部，但那里的交通被黄河所阻，冲沟较多，交通受到一定的限制。

2.平原对作战行动的影响

平原便于机械化部队行动，尤其是北方平原更能发挥坦克和机械化部队的机动性能，但雨水季节时江河有较大的阻碍作用。南方平原的水塘、水沟、小溪对部队机动有一定的影响。冬春季展望良好，射界开阔，但不易选择良好的观察所和炮兵发射阵地；配置在纵深的直射火器不便于发挥火力；大部队行动易露企图。夏季树木繁茂，利用青纱帐便于伪装，但视界和射界受一定限制。平原地区遭受原子武器袭击时，危害范围较大，但利用土堆、小丘、土坑和沟渠等，可起到一定的防护作用。平原地区使用化学武器易受风向、风速等的影响，除了居民地、凹地、沟渠外一般不易滞留毒剂。作战需要有大量的工程设施，一般北方平原地区有利于修筑工事，南方平原地区则因水稻田地多，地下水位高，不利于修筑地下工事。

### （二）山地

1.山地的地形特点

地面起伏显著，高差一般在200米以上的高地叫做山，群山连绵交错的地区叫做山地。我国的山地约占全国总面积的33%。山地一般沟深坡陡，山背、山脊纵横起伏，道路少且道路质量差，河床窄，水位涨落急剧。人烟稀少，物质匮乏。山地一般山高谷深，斜面险峻，江河水流湍急，隐蔽地、断绝地多，道路和居民地稀少，交通不便，农产品较少。高山地区空气稀薄，气象多变，山顶和山脚昼夜之间的温差较大。

2.山地对作战行动的影响

山地便于凭险固守，隐蔽行动，但不便于部队机动，坦克、炮兵和机械化部队仅能沿公路、平坦谷地运动，大兵团行动也受道路限制；山地便于选择良好的指挥所、观察所，便于隐蔽伪装，便于穿插、迂回、包围和设置埋伏；防守时，利用山洞和坑道等隐蔽部队和储备物质。但判定方位困难，射击、观察死角多，通信联络、指挥协同均较困难。山地对原子弹、核化武器袭击有良好的防护作用，能缩小杀伤范围和效能。山谷和洼地易滞留放射性物质和毒剂，消除污染困难。山地地形便于建筑坚固的坑道工事，但石质山地不易挖掘，作业效率低，后勤保障困难。

（三）山林地

1.山林地的地形特点

树木聚生的山地叫做山林地。山林地的特点与山地基本相似，只是地形更隐蔽，人烟更稀少，交通更不便。

2.山林地对作战行动的影响

山林地便于隐蔽集结；易达成战斗的突然性；便于实施迂回包围，穿插分割；便于轻装部队活动；便于控制要点据险扼守，节省兵力；便于就地取材，修筑工事，设置障碍；便于采集野生食物，克服短期困难。但对判定方位、观察、射击、交通运输、抢救伤员、组织协同和实施指挥等都比较困难。对原子弹、化学武器有防护作用，使其威力相对减少。

（四）丘陵地

1.丘陵地的地形特点

丘陵地面起伏较缓，高差一般在200米以下的高地叫做丘陵。许多丘陵连绵的地区叫做丘陵地。我国丘陵地分布较广，约占全国总面积的10%。较大的丘陵地有东南丘陵地、胶东丘陵地和辽西丘陵地等。丘陵地一般形状浑圆，谷宽岭低，坡度平缓，断绝地较少，高差较小。丘陵地一般人烟较多，农产品较丰富，山脚附近多为耕地、梯田和谷地，它是介于山地和平原之间的过渡地形。居民多依山傍谷，城镇多在广阔的谷地和水陆交通要点，交通便利。

2.丘陵地对作战行动的影响

丘陵地对部队机动和各种兵器装备的使用一般限制很小，观察、射击、工事构筑、隐蔽和指挥，对部队攻防战斗均较有利，便于选择良好的制高点、指挥所、观察所和各种兵器的射击阵地，便于通信联络和诸军兵种协同作战。丘陵地区便于后勤补给。由于地形起伏，对原子武器袭击有较好的天然防护作用，但山谷和凹地容易滞留毒剂。峡谷和冲沟，是天然的防坦克的好障碍。丘陵地土层较厚，便于构筑野战工事。

（五）岛屿

1.岛屿的地形特点

岛屿是散列于海洋、湖泊中的陆地，面积大小不一，通常大的叫做岛，小的叫做屿。岛屿四面环水，面积狭小，多数为列岛或群岛，少数为孤岛。一般岛上多山，坡度陡峻，地形复杂，岸线弯曲，岸陡滩狭，道路少，且曲折狭窄。居民少，物产有限，淡水缺乏，多数岛上土壤贫乏，植被较少，但热带地区的岛上多有茂密丛林。岛上气象复杂多变，夏季台风威胁较大，有些岛屿之间水浅礁多，航道狭窄。

2.岛屿对作战行动的影响

岛屿对作战行动的影响，主要取决于岛屿的位置、形状、大小、岛上的地形以及港湾、交通和给水条件等。一般来说，岛屿作战有利于防御而不利于进攻。防御时，由于岛上山多，地形险要，登陆地段少，便于依托有利地形，构筑以坑道为骨干、组成完整坚固的防御阵地。凭险固守，但由于四面环水，军队机动和补给受到一定的限制。岛屿和岛屿之间的联络也不方便。协同作战和指挥困难，并且容易四面受敌，战斗独立性大。进攻时，由于岛屿内多险峻山地，沿海的海岸岸陡滩狭，登陆和展开战斗都受到一定的限制。

航渡时，战斗队形暴露于海面，容易遭受来自空中、海上和岛屿上的袭击。海洋气候多变，风浪和海潮会影响部队的航渡和增加疲劳。

（六）水网稻田地

1.水网稻田地的地形特点

江河、沟渠纵横，湖泊、池塘密布，水稻田遍地的地区叫做水网稻田地。水网稻田地，地势平坦，展望良好。

2.水网稻田地对作战行动的影响

水网稻田地视界和射界较开阔，但不易选择良好的观察所、指挥所，配置在纵深的直射火器不便超越射击；由于河渠交错，岸陡水深，河底淤泥，形成开阔地，影响各兵种机动，进攻部队的战斗队形易被河渠分割，不便于指挥、联络和协同；部队连续通过泥泞稻田，体力消耗大，运动速度降低；水网稻田地不易修筑坚固的工事。对原子武器袭击的冲击波防护性能与平原地区相近，而热辐射易被水吸收，一般不易引起火灾。爆炸后升起大量泥浆，黏性和比重均较大，因而波及范围较小。

（七）沙漠与戈壁

在地表面覆盖着厚薄不一的沙层，形成广阔的沙砾地区叫做沙漠。

在硬土层上覆盖着砾石、粗砂的广阔荒漠地区叫做戈壁。它不同于沙漠，但戈壁内部往往有沙漠。

我国沙漠与戈壁多分布在西北地区，约占全国总面积的13%。较大的有：塔克拉玛干沙漠、古尔班通古特沙漠、巴丹吉林沙漠、腾格里沙漠、毛乌素沙漠等。戈壁一般多分布在大沙漠边缘地区，也有独立分布的。如内蒙古阴山山脉以北和以东地区，居延海以西地区，河西走廊，柴达木盆地和新疆的广大地区。

1.沙漠与戈壁的地形特点

沙漠地形多为平坦的沙地和在风力作用下形成的各种沙丘、沙垄与沙质洼地。通常分为固定沙丘、半固定沙丘和流动沙丘。

固定沙丘：丘高一般为10～30米，坡度20°左右，泥土成分较多，土质松软，夏秋季节杂草、灌木丛生。居民较少且分散，各居民地之间有乡村小路连接。

半固定沙丘：丘高一般10～40米，坡度20°以上，沙丘形状常常随风力改变，杂草和灌木多呈小片分布，居民较少，无固定道路。

流动沙丘：面积较大，丘高不一。外部轮廓随风改变，位置移动，无居民地，水源贫乏，道路稀少。

戈壁地区：地势平坦或略有起伏，表面布满一层大小不一有棱角的石块或卵石、砾石粗砂混杂，缺少水源，道路较少，但地表坚硬。

沙漠与戈壁地区属于干燥气候地带，气温变化剧烈。夏季酷热，温度高达50～60摄氏度；冬季严寒，温度低达零下20～30摄氏度，昼夜温差大；风多风大，季节性沙尘暴飞沙走石。

2.沙漠与戈壁对作战行动的影响

沙漠与戈壁地形特殊，气候恶劣，温度变化大，多风沙少水源，给军队战斗行动带来许多不便和困难。

沙漠与戈壁，地形开阔，视界、射界良好，但军队隐蔽、伪装困难；由于缺乏方位物，军队行动判定方位困难，易迷失方向。戈壁地面坚硬，便于坦克、机械化部队行动。沙漠地面松软，车辆通行困难，气温变化大，白天酷热，夜晚严寒，气候干燥，风沙大，对人员、装备危害大。由于人烟稀少，水源和农产品缺乏，宿营和补给困难，构筑工事易坍塌。沙漠与戈壁对原子武器袭击防护能力较小，由于反射辐射热的作用强，毒剂扩散广，危害程度大。

（八）居民地

1.居民地的地形特点

人们按照生产和生活需要而形成的集聚定居的地区叫做居民地。根据性质和人口多少分为城市、集镇和村庄等。大的居民地如城市，多是某地区的政治、经济、文化中心和交通枢纽。城市一般依山临江河或海而建筑，人口众多，房屋密集，建筑物高大而坚固，机场、港口、铁路等运输设施比较完善，中小城市一般都有公路和铁路相通。集镇是一种比较大的居民地，房屋较多，山地集镇的街道比较曲折，房屋分布分散；平原上的集镇一般靠近江河两侧，有公路、乡村小路或水路相通。交通发达的村庄是较小的居民地，人口不多，房屋结构多为砖混结构。

2.居民地对作战行动的影响

居民地常成为攻防的要点，也是敌方航空兵、炮兵、导弹、原子弹和化学武器袭击的目标。城市居民地地形上建筑物密集，易于设置障碍，使机动困难，易于隐蔽、掩护，便于立体防御。高层现代建筑结构坚固，有一定的防御能力，但战时房屋易于倒塌和起火燃烧，水管和煤气管道易于破裂而引起水患、爆炸和中毒事件。居民地便于构成坚固的防御阵地，利于近战、夜战和小分队战斗行动；城市的坚固建筑物对原子武器有一定的防护作用，但易造成间接杀伤和引起火灾，庭院和街巷易滞留毒剂和放射性污染；利用城市通信设备可组织部队通信联络，便于部队宿营和后勤补给。但观察和协同不便，战队易被分割。

## 三、研究地形的基本方法

在执行作战任务时，认真研究和善于利用地形，并且改造地形是取得作战胜利的一个重要保证。研究地形通常有以下几种方法。

（一）利用航空相片研究

利用航空相片研究，是现代广泛使用的方法。航空相片能即时获得新颖、详细、真实的地形情况，能准确判明敌人的火器配置、施工设施、兵力和技术兵器的集结区域，以及敌人进攻或防御的态势。总之，摄影时所发生和存在的情形，都能在相片上显示。但高低、江河的名称和地面点的高程、河流的深浅等情况不能显示，这还得结合地图进行分析判断。

（二）利用电视显示系统进行研究

最近几年军队研究地形出现的新方法是利用电视显示系统来进行研究。利用电视技术

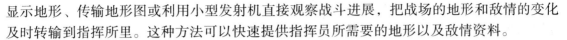

显示地形、传输地形图或利用小型发射机直接观察战斗进展，把战场的地形和敌情的变化及时转输到指挥所里。这种方法可以快速提供指挥员所需要的地形以及敌情资料。

（三）现地侦察地形

现地侦察地形是研究地形的基本方法，在现地可以真实地了解地形状况，判断其对战斗行动的影响，使得意图符合客观实际，实施正确的组织指挥。

（四）利用地图研究

利用地图研究地形是一种常用的方法。通常在现地侦察前或不易进行现地侦察时采用，地图能较为准确、详细地显示地形的起伏状况。现代作战，应随时利用地图研究地形，以实施不间断的指挥。利用地图研究地形，不受敌情、天气和时间的限制。

（五）利用沙盘进行研究

沙盘能够形象地显示地形的高低起伏，标示敌我工事、兵力和兵器配置等情况。沙盘既是平时战术训练，又是战时指挥员研究和判断地形、敌情，组织协同和战前练兵的好工具。利用沙盘研究地形的好处是直观、形象，同时能给人以清晰的立体感。

# 第二节　地形图知识

地形图是战场作战环境的判断、分析和对作战方案的评价以及作战指挥的工具。围绕地形图生成过程的理论与技术知识的介绍，便形成了军事地形学中识图的重要内容。

## 一、地图概述

### （一）地图的定义

将地面的自然和社会现象要素，按一定的投影方法和比例关系，用规定的图式符号、颜色和文字标记，将实地地形，经过一定的综合取舍绘制于平面图纸上的图叫做地图。

### （二）地图的分类和地形图的用途

1.地图的分类

根据地图的某些特征，把它们分成一定的种类。按比例尺可分为大、中、小比例尺地图；按用途可分为教学图、参考图、政区图、飞行图、航海图、交通图、游览图等；按内容可分为普通地图和专题地图。普通地图能综合反映地表地理景观的外貌，比较全面地标示自然条件和社会经济要素以及人类改造自然的成果。主要包括自然地理要素，如地貌、水系、土壤、植被等；社会经济要素，如居民地、行政区、工矿、交通网等。专题地图又称为专门地图，是在地形图上简明、突出地显示一种或几种要素，具有专门化的内容和用途，如地貌图、交通图、地质图、水文图等。普通地图又可分为地形图和地理图，是编绘专题地图的基础。

2.地形图的用途

地形图是普通地图的一种，地形图具有可判识、可测量和可分析特性。其比例尺大于

1:100万，它是国家经济建设、国防建设和军队作战训练、制定作战计划和研究地形不可缺少的重要作战工具。在地形图上能详细地反映长度（距离）、高度、坡度、坐标、水平角度和面积等。

## 二、地形图比例尺与地物符号

（一）地形图比例尺

1.比例尺的概念

地形图比例尺是图上某线段的长度与相应实地水平距离之比。地形图比例尺是说明该图所表示的地面被缩小的尺度，亦称"缩尺"。它不仅是测图、制图的依据，而且也是用图时进行点的坐标、点间距离量算的依据。

地形图比例尺=图上长:相应的实地水平距离。如图上线段长为1厘米，实地相应线段的水平距离为5万厘米，则地形图的比例尺为1:5万。

比例尺分母愈大，其比值愈小，即地图比例尺越小，图上显示的地形就越概略，精度就越低，说明同一幅面的图中所包含的实地范围就越小。比例尺通常用图形结合数字绘制在图廓的下方。1:1万至1:10万的地图为大比例尺地图；1:20万至1:100万的地图为中比例尺地图；大于1:100万的地图为小比例尺地图。

我国地形图比例尺的系列为1:1万，1:2.5万，1:5万，1:10万，1:25万，1:50万，1:100万。

2.比例尺的表示形式

为了适应直接量算需要，各种地形图上用得最多的比例尺有如下两种形式。

（1）数字比例尺是以数字显示比例关系的比例尺形式。如1:10 000，1:50 000，1:100 000等。有时也可在其他场合见到如1:1万、1:5万等书写形式。

（2）直线比例尺。直线比例尺是将图上长按比例尺关系直接注记成相应实际水平距离的比例尺形式。直线比例尺由尺头和尺身组成，从0分划向左的部分为尺头，全长为1厘米，并将其等分为10个分划，每一分划的分划值为1毫米；从0分划向右的部分为尺身，尺身亦按1厘米一个刻画。尺头的左端点按比例尺以米为单位将图上长注记为实际水平线段长，尺身以整千米为单位注记。

3.在图上量读距离

（1）用数字比例尺换算距离。用数字比例尺换算距离时，可先用直尺量取图上两点间的距离长，然后乘以该地形图的比例尺分母，即取得相应的实地水平距离。其公式为：实地水平距离=图上长×地形图比例尺分母。

若已知实地水平距离，同样可求出图上长。其公式为：图上长=实地水平距离÷地形图的比例尺分母。

（2）在直线比例尺上量读距离。先用两脚规量出两点间的长度，或者用直尺、纸条、线绳等来量出两点间距离，并保持其长度，再到直线比例尺上去比量。比量时，先使两脚规的一脚落在尺身的大分划上，另一端落在尺头的小分划上，如果不够一个分划时，应估量，大小分划数相加，即可得出两点间的实地水平距离。如图8-1所示，甲、乙两点间实地水平距离为1250米。

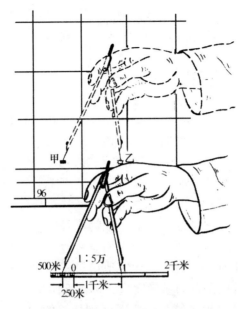

图8-1　用两脚规量读距离

（3）用里程表量读距离。在地形图上量取图上的曲线距离，通常用指北针上的里程表进行。里程表由表盘、指针、滚轮组成。表盘按圆周刻画，由内向外分别刻画1:2.5万，1:5万，1:10万三种里程。量读距离时，先使里程表的指针对准盘内的零分划，然后右手持指北针，使滚轮垂直向下，从图上起点，开始向所量之线均匀地推至终点，指针在相应比例尺分划圈上所指的千米数，即所量路段或曲线的实地距离，如图8-2所示。

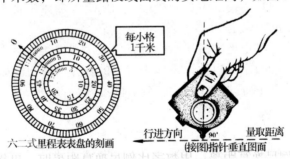

图8-2　用里程表量读距离

（二）地物符号

地形图符号简称地形符号，是表示地形要素的空间位置、大小（或范围）、质量特性的约定图解记号，由符号辅以文字注记构成。它是表达地表自然和社会现象的基本手段，也是识别应用地形图的依据和语言。地面上的地物，在地图上是用统一规定的符号结合注记表示的，这些规定的图形符号叫做地物符号。地物符号用以表示、判断地面固定物体的地形符号。

1.地物符号的分类

（1）不依比例尺表示的符号：点状地物符号。点状符号是指地物在自身结构和形体上自成相对独立、不能依比例尺表示的地物符号。点状符号具有精确的位置特征，对部队判定方位，确定位置，指示目标，实施射击指挥提供重要依据。在图上只用规定符号表示，而不依比例缩绘。这种符号只能了解实地地物的性质和位置，但不能量取大小，如三角点，油库，变电所，突出的树、塔、亭等。

（2）半依比例尺表示的符号：线状地物符号。线状符号是指地物具有线性结构特征的符号。这种符号在地图上只能量取其相应实地长度，而不能量取宽度和面积，因此叫做半依比例尺表示的符号，如道路、土堤、通信线等。其转折点和交叉位置是按实地精确测定，其长度是按比例尺缩绘的，而宽度不是按比例尺缩绘的。

（3）依比例尺表示的符号：面状地物符号。面状符号也叫轮廓符号，是指实际地物的占地面积能依比例尺显示于地形图上的那些地物符号。它是依比例表示的符号，其在图上不但可以了解它的分布和形状，还可以量取相应实地的长、宽和面积。例如密集式的居民地、街区、森林植被、江河、湖泊、水库、池塘等。这类符号的轮廓与实地地物的轮廓相一致，尤其是轮廓的转折点位置的精确度高，可供部队指示目标和判定方位。

在面状符号里，尤其是植被符号，为了区别植被的种类及对作战行动的重要影响性，当面状符号可以容纳说明注记并可配置符号时，应在其范围内绘制配置符号并加以说明注记。

（4）说明和配置地物符号。说明和配置地物符号主要用来补充说明上述符号不能表示的内容。说明符号是用来说明某种情况的，不表示实地有这类地物，如表示江河流向的箭头、街区性质的晕线等为说明符号；配置地物符号是用来表示某些地区的植被以及土质分布特征，不表示实地地物的精确位置和数量，如果园、森林和灌木等为配置符号。

2.文字和数字注记的规定

地物符号只能表示实地地物的形状、位置、大小和种类，但不能表示其质量、数量和名称，还需要用文字和数字予以注记，作为符号的补充和说明。如居民地、江河、山的名称、森林的种类、公路的质量等均用文字来注记；高程、比高、河宽、水深等则用数字注记。

3.地物符号的颜色

地物符号分4色描绘：用黑色表示人工及部分自然地物，如居民地、独立地物、管线、垣栅、道路、边界及其名称与数量注记；蓝色表示水系和与冰雪有关的区域，如河流、湖泊、海洋、沟渠、水井及其注记雪土地貌等；绿色表示天然和人工植被，如森林、果园等；棕色表示地貌和土质，如等高线及其高程注记、地貌符号（变形地）及其比高注记等（见表8-1）。

4.地物符号的图形特点

地物符号的图形多数是按照地物的平面形状制定的，属于正规图形，如街区、河流、公路等；有些是按照地物的侧面形状制定的，属于侧面图形，如突出的烟囱、水塔等；也有少数符号是按照有关意义制定的，如矿井、变电所、气象台等。

表8-1　地物符号颜色的规定

| 颜色 | 使用范围 |
| --- | --- |
| 黑色 | 人工地物和部分自然地物——居民地、独立地物、管线、道路、边界及其名称与数量注记等。 |
| 绿色 | 植被要素——森林、果园等的普染；1978年后出版地图的植被符号及注记等。 |
| 棕色 | 地貌要素——等高线及其高程注记、地貌符号及其比高注记、土质特征、公路普染等。 |
| 蓝色 | 水系要素——河岸线、单线河及其注记和普染、雪山冰川等。 |

## 三、地貌判读

地貌是指地表自然起伏的形态。目前广泛采用"等高线法"来显示地貌。地貌对部队军事行动有很大影响，图上不仅要显示地貌的一般现象，而且还要准确地判定地貌的起伏状况，地面点的高程、高差，斜面的坡度以及通视情况等，因此必须懂得等高线显示地貌的原理和规定。

### （一）等高线显示地貌

1.等高线显示地貌的原理

等高线是把一个模型从底到顶按照相同的高度，一层一层地水平截开，模型的表面便出现一条一条的截口线，把这些截口线垂直投影到一个水平面上，即得一圈套一圈的闭合曲线图形，再将此曲线按一定的比例缩绘到图纸上，就得到表示该地貌的等高线。这就是用等高线显示地貌的原理。概括起来说，从脚到顶，相同高度，水平截开，垂直投影。地形图就是根据这个原理显示地貌的，如图8-3所示。

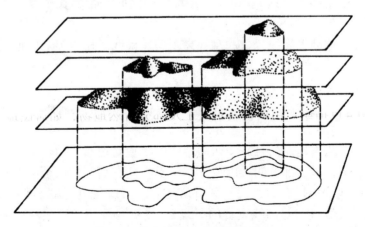

图8-3　等高线显示地貌的原理

2.等高线显示地貌的特点

同一幅图上，等高线间隔大的坡度缓，间隔小的坡度陡。

同一条等高线上各点高程相等，并各自闭合。

图上等高线的弯曲形状和相应实地地貌形状相似。

同一幅图上，等高线多山就高，等高线少山就低。

3.等高距的规定

相邻两条等高线水平截面间的垂直距离叫做等高距。由于地形图比例尺不同，等高距的规定也各不相同。我国一般地区基本等高距规定1∶2.5万为5米，1∶5万为10米，1∶10万为20米，1∶20万为40米，如表8-2所示。高山地区基本等高距一般按规定增大1倍。

表8-2　等高距的规定

| 比例尺 | 一般地区（基本等高距） | 特殊地区（选用等高距） | 备注 |
|---|---|---|---|
| 1∶1万 | 2.5米 | 5米 | 一般地区指适用基本等高距的大部分地区。特殊地区指那些不适用基本等高距的地区，并非狭指山区。 |
| 1∶2.5万 | 5米 | 10米 | |
| 1∶5万 | 10米 | 20米 | |
| 1∶10万 | 20米 | 40米 | |
| 1∶25万 | 50米 | 100米 | |

4.等高线的种类和作用

为了便于用图查算等高线的高程和更精确地表现地形，等高线按用途可分为4种。

（1）首曲线（基本等高线）。按规定等高距测绘的细实线，用以显示地貌的基本形态。

（2）计曲线（加粗等高线）。为便于计算高程，从高程起算面起，每隔四条首曲线加绘一条粗实线。

（3）间曲线（半距等高线）。相邻两条首曲线之间测绘的长虚线，用来显示首曲线不能显示的局部地貌。

（4）助曲线（辅助等高线）。按1/4等高距的短虚线，用以显示间曲线不能显示的局部地貌。

（二）地貌识别

在地形图上，通过等高线和地貌符号，可以识别地貌的各种形态。

1.山的各部形态

（1）山顶。凡凸出地面而且高于四周地区的单独高地叫做山。大的叫做山岭，小的称为山丘，山岭、山丘最高部分叫做山顶。军事上把注有高程的山地叫做高地。没有高程注记的叫做无名高地。山顶有尖、圆、平山顶之分。山顶在图上用等高线最小的环圈表示。环圈外常绘有示坡线（与等高线垂直的短线），其不与等高线连接的一端表示斜坡的下降方向。

（2）山脊。山脊是由较多的山顶、山背、鞍部相连所形成的凸棱部分。它的最高棱线叫做山脊线（见图8-4）。

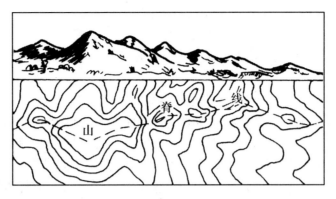

图8-4 山脊

（3）山背。山背就是从山顶到山脚凸起部分。图8-5表示山背的等高线，是以山顶为准向外凸出。山背凸起的部分顶点的连线为分水线。

（4）山谷。山谷是两个山背间的低凹部分。图8-5表示山谷的等高线是向山顶或鞍部方向凹入的地方。

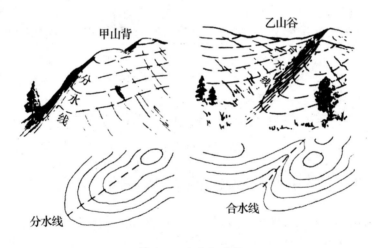

图8-5 山背和山谷

（5）鞍部。鞍部是相连两个山顶间形如马鞍状的一块凹地。图8-6用一对表示山背和一对表示山谷的等高线显示。

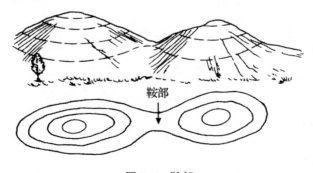

图8-6 鞍部

（6）凹地。凹地是指低于周围地面，且经常无水的地方。地形图上用环圈形等高线表示，在圈内都绘有示坡线或注记深度。

（7）变形地。由于受自然界的影响，局部地貌改变了原来形态的部分，地形图上不便用等高线来显示，如冲沟、陡崖、陡石山、滑坡等。

2.防界线和斜面

（1）防界线。防界线是指军事上能用于防守的界限。防界线要求地势适宜，展望良好，便于设置观察所和构筑射击阵地等。在图上就是要选定在等高线由稀变密的交界线上。

（2）斜面。斜面是指从山顶到山脚的倾斜部分，又叫斜坡。斜面是部队进攻和防御的重要部位，军事上把朝向敌方的斜面称为正斜面；背向敌方的斜面称为反斜面。斜面按其形状分为等齐斜面、凸形斜面、凹形斜面和波形斜面等4种。

3.特殊地貌形态

地貌形态千变万化，有许多地貌形态是用等高线所不能表示的，如变形地、岩峰、露岩地等。这类地貌的形态在地形图上用特殊地貌符号表示。

（三）高程、坡度和起伏的判定

1.地面点的高程判定

根据等高线和高程注记的高程可以判定任意地面点的高程。判定高程时通常有三种情况。

（1）目标在两条等高线之间。当判定点在两条等高线之间，可先判明两条相邻等高线的高程，再按其所在位置估计目标点的高程。

（2）目标在等高线上。当判定点在等高线上时，只要判明该等高线的高程，即为该点的高程。

（3）目标在山顶或鞍部。主要山顶和鞍部在地形图上常有高程注记，但一般的山顶和鞍部没有注记，用图时可根据附近的等高线判定。

2.坡度的判定

需判定坡度时，可用两脚规在坡度尺上比量。坡度尺的纵线表示等高线的间隔，纵线下方的注记表示相应间隔的坡度值。坡度值下的百分比为相应的高差和水平距离的比值。大坡度尺上可量取相邻的间隔相等的2～6条等高线之间的坡度（见图8-7）。

3.地面起伏的判定

地面起伏的判定是先按等高线的疏密及河流的关系位置、河流流向，找出山川大势，进而找出山顶、鞍部、山脊、山谷的分布，详细判明起伏的状况。当等高线在河流一侧时，靠河流的方向为下坡方向；等高线通过河流时依河流流向来判定实际地貌的上下坡方向。

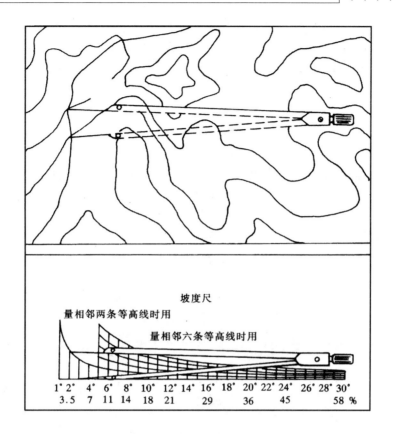

图 8-7　用坡度尺量坡度

# 第三节　地图投影与地图坐标网

地图投影是研究如何把地球表面这个不可展开的曲面转化为平面的理论和方法。通过对地图进行投影，然后建立坐标网，以便应用其确定平面上或空间中某点位置。

## 一、地图投影

地球是一个不可展开的曲面，用地理坐标所确定地面点的位置在某些实际应用中十分不便。因此需要将以地理坐标表示的点的坐标转化为以 X、Y 表示的平面直角坐标。解决这一问题的方法便是投影。

### （一）地形图的投影选择

地形图是保障部队机动、射击和使用高技术武器作战的基本用图。因此要求投影角度没有变形，并使经线的投影为直线或短距离内保持直线性，以便做方位基准线；长度变形不能超过一定限度，以便于确定线段的长度、范围的大小、战场容量和机动速度。军用地形的投影方法宜选择正（或横）轴、等角、长度变形不大的投影。目前适合这些投影要求的有高斯—克吕格投影和通用墨卡托投影。这里主要介绍高斯—克吕格投影。

（二）高斯—克吕格投影

该投影由德国科学家G.F.高斯提出，后经大地测量学家克吕格补充完善，称为高斯—克吕格投影，简称高斯投影。

1.基本概念

设想用一个椭圆柱面横切参考椭球面，相切的子午线叫做中央子午线。在球心O放一个点光源，将球面上的点、经线、纬线等投射在椭圆柱面上，再经母线AB与CD将柱面裁开并铺展为平面（称为高斯平面），即得高斯投影（见图8-8）。

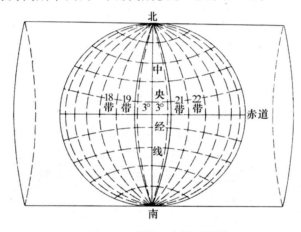

图8-8　高斯—克吕格投影

2.高斯投影的特性

（1）中央经线和赤道投影后为互相垂直的直线。其他各经线都是曲线，并以中央经线为轴，东西对称；以赤道为轴，南北对称。

（2）推导投影公式时，附加了等角条件，因而能使靠椭球面上小区域内任意两方向所夹的角投影后保持不变。

（3）中央经线投影后保持长度不变，其余各经线都有不同程度的增长，距中央经线愈远，增长愈大。

（4）面积有变形，投影后的面积大于参考椭球面上的相应面积。

3.投影带的划分

为了更精确地表示地球表面，从首子午线起，由西向东每隔经差6°为一带，将全球分为60个带，逐带进行投影，其带号依次用1，2，3，…，60表示，其相应的中央经线为3°，9°，15°，…，357°。我国领土位于东经72°～136°之间，其带号为第13带至第23带。

## 二、地图坐标网

确定地面上某点位置的长度或角度值，叫做该点的坐标。地形图是采用平面直角坐标和地理坐标来确定地面上点的位置的。坐标可以迅速准确地确定点位、指示目标、实施组织指挥。

（一）平面直角坐标

确定平面上某点位置的长度值，叫做该点的平面直角坐标。通常用于指示和确定目标在图上的位置，也可以根据方格估算距离和面积。

1.平面直角坐标的起算和注记

（1）平面直角坐标的起算。纵坐标（X）表示某一直线距赤道的千米数。纵坐标赤道为0起算，向北为正，向南为负。我国位于北半球，纵坐标值都是正值。横坐标（Y）表示某一直线距中央经线的千米数。横坐标本应以中央经线为0起算，以东为正，以西为负，坐标值均为正负值。因不便于使用，所以又规定凡横向坐标值均加500千米（即等于将纵轴沿赤道西移500千米），横坐标值以此轴起算，则都成了正值。这样在中央经线以东的横坐标值均大于500千米，以西的小于500千米。

为了便于从每幅地形图上量取任意点的坐标，以千米为单位，按照相等距离作平行于纵、横轴的若干直线，这样就构成了平面直角坐标网，也叫方格网。其方格的长度规定：1∶2.5万地形图的方格边长为4厘米，相应的实地距离为1千米；1∶10万地形图的方格边长为2厘米，相应的实地距离为2千米。

（2）平面直角坐标的注记。地形图上坐标值均以千米数为单位注记在内外图廓间纵线上，由左向右增大的为横坐标值；在图廓四角，注记坐标的全部数值，在图廓间只注记末两位数，横坐标值均为三位数，即千米数，三位数前面的为投影带号。为了便于查找，在图幅中央处的纵、横坐标线上，也注有相应的坐标数值。

2.平面直角坐标网的构成

我国地形图上的平面直角坐标网，是按高斯投影绘制的。它以经差6°为一个投影带，全球共分60个投影带。每个投影带的中央经线和赤道被投影成互相垂直的直线。高斯平面直角坐标系规定：以每带的中央经线为纵坐标X轴，赤道为横坐标Y轴，两轴的交点为坐标原点O，这样每个投影带便构成一个独立的坐标系。方便于测量任意点的坐标，在大比例尺地形图上，以千米（km）为单位，按相等的距离，作平行于纵、横轴的若干直线，构成了平面直角坐标网。

3.平面直角坐标的应用

（1）用概略坐标指示目标。用概略坐标指示目标的图上位置时，通常只用该坐标所在的方格纵横坐标的末两位千米数。

需要指示目标在方格中位置或区分同一方格内的同类目标时，可采用井字格法。其方法是将一个方格等分成九个方格，并按顺时针方向编号。指示目标时，在概略坐标后加注小格的编号即可。

（2）用精确坐标指示目标。对要求位置准确或在图上没有明显特征的小目标，通常用精确坐标来指示目标。其方法是先找出目标所在的方格的概略坐标（千米数）；再加上该点所在方格下边和左边坐标线的垂直距离（米数）即可。

（二）地理坐标

确定地面上某点位置的经纬度数值，叫做该点的地理坐标。通常用度、分、秒表示。

地理坐标在世界上是通用的，尤其在海军、空军和边防、海防和外交中经常使用。常用来指示飞机、舰船和目标的位置等。

1.地理坐标网的构成

地形图是按经、纬度分幅的，所以地形图南北内图廓线是纬线；东西内图廓线是经线。图廓四角注有经、纬值。在1:20万至1:100万地形图上，绘有地理坐标网。纬度数值注记在东、西内外图廓间，经度数值注记在南、北内外图廓间。在1:2.5万至1:10万地形图上，图廓的四角注有经纬度数值，内外图廓间绘有经、纬"分度带"。东西图廓分度带每一个间隔表示经差一分，南北图廓间表示纬差一分，从内图廓左下角起，纬度值向北增加，经度值向东增加。如把两边相应的经、纬度分度线连接起来，即可构成地理坐标网。

2.地理坐标的量读

用地理坐标指示目标或确定某点在图上的位置时，一般按先纬度后经度的顺序进行。

在1:20万至1:100万地形图上，可用两脚规比量目标点的地理坐标，在图廓的分划线上读数。由于南北图廓长度不同，因此在量取某点的经度时，应在靠近该点的南（或北）图廓上比量。

### 三、方位角和偏角

（一）方位角

1.方位角的定义

从某点的指北方向线起，依顺时针到目标方向线之间的水平夹角，叫做该点的方位角，用密位或度来表示。

2.方位角的种类

（1）真北方位角。地面上某点指向北极的方向叫做真北，其方向线叫做真北方向线，也叫做真子午线。从该点的真子午线起，顺时针到某目标方向线之间的夹角，叫作真方位角。真方位角主要用于精密测量。

（2）磁方位角。地面上某点磁针所指的北方叫做磁北，其方向线叫做磁北方向线，也叫做磁子午线。从该点的磁子午线起，顺时针到某目标方向线之间的夹角，叫做磁方位角。地形图的南、北图廓上的磁南、磁北（即P、P′）两点的连线为该图磁子午线。磁方位角在军队行进、炮兵的射击、航空、航海等作战中应用广泛。

（3）坐标方位角。地图上平面直角坐标纵线所指的北方叫做坐标纵线北，从某点坐标纵线北起，顺时针到目标方向线之间的夹角，叫做坐标方位角，主要用于炮兵射击指挥。

（二）偏角

1.偏角的定义

因三种指北方位的不同，彼此间形成的夹角叫做偏角。

2.偏角的种类

（1）磁偏角。以真子午线为准，与磁子午线之间的夹角叫做磁偏角。磁子午线在真子午线以东的为东偏，在真子午线以西的为西偏。

（2）坐标纵线偏角。以真子午线为准，与坐标纵线之间的夹角叫做坐标纵线偏角。坐标纵线在真子午线以东的为东偏，在真子午线以西的为西偏。

（3）磁坐偏角。以坐标纵线为准，与磁子午线之间的夹角叫磁坐偏角。磁子午线在坐标纵线以东的为东偏，在坐标纵线以西的为西偏。

在地形图上三种偏角均有图形说明，东偏为正（＋），西偏为负（－）。

# 第四节　现地使用地图

在军事作战行动中，地形图的使用是指利用地形图所进行的判读、量算、行进、组织有计划和分析评估等工作。

## 一、现地判定方位

现地判定方位就是实地辨明东、西、南、北方向，确定地形图与现地的关系。判定方法很多，最基本的方法是利用指北针判定，必要时也可以利用地物特征判定、利用太阳和手表判定以及利用北极星判定等。

### （一）利用指北针判定

指北针携带方便，操作简单，是判定方位的基本工具。以六二式指北针为例：六二式指北针是由磁针、刻度盘、方位玻璃框、角度摆、距离估定器、里程表和直尺等部件组成。判定方位时，平置指北针，待磁针静止后，磁针涂有夜光剂的一端（或黑色一端）所指的方向就是现地磁北方向。如果面向磁针所指的是北方，则背后是南，右边为东，左边为西。使用指北针以前，应检测磁针是否灵敏。使用过程中不要靠近高压线和金属物体，更不要错将磁针的S端当作北方。

### （二）利用地物特征判定

有些地物、地貌由于受阳光、气候自然条件影响，形成了某些与方向有关的特征，可以利用这些特征来概略地判定方位。

1.利用大树判定。大树通常是南面枝叶茂密，树皮较光滑；背面枝叶较稀疏，树皮粗糙，有时还长有青苔。树桩上的年轮也可判定方向，通常北面的间隔小，南面的间隔大。

2.利用地面上的一些突出物体判定。如土堆、土堤、大岩石和建筑物等，通常南面干燥，春草早生，冬季积雪溶化较快；北面较潮湿，易生青苔，积雪溶化较慢。土坑、沟渠和林中空地等，一些凹下来的地物，与上述现象南北正相反。

3.宝塔的正门判定。我国大部分地区，尤其在北方农村的住房、门户以及较大的庙宇、宝塔的正门等一般多是朝南开的。

由于我国幅员辽阔，各地都有一些可供判定方位的地形特征。

### （三）利用太阳和手表判定

一般来说，在当地的时间早上6时左右太阳在东方，12时太阳在正南方，18时左右太阳在西方，根据这一规律便可以根据太阳大概判定方位了。

判定的方法要领是：先把手表放平，以时针所指时数（以每天24小时计算）的折半位置对向太阳，表盘上"12"这个数的指向就是北方。为便于判定，可在时数折半的位置垂直竖一根细针或草棍，使其阴影通过表盘中心，判定时需以当地时间为准。

（四）利用北极星判定

北极星位于正北方天空。俗话说："找到北极星，方向自然明。"我国位于北半球，终年夜间都能看到它。北极星位于小熊星座的末端，因小熊星座比较暗淡，所以通常根据大熊星座（即北斗七星，俗称勺子星）和仙后星座（即女帝星，又叫W星）来寻找。大熊星座由七颗明亮的星组成，形状像一把倒扣的勺子，将勺子外端两星的连线向勺口方向延长，约为两星距离5倍处的那颗星，就是北极星。仙后星座是由五颗明亮的星组成，很像一个"W"字母。在"W"字母缺口方向，约为缺口宽度两倍处的那颗星，就是北极星。

## 二、地图与现地对照

地图与现地对照，通过标定地图，使地图与现地的方位一致后，将地图与现地进行对比。

（一）标定地图

标定地图，就是按地图的方位与现地的东、西、南、北方向一致的过程。标定的方法主要有以下5种。

1.概略标定

在现地判定方位后，将地图的上方对向现地的北方，地图即已概略标定。这种方法简便迅速，是要求标定精度不高的基本标定方法。

2.用指北针标定

用指北针标定地图，通常以磁子午线来标定。

3.利用北极星标定

夜间可以利用北极星标定地图。标定时要认准北极星，再使地图上方概略朝向北极星，然后转动地图，沿东（西）的图廓线瞄准北极星，地图即已标定。

4.利用明显地形点标定

明显地形点是指现地一眼望去比较明显突出的地物和地貌，如山顶、突出树、土堆、塔等独立地物。标定时应先在现地和地图上都能找到的一个明显地形点作为端点，确定站立点在图上的位置，然后在现地远方找一个与图上相应的明显地形点，放平地图后，用直尺切于图上站立点和远方地形点的定位点上，转动地图，通过直尺边能够瞄准现地相应的地形点为止，地图即已标定。

5.利用直长地物标定

利用直长地物（指公路、铁路、水渠、土堤、通信线路、输电线等地物）标定地图时，应先在图上找到这段直长地物符号，对照两侧地形，使地图和现地的关系位置概略相符，再转动地图，使图上的直长地物符号与现地直长地物方向一致，地图就标定了。

（二）确定站立点在图上的位置

将自己所在位置准确地标定在地图上，叫做确定站立点。确定站立点的方法有3种。

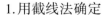

1.用截线法确定

在直长地物上用图时，可采用截线法确定站立点的图上位置。方法是：第一步，准确标定地图；第二步，在直长地物的一侧，选择一个图上和现地都有的明显地形点；第三步，将直尺切于图上相应的地形点上，转动直尺，向现地明显地形点瞄准，并绘制方向线，该方向线与直长地物的交点就是站立点在图上的位置。

2.用后方交会法确定

当站立点附近找不到明显的地形点，而在远方能找到两个以上现地和图上都有的明显地形点时，可采用后方交会法确定站立点在图上的位置。方法是：第一步，标定地图；第二步，选择离站立点较近的图上和现地都有的2～3个明显地形点；第三步，将直尺边分别切于图上两个地形点符号的定位点上（可插细针），依此瞄准现地相应的地形点，然后分别沿直尺边向后画方向线，图上两条方向线的交点就是站立点在图上的位置。采用后方交会法确定站立点时，交会角度应大于15°、小于150°。

3.依明显地形点确定

当站立点在明显地形点上时，在图上找出该地形点的符号，即是站立点的图上位置。如果站立点在明显地形点近旁时，可先标定地图，再对照周围明显的地形细部，找出其与站立点的关系位置，即可判定站立点的图上位置。

（三）现地对照地形

现地对照地形就是判明图上所显示的情况，在现地地形上相应的位置，使地图上各种符号、等高线图形及注记，与实地相应的地物和地貌一一对上号。

在对照地形前，首先应选择一个展望良好的地方作为对照位置。其次要标定地图，确定站立点在图上的位置。对照时，通常先对照主要方向，后对照次要方向；先对照明显易辨的地形，后对照一般的地形；先对照图上、现地都有的地形，后对照变化的地形；先对照地物，后对照地貌，再综合对照。

## 三、按地形图行进

按地形图行进的基本方法有沿道路行进、越野行进和按方位角行进。下面介绍沿道路行进和按方位角行进两种方式。

（一）沿道路行进

1.行进前的准备

（1）确定行进路线。行进路线是根据受领的任务、敌情、地形、气候和部队装备等情况，在图上选择行进路线。选择时，应着重考虑和研究路线上与行进有关的地形因素和敌情。

（2）选择方位物。行进路线确定后，应在沿线选择方位物，如岔路口、转弯点、桥梁、塔亭等，一般应选择高大、明显易于识别的地物作为方位物。夜间行进时，应尽量选择那些航空易见的方位物。

（3）量取各方位物（转弯点）间的里程，并标出各段行程所需要的时间。如行进路线上地貌起伏较大时，应计算实地距离。

（4）将上述资料标示在图上。内容包括行进路线、各段里程、时间、方位物等，标示要醒目，略图力求简洁、清晰。

（5）熟记行进路线。方法是把行进的顺序、每段的里程、行进的时间、两侧方位物、地形特征和经过的村镇等熟记在脑子里。

2.行进要领

（1）出发前先标定地图。明确前进路线和方向，按出发时间出发。

（2）行进中随时标定地图。按照行进方向，适时转动地图。

（3）对照方位物，及时做判断，随时随地根据方位物判明行进方向和道路，尤其是到岔路口、转弯点、进入居民地，更应判明方向。

（4）掌握行进速度和时间。根据行进任务需求，把握好行进速度、时间。

（5）把握夜间行进的特点。夜间行进观察不便，视度不良，地形重叠，远近不分，高低难辨，容易使人产生错觉，也容易迷失方向。行进时应注意各转弯点的距离要短些，沿途方位要多些，尽量选择高大、透空可见的目标，如山顶、鞍部等。

（二）按方位角行进

按方位角行进，就是按照指北针在地图上预测的方位角行进，这是按地图行进的辅助方法。通常是在沙漠、草原、山林地等地形上，或夜间、浓雾等不良气候条件下采用。

1.行进资料的准备

（1）选择行进路线。首先应在有利于通行的区域选择最短路径，在此基础上尽量多选择方位物，各转折点尽量选在明显、坚固的方位物或其近旁。

（2）测量方位角和距离。在图上测量方位角时，先用指北针标定地图，再使指北针有准星的一端朝向前进方向，直尺边与两个转折点的连线重合，磁针静止后，其北端所指的密位数即为该段路线的磁方位角。

（3）绘制行进路线图。路线图可直接在地图上标绘，即在各段方向线一侧注记行军路线的资料，也可绘制成略图。略图可以按比例尺缩绘，也可不按比例尺绘制。绘制略图时，先将出发点、转折点、终点等附近的主要地形与方位物标绘出来，再把各转折点，按行进顺序依次编号，最后注记各段磁方位角和行进距离或行进时间。

2.行进要领

（1）在出发点上，标定地图，判定站立点，查明到达下一点的磁方位角、距离和时间，并记住沿途重要方位物和下一点的地形特征。然后观察地形，明确前进方向。当不易判定行进方向时，可利用磁方位角判定。

（2）在行进中，应随时对照地图，边走边观察沿途地形，注意掌握已走过的距离或行进时间。到达辅助方位物后，如仍看不到第二点方位物时，可按原磁方位角再选一个辅助方位物继续前进，直到到达第二点方位物为止。若在起伏较大的地段上行进时，要注意调整步幅。

应当注意，用指北针测量角度的误差，一般为3°，个别情况下可达到5°，再加上步幅小对距离的影响，按磁方位角行进每千米的可能偏差在100米左右。

（3）将要到达转折点时，应特别注意附近的地形特征。当走完预定的距离和时间，还未见到转折点方位物时，可在此段距离的1/10范围寻找，如仍找不到，应停下分析原因。分析是地形发生变化，还是方向距离有差错。如查不出原因，也找不到应到点位，应按原来路线退回起点（或前一点），再重新前进。

（4）行进中若遇障碍物时，一般应在障碍物对面的行进方向上选一个辅助方位物，目测到该点的距离，绕过障碍物到达辅助目标后，仍按原方向继续前进。当其对面无辅助方位物可选时，应在障碍物作一明显记号，绕过之后可以测其反方位角。

**思考题**

1. 简述地形的分类及对作战行动的影响？

2. 如何量读距离？如何区分比例尺的大小？

3. 等高线显示地貌有哪些特点？图上如何进行高程的判定？

4. 标定地图的意义是什么？如何标定地图？

5. 怎样利用地图行进？

# 第九章　综合训练与战术基础动作

## 第一节　行军拉练

行军是徒步或乘车按计划所指定的路线进行的有组织的移动。

### 一、行军拉练的种类

行军方式可分为徒步行军和乘车行军；按行军时间可分为昼夜行军和夜间行军；按行军速度可分为常行军、急行军和强行军；按行军方向可分为向敌行军、侧敌行军和背敌行军。

### 二、行军拉练的管理与指挥

（一）遵守行军规定

1.遵守行军时间

分队在上级的行军纵队编成内行军时，应准时到达出发点，加入上级规定的行军序列。应按上级要求准时出发，准时通过各调整点，准时到达目的地。

2.保持规定的行军速度、距离和序列

行军中，因一些特殊情况，延误了行军时间或不能保持平均时速时，应当适时调整行军速度，保证按时到达目的地。要加强前后联络，当与前面的部队拉大距离时，不要急于追赶，要适当加快速度，逐步赶上，不得随意超越或停下，以保持规定的行军序列。

3.要遵守行军纪律和交通规则

未经上级允许不得随意改变行军路线。在通过桥梁、渡口、隘口、岔路口等道路被堵塞时，不得争先抢行，应按照上级规定的顺序和指挥迅速通过。

（二）正确掌握行军路线

选择行军路线时，要根据队伍所在的位置和参加行军的人数以及气候、季节等特点合理选择行军路线，应尽量选择离市郊最近、路口和车辆最少的路线，以便使队伍尽快走出市区，保证正常的行军。同时，应考虑选择便于安排大小休息点，便于行军保障车通行，便于选择返回路线和便于设置各种情况的路线。

行军时，指挥员应用行军路线图或者地图，随时对照地形，不断查看沿途的标志点和路标，随时判明所到的位置，正确掌握行军路线。当通过交叉路口时，应弄清楚所要前进的方向和道路。如果对行军路线产生怀疑时，应当立即停止前进，利用地图仔细与现地对照或询问居民，待明确正确行军路线后继续前进。

（三）合理编成行军队形

行军队形是指队伍在行军中所采用的各种队形。通常有一路纵队、二路纵队或三路纵队、四路纵队。行军队形的编成应根据行军人数、路况、地形、桥梁、路口等综合因素而定。在市区通过路口时可采用四路纵队或三路纵队快速通过。在一般乡村公路可采取二路纵队（左右各一路），在乡村小路可采取一路纵队。在编排行军队形时，应尽可能按原有的建制编排，各级指挥员位于本部（分）队的先头，带队老师或班长位于本分队的最后，以便管理和指挥。编排行军队形时，应训练在行进间各种队形的变化方法，如一路纵队变换成二路纵队，二路纵队变换成四路纵队，四路纵队变换成二路纵队，再从二路纵队变换成一路纵队等，以便在行军中根据需要随时变换行军队形。

（四）果断处理各种情况

遇到敌人空袭时，指挥员应指挥队伍迅速向道路的一侧或两侧疏散隐蔽。如果空袭情况不严重或行军任务紧迫时，分队则应以疏散队形，增大距离，加快速度前进。遭敌人核武器或其他化学武器袭击时，指挥员应指挥队伍就近利用地形防护，迅速穿戴防护衣罩，就近隐蔽防护。通过污染地段时，指挥员要指挥分队尽量绕过污染区；当时间紧迫又无法迂回时，应增大距离，以最快的速度通过。通过时，人员除穿戴防护衣罩外，还应对武器和携带物品进行防护，或者用毛巾、塑料布等进行防护。通过后，应及时消除污染，人员要口服抗辐射药物。

（五）适时组织休息

行军中的休息应由行军总指挥员按行军计划统一掌握。小休息时，一般在开始行军30分钟后进行，其时间为15分钟，这时要抓紧时间检查、调整携带的装具和物品，以便转入正常的行军；以后约50分钟休息一次，每次10分钟。大休息时，通常在完成当日行程一半以上后进行，应离开道路，以营或连为单位，进入指定地域疏散休息和用餐，使人员保持饱满的战斗热情，做好迅速转入行军的准备。休息时，人员不准随意离队，出发前，应清点人数，打扫卫生，消除痕迹。

### 三、行军拉练的各种保障

（一）安全保障

行军中各级分队都要组建安全组，负责车队的安全工作，随时清点人数，发现问题及时报告；妥善处理中暑、中毒、受伤、掉队等意外情况，保证整个行军安全无事故。

（二）医疗保障

行军中因天气、饮食、体力等原因，可能会发生各种伤、病等情况，因此，必须安排医疗保障人员跟随，并携带各种常用药物，以保证处置临时的医疗事故。

（三）宣传保障

行军中各级分队都要成立宣传组，利用标语、口号等多种形式进行宣传、鼓动，活跃气氛，消除疲劳，鼓励全体人员坚持到底不掉队。

（四）通信保障

行军中必须保障通信畅通，使指挥员随时了解行军中的所有情况，以保证正确的组织和指挥，一般可采用移动通信设备。

（五）车辆保障

行军中要安排指挥车、收容车和应急车。收容车和应急车应在行军队伍的后面跟进，负责收容掉队人员和及时送重病号到医院。

## 四、行军拉练的紧急集合

紧急集合是在紧急情况下迅速进行的集合，是应对突然情况的一种紧急行动。如发现和遭到敌人的突然袭击，受到火灾、水灾、地震、台风等自然灾害威胁，上级赋予紧急任务或发生重大意外情况等。

士兵一旦接到紧急集合的信号或命令时，应立即按规定着装，携带齐全武器装备和器材，迅速到达规定的地点集合。紧急集合分为全副武装紧急集合和轻装紧急集合两种。全副武装紧急集合是根据当时部队所处的战备等级状态而确定的。轻装紧急集合是在执行临时性的紧急任务时所采取的一种方式。

## 五、行军拉练警戒

警戒是防敌袭击和侦察而采取的警卫措施。警戒分为行军警戒、宿营警戒和战斗警戒。

（一）行军警戒

行军警戒是保障军队行军安全的警戒，向敌行军时派出前方警戒，由前方尖兵担任；背敌行军时派出后方警戒，由后方尖兵担任。翼侧有敌情威胁时派出侧方警戒，由侧方尖兵担任。

（二）宿营警戒

宿营警戒是保障军队宿营安全的警戒，兵力大小依照情况而定，如班哨、排哨、连哨等。警戒的方式有：步哨、游动哨、潜伏哨，任务是防敌侦察、袭击、封锁消息，保障主力安全。警戒分队应占领有利地形，构筑必要的工事，实施伪装。

（三）战斗警戒

战斗警戒是掩护军队战斗行动的警戒。主要任务是：防止敌人侦察、袭击，掩护主力展开和进入战斗或占领阵地，保障翼侧和结合部的安全等。

## 六、徒步行军时应注意的问题

士兵在徒步行军过程中应按照正确的行军要领，坚决服从班（组）长的指挥，灵活处置各种情况，确保按时迅速到达目的地。其中需要注意如下问题。

（1）士兵徒步行军应按照全副武装和轻装的规定携带有关的装具。

（2）行军前，士兵应检查所带装具是否齐全，佩戴是否牢靠，尤其是要仔细检查鞋袜是否合适，以免行军中脚起泡。

（3）行军中，应均匀呼吸，全脚掌着地，调整好步幅，保持正常的行军速度。

（4）行军中，士兵要以灯光、旗语、音响、手势等简易信号通信、运动通信等手段传递口令，保持通信联络。

（5）遇到敌军火力袭击时，士兵就近利用地形进行防护，接到敌人核武器、化学武器袭击警报时，应迅速穿戴防毒面具和防护衣罩就地隐蔽防护。警报解除后，应迅速抢救伤员，检查武器装备，恢复行军队列。

（6）当道路、桥梁遭敌人破坏或者遇到难以通行的地段时，应按命令绕行；无法绕行时，应及时报告上级。

（7）行军掉队时，应大步跟上，尽量不要跑动，以节省体力。体力好的士兵要主动帮助体力差的战友，搞好体力互助。

（8）小休息时，士兵应就地休息，及时调整体力，不要乱走动，并按要求处理脚上的血泡。

## 七、行军拉练乘坐车辆

乘坐车辆是现代化条件下部队实施机动的主要方式。士兵应掌握乘坐车辆的一些基本方法。

（一）登车

通常在车厢尾部成一路或两路队形排好队，按口令，统一依次从车厢后上车。第一名上车时，后一名应给予帮助；前一名上车后，转身拉后一名的手，依此方法进行，注意上车时拿好武器不要碰摔；在没有得到允许的情况下，不准从汽车的两侧登车。

（二）乘坐

上车后，按先两侧后中间、先车头后车尾的顺序排成四路，两侧人员背靠车厢板，中间两路背靠背。先上车的可将背包放下，放在指定位置，然后站好，等其他人员全部上车后，听口令坐下，人员坐在背包或可坐的携行具上。装具一般不取下，轻武器置于两腿之间靠于右肩上。

（三）下车

下车时，通常按登车的相反顺序进行，士兵先按口令起立，背好背包，做好下车准备。等待后车厢板打开后，听口令或信号从车厢尾部成两路依次下车。下车时，要适当降低重心，选择比较平坦的地面跳下或扶车厢板下车，也可利用跳板、木梯等简易器材下车。

## 八、行军中预测天气变化的方法

（1）清晨。太阳未出现之前，看东方黑云，如果鸡头、龙头、旗帜、山峰、车马、星罗，如鱼、蛇，如灵芝、牡丹，或紫黑气贯穿，或在太阳上下，说明当日有雨，多在13时至17时。

（2）夜晚。看月亮颜色或青或红，说明次日有雷雨，月亮周围白云结成圆光，或大如车轮（月晕），说明次日有大风。所谓"日晕则雨，月晕则风，何方有缺，何方有风"。结合现代情况有人总结出了"暴热生风，管润生雨"，就是说突然暴热数天，一两天必有大风，自来水管道上面有水珠渗出，擦去后仍渗出，一两天内有雨。

（3）星光闪烁，必定风作。白云遮住北斗星的2—4个小时，天公作变，水面生靛。夏天，水底生苔，水呈靛青色，说明有暴雨。水有泥腥味时，说明雨水将至。下雨时泥腥味很浓，一两日内难晴。

（4）阴历正月初七、初八，北风必定发。阴历二月初三、三月清明、四月夏至、六月十二日有阴天或雨天。

（5）云向东，刮黄风；云向南，雨漂船；云向西，水滴滴；云向北，晒干麦。

由于地理位置的不同和自然环境的差异，以上预测天气变化的方法用于不同地域时会有所不同。

### 九、特殊情况下的行军

行军时，指挥员应当与所属部队保持顺畅的通信联络，及时了解和果断处置各种情况。

（1）遭敌人布雷阻滞或者道路遭到破坏时，应当迅速查明布雷地段或者被破坏的道路情况，及时报告上级并进行标示，按班（组）长的指示排除或绕过。

（2）对出现在行军路线上的敌人侦察机降分队，应当指挥侦察分队、警戒分队迅速将其歼灭。行军任务紧急时，也可以用部分兵力封锁、监视机降敌人，主力则绕过敌人继续前进。

（3）遇敌空中、地面火力袭击时，应当组织部（分）队采取防护措施和加大间隔，或者就地疏散隐蔽防护，指挥防空兵积极同敌人空袭斗争，必要时可请求上级航空兵，增加战役战术导弹火力压制敌人袭击兵器，掩护队伍前进。

（4）遇敌人核、化学、生物等武器袭击时，应当迅速发出警报信号，组织部队进行防护，及时消除袭击后果，视情况将遭受袭击的队伍撤离袭击地域；抢修被堵塞的道路，修筑迂回道路，必要时应当在受污染的地方开辟道路；根据情况局部调整部署和计划，并指挥部队继续前进。

（5）与敌人遭遇时，应当按照遭遇战斗的要领处置。

（6）与友邻相遇时，应当根据双方任务的缓急和行程的远近，与对方协商行进的顺序，防止拥挤和阻塞。

（7）行进中突然改变方向时，应当立即命令沿原方向前进的侦察分队、警戒分队停止前进，并给其规定下一步的行动方案。在新的行军方向上，立即派出侦察分队、警戒分队和运动保障队、警备调整组；本队沿最短、最方便的道路按照原定队形，或者进行必要的队形调整迅速转到新的行军路线上前进。

（8）临近战斗地区时，应及时搜集、通报前方情况，指挥部队迅速、隐蔽地进入指定地区，尽快做好战斗准备。

# 第二节　宿　营

宿营是部队离开常驻地执行各种任务时的临时住宿。宿营可采取舍营或露营，或者两者相结合的方式进行。

## 一、宿营地的选择

学生军训需在外住宿时一般应采取舍营，即住宿在居民家。舍营通常根据人数预先联系安排，分别统计男女人数。宿营地通常应符合下列条件。

（1）避开大的集镇、集市、车站、大的桥梁和交通枢纽等明显目标。

（2）避开易发洪水、崩塌、泥石流等危险区域。

（3）避开疫区、传染病流行村落。

（4）方便生活，尽量靠近水源的地方。

（5）有畅通的进出道路，便于疏散、隐蔽、集结的区域。

（6）露营地域，夏季要尽量选择高处，避开谷地、低地、洪水道和易于坍塌的地方；冬季应选在避风向阳、土质较黏处，便于搭设简易遮棚或易于挖掘的地方。

## 二、宿营的准备

组织部（分）队宿营时，准备工作通常有宿营常识教育、现场勘察和物资器材的准备。

### （一）宿营常识教育

宿营实施前，应进行群众纪律、民情风俗的教育；在少数民族地区或少数民族聚居地进行宿营训练时，还应进行国家少数民族政策普及和尊重少数民族生活习惯的教育；组织部（分）队学习宿营常识，学会搭设简易帐篷，了解防蚊虫叮咬、防洪、防中暑、防冻伤、防塌方、防煤气中毒、防火灾、预防流行性疾病等基本常识。

### （二）现场勘察

野外宿营时，通常以团（营）为单位组织现场勘察，视情况也可以连为单位进行。重点明确地点、各分队的宿营区域、各级指挥所的位置、进出道路、通信联络方法、各种信（记）号，按宿营准备的时限，组织检查的时间、内容等。

### （三）物资器材的准备

宿营前，应认真检查个人的着装，比如衣服和被褥等，冬季宿营时重点检查棉（皮）帽、棉（皮）大衣、棉（皮）鞋的携带情况；夏季宿营时应注意重点检查雨衣（布）、蚊帐的携带情况。每人都应准备1～2套干净的内衣，以便更换。除携带装备的锹、镐外，还应准备必要的大镐、大锹、钢钎、麻袋等工具和物资，以弥补制式露营器材的不足。部（分）队应视情况购买或租借部分露营所需要的材料，如搭设简易帐篷的塑料薄膜、稻草、支撑木、斧、锯、线绳等。

## 三、露营方式

野外露营的方式分为利用制式器材露营和利用就便器材露营。利用制式器材露营，通常是指利用帐篷、装配工事等制式器材进行的露营。利用就便器材露营，通常是指利用车辆、坦克、篷布、雨衣、草木等进行的露营。

### （一）简易帐篷

夏季使用简易帐篷在野外露营，帐篷的样式较多，可用雨衣、塑料薄膜、盖布、军毯、帆布等，搭设成屋顶形、一面坡形、伞形等简易帐篷。简易帐篷的形状，可根据装备和就便材料大小、数量和人数灵活确定。如可以将方形雨布连接起来，将绳子或背包带在两树之间固定就可搭成屋顶形、单面形等简易帐篷。

### （二）临时遮棚

临时遮棚一般是在夏季有树林、蒿草、高秆农作物秆的地方，利用自然条件搭设的各种遮棚。如利用树干为支架搭设的屋顶形草棚，利用断崖、断壁等地形、地物以木杆搭设的斜面形的草棚等。在冬季，棚围应用雨衣、篷布、柴草等围盖，棚顶和周围空隙用草堵实，再加盖一层积雪或草皮，以便保暖和伪装。

### （三）吊床

丛林地带地面潮湿，毒蛇、毒虫多，在地面搭铺易受其侵害，因此吊床非常适用。若无制式的吊床，可用帆布、毛毯、伪装网等制作简易的吊床。吊床的两端拴在两棵树上，上面再拉一根绳子，搭上方块雨布，4个角用绳子系牢，便形成了一个吊床帐篷。

### （四）构筑猫耳洞（掩体）露营

冬（旱）季可在便于隐蔽、伪装，以及土质较好的地形上或利用战壕、交通壕挖地下猫耳洞露营。挖掘时，开口应尽量利用沟、壕的切面，也可以直接在地面开口。一般以班为单位构筑，每个班挖2～3个洞为宜，洞内呈方形，顶部铲成拱形。若土质松软或黏结性差，洞内可挖成人字形、了字形、工字形和十字形等以减少顶部单位面积的承受力。构筑猫耳洞露营时，应特别注意防塌方和潮湿，有时也可以适当改造，构筑厅洞式、坑道式、长廊短洞式等生存露营工事。

### （五）构筑雪洞露营

冬季在冲沟、凹地、谷地等积雪深的地方宜构筑雪洞。当积雪在1～4米以上时，可直接开口构筑。洞口大小以一人能进出为宜，开口后可拐1～2个直角弯，使通道尽量成"Z"形并修成向上倾斜的斜坡状。雪洞要比通道高一些，洞顶铲成拱形并留出气孔。

### （六）构筑雪壕或雪墙

当积雪较多且没有地形可利用时，可就地挖一条雪壕，上面盖上雪块，底部铺上树枝、干草或雨衣，或将雪块砌成雪墙，人员在背风处露营。

### （七）构筑雪屋露营

当积雪较少时，可构筑雪屋，一般数人一屋。积雪板结时，直接切成长方形雪砖，然后按雪量的需要堆砌。雪质松软时，可把雪装入木柜里踩实，加工成雪坯。堆砌中应在雪块间隙敷设浮雪，逐层收顶，洞口可根据风向开成"门"形，顶部为拱形、人字形或圆形。视情况也可以用雪堆成围墙，在3～4个角打上木桩，顶部用雨衣或柴草覆盖。雪屋构筑好后，要在屋底部铺上10厘米以上的干草，再铺上雨衣、褥子，用装有软草的麻袋或草捆堵在洞（屋）口，防止冷气侵入。

### （八）利用装配式工事露营

指挥机关可利用装配式掩蔽部队露营，高炮部（分）队可将火炮和装配式工事用牵引车篷布盖连接在炮位上露营。

### （九）利用车辆露营

部（分）队都可利用装备的车辆进行夏季野外露营。冬季野外车辆露营时，在火炮牵引车和运输车上辅以防寒材料，放置取暖设备，这样可有较好的防寒效果。具体办法：使用木板将草垫固定于车厢板内侧和底板上，将防寒毡拼接好，与车篷布组合在一起并盖在车篷杆上，再用旧棉被分别缝在车篷两端，后面设帘式活门，车厢前部设置活动式双层床，行军时卸下放于车内适当位置。车内可供8人住宿，车厢后留出1米宽的位置，放置训练器材、武器和工具箱等。

### （十）利用坦克露营

可将两辆坦克炮管内侧旋转90度，成水平状态，然后用篷布单层横向覆盖，并使之垂直于地面，四周用石块等压紧。

## 四、露营环境

露营指在无居民区以及无农作物可利用的山岳、丛林、沙漠、戈壁、草原、沼泽地等环境下的设营。

### （一）严寒条件下的露营

在高寒地区露营时，人员应尽量减少在外停留的时间，以防冻伤。通常采用搭设帐篷、建草棚、挖雪洞、堆雪墙、筑雪屋等方法。有条件时还可以在棚舍内燃火取暖，但必须指定值班员，以防火灾、一氧化碳中毒或篷房倒塌等事故的发生。露营时应尽量吃热食物、喝热汤或热开水以增加热量。睡觉前应多用雨衣或雨布、干草等隔潮材料铺设地铺，以防潮和保暖；睡觉时注意避风和防寒，可采取两人合睡的方法，同盖棉被、大衣相互依靠取暖。

### （二）酷暑条件下的露营

在酷暑条件下露营时，可采用搭建遮棚和搭设吊床的方法露营。搭设遮棚时的位置要选择在干燥且避风的缓坡上，要避开大树、陡峭悬崖，以防雷击或塌方。遮棚和吊床周围要挖排水沟并且铲除杂草。必要时撒些草木灰以防毒蛇、毒虫的侵扰。就地取材时应注意不要成片砍伐草木，以保护天然伪装。

### （三）沙漠、戈壁、草原的露营

在沙漠、戈壁、草原露营时，露营地区应选择在绿洲或有水源的地方，以制式器材和就便材料搭设帐篷或搭建草棚为主，结合垒石墙、挖土壕设置露营地。搭设帐篷时应避开风口、避开迎面风，帐篷应尽量低矮，多设固定钢钎和拉索。尽量用土或雪将帐篷布下角埋设压紧，以防被风吹倒。根据不同的地形和季节，应注意防洪、防水、防暴风雪、防沙、防泥石流等，并注意节约燃料和用水。

（四）山地露营

山地露营时应把露营地选择在避风、有水、防洪、防崩塌的区域，应避开任何危险地段，通常用制式器材和就便材料搭设帐篷或搭建草棚。搭棚时通常以班或组为单位，不能成片砍伐林木，破坏天然伪装。帐篷、草棚周围要挖排水沟、铲除杂草等，必要时撒些草木灰。在高山区，特别是在可能吹倒帐篷或草棚的暴风雪地区，最好构筑地窖式简易草棚。

# 第三节　野外生存

野外生存主要发生在以下几种情况：一是和平时期较长时间远离基本生活区的野外作业和训练，这是在有准备的情况下进行的；二是战争时期的野外行军作战，这是在毫无准备的情况下遭遇的意外情况；三是因意外情况受困荒野，这是特殊环境决定的。不管遇到哪一种情况，都要适应野外生存的环境。

## 一、野外生存的行装准备

（一）基本用品的准备

1.食品。各种食物的比例可按自己的口味确定，但一定要保证营养物的合理配置。

2.通信设备。个人或小团体野外行动要带上无线电通信设备，以解决通信问题。出发之前，所有电子设备应充足电能，并配带备用电源；使用时应尽量节省电能消耗，以延长使用时间。

3.衣服。根据预定的野外活动季节与时间的长短，挑选合适的衣服，一套换洗的衣服和一套休息时能够保暖的衣服。在严寒天气，应有几件御寒的衣服，雨季外出时必须带上雨衣。

4.鞋子。挑选合适的鞋子，出发前数周就进行试穿，使新鞋与脚有一个磨合过程，以避免或减少脚起泡。

5.背包或行囊。要有一个背着舒适而且结实、防水的背包或者行囊，以便携带衣物和必要的装备。

6.被装。根据季节选择合适的被装，最好选择柔软、轻便、保暖性好的被装。

7.帐篷。在野外生活的时间较长时应备有帐篷，作为日常活动的场所。

（二）医疗卫生盒

医疗卫生盒内装常用药和卫生用品，所有药品都应标明用法、用量和有效期；还可根据个人的习惯以及执行任务区域的流行病特点，灵活选择搭配。其主要药物如下：

1.抗生素。用于治疗常见细菌感染，常用的有阿莫西林、乙酰螺旋霉素等。

2.抗疟疾类药品。在疟疾流行区，这类药品是必备的。

3.高锰酸钾和漂白粉之类的消毒、灭菌药物。

4.跌打损伤药。如扶他林、三七片、云南白药等。

5.肠道镇静剂。这类药用于治疗急性或慢性腹泻，常用的有止泻丸、黄连素等。

6.膏药类。使用前应保证将伤口擦拭干净，常用的有创可贴、风湿止痛膏、红药水、冻疮膏等。

7.治疗感冒药。

8.防中暑和抗过敏药类。如藿香正气水、人丹、扑尔敏等。

9.防毒蛇咬、蚊虫叮伤药。常用的有蛇药片、风油精等。

10.急救包、绷带等。用来固定受伤部位，促使伤口愈合。

11.镇痛药类。这类药可缓解疼痛，减轻痛苦。

（三）装备百宝盒

1.救生袋。严寒季节外出，带一只长2米、宽0.6米的聚乙烯薄膜大袋子，意外情况下钻到里面可以减少热量散发，达到保暖救命的效果。

2.指南针和绳索。最好带细而结实的尼龙绳索。

3.饭盒。最好是铝制饭盒，既轻便耐用，又是很好的炊具，还能盛放各类救生物品。

4.鱼钩和鱼线。

5.刀具。在野外紧急求生时，刀既是工具，也是武器。然而刀也是危险物品，如果乘飞机出行应该按照规定，把携带的刀具交给机组人员集中保管。

6.点火用的火柴、蜡烛、打火石，还有放大镜和手电筒，火柴最好带防水的。

7.针和线。针要有大、小几种型号，线要选择坚韧耐磨的，并将其绕在针上。

## 二、野生食物的食用与识别

（一）野生食物的食用

野生食物是野外生存的重要食物来源，通常包括野生植物、动物、昆虫、鱼类等。识别野生食物，主要是鉴别野生动、植物是否有毒。在野生动物中，除了海洋中外形奇特的鱼类、贝壳、鲨鱼和少数江河中的河豚，以及部分动物内脏有毒不能食用外，其他均可食用。食用野生动物，一般应除去皮毛和内脏后，其肉煮熟食用。猎捕野生动物需要在专家的指导下，经过训练和实践可逐步掌握。另外，昆虫也是野外生存能获取的动物性食物资源，通常可食用的昆虫有蚂蚁、蝉、蟑螂、蟋蟀、飞蛾、蝗虫、蚱蜢、螳螂、蜜蜂等。

在野生植物中，很多植物可食用。在我国就有约2 000多种可食用植物。可食用植物分为三大类，即野菜类、根茎类和野果类。松树、柳树、杨树、榆树、白桦树的内皮也可食用。

（二）我国常见的野生可食植物

1.野菜类

（1）苦菜。生于山野或路边，3—8月可采其嫩茎叶洗净生食。叶互生，叶边大多分裂，周围有短刺，近根处叶窄，色绿，表面呈灰白色，断面有白浆，茎叶平滑柔软，夏季开黄色头状花。

（2）蒲公英。生于田野，3—5月可采食嫩叶；5—8月可采花熬汤。全株伏地丛生，高10～20厘米，体内白色乳汁。叶缘为规则的羽状分裂，色鲜绿，花茎数个，从基部生出与叶等长或稍长一点，上部密生白色丝状毛，头状花序顶生，全为黄色舌状花瓣。

（3）鱼腥草。生于水沟边、渠岸、池塘边以及阴湿地。嫩幼苗可做蔬菜吃，也含挥发性油，幼苗经水煮后换水3次，加油盐调食。全草可做药用，治毒蛇咬伤。用法：将全草捣烂外敷伤口周围或煎汤熏洗患处，或单味煎服。形态：多年生草本，茎上部直立，下部匍匐，节上生须，根并有褐色鳞片。

**2.蘑菇**

通常食用的有香菇、草菇、口蘑、猴头菌、鸡菌等，一般的吃法是炒食或做汤。采食蘑菇要注意是否有毒。识别的方法如下：毒蘑菇有多种色泽，颜色美丽；无毒的蘑菇则多呈白色或茶色。菌盖上有肉瘤，菌柄上有菌环和菌托的有毒；反之，则无毒。毒蘑菇多生长在肮脏潮湿、有机质丰富的地方；无毒蘑菇则多生长在较干净的地方。毒蘑菇采集后容易变色；无毒蘑菇则不易变色。毒蘑菇的汁液浑浊似牛奶；无毒蘑菇则清如水。毒蘑菇的味道多辛酸苦辣；无毒的蘑菇则很鲜美。煮蘑菇时，锅里放灯芯草同煮，煮熟后如灯芯草变成青绿色，证明有毒；如果是黄色，则无毒。毒蘑菇能使银器具变黑，如果加进牛奶，牛奶马上凝固，放进葱，葱会变成蓝色或褐色。

**3.海藻**

海藻生长在海边礁石上或漂浮在海水中，海藻一般无毒，常见的有紫菜、红毛菜、角叉菜、鸡冠菜、裙带菜等。采食海藻应选用海水中新鲜的海藻，海滩上的海藻常常因为脱离海水而腐败变质，不宜食用。

**4.淀粉类**

（1）山地瓜。产于我国北部、中部和东部，生长在荒山坡、小树林下、草地以及田埂旁。形态：葡萄科，藤本，有纺锤形根块，叶掌1～5厘米全裂，裂片形状颇多变化，叶轴有两翅，夏季开花，花小，黄绿色，聚伞花序。浆果大如豌豆，初蓝色，后变为白色。其根部含淀粉和葡萄糖，可采集食用。

（2）芦苇。分布在我国温带地区，生长在沟边、河沿、道旁以及比较阴湿的地方，多年生草本，地下有粗壮的根茎，叶片披针形排列成两行，夏秋开花，圆锥花，可采集根部和嫩芽食用。

**5.野果类**

（1）茅莓。广布于全国各地，生长在山坡灌木丛中或路旁向阳处，果实以及嫩叶可食用，7—8月果实成熟，味道酸，可生食。形态：攀缘状灌木，在枝叶柄有毛和钩状的小刺，叶子为羽状复叶，小叶多为3片，也有5片的，近圆形，顶端一片较侧生叶片大，边缘有不整齐的深齿缺，下面呈白色，密生短毛。花单生在叶腋，或由几朵聚成短圆锥花序，生在树顶，总梗有稀疏的刺，花瓣呈粉红色，倒卵形，小核果为球形，红色，核有深窝孔。

（2）沙棘。分布于山东、河北、山西、陕西、甘肃、宁夏、青海、新疆、四川、云南等地，生长在河岸的沙地或沙滩上。9—10月时果实成熟可生食，味道酸而甜。形态：有刺灌木，叶子窄，线形或线状披针形，长2～8厘米，上面呈绿色，下面为银白色，花雌雄异株，雄花有两个椭圆形的裂片，雌花蕊有4个，多汁，长0.8～1厘米，直径为5～6毫米，金黄色或橙黄色，许多密生在一起，紧贴树梢上。

（3）胡颓子。分布于山东、辽宁、河南、江苏、福建、广东、湖南、湖北、四川等地，生长在山坡以及空旷的地方，果实可生食。形态：灌木，有刺，高2～4米，幼枝褐色，叶子为椭圆形或长圆形，尖端稍长，边缘波状常卷皱，花为银白色，长约1厘米，1～3朵生于叶腋，果皮开始为褐色，成熟后微微发红，内包有一椭圆形的硬核。

（4）有些野果，如野山梨、野栗子、榛子、松子、山核桃等比较容易识别。

**（三）判断野生植物是否有毒的方法**

1.检验植物能否食用时，可稍稍挤榨一些汁液涂在体表（如前上臂、肘部）等敏感部位，如果起疹或肿胀则不能食用。

2.通过观察哺乳动物所食用的植物种类来分辨哪些植物可以食用，如老鼠、兔子、猴子、熊等吃过的植物一般可以食用，而鸟类可以食用的植物人不一定能够食用。

3.少量尝试不能确定的植物的果、球根、块茎、枝叶等，如食后感觉喉咙痛痒，有很强的烧灼感或刺激性疼痛则应放弃，否则，即可认为能食用。

4.通常将采集到的植物割开一个小口子，放进一小撮盐，然后仔细观察是否改变原来的颜色，通常变色的植物不能食用。

**（四）野生动物的捕获和食用**

野生动物经过加工处理后可食用，但是某些鱼类如河豚的内脏器官含有剧毒物质，野战条件下不具备精细加工的条件不能食用。

1.捕鱼

捕鱼可使用钩钓、针钓、摸鱼、拦坝戽水等方法。

（1）钩钓。使用鱼竿、鱼线、鱼钩、钩坠、漂子等器材，也可以使用就便器材自制，比如用针弯成钩，用草秆或鸡毛管做漂子，用弹壳或小石头做成钩坠等。钓鱼时，将饵食挂在钩上抛入水中，等漂子上下颤动时迅速提竿，即可钓到鱼。为引诱鱼群上钩，还可以提前在垂钓处投放一些碎米等食物。

（2）针钓。以针代替钩，用丝线缚在针的中央，穿上鱼饵，不用漂子沉入水中，鱼吞食鱼饵后，针便横搁在鱼腹内，无法逃脱，鱼饵可用蚯蚓、蚱蜢等昆虫。

（3）摸鱼。在浅水处可直接下水摸鱼，摸鱼时两手呈合势，贴水底向掌心合拢摸鱼，摸到后腰迅速向水底按压捕捉，一手握住鱼头，一手握住鱼尾，快速扔上河岸。

（4）拦坝戽水。对小水塘可以采用分片拦坝戽水的方法捉鱼，先在水塘的一角筑起泥坝，用桶或盆将水戽到坝外，等待见底后即可在泥中捉鱼，按此法逐片戽水捉鱼。

2.捕蛇

捕蛇时应注意防蛇咬伤，有条件最好穿戴较厚的高帮鞋以及戴上长筒手套防护。

（1）叉捕法。用树枝做一个木叉，叉柄的长短以捕蛇者俯身后两手能够捉住蛇的颈部为准，叉口大小以叉紧蛇的颈部为宜。捕蛇过程中，先叉蛇的颈部，然后俯身以胸部抵住叉柄，再用一只手捏住蛇头颈部，另一只手握住蛇的后部，即可将蛇捉住。

（2）泥压法。对一些不大的、在地面或石头上活动的蛇，可拿一大泥块用力摔在蛇的身上，将蛇粘压在地上或石头上，再行捕捉。

**3.猎兽**

猎兽之前可以向当地的战士或当地居民了解动物的习性和捕获方法。对大型动物通常采用枪杀的方法猎获，对小型的动物可采取下列方法。

（1）压猎。采用石板或铁板，也可以采用木板压上重物做压拍子，用木棍将压拍子一端支起，木棍上设置机关加上诱饵，当小动物取食时，即可被压拍子压住。

（2）套猎。采取各种绳索、钢丝或马尾，一端做一个活套圈，另一端系在树干或石头等物体上，套子可下在动物经常出没的地方，应保证使活套圈的平面活动路线垂直，其大小和距离地面的高度根据所猎动物的大小而定，以能套住动物的头部为宜。

**4.食用昆虫**

昆虫含有丰富的蛋白质、氨基酸、矿物质和维生素。可食用的昆虫种类很多，如蜗牛、蚂蚁、蚯蚓、蚱蜢、蚂蟥、蝉、蜘蛛、螳螂、蟑螂、飞蛾、蝴蝶、蟋蟀、蝗虫等。昆虫可用油炸、烧烤、烹煮等方法处理后食用。在食用昆虫时，一定要煮熟或烤透，以免昆虫体内的寄生虫进入人体，导致中毒或得病。

## 三、获取饮用水的方法

### （一）寻找水源

寻找水源是野外大量取水的唯一方法，一旦找到充足的水源，不仅可以解决野外生存所需的饮用水，而且也解决了其他生活用水。所以在野外应尽可能地找到并利用大自然提供给我们的水源。寻找水源的方法很多，主要有根据动物生活习性寻找水源；根据植物生长特点寻找浅层水；根据地形寻找水源等。

**1.根据动物生活习性寻找水源**

（1）昆虫聚集，找水有利。在地下水埋藏的地方，往往出现下列征候：地面经常潮湿，蚂蚁尤其是黄蚂蚁、蜗牛、螃蟹等喜欢在此做窝聚居；冬天，青蛙、蛇等动物喜欢在此冬眠；夏天晚上因潮湿凉爽，蚊虫喜欢在此盘旋，以上可作为寻找地下水的线索。

（2）大鱼出洞，水源丰富。大裂隙、溶洞以及地下河都是鱼类生存活动的场所，尤其在我国的南方，许多溶洞、地下河流中都有鱼类。这些鱼往往从地下河出水口跳出溶洞，这说明此地有丰富的水源。

（3）鸟兽停留地，必有露天水。各种鸟类经常停留或栖息的地方会有露天水，尤其是候鸟（雁、燕等）飞行时停留或栖身的地方，一定会有丰富的水源。

（4）动物足迹，指向水源。野生动物的生存，离不开水源。寻找野生动物的足迹，判断多数野生动物运动的方向，顺着方向寻找水源，一定会有收获。

**2.根据植物生长特点寻找浅层水**

植物生长与水息息相关，因此我们可以将某地区的植物生长和分布情况作为寻找地下水源的线索。

（1）通常植物生长茂盛之地有水源。

（2）观察树林的生长状况也可判断有无地下水。如正常生长的树木，生长良好的地方，地下水埋深一般在1～2米。

（3）树木生长东倒西歪，除了树木本身有病外，大部分是因地下水忽多忽少所致。

（4）树木上部歪，这是由于缺水而根扎不下去的缘故。树木生长自然形成的歪斜，表明倾斜方向有水源。

（5）地下水串通的大裂缝、落水洞口的石头，其表面经常潮湿，常常长满苔藓，而与地下水无关的石头则没有苔藓。因此茂盛的苔藓也是寻找地下水的标志。

3.根据地形寻找水源

地形、地貌反映了地下水的存储场所和运动特点，因此我们可以根据某一地区的地形、地貌特点来判断该地区有无地下水以及发现地下水的位置。根据地形寻找水源的方法，可以归纳为以下顺口溜。

（1）山扭头，有水流。

（2）万山丛中一盆地，寻找水源较容易。

（3）洼地连成串，暗河在下边。

（4）崇山峻岭水源多，山谷岸边有清泉。

（5）山区平原交界线，多有储藏地下水。

（6）岩溶地形水源多，地貌迹象是线索。

（7）群山抱洼地，地下水富集。

（二）取水方法

1.收集雨水

雨水通常可直接饮用。下雨时，可用雨布、塑料布大量收集雨水，也可用空罐头盒、杯子、钢盔等容器接收雨水，也可挖坑收集。

2.日光蒸馏法

在地面挖一个适当大小的坑，坑底部中央的地方放收集器皿，坑上悬一块塑料膜，因光线作用产生水汽，水汽变成水珠，下滑至收集器皿中。

3.冰雪化水

融冰、融雪可获取所需的用水，融冰比融雪容易。融冰只需要较少的热量即可以更快、更多地化出水来。如果只能用雪，应先融化小块，然后逐渐加雪即可。

4.提取植物中的水

砍断新鲜植物枝叶放在大塑料袋里，在太阳的照射下利用蒸腾作用从中提取水分。

5.应急措施

在实在无水的条件下，小便也可以应急解渴。有条件的可以做一个过滤器，在竹筒的底部开一个小孔，竹筒里放入小石子、沙、土、碎木炭，将小便排泄于此，下面小孔就会流出滤过的水。

（三）鉴定水质的方法

由于水在自然界的广泛分布和流动，特别是地面水流经地域很广，一般情况下难以保证水源不受污染。在野外没有检验设备时，可以根据水的颜色、味道、水温、水迹，简单地鉴别水质的好坏。

1.通过水的颜色鉴别

纯净的水在水层浅时呈无色透明，深层时浅蓝色，可以用玻璃杯或白瓷碗盛水观察，通常水越清水质越好，水越浑则所含杂质越多。水色随含污情况的不同而变化，含低铁化合物呈淡绿蓝色，含高铁或者锰呈黄棕色，含硫化氢呈浅蓝色。

2.通过水的味道鉴别

一般清洁的水是无味的，而被污染的水总会有一些异味。如含硫化氢的水有臭鸡蛋味道，含盐的水则带咸味，含铁较高的水带金属锈味，含硫酸镁的水有苦味，含有机物质的水有腐败、臭、霉、腥、药味。为了准确地辨别水的气味，可用一个干净的瓶子装半瓶水，摇晃数下打开瓶塞后，立即用鼻子闻，也可以把盛水的瓶子放在60℃左右的热水中，闻到水里有怪味就不能饮用。

3.通过水温鉴别

地面水（江河、湖泊）的水温，因气温的变化而变化；浅层地下水受气温影响较小；深层地下水，水温低而恒定。如果水温突然升高多是有机物污染所致，工业废水污染水源会使水温升高。

4.通过水点斑痕鉴别

用一张白纸，将水滴在上面，晾干后观察水迹。清洁的水是无斑迹的，有斑迹则说明水中杂质多，水质差。

（四）饮用水的净化

净化水可以用消毒片、漂白粉精片以及明矾等药品进行。其方法如下。

1.加炭煮沸。把水煮沸3～5分钟，这种方法能将水净化；在水中加一点炭，同时煮沸，可去掉水的异色，并可加一小撮盐。

2.使用净化水药片。一般情况下，1片净化水药片足够净化1升清水；2片可净化1升浊水。净化后的水在使用前，要让其沉淀30分钟。

3.使用碘酒。在每升清水中滴2～3滴碘酒；浊水加倍滴碘酒。之后不能立即饮用，要把水摇动一会儿，30分钟后使用。

4.使用漂白剂。可以在每升清水中滴1～2滴；浊水中滴4滴。之后不能立即饮用，要把水摇动一会儿，沉淀30分钟后使用。因为漂白剂含有亚氯酸盐钠，净化后的水会有很淡的亚氯酸盐钠味。

在野外没有相应条件的情况下，也可以用一些含有黏液质的野生植物净化浑浊的饮用水，如榆树的皮、叶、根，木棉的枝和皮，仙人掌和霸王鞭的全株，水芙蓉的皮和叶都含有黏液质，都含有糖类高分子化合物。这些植物与钙、铁、铅、镁等金属盐溶液化合，形成絮状物，在沉淀过程中能吸附悬浮物，起到净化浑水的作用。将一些含有黏液汁的植物捣烂成糊状加入浊水中，搅拌3分钟，再静止10分钟，可起到类似明矾的净水作用，一般

15千克水可用4克植物糊净化。

### 四、野外取火的方法

对于野外求生者来说，火有着特殊重要的意义。它不仅能使人保持体温，减少体内热量散失，而且还可以烤干衣服、煮饭烧水、熏烤食品、吓跑野兽、驱走害虫等。另外，火还可以作为求救信号向搜救者提供目标。因而野外生存的能力，在某种程度上，取决于取火的能力。

火柴或者打火机在野外生活中是不可缺少的，特殊情况下的取火方法有6种。

（1）发电机、电池取火法。

（2）透镜取火法。用放大镜，如果没有放大镜可用望远镜或瞄准镜、照相机上的凸镜代替，冬季可用透明的冰块磨制。透过阳光聚焦照射易燃的引火物取火，引火物包括腐木、布条抽出的线、撕成薄片的干树皮、干木屑等。夏季雾气较大或者冬季阳光较弱时，可以在正午阳光强烈时取火，然后保持火种以备使用。利用放大镜取火最为迅速的是照射汽油、酒精和枪弹的发射药或导火索，可在1～2秒内点燃引火物。

（3）钻木取火法。用强韧的树枝或者竹片绑上鞋带、绳子或皮带做成一个弓子，在弓子上缠上一根干燥的木棍，用它在一小块硬木上迅速地旋转，最后钻出黑粉末，这些黑粉末冒烟产生火花点燃引火物。还可以用两块软质木头或竹片，用力相互摩擦取火，下面垫以棕榈皮或者易燃物也可以引燃取火。

（4）枪弹取火法。取一枚子弹，将弹丸拔出，倒出2/3的发射药，撒在干燥易燃的枯草或纸上，把弹壳空出的地方塞上纸和干草，然后推弹壳入膛，用枪口贴近撒了发射药的引火物发射，引火物即可燃烧。

（5）藤条取火法。找一段干燥的树干，将一头劈开，并用东西将裂缝撑开，塞上引火物，用长约0.6米的藤条穿在引火物的后面，双膝夹紧树干，迅速地左右抽动藤条，使之摩擦发热而将引火物点燃。

（6）击石取火法。取一块坚硬的石头（黄铁矿石最好）做"火石"，用小刀的背或小片钢铁向下敲击"火石"，使火花落在引火物上燃烧。

### 五、野炊

野炊就是在野外将自身携带的食物以及野外采集到的食物进行处理和加热，供人们更好地使用的过程。

（一）野炊位置的选择

野炊时位置的选择通常在隐蔽条件好并且附近有良好水源的地方，最好选择在山坡、沟坎、水渠、森林、居民地等。

（二）使用就便器材和材料野炊

在没有制式炊具可供使用的情况下，作战人员可利用就便器材和材料煮熟食物。其方法如下：

1.脸盆、罐头盒、钢盔

在野外可以用石头做支架，或用铁丝吊挂脸盆、铁盒、钢盔等物，用火加热，烹煮食物、烧开水等。

2.石板或石块

用火将石板烧烫以后，将食物切成薄片放在上面烙熟。将若干拳头大小的石块放在火中烧热，用棍拨到一个40厘米深的土坑内铺上一层，将火堆中烤热的石块先放入坑内，石块上铺上一层大树叶，再将食物放在石块上，上面再盖上一层湿树叶，将剩下的热石块铺在树叶上，然后再铺上厚厚的树叶压住。3—4个小时后，热石块散发的热气将食物烤熟。

3.铁丝、木棍烤

将可食用的动物肉和根茎类植物块根用铁丝或木棍等挂放在火焰上或炭火中烤（烧）熟。鱼（不去鳞片）和块根应用泥土包裹烤热后剥皮食用，贝壳类动物可放在火堆下烤熟。其方法：先在地上挖个浅坑，坑的四周衬以树叶或湿布，然后将食物放入坑内，再在食物上盖上树叶或布，上面再压上一层3厘米厚的沙子，最后在坑的上面生起火堆，等待食物烤熟后取出食用。

4.竹节

将竹节的一端打通，将米和水灌入竹节里，米约占2/3。然后将竹节放在火中烘烤，约40分钟后可做成熟饭。

5.黄泥

用和好的黄泥在地上摊成一个3厘米厚的泥饼，上面铺上一层树叶，将野鸡、野兔或鱼等动物除去内脏不脱毛，或不去鳞放在泥饼上，用泥饼将食物包裹成团，放在火中烧2个小时即可食用。食用时，粘在泥块上的兽毛或鱼鳞会随之脱离。

## 六、野外一般常见的伤病以及防治

（一）中毒的处理

遇到中毒情况时，快速喝下大量的水，用手指触咽部使呕吐，进行洗胃；然后继续喝水，加速排泄，必要时立即送医院救治。

（二）昏厥的处理

摔伤、疲劳过度、饥饿过度等都可能引起昏厥，遇到这种情况时，不要惊慌，一般过一会儿便会苏醒，醒来后，应喝热水并注意休息。

（三）中暑的处理

中暑时，患者感到头昏头痛，口渴，恶心呕吐，继而发高烧，有时流鼻血，脉搏快而强，呼吸急促。严重者昏迷不醒，脉搏细弱，血压下降，瞳孔扩大，甚至死亡。

当出现中暑情况时，应立即在阴凉通风处平躺，并卸下装备，解开衣裤带，使得全身放松，让其喝些水，尽快用冷水擦身，以增加散热。对中暑严重者，应设法降温，可把病人浸泡（除头部外）在冷水中，并按摩躯干和四肢，或用冰袋敷头部、颈部两侧、双侧腋下、腹股沟和膝弯等处，给病人注射冬眠灵等降温药物。如果病人昏迷，可针刺人中、十宣、涌泉等穴位，待病情稳定后，送卫生部门进一步救治。

（四）冻伤的处理

冻伤是因寒冷引起的局部组织损伤，常发生在手、脚、耳廓、鼻尖等处。冬季气温低，人体受到寒冷的刺激后，皮肤毛细血管收缩，组织缺血、缺氧容易造成冻伤。表现为皮肤浅层肿胀发痒、发痛，出现紫色斑块，严重的还会出现水泡溃烂、冻僵甚至死亡。遇到手、脚、耳廓、鼻尖等冻伤的情况，不要用热水浸泡和火烤，如有水泡，消毒后刺破，然后进行包扎。如严重冻伤，要使伤员迅速脱离寒冷环境，如果是下肢冻伤要禁止走路，然后用温水快速溶化复温，这是当前治疗冻伤最有效的方法。如无温浴条件，可将伤员安置在室内，室温调至25℃～30℃，脱去湿冷的衣服，盖好被子，胸部和腋下放上热水袋，随时测量体温。待伤员意识清醒后，饮用一些热茶或热糖水，然后及时送卫生部门救治。

（五）蚊虫叮咬的处理

蚊虫白天大多隐藏在阴暗、潮湿的地方，以黄昏和拂晓最为活跃。为了防止蚊虫的叮咬，应穿长袖上衣和长裤，扎紧袖口、领口，皮肤暴露部位涂抹防蚊药，不要在潮湿的树荫和草地上坐卧。宿营时燃烧艾叶、青柏树叶、野菊花等可驱赶蚊虫。在野外应尽量采取各种措施防止蚊虫叮咬。若被蚊虫叮咬，可用氨水、肥皂水、盐水、小苏打水、氧化锌软膏等涂抹患处止痒消毒。

（六）蚂蟥叮咬的处理

蚂蟥是危害很大的虫类。蚂蟥的种类很多，吸血量很大。由于蚂蟥的唾液有麻醉和抗凝作用，往往吸血时人无感觉，但当其饱食而去，伤口仍在流血不止，常会造成感染、发炎和溃烂。遇到蚂蟥叮咬时不要硬拔，而是用手拍打或用肥皂液、盐水、烟油、酒精滴在前吸盘处或用烧着的香烟烫，让其自动脱落，然后压迫伤口止血，并用碘酒洗净伤口，以防感染。在行进中，应经常注意查看有无蚂蟥爬到脚上，在鞋面上涂肥皂水、防蚊油可以防止蚂蟥上爬。

（七）被蛇咬伤的处理

被毒蛇咬伤后，切不要惊慌和奔跑，要使伤口部位尽量放到最低位置，保持局部相对固定，以减缓毒液在人体内的扩散和吸收。应立即用绳子、布条或者就近拾取适用的植物茎、叶等在伤口上方2～10厘米处结扎，松紧程度以能阻断淋巴和静脉血的回流，而又不影响动脉血流通为宜。结扎的动作要迅速，最好在受伤后3～5分钟内完成，以后每隔15～20分钟放松1～2分钟，以免被扎肢体因血阻坏死。结扎后，可用清水、冷水加盐或者肥皂水冲洗伤口，以洗去周围黏附的毒液，减少吸收。经过清洗处理后，再用锐利的小刀挑破伤口，或者挑破两个毒牙痕间的皮肤，同时可在伤口周围的皮肤上，用小刀挑开米粒大小的破口数处，这样可使毒液外流，并防止伤口闭塞。但不要刺得太深，以免伤及血管。如果被咬伤的四肢肿胀严重，可用刀刺"八邪"或"八风"穴进行挤压排毒，还可以直接用嘴吸伤口排毒，边吸边吐，每次都要用清水漱口，若口腔内有黏膜破溃等情况，就决不能用口吸，以免中毒。在使用有效的蛇药30分钟后，可去掉结扎。如无蛇药片就可以就地采用几种清热解毒的草药，如半边莲、芙蓉叶等，将其洗涤后加少许食盐捣烂外敷。敷时不可封住伤口，以免妨碍毒液流出，并要保持草药新鲜，以防感染。

（八）出血的处理

如发生出血，应立即采取指压、包扎等方法进行止血，然后清洁伤口，进行消毒。伤情严重时，应马上送医院进行救治。

（九）骨折的处理

发生骨折时，应立即设法给予临时固定，限制活动，以防止骨折处的尖端将其周围组织的血管或神经刺伤，致使疼痛加剧和造成不良后果。

## 七、野外求救

在野外，生存环境非常恶劣，各种灾难会不期而至，对野外生存者来说，及时了解自己所面临的困境，通知别人，求得救援是非常重要的。

（一）声音信号

如隔较近，可以大声呼喊，三声短，三声长，再三声短，间隔一分钟后再重复。

（二）旗语信号

将一块色泽亮艳的布料系在木棒上，持棒运动时，在左侧长划，右侧短划，加大动作幅度，做"8"字形运动。如果双方距离较近时不必做"8"字形运动，一个简单的划行动作就可以，在左侧长划一次，在右侧短划一次，前者应比后者划得稍长。

（三）反光信号

利用阳光和一个反射镜即可射出信号光。任何明亮的材料都可以利用，如罐头盒盖、玻璃、一片金属铂片，有一面镜子当然更加理想，持续的反射将规律性地产生一条长线和一个圆点，这是莫尔斯代码的一种。要注意环视天空，如果有飞机靠近，应加速反射出信号光。这种光线或许会使营救人员目眩，所以一旦确定自己已经被发现，应立即停止反射光线。

（四）烟火信号

火光作为联络信号是非常有效的，遇险时可根据自身的情况，为保证其可靠程度，白天可在火堆上放些苔藓、青嫩树枝、橡皮等使之产生浓烟；晚上可放些干柴，使火烧旺，使火焰升高。

燃放三堆火焰是国际通行的求救信号，将火堆摆成三角形，每堆火之间间隔相等最为理想，这样安排也方便点燃。如果燃料稀缺或者自己伤势严重，或者由于饥饿、过度虚脱、凑不够三堆火焰，那么点燃一堆也行。

在白天，烟雾是良好的定位器，所以火堆上要添加散发烟雾的材料，浓烟升空后同周围环境形成强烈的对比，易受人注意。黑色烟雾在雪地或沙漠中最醒目，橡胶和汽油可产生黑烟。

在夜间或深绿色的丛林中亮色浓烟十分醒目，添加绿草、树叶、苔藓和蕨类植物都会产生浓烟。其实任何潮湿的东西都能产生烟雾，潮湿的草席、坐垫可熏烧很长时间，同时飞虫也难以逼近伤员。

**（五）利用SOS求救信号**

利用求救信号求救就是利用当今的高科技产品发出求救信号。随着现代科学的发展，各种现代化工具如手机、电脑、卫星电话等都可以十分方便快捷地发出求救信号。

最为人知的是SOS代码。SOS是国际通用的求救信号，是Save Our Soul的缩写，在荒原、草地、丛林的空地上以各种形式写上SOS大字求救，往往会取得良好的效果。

# 第四节　战术基础动作

战术是指导和进行战斗的方法。战术基础动作则是战斗方法的基础。学会战术基础动作，对于灵活运用战术，保存自己，消灭敌人，完成上级交给的战斗任务具有重要意义。

## 一、敌火下运动的时机和要求

敌火下运动就是在敌人的各种火力（航空兵、炮兵、坦克、装甲车、机枪及步枪火力等）的威胁和拦阻下，应根据敌情、任务，利用地形，灵活地采用不同的运动姿势和方法，正确处理各种情况，适时迅速隐蔽地接近敌人。

**（一）敌火下运动的时机**

敌火下运动的时机，应按班（组）长的口令、信（记）号，利用我方火力掩护或敌人火力中断、减弱、转移的瞬间，迅速隐蔽地前进。有时可采取欺骗、迷惑敌人的方法突然前进。

**（二）敌火下运动的要求**

运动前，应选择好运动的路线和暂停的位置。运动中，应不断地观察敌情、地形、班（组）长的指挥和临兵的行动，保持前进方向。发现目标后，应按班（组）长的口令或自行射击。

## 二、敌火下运动的姿势与方法

**（一）卧倒、起立**

1.卧倒

卧倒是隐蔽身体、减少敌火杀伤的一种最低姿势。动作要领：左脚向右脚尖迈出一大步，左腿弯曲，上体前倾，两眼注意前方，左手顺左脚方向伸出，掌心向下，手指稍向右，以左膝、左手、左肘顺序着地，迅速卧倒，左小臂横贴于地面上，右手腕压在左手腕上；两手握拢，手心向下，两腿伸直，两脚分开与肩同宽，脚尖向外。

2.起立

动作要领：转身向右，两眼注视前方，左腿自然微弯，左小臂稍向里合，以左手、左膝、左脚的支撑力将身体支起，同时右脚向前迈出一大步，左脚再迈出一步，右脚靠拢左脚，成立正姿势。

携枪时，在转身向右的同时，右手提枪并握背带，然后按徒手要领起立，成持枪或背枪立正姿势。

（二）匍匐前进

匍匐前进是看着不难做起来很难的动作，是通过敌人火力封锁下的较短地段或利用较低遮蔽物时采用的动作。根据遮蔽物的高低分为低姿、高姿、侧身和高姿侧身匍匐4种。

1.低姿匍匐前进

在遮蔽物高约40厘米时采用。

动作要领：右手掌心向上，枪面向右，虎口卡住机柄，余指握住背带，枪身紧贴右臂内侧；或右手虎口向上，握住背带环处，食指卡枪管，使枪置于右小臂上。前进时，屈回右腿，伸出左手，用右腿和左臂的力量使身体前移，同时屈回左腿，伸出右手，再用左腿和右臂的力量使身体继续前移，依此法交替前进（见图9-1）。

图9-1　低姿匍匐前进

2.高姿匍匐前进

在遮蔽物高约60厘米时采用。

动作要领：携枪的方法同低姿匍匐前进，也可两手横托握枪，枪托向右，枪面向上前进。前进时，以两小臂和两膝的内侧支撑身体前进（见图9-2）。

图9-2　高姿匍匐前进

3.侧身匍匐前进

在遮蔽物高约60厘米时采用。

动作要领：身体左侧及左小臂着地，左大臂向前倾斜，左腿弯曲，右腿收回，右脚靠近臀部着地，右手持枪，用左臂的支撑力和右脚的蹬力使身体前移（见图9-3）。

4.高姿侧身匍匐前进

在遮蔽物高80～100厘米时采用。

动作要领：收枪的同时屈左腿于腹下，以左手、左小腿的外侧着地将身体撑起，右手提枪，以左手的支撑力和右脚的蹬力使身体前进。

图9-3　侧身匍匐前进

（三）直身前进

直身前进时在遮蔽物高于人体，距敌较远，地形隐蔽，敌人观察、射击不到时采用的运动方法。在横越公路、街道时，也可用直身快跑通过。

动作要领：目视前方，右手持枪，以大步或快步前进（见图9-4）。

图9-4　直身前进

（四）屈身前进

屈身前进是在遮蔽物略低于人体时采用的运动方法。横越公路、街道时也可用屈身快跑通过。

动作要领：基本同直身前进，区别是前进时上体前倾，两腿弯曲，其弯曲程度应根据遮蔽物的高低决定，以头部不超过遮蔽物为宜（见图9-5）。

图9-5　屈身前进

（五）滚进

滚进是为了避开敌人的观察和射击而左右移动或通过棱线时采用。

动作要领：关上枪的保险，（一定要记得收枪，再滚动）将枪顺置于胸前，两腿顺势交叉，两臂向里合，两腿自然伸直，两脚腕交叉或紧紧并拢，全身用力向移动的方向滚进；也可在卧倒的同时（通常是侧卧）右手将枪顺置于胸腹前，两臂紧贴两肋，两腿自然伸直，全身用力向移动方向滚进（见图9-6）。

图9-6　滚进

## （六）跃进

跃进是在敌人火力下迅速通过开阔地时采用的运动方法。跃进时要做到跃起快、前进快、卧倒快。跃进前，应先观察前方地形，选择好前进路线和暂停位置，然后，迅速、突然地前进。

动作要领：如卧姿跃起，可先向左（右）移动或滚动，以迷惑敌人，冲锋枪手、步枪手应迅速收枪，同时屈左腿于右腿下，右手提枪，以左手左膝、左脚的支撑力将身体支起，同时出右脚前进。前进时，右手持枪，枪面向前倾斜45°，目视前方，屈身快跑。跃进距离和速度应根据敌人火力和地形而定。敌人火力越猛烈，地形越开阔，跃进距离应越短，速度应越快。每次跃进的距离一般为15～30米。当进到暂停位置或遭敌人猛烈射击时，应迅速隐蔽或卧倒。卧倒后，如无射击任务，则不握枪，做好继续前进的准备。

# 第五节　大学生参加军训应注意的事项

## 一、军训可能出现的疾病

### （一）中暑

中暑是指由于高温或引起高热的疾病使人体体温调节功能紊乱，而发生的综合征。在军训中，由于同学们在烈日下操练，属于日射型的中暑。主要是由于日光直接暴晒，使中枢神经受到损害而发生日射病。根据中暑症状的轻重，又分为先兆中暑、轻症中暑和重症中暑三种。先兆中暑指在高温环境中工作一段时间后，出现轻微的头晕、头痛、耳鸣、眼花、口渴、浑身无力及行走不稳。轻症中暑指除以上症状外，还发生体温升高、面色潮红、胸闷、皮肤干热，或有面色苍白、恶心、呕吐、大汗、血压下降、脉细等症状。重症中暑指除以上症状外，还会有突然昏倒或大汗后抽风、烦躁不安、口渴、尿水、肌肉疼痛及四肢无力等症状。

中暑处理：首先停止训练，迅速离开高热环境，移至通风好的阴凉地方，解开衣扣，让病人平卧，用冷水毛巾敷其头部，扇扇，并给清凉饮料。如果症状得到缓解就可以归队训练。若症状未能缓解，应及时送往医院。

### （二）感冒

分上呼吸道感染和急性鼻炎、咽喉炎。

感冒处理：对于一般的打喷嚏、鼻塞应多喝水，不用药物，靠自身的免疫力就可以恢复。若有喉咙发炎则服用银翘片、速效伤风胶囊。如有发烧应及早就医。

### （三）腹泻

原因：一是食物被细菌感染或进食不当。二是饮食习惯改变，尤其是外地来的同学。对于当地的食物肠胃还未能适应。三是早上喝冷饮料。

腹泻处理：恶心、腹泻不严重者多喝盐水，盐水比例：1杯水+1/4匙盐。严重者及时就医。

（四）外伤、扭伤、皮肤擦伤

处理措施：伤口干净者，先用双氧水消毒，再擦红药水和碘酒。伤口不干净者，到医院清洗包扎。

1.抽筋（处理）。一般出现小腿抽筋，先将抽筋者的小腿放平，拉住脚掌把筋拉直，直到不再抽筋。24小时后用红花油按摩。

2.脚板起泡。用酒精消毒，用针扎两个孔（一个孔存在水泡液流出不彻底的缺陷），把水挤出。若溃疡面不大则让其自然恢复，若溃疡面大则需要纱布包扎。

如果在军训的同学中有出现以上症状，应及时报告。

## 二、保健

军训过程中同学们进行了较为剧烈的运动，因此在军训结束后要注意自身的保健。

（一）不宜立即停下来休息

剧烈运动时血液多集中在肢体肌肉中，由于肢体肌肉强力地收缩，会使大量的静脉血迅速回流给心脏，心脏再把有营养的动脉血送给全身，血液循环极快。如果剧烈运动刚一结束就停下来休息，肢体中大量的静脉血就会淤积在静脉中，心脏就会缺血。大脑也会因心脏供血不足而出现头晕、恶心、呕吐、休克等缺氧症状。所以剧烈运动刚结束时，还应做些放松调整活动。如长跑之后逐渐改为慢跑、再走几步、揉揉腿，做几下正常深呼吸。这样能使快速血液循环慢慢平稳下来，有利于肌肉中乳酸的清除，消除疲劳。

（二）不宜立即大量饮水

剧烈运动后，如果口渴一次性大量喝水过多，会使血液中盐的含量降低。天热汗多，盐分更易丧失，更易使细胞渗透压降低，导致钠代谢平衡失调，发生肌肉抽筋等现象。由于剧烈运动时胃肠血液少、功能差，对水的吸收能力弱。过多的水渗入到细胞和细胞间质中。脑组织是被固定在坚硬的颅骨内，脑细胞肿胀会引起脑血压升高，使人头疼、呕吐、嗜睡、视觉模糊、心律缓慢等水中毒症状。一次性喝水过多，胃肠会出现不舒适胀满之感，若躺下休息更会挤压膈肌影响心肺活动。所以剧烈运动后，虽口渴也不宜一次性喝水过多，应采用"多次少饮"的方法喝水。

（三）不宜马上洗冷水澡、游泳、吹风或用空调

有人图一时痛快，剧烈运动刚一结束，马上就用电风扇吹，进入空调室或阴凉处乘凉。这会带走身体很多热量，使皮肤温度下降过快，通过神经系统反射活动，会引起呼吸道血管收缩，鼻纤毛摆动变慢，降低局部抗病力量。此时寄生在呼吸道内的细菌病毒就会大量繁殖，极易引发伤风、感冒、气管炎等疾病。还有些人剧烈运动后立即游泳或立即洗冷水浴，由于肢体温度和水温相差悬殊，也易发生小腿抽筋。因此剧烈运动后，应先擦干汗液，再进行游泳或冷水浴较为妥当。

（四）不宜立即饮啤酒

剧烈运动后，有人把啤酒当水大口大口喝，这样容易使血液中尿酸急剧增加导致痛风。

（五）不宜立即吃饭

剧烈运动时，由于血液多集中在肢体肌肉和呼吸系统等处，而消化器官血液相对较少，消化吸收能力差。运动后需要经过一段时间调整，消化功能才能逐渐恢复正常。所以剧烈运动后，如果马上吃饭，对食物中营养的吸收差。

**思考题**

　1.敌火下运动的方法有哪几种？简述匍匐前进的动作要领。

　2.宿营地的选择应符合哪些条件？

　3.什么是野外生存？简述野外常见伤病的救护与防护。

# 参考书目

1.孟庆金主编.军事教程［M］.武汉：武汉大学出版社，2001.

2.张彦斌，党小林主编.高等学校军事理论课教材［M］.沈阳：白山出版社，1998.

3.吴温暖主编.军事理论课教程［M］.厦门：厦门大学出版社，2002.

4.褚良才主编.军事学概论［M］.杭州：浙江大学出版社，2002.

5.总政宣传部主编.军事理论学习提要和辅导讲座［M］.北京：解放军出版社，2002.

6.贾福坤，刘勋发主编.学生军训必读［M］.北京：军事科学出版社，2002.

7.武炳，张彦斌，杜景山主编.国防教育学［M］.北京：国防大学出版社，2000.

8.徐忠敬，张树德主编.毛泽东军事思想与新时期军队建设［M］.北京：国防大学出版社，1998.

9.盛欣.世界军事形势分析［M］.北京：国防大学出版社，2010.

10.解放军国防大学战略教研部编.世界各国军事力量手册［M］.北京：解放军出版社，2006.

11.刘新华主编.广东省普通高等学校军事理论教程［M］.北京：海潮出版社，2004.

12.吴温暖，匡璧民主编.军事理论教程［M］.北京：高等教育出版社，2007.

13.张国华，李民主编.简明大学军事教程［M］.银川：宁夏人民教育出版社，2005.

14.李鹏青主编.普通高等学校军事教程［M］.北京：军事科学出版社，2008

15.魏国孝，方非主编.高等学校军事理论教程［M］.兰州：兰州大学出版社，2012.

16.袁野，吴江，吴绪红主编.军事理论与技能训练教程［M］.北京：国防大学出版社，2015.

17.陶维新主编.大学军事理论与训练教程［M］.北京：国防科技大学出版社，2016.

18.王威，杨德宇，张亚利主编.大学军事教程［M］.北京：国防大学出版社，2016.

19.何平，徐传光，王军辉主编.大学军事教程［M］.北京：国防大学出版社，2016.

20.汪先平，肖本新主编.大学军事课教程［M］.西安：西北工业大学出版社，2018.

21.解放军报［N］.2012-2018.